Les Grands Dossiers de L'ILLUSTRATION

LES ÉTATS-UNIS D'AMÉRIQUE

HISTOIRE D'UN SIÈCLE
1843-1944

LE LIVRE DE PARIS

PREFACE

« Chaque homme, disait Thomas Jefferson, a deux patries, son pays et la France. » Jefferson, rédacteur de la Déclaration d'Indépendance des Etats-Unis en 1776 et père spirituel de la révolution américaine, avait raison. Il n'existe pas deux pays dont les relations soient aussi étroites, et la compréhension réciproque aussi fondamentale, malgré quelques malentendus occasionnels, que les Etats-Unis et la France. Mais si les rapports entre Français et Américains commencent dès les premiers jours de la révolution américaine, il faut faire remonter l'histoire des Français en Amérique du Nord à plus de deux cents ans, avant que les Etats-Unis ne gagnent leur indépendance. Plus de quatre cents ans, donc, pendant lesquels les Français ont d'abord participé à la découverte et au peuplement du Nouveau Monde, puis noué des liens étroits avec les nouveaux Etats-Unis d'Amérique.

Ce magnifique ouvrage de *L'Illustration,* magazine de très haute qualité sans véritable équivalent de nos jours, nous fait découvrir les Etats-Unis à travers les yeux de la France de 1843 à 1939. Et bien que nous parlions ici d'une période de l'histoire américaine postérieure à l'indépendance des Etats-Unis, *L'Illustration* ne manque pas de rappeler les liens historiques, les découvertes de Cavelier de La Salle et du Père Marquette, et la fondation de la Louisiane, qui est encore à ce jour la région la plus francophone des États-Unis.

Mais une certaine tristesse transparaît à travers les faits historiques. Car les Français furent les vrais pionniers du continent nord-américain. Ils pénétrèrent à l'intérieur du pays bien plus loin qu'aucun autre peuple. Le souvenir de leur présence se retrouve partout, notamment dans des noms de villes du Midwest tels que « Eau Claire », « Prairie du Chien », « Joliet », Marquette », ou « La Salle ». Il y a un « Paris » dans le Kentucky, et un « Lafayette », un « Terre Haute », et un « Vincennes » en Indiana. Mais la majorité des Français ne s'intéressèrent pas à cette vague de colonisation. Et la défaite de la France à Plaines d'Abraham près de Québec marqua la fin des espoirs français pour la conquête du continent américain. Tout ce que les Français conservèrent furent les îles de St-Pierre-et-Miquelon et le droit de pêche dans les eaux situées au nord du continent.

Mais, comme le prouve l'histoire, cette malencontreuse défaite ne détruisit pas les liens franco-américains. C'est la France qui joua un rôle majeur lors de la révolution américaine. Et c'est l'influence de Montesquieu qui conduisit les Américains à adopter la philosophie de la séparation des pouvoirs législatif, exécutif et judiciaire. En contrepartie, l'un des initiateurs de la révolution française fut un Américain, Thomas Paine, dont le livre « Le Sens Commun » *(Common Sense)* avait déclenché la révolution américaine. Il s'installa en France et écrivit « Les Droits de l'Homme » *(The Rights of Man),* ouvrage qui influença fortement les révolutionnaires français désireux de renverser la monarchie. Et lorsque les Français rédigèrent leur propre Déclaration des Droits de l'Homme, La Fayette consulta Jefferson, Paine et d'autres hommes d'état américains pour parfaire la rédaction du texte.

Avec une telle toile de fond, ce livre constitue une aide précieuse à une meilleure compréhension de l'évolution de l'histoire, de la culture et de la société américaines depuis la révolution. Un des chapitres les plus intéressants est celui qui traite de la Guerre de Sécession, probablement l'épisode le plus dramatique de l'histoire des Etats-Unis, durant lequel le pays se trouva brutalement coupé en deux entre le Nord et le Sud, et où une guerre sanglante se déclara, déclenchée par la décision d'Abraham Lincoln d'abolir l'esclavage. Les Français étaient depuis longtemps conscients des problèmes qui amenèrent la Guerre de Sécession. En 1788, un an avant l'adoption de la constitution américaine, Jacques-Pierre Brissot, à la suite de son séjour en Amérique, avait créé la « Société des Amis des Noirs » à laquelle il avait associé Mirabeau, Condorcet et La Fayette. La France avait aboli l'esclavage dans toutes ses possessions le 27 avril 1848, et les convictions anti-esclavagistes étaient très fortes dans le pays. La publication aux Etats-Unis de « La Case de l'Oncle Tom » de Harriet Beecher Stowe, roman racontant les épreuves d'une famille d'esclaves, eut un succès immédiat en France et dix éditions en furent épuisées en l'espace de deux ans. Mais en dépit de ce mouvement, l'opinion en France était divisée à propos de la guerre. Napoléon III aurait préféré voir le Sud victorieux. Son cousin, le prince Napoléon, attribuait ces propos à l'empereur : « Si le Nord est victorieux, j'en serai heureux. Si le Sud l'emporte, j'en serai enchanté ». L'attitude de Napoléon III irrita de nombreux Américains qui soutinrent la Prusse lorsqu'elle envahit la France en 1870. Beaucoup de Français prirent part à la Guerre de Sécession, y compris des membres de la haute aristocratie. Mais la majorité d'entre eux se rallièrent au Nord, le plus connu d'entre eux étant le général comte Régis de Trobriand.

La lecture de *L'Illustration* nous entraîne ensuite dans les cruels récits des guerres entre Américains et Indiens à la fin des années 1860.

Mais ce livre ne montre pas uniquement les côtés tragiques de l'histoire américaine. Il nous emmène aussi à la Nouvelle-Orléans en 1847 et nous fait découvrir l'évolution de ce territoire que tant de liens rattachent à la France. Nous vivons la merveilleuse épopée de la découverte de l'or en Californie en 1849, qui attira des centaines de milliers d'Américains vers la Côte Ouest, jusqu'alors pratiquement inhabitée. Nous découvrons l'émergence de nouvelles religions aux États-Unis, notamment les Quakers et les Mormons au milieu du 19e siècle. Et nous vivons un des phénomènes américains majeurs, l'immigration massive des Européens vers les États-Unis. L'arrivée des Italiens, des Allemands, des Irlandais, et autres Européens aux Etats-Unis, et leur intégration dans la société américaine est probablement l'un des faits majeurs d'un peu plus de deux siècles d'histoire de ce pays.

Bien sûr, nous revivons le récit de la construction de la Statue de la Liberté. Le premier reportage de *L'Illustration* fut publié en 1875, année où un comité appelé « Union Franco-Américaine » fut fondé par Edouard de Laboulaye, l'homme qui avait poussé Frédéric-Auguste Bartholdi, le fameux sculpteur français, à mettre en œuvre son incroyable projet. Ils avaient dîné ensemble à Versailles en 1865. « J'ai dîné chez mon illustre ami, M. de Laboulaye », avait noté le sculpteur Bartholdi, alors âgé d'un peu plus de 30 ans. La conversation était tombée sur les relations internationales. On était alors à quelques années du centième anniversaire de l'indépendance américaine. Laboulaye, professeur et historien éminent, libéral et américanophile convaincu, lança alors l'idée d'un monument qui serait édifié en Amérique, fruit d'un effort commun des deux nations. L'article de *L'Illustration* montre une gravure de Bartholdi représentant son projet à l'entrée du port de New York. La statue ne fut finalement édifiée et inaugurée que le 28 octobre 1886, plus de 10 ans après le centenaire de la Déclaration d'Indépendance. Mais 100 ans plus tard, le 4 juillet 1986, le Président américain Ronald Reagan et le Président français François Mitterrand célébrèrent le centenaire de la Statue de la Liberté, montrant par là le rôle majeur qu'elle continue de jouer dans les relations entre nos deux pays.

Et cette gravure de Bartholdi m'amène à un autre commentaire sur notre ouvrage. Ce sont en effet non seulement les textes, mais aussi les illustrations et les photographies de cette importante période qui rendent ce livre si attirant. Nous n'y lisons pas seulement l'histoire, nous la voyons revivre sous nos yeux. C'est là le point primordial qui fit de *L'Illustration* l'un des plus grands hebdomadaires de son temps.

J'ai été particulièrement touché par le chapitre sur l'incendie de 1906 qui détruisit une grande partie de San Francisco. San Francisco est ma ville natale, j'y ai vu le jour en 1925, à une époque où les travaux de reconstruction n'étaient pas encore terminés. Ma mère, née en France en 1897, y était rédactrice en chef d'un quotidien français. Ma tante était la comédienne vedette d'un des théâtres français. De nombreux hôtels de la ville appartenaient à des Français émigrés en Californie. N'eussent été cette influence française et le fait que ma mère était née en France, je me serais sans doute joint aux nombreux jeunes Californiens de cette époque qui dirigeaient leurs regards de l'autre côté du Pacifique, vers l'Asie, où ils entrevoyaient l'avenir. Moi, au contraire, je regardais au-delà de l'Amérique, au-delà de l'Atlantique, vers l'Europe, vers la France. Et bien que j'aie, durant la Seconde Guerre mondiale, combattu dans le Pacifique contre les Japonais, mon regard se portait toujours vers l'est, avec l'espoir profond que la France et l'Europe seraient libérées de l'Allemagne nazie. Les chapitres du livre écrits après ma naissance retracent l'histoire de ma jeunesse : le krach de Wall Street en 1929 et l'élection de Franklin D. Roosevelt à la présidence des Etats-Unis en 1932. Et ce livre ne pouvait trouver meilleure conclusion que le splendide article écrit en 1939 par Henri Malherbe, Prix Goncourt 1917 et ancien combattant de la guerre de 1914-18, dans lequel il exprime la montée de la peur en Amérique face aux événements européens, au « cataclysme européen » comme il l'appelle, et dans lequel il se demande s'il est trop tard pour une alliance avec une Europe « incendiée, ravagée, désertique ».

Mais l'histoire nous apprend que les États-Unis renouèrent cette alliance. Une fois de plus les Américains traversèrent l'Atlantique pour libérer l'Europe et la France. Non seulement ils sortirent les pays européens de la catastrophe de la Seconde Guerre mondiale, mais ils jouèrent un rôle majeur dans leur reconstruction. Quand les troupes américaines entrèrent dans Paris en 1944, la réception fut délirante. Les événements confirmaient une fois de plus l'amitié qui existe entre nos deux pays.

Pour ceux qui veulent comprendre leurs amis de toujours, ce livre est une merveilleuse leçon d'histoire.

Pierre SALINGER

LA STATUE DE LA LIBERTE A NEW-YORK

AU SOMMET

SOMMAIRE

La date de parution des articles dans L'*Illustration* est indiquée sous le titre de chaque sujet.

L'ILLUSTRATION
10 AVRIL 1937

FRANCE-AMÉRIQUE

Une mission française, organisée par le Comité « France-Amérique » et conduite par l'un de ses animateurs, M. Gabriel-Louis Jaray, célèbre en ce moment même aux Etats-Unis le 250e anniversaire de la mort de Cavelier de La Salle, le troisième centenaire de la naissance du Père Marquette et tous les grands Français qui, aux dix-septième et dix-huitième siècles, illustrèrent les régions du Mississippi, du Texas et de la Louisiane. A cette occasion, L'Illustration *a cru devoir commémorer, par un numéro particulièrement copieux, ces souvenirs d'un glorieux passé qui ont créé entre les Etats-Unis et la France des liens d'amitié qu'il paraît aujourd'hui plus que jamais opportun de rappeler et d'exalter.*

COLONIES ET SURVIVANCES FRANÇAISES AUX ÉTATS-UNIS

par CH. DE LA RONCIÈRE

LE PÈRE MARQUETTE ET CAVELIER DE LA SALLE

A la gloire de deux Français qui, en simples canots d'écorce, se laissèrent glisser au fil du Mississippi pour ouvrir à la civilisation l'immense vallée du Père des eaux, des fêtes grandioses viennent d'avoir lieu aux Etats-Unis. 1937 est l'année du deux cent cinquantième anniversaire de la mort de Cavelier de La Salle et du tricentenaire de la naissance du Père Marquette, qui ont, l'un et l'autre, leur effigie au Panthéon des grands hommes à Washington. Le nom du Père Marquette, attaché à une affaire financière, retentit chaque jour à la Bourse de New York. Et, lorsque j'abordai pour la première fois aux Etats-Unis, en quittant sur le lac Ontario la rive canadienne, ce fut l'ombre de Cavelier de La Salle qui accueillit la mission française envoyée au Canada pour le quatrième centenaire de sa découverte. Des soldats américains revêtus de l'uniforme du régiment de Carignan-Salières faisaient la haie. Puis, du pas souple qu'avaient les soldats de Louis XIV, ils nous escortèrent au fort Niagara, l'ancien fort Conti de Cavelier de La Salle, qu'avec une véritable piété les citoyens des Etats-Unis avaient réédifié.

Sur les tombes des leurs, les Indiens célébraient le Festin des

Frontispice de l'album
sur la Floride du Dieppois
Le Moyne de Morgues (1564)
(Service hydrographique.)

âmes. Au printemps de 1937, les deux grands Français ont eu leur Festin des âmes dans les villes et les comtés qui portent leur nom : Lasalle, sur le Niagara, dans l'Illinois et au Texas ; Marquette, un évêché qui se mire au bord d'une presqu'île du lac Supérieur, un comté du Wisconsin où les eaux s'épandent en chapelets lacustres et un comté du Manitoba où des métis bois brûlé fraternisent avec des Indiens de la Fourche des Gros-Ventres. L'un et l'autre n'ont de rival, dans la nomenclature des localités américaines, que Lafayette, dont six comtés et dix villes ou villages des Etats-Unis portent le nom ; Paris, nom d'une demi-douzaine de petites villes ; Versailles, de quatre ; Orléans, de trois ; Montpellier, de deux ; Vincennes est un évêché de l'Indiana ; Rochelle, un port de l'Etat de New York ; Le Havre de Grâce, une ville du Maryland ; Iberville, un comté de Louisiane. Iberville est le nom du Cid canadien, qui, après avoir conquis à la baie d'Hudson, à Terre-Neuve et à Nevis la gloire et donné à la Louisiane l'existence, mourut en 1706 à La Havane, où la mission de France-Amérique a commémoré par une plaque cette brillante carrière.

En présence de Laudonnière, les Indiens de Floride apportent leurs offrandes au padron fleurdelisé.
(Miniature de Le Moyne de Morgues, 1564.)

Et cet hommage à la France n'est que justice. Car elle fut la première de toutes les nations européennes à tenter la colonisation de l'Amérique du Nord. Jacques Cartier échoua, il est vrai. Mais l'amiral de Coligny, en 1562, récidiva. Une expédition, organisée quarante ans plus tôt par un syndicat de négociants lyonnais, avait reconnu la richesse et la beauté des côtes de Franciscane — c'est ainsi qu'on appelait alors, du nom de François Ier, le littoral des Etats-Unis. Giovanni di Verrazzano, qui la commandait, avait baptisé les rives des vocables de sa patrie d'origine, San Miniato, la Certosa, comme de sa patrie d'adoption, Dieppe, Honfleur, Angoulême.

A la nomenclature florentine, les huguenots de l'amiral de Coligny substituèrent les noms de : Seine, Loire, Somme, Charente, Garonne, Gironde ; et c'est au chant des psaumes de David, mis en musique par Goudimel, qu'ils entrèrent dans le Jourdain — aujourd'hui la Saint-John's-River. Là, dans un îlot, ils bâtirent la forteresse de la Caroline. Au padron fleurdelisé les Timucuas apportaient comme un tribut les produits du sol : l'hommage qu'ils lui rendaient à genoux a fait l'objet d'une miniature peinte sur place par Jacques Le Moyne de Morgues, un des arquebusiers du capitaine René de Laudonnière.

La destinée de la petite colonie fut tragique. Jean Ribault lui amenait, en 1565, des renforts, quand l'ouragan jeta ses navires à la côte. Les naufragés tombèrent tous sous les coups de Pero Menendès de Avilès dans la « lagune du Massacre », Matanzas. La Caroline succomba à son tour. Un vengeur se leva. Quand Dominique de Gourgues fit appel au concours des Timucuas : « Etes-vous de vrais Français ? » demanda leur cacique. Et, pour s'en assurer, il invita les arrivants à chanter les psaumes de Marot :

Revenge-moy, pren la querelle...
Le Dieu fort, l'Eternel parlera...
Qui en la garde du haut Dieu...

L'épreuve ayant été concluante, l'attaque des redoutes espagnoles fut vivement menée en avril 1568, et leurs garnisons exterminées, « non comme Espagnols, mais comme traistres, volleurs et meurtriers ».

... Un siècle a passé. La colonisation de la Nouvelle-France, reprise en 1608 par la fondation de Québec, nous assure une solide base d'opérations pour progresser vers le sud. En juin 1671, en présence de quatorze tribus, Simon-François Daumont de Saint-Lusson, une motte de terre en main, prendra solennellement possession, au nom du Grand Capitaine du royaume de France, de toutes les contrées qui s'étendent de la mer du Nord et de l'Ouest jusqu'à la mer du Sud. Parmi les témoins de la mémorable scène qui se passait au Sault Sainte-Marie, était le Père Jacques Marquette, un apôtre, dont le poète Longfellow a évoqué l'arrivée en canot à la cour illinoise. Sur une peau de bison aux poils plus doux que la soie, le sachem illinois fit asseoir le jésuite pour fumer avec lui le calumet de paix, enjolivé de têtes d'oiseaux couleur de feu, caducée qui allait permettre au Père Marquette de descendre sans encombre le Mississippi jusqu'au confluent de l'Arkansas. Mais, alors qu'il allait évangéliser la peuplade illinoise des Kaskakias, il glissa dans l'éternel sommeil, le 18 mai 1675, sur les bords du lac Michigan.

Le jésuite avait ouvert la voie au Vauban de la Nouvelle-France, que Louis XIV avait autorisé, le 12 mai 1678, à construire des forts « pour la découverte de la partie occidentale de la Nouvelle-France ». Ce Vauban était le Rouennais Robert Cavelier de La Salle. Familier avec la mystique indienne qui a le culte des morts, il prodigua des étoffes pour envelopper les cadavres ; un de ses compagnons, le Père Hennepin, ne

Supplique des veuves de guerre à leur cacique de Floride
(Miniature de Le Moyne de Morgues, 1564.)

Cavelier de La Salle.
Dans le cartouche, scène de la prise de possession de la Louisiane.

se vit-il pas dépouiller de sa chasuble pour revêtir de la « robe du soleil » les ossements d'un Indien ! Cavelier de La Salle put ainsi jalonner de fortins les lacs et les rivières où voguait sa bastille flottante *le Griffon.* Les forts Frontenac et Conti s'élevèrent sur les deux rives du lac Ontario ; le fort des Miamis au sud du Michigan ; les forts Crèvecœur et Saint-Louis sur l'Illinois.

Ce furent les prémices de la grande entreprise qui devait lui conférer la gloire : la descente du Mississippi jusqu'à la mer. Le 9 avril 1682, dans le delta du fleuve, il prenait solennellement possession, au chant du *Vexilla* et du *Domine, salvum fac regem,* de toutes les contrées découvertes et qu'il baptisa la Louisiane.

Cavelier de La Salle revint à la cour recevoir la récompense de son magnifique exploit, le brevet de commandant de la Louisiane. Le malheur voulut que, n'ayant relevé des embouchures du Mississippi que le degré de latitude, il ne put par mer les retrouver. Il alla planter son drapeau au fond du golfe du Mexique sur le fort Saint-Louis qui s'élevait à 2 lieues de la baie Saint-Louis, la Matagorda bay actuelle, au Texas. Avant de gagner la « fatale rivière » du Mississippi, il était assassiné par deux des siens, le 19 mars 1687.

LES ÉMIGRÉS DE LA RÉVOCATION DE L'ÉDIT DE NANTES

Le 18 octobre 1685 — une des dates les plus douloureuses de notre histoire — le chancelier Le Tellier contresignait la révocation de l'édit de Nantes. La liberté de conscience qu'on leur refusait, les protestants la cherchèrent dans la fuite. A Charleston, en Caroline du Sud, ils construisirent un temple, tapissé de plaques aux noms français, que *L'Illustration* a données dans son numéro du 1er septembre 1934.

Les Faneuil, de La Rochelle, établis à Boston, y construisirent un wharf pour décharger les vaisseaux et une halle pour entreposer les marchandises. Mais on ne voit plus aujourd'hui, à côté de la halle Faneuil, une de ces pittoresques maisons aux pignons pointus qui faisaient, il y a un siècle, le charme de la ville. Au confluent du Catskill avec l'Hudson, Pierre Faneuil édifie en 1740 l'hôtel de ville de Catskill. A Frenchtown, dans le New Jersey, quarante-six chefs de famille cultivent chacun 100 acres de terre. Gabriel Bernon bâtit un château fort à New Oxford. Des Rochelais fondent New Rochelle, à 14 milles de New York, où ils venaient au temple français, construit en 1704. Partis dans la nuit, ils arrivaient en sabots et faisaient leur entrée en ville au chant des psaumes de Marot, à l'effet grandiose, mais parfois triste comme un glas.

LA LOUISIANE

Chargé par le ministre Pontchartrain de « faire une découverte exacte de l'embouchure du Mississippi pour empescher les Anglais de s'y placer », Pierre Le Moyne d'Iberville, le Cid canadien, mouille, le 31 janvier 1699, dans la rivière de Mobile. Accueilli au son des chichicois — calebasses garnies de cailloux — il s'établit solidement dans la contrée. Le fort de Biloxi surveille la côte ; l'île du Massacre, couverte d'ossements, devient, sous le nom d'île Dauphine, un chantier de constructions navales ; le fort Maurepas, à deux étages et à mâchicoulis, à 18 lieues de l'embouchure du Mississippi, garde le fleuve. En 1702, Iberville revient fonder une petite ville, Mobile, à proximité des Apaches, Indiens civilisés dont les femmes, en jupons de soie, ont les cheveux tressés « à la mode des Espagnolettes ».

Livrée le 14 septembre 1712 à un de ces mercantis qu'on appelait alors des traitants, à Antoine Crozat, la Louisiane cesserait d'exister si le frère de Le Moyne d'Iberville, Jean-Baptiste Le Moyne de Bienville, n'était secondé par ses frères, son beau-frère et ses neveux, les Macchabées de la Nouvelle-France. Un jour, il pourra écrire fièrement : « Dans les temps les plus durs que l'on estoit quatre années de suite sans nous envoyer aucun secours de France, j'ay sceu conserver la colonie avec le peu de troupes que j'avais. »

Mais en 1717 se fonde, au capital de 100 millions, une compagnie dont le créateur de la Banque générale d'escompte, John Law, est l'âme.

Stèle fleurdelisée élevée par les Etats-Unis à l'endroit où nous en avions érigé une en 1564.

Et les gogos de s'écraser rue Quincampoix pour souscrire sur le dos d'un bossu aux actions de la Compagnie d'Occident. La Louisiane leur devra une capitale, une ville dont l'ingénieur Le Blond de La Tour a conçu les plans. Cinquante-six carrés ou groupes de maisons, dont les rues se coupent à angle droit, enveloppent une place d'armes, des magasins et des casernes. Telle est la Nouvelle-Orléans, où l'abbé Prévost va situer la seconde vie de Manon, le relèvement de l'amoureuse, parmi les filles de la Salpêtrière qu'on expédiait de Paris.

La Compagnie de Moeuvre s'établissait dans le village des Taensas ; le délégué de Pâris-Duvernay, chez les Bayagoulas, où il fondait une manufacture de vers à soie ; le Lyonnais Brossart, à proximité du temple des Natchitoches, orné de serpents et de crapauds comme idoles ; Revillon, chez les Pascagoulas ; un autre colon, à Bâton-Rouge, ainsi nommé du poteau totémique qui marquait entre tribus la limite d'un territoire de chasse ; le Picard La Houssaye, enfin, chez les Natchez. Là se groupèrent, avec moulin à eau, forge et magasin, les Cléracs de M. de Montplaisir, ainsi nommés d'une manufacture semblable de tabacs fondée à Clérac, en Saintonge. Le fort Rosalie semblait leur assurer la paix. Pauvres gens !

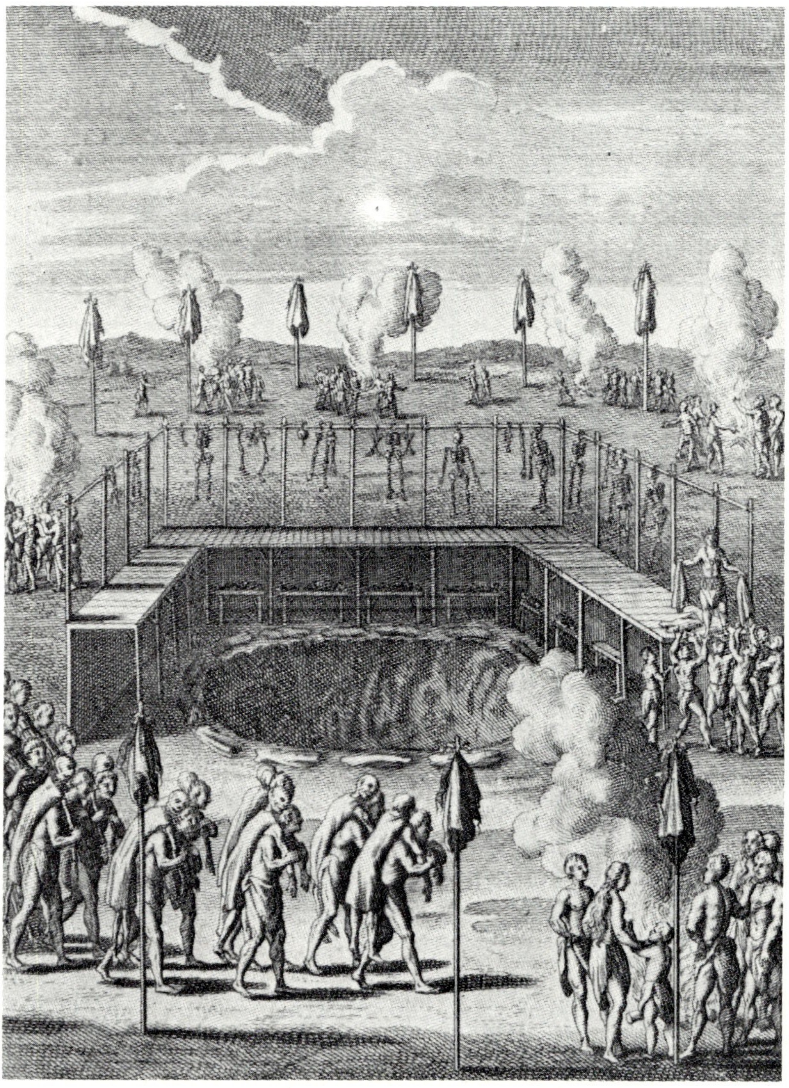

Indiens transportant les ossements de leurs ancêtres.
L'un d'eux les revêtira d'une chasuble, de la « robe du soleil ».
(Le Père Lafitau, *Mœurs des sauvages*, 1724.)

La halle Faneuil, à Boston.
(Willis, *l'Amérique pittoresque*, 1840.)

Le commandant Etcheparre — le « Chepar » de Chateaubriand — commet la maladresse de vouloir chasser le Soleil de la Pomme du village où reposent dans un temple ses ancêtres. Le Soleil de la Pomme arrive, le 29 novembre 1729, au fort Rosalie à la tête de ses guerriers, dont un tambour, fait d'un pot de tabac, scande la marche. « Les sauvages ont surpris en plein jour tous les habitants. Ils ont coupé la teste à tous les morts, ensuite rangé les corps en leur faisant s'entretenir tous la main, et leur ont fait des dances à leur mode et chantoient à la française par dérision. Les femmes qui n'étoient point grosses ont été épargnées ; mais les autres ! Ils leur ouvrirent leur sein et leur arrachoient l'enfant du corps ; ils leur faisaient voir l'enfant qu'ils jetoient après aux chiens ! Les hommes ! Ils les ont fait brûler pendant des journées entières, et cela, à petit feu, après leur avoir coupé nés, oreilles, etc. » Et voilà exécutée de main de maître par un témoin oculaire, par le chevalier de Pradel, la fable des bons sauvages célébrés par Chateaubriand, des Indiennes, aussi légères que les biches, qui « cueillaient les fraises, dont l'incarnat teignoit leurs doigts ». L'incarnat, hélas ! était fait du sang de deux cent trente-huit victimes, auxquelles s'ajouta la garnison du fort Saint-Claude des Yasous : les Chicachas marchaient sur la Nouvelle-Orléans. Le torrent allait-il emporter la colonie ?

Non, car plusieurs tribus nous étaient restées fidèles. Les Tonicas contre-attaquent les Natchez. Le Sueur accourt. Les Illinois offrent leur aide. Les Natchitoches pourchassent, sous la conduite de Juchereau de Saint-Denis, une colonne de Natchez. La victoire a changé de camp. En 1731, la tribu des Natchez, encerclée dans le fort de la Valeur, sur une colline escarpée, se peinturlure en vain de noir, de rouge, de jaune et de gris, comme des diables qui cherchent à nous épouvanter avec leur tintamarre de sonnettes et de grelots : leur nation a vécu.

LA HAUTE-LOUISIANE

Depuis que Cavelier de La Salle et le chevalier de Tonty avaient construit des forts en pays illinois, l'influence de la France n'avait cessé de se développer dans les hautes vallées du Mississippi. Les Sioux avaient, en guise d'hommage, présenté au comte de Frontenac autant de flèches qu'ils comptaient de villages. Et, l'année où les délégués de trente-huit tribus indiennes dessinaient, le 4 août 1701, leurs totems en guise de signatures au bas d'une Société des Nations qui s'était constituée à Montréal sous l'égide de la France, Pierre Le Sueur bâtissait le fort Lhuillier sur la rivière verte des Sioux ; Juchereau de Saint-Denis établissait une tannerie sur le Wabash, et Antoine de Lamothe-Cadillac fondait Détroit.

De la Basse-Louisiane, une trentaine de bateaux chargés de marchandises par un délégué de Law montaient vers le grand village des Akansas, dont les caciques avaient chacun son totem peint sur cuir au-dessus de la porte de sa cabane : porté par deux caciques, la face contre terre et éventé avec des plumes d'aigle, Bénard de La Harpe fut l'objet d'une réception triomphale où on le peignit en bleu et en rouge. L'enseigne Etienne Veniard de Bourgmont fonde sur le Missouri le fort d'Orléans. Le major de Boisbriant installe, en 1719, sur le Mississippi le fort de Chartres. Le charpentier Pénicaut, lui, est l'hôte des Colapissas. Vite, un violon, que son camarade, Picard, accorde au son du tambour indien. Et Pénicaut de danser avec « la Bonne Fille » et « la Belle Fileuse », filles du cacique, le menuet et la bourrée. « Elles me faisaient pâmer de rire, disait-il, avec leur prononciation sauvage, qui ne vient que du gosier. »

Et eux, les Indiens, comment nous jugeaient-ils ? Une dizaine de leurs délégués eurent, en 1720, une audience royale, des chasses au Bois de Boulogne, des exhibitions chorégraphiques à l'Opéra. Et voici quelles curieuses impressions ils rapportèrent. Une Missourite avait vu à Paris le siège d'un esprit : une montre à répétition ! « Dans le grand village qui a autant d'habitants que de feuilles aux arbres, disait un Illinois tamaroa, j'ai vu la Cabane du Grand Chef (le Louvre) et celle des Vieux Guerriers (l'hôtel des Invalides). Mais le plus beau, c'était la rue des Boucheries, tant on y voyait de viande. Dans les rues, se promenaient des hommes fardés de rouge, frisés en chignon comme les femmes, ornés comme elles de pendants d'oreille et sentant le musc de crocodile (les petits-maîtres de la Régence). Dans une grande maison (l'Opéra), il y avait des sorciers jongleurs ; sur un pont, de tout petits hommes chantaient et parlaient (des marionnettes). » Les Indiens avaient aussi leurs sorciers-jongleurs, qui rendaient des oracles par la bouche d'une idole aux cornes de bouc, aux ailes de parchemin et à la queue de caïman. Le capitaine Bossu démasqua la fraude en montrant qu'un cornet acoustique, dissimulé dans un tronc d'arbre, aboutissait à la bouche de l'idole.

Sur le Mississippi, retentissaient les chansons de la vieille France, que rythmait la cadence des rames. Il y avait alors de nombreuses escales : Cako, Kas, Chartres, Sainte-Geneviève, baptisée du sobriquet de Misère, comme était appelé ironiquement Pain-Court le village de Saint-Louis, qui deviendra l'une des plus grandes villes du cœur de l'Amérique. Par contre, Florissant, qui comptait mille deux cents habitants, s'étiolera avec les siècles. Qu'il faisait bon dans ces villas coloniales, fourrées de « barbe espagnole » — c'était un crin végétal — et entourées d'une galerie aux seyantes colonnettes ! Laboureurs et négociants y vivaient insouciants du temps, qu'ils suivaient d'après les récoltes : tel événement, pour eux, était daté de la saison des grandes eaux, des fraises, du maïs ou des pommes de terre.

La Louisiane, haute et basse, s'était enveloppée de forts : Plaquemine, ainsi nommé des nèfles des plaqueminiers ; la Mobile, où les habitants avaient toujours leurs fusils chargés pour abattre les vols d'oies, d'outardes et de becs-roches ; Saint-Jean-Baptiste des Natchitoches, témoin d'un drame lors de l'insurrection des Natchez, qui étaient venus torturer une Française à la vue de la petite garnison ; poste des Cadodaquios, dont le cacique rendit grâce au Grand Esprit de nous avoir pour alliés ; poste des Ouachitas sur la rivière Noire.

A l'est, pour nous couvrir contre les colons de la Nouvelle-Angleterre, Céloron occupait en 1749 la vallée de l'Ohio et construisait le fort Duquesne au confluent de la Malengueule (Monongahéla) et de la rivière des Alleghanys. L'attaque des Anglais, conduits

La Bourse élevée à Philadelphie aux frais du Français Stephen Girard.

par Washington, le « général en peau de daim », en 1754 fut marquée par la mort de Jumonville, tombé avant qu'on eût reconnu sa qualité de parlementaire. Fort-Duquesne devenait Pittsburg.

Le fort Toulouse, que les Alibamons nous avaient aidés, en 1714, à construire, dut être abandonné après le traité de Paris. Le cacique indien, décoré par Louis XV d'une médaille, mit le feu aux bastions pour ne pas les laisser aux Anglais, puis descendit vers la Mobile pour recevoir la « médecine française », le baptême, et reposer au pays des âmes, aux côtés des Français.

Indiens jouant à la « crosse ».
(Grasset de Saint-Sauveur, *Tableaux cosmographiques*, 1787.)

LES ÉMIGRÉS DE L'ACADIE EN LOUISIANE : « LES CADIES »

Bien que, le 3 novembre 1762, Louis XV eût fait cadeau à l'Espagne de la Louisiane, des Français ne cessèrent d'y affluer. « Expaysés » en 1755 par le rude gouverneur Lawrence et chassés de leur patrie qui devenait la Nouvelle-Ecosse, les Acadiens jetèrent les fondations d'une nouvelle Madrid dans l' « anse à la graisse », où l'on faisait de l'huile d'ours, et s'établirent en amont de la Nouvelle-Orléans, sur la rive droite du Mississippi, dans une région encore vierge d'Européens, chez les Attakapas, les « mangeurs d'hommes », que l'enseigne Simars de Belle-Isle, épargné par ces anthropophages en raison de sa maigreur, avait fait connaître.

Villa française du Mississippi.
(Tirée de la carte de Collot, 1796.)

Le pays des Attakapas et de leurs voisins du Sud, les Opolousas, devint la côte des Acadiens. Dans « les Cadies », chaque famille avait, en bordure du Mississippi, 2 ou 3 arpents qui se prolongeaient de nombreux autres dans l'immense prairie, à Catahanose, à la Fourche et aussi sur les rivières Tèche et Vermillon.

Dans leurs « vacheries » qui alimentaient en viande la Nouvelle-Orléans, les Acadiens avaient gardé l'usage des vieilles mesures de France, perche, arpent, pinte, chopine, boisseau, aune, litron ; mais ils avaient dû adopter les monnaies d'Espagne, piastre, gourde, gourdin, escalin et picayon. Amis de la joie, ils se donnaient entre eux des bals où tout le monde dansait; des violons comme orchestre, des bancs de bois comme sièges, quatre chandelles comme girandoles, du tafia arrosé d'eau pour rafraîchissement, le *gombo* comme pâtisserie suffisaient à leur bonheur.

Bossu démasque la fraude de sorciers indiens :
un tube acoustique aboutissait à la bouche de l'idole.
(Bossu, *Nouveaux voyages*, 1768.)

LES ÉMIGRÉS DE LA RÉVOLUTION DANS LA VALLÉE DE L'OHIO

A mi-chemin du lac Champlain et du lac George, le gouverneur du fort Carillon dormait au bruit des cascades d'un émissaire du lac Champlain, qui avaient valu au fort le nom indien de Ticonderoga, « l'eau bruyante », quand on frappa des coups violents à sa porte. Des soldats, qui n'étaient pas les siens, entrèrent.

— En vertu de quelle autorité agissez-vous ? demanda-t-il, irrité.

— J'agis au nom du grand Jéhovah et du Congrès continental, répliqua le capitaine Allen.

La guerre de l'Indépendance américaine, en 1776, venait d'éclater. L'une des premières assemblées d'*insurgents* avait eu lieu dans l'hôtel de ville de Catskill, qui fut le berceau de la liberté : ainsi, c'est dans un édifice français construit par l'émigré Faneuil que sonna l'éveil de l'indépendance. La Fayette accourait de France avec ses volontaires ; Rochambeau suivit avec les régiments de Bourbonnais, de Soissonnais, de Saintonge, de Touraine et de Gâtinais ; l'amiral de Grasse, avec son escadre. Et la prise de Yorktown réglait, en 1781, le sort du monde en appelant à l'existence les Etats-Unis.

La Révolution allait y provoquer l'exode de fuyards et de proscrits. Dès mai 1787, à Paris, divers citoyens s'entretenaient du projet de s'établir en Amérique pour « se soustraire à l'intolérable tyrannie des vizirs français ». L'un d'eux, Brissot de Warville, s'y rendit et en rapporta une relation de voyage où il célébrait la fondation, au confluent de l'Ohio et du Muskingum, de Marietta, dont le nom était formé des premières et des dernières syllabes de Marie-Antoinette, reine de France. Guillotin, l'inventeur du « rasoir national », incita son beau-frère, le Dr Antoine Saugrain, à passer l'Atlantique.

Lancé avec fracas par la Compagnie du Scioto, un alléchant prospectus prônait la colonisation, à raison de 6 livres l'acre, du « plus beau canton des Etats-Unis ». L'auteur du *Bonheur dans les campagnes*, un ci-devant noble, devenu citoyen de Pensylvanie, le marquis de Lezay-Marnésia, dans des *Lettres écrites des rives de l'Ohio* et datées de Fort-Pitt (notre ancien Fort-Duquesne), pressait la classe moyenne, petits nobles, bourgeois et artisans, de venir le retrouver. « Dans un siècle de fer où l'on ne fait rien sans or », quelle douceur de se réfugier au sein des forêts embaumées des parfums des tulipiers, des érables et des sassafras ! Et que de plantureux repas promet la faune de l'Ohio, faisans, dindons, esturgeons et poissons-chats !

Le Moniteur du 15 avril 1791 évaluait à sept cents le nombre des émigrés qui s'embarquèrent au Havre, à Bordeaux, à La Rochelle et à Nantes. Ils renforcèrent la petite colonie de Gallipolis, dont la création avait été fêtée le 17 octobre 1790 par un bal. La « ville des Gaules » n'était qu'une rue de soixante-dix *log-houses*, simples huttes en troncs d'arbres, en bordure de l'Ohio, où s'entassèrent les artisans parisiens, horlogers, bijoutiers, sculpteurs et verriers ; la capitale de la Gallia, qui comptait en plus les villages de Pointe-Plaisante et Aigle-Lys, fut honorée de la visite de La Fayette et de Louis-Philippe : l'auberge où ils descendirent est aujourd'hui le Musée français.

La bourgeoisie avait élu domicile à Gallipolis, les gens de cour s'établirent à Asylum sur la Susquehanna : le marquis de Saint-Omer-Talon, qui s'était sauvé de France caché dans un tonneau, le vicomte Louis de Noailles, beau-frère de La Fayette, le marquis de Blacons ; un officier de marine qui devait se faire tuer héroï-

« Le Champ d'asile », sur les bords de la rivière Trinity, au Texas (1818).

quement à Aboukir, Dupetit-Thouars, côtoyait des planteurs de Saint-Domingue qui avaient échappé à la révolte des noirs. Des idylles se nouaient. Le chanoine de Becdelièvre, qui, pour vivre, tenait une boutique de bonbons, bénissait les mariages de Blacons avec une diaconesse, et d'un intendant de la maison de Louis XVI, Charles Homet, avec Mlle Schillinger, jeune fille au service de Marie-Antoinette. Asylum se vida quand l'Empire permit aux exilés de revenir en France. Il y subsiste, comme trace du passé, l'auberge Lefèvre.

Les émigrés étaient cultivés, témoins les jolies lettres qu'écrivait de Lexington à Mme Saugrain sa sœur Sophie Michau-Robinson : « Je m'étais flattée de rencontrer les *Lettres* de Lesage à la bibliothèque. Les Wisigoths ne l'ont pas. Mme Montelle aime beaucoup les ouvrages de Las Cases, surtout son *Journal.* »

Pour Lezay-Marnésia, les auteurs favoris étaient Rousseau et Bernardin de Saint-Pierre : Bernardin, « cet homme malheureux, tendre et sublime, qui ne respire que pour la vertu, la pare des couleurs de l'imagination la plus riche et lui donne les charmes de la volupté ». Quant au « bon, au grand Rousseau, sa musique mélodieuse pénètre les cœurs pour le Dieu plein de bonté, qui, vous ayant enlevé de la région des tempêtes, vous conduit dans le séjour de la paix ». Des Pinteaux, à Montpellier de l'Ohio, portait à leur naissance ses enfants sur l'autel où « les époux faisaient à l'Eternel l'offrande de leur cœur », dans le simple décor des anémones, des renoncules et des violettes.

A Saint-Louis, que Chouteau avait fondée en 1764 et qui comptait à la fin du dix-huitième siècle soixante-dix maisons et six cents habitants, le Dr Saugrain se multipliait pour inoculer gratuitement le vaccin aux indigents, ne vivant, lui, que de la vente de thermomètres, de baromètres et de briquets phosphoriques, qu'il fabriquait lui-même.

Moreau de Saint-Méry, historien de Saint-Domingue, avait ouvert une librairie-imprimerie-papeterie à Philadelphie, au n° 84 de la 1re rue. Là, fréquentaient, chaque soir, depuis octobre 1795, son ami le plus cher, le fameux Talleyrand, puis le duc d'Orléans, plus tard roi sous le nom de Louis-Philippe, le duc François de La Rochefoucauld-Liancourt, l'ancien président des constituants, Briois de Beaumetz, les aides de camp de La Fayette, Pillet et La Colombe, Blacons, Noailles, Boislandry, Volney. Talleyrand, l'ancien évêque d'Autun, qu'on taquinait en l'appelant « Monseigneur », savourait du madère en contant des anecdotes sur Danton. Des sans-culottes, irrités de l'acquittement de Montmorin, étaient venus trouver le tribun : « Vous êtes sûrs qu'il est coupable ? Eh bien, il doit l'être. La voix du peuple n'accuse point un homme en vain. » Moreau de Saint-Méry s'élevait contre l'opinion du chirurgien Süe que la guillotine était un genre de mort atroce, et non immédiate, soi-disant parce que la tête de Charlotte Corday, décapitée, avait rougi sous le soufflet du bourreau. Et le libraire publiait sa réfutation dans l'organe de Gatereau, qui s'imprimait chez lui : *le Courrier de la France et des colonies.* Ah ! les braves gens que ces émigrés ! Stephen Girard, venu de Saint-Domingue, dote Philadelphie d'une Bourse. Et ce Crésus, comme il manque trois millions de gourdes pour parfaire le capital d'une banque fédérale, se lève et dit simplement aux actionnaires : « Messieurs, je fais le reste. »

LA LOUISIANE CÉDÉE AUX ÉTATS-UNIS

La reprise de possession de la Louisiane par la France le 30 novembre 1803 et, vingt jours après l'avoir reçue du gouvernement espagnol, sa rétrocession aux Etats-Unis donnèrent lieu aux fêtes les plus brillantes, où le préfet Laussat déploya « cette aimable élégance qui semble être un des apanages du génie français. Après le thé, le concert, les danses, on descendit à minuit dans une salle où, sur une table de quatre-vingts couverts, s'élevait du milieu des rochers le temple de la bonne foi entouré de colonnes et surmonté d'un dôme. Sous lui était placée la statue de la déesse allégorique ».

« Louisianais, disait dans sa proclamation le préfet Laussat, des vues de prudence et d'humanité ont donné une direction nouvelle aux intentions bienfaisantes de la France sur la Louisiane. Elle l'a cédée aux Etats-Unis d'Amérique. Vous devenez ainsi, Louisianais, le gage chéri d'une amitié qui ne peut manquer d'aller se fortifiant de jour en jour entre les deux républiques. »

Et le drapeau français descendit lentement, puis un vieux soldat s'en enveloppa pieusement le corps.

Ceux que nous quittions restaient fidèles à la mère patrie. Ainsi les femmes, jolies, élégantes, dotées d'une superbe chevelure, qu'elles avaient soin d'oindre avec de l'huile d'ours, recouraient au « Régénérateur universel » envoyé de Paris.

Les sauvages eux-mêmes conservaient à la France leur foi. En 1827, six Osages, délégués par leur tribu, qui avait économisé pendant quatre ans le produit de ses chasses pour payer leur voyage, venaient à Paris prêter hommage au « Chef des Guerriers Blancs, leur premier père ». Et les noirs de la Louisiane étaient à l'unisson. Une anthologie poétique, parue en 1848 à la Nouvelle-Orléans et dédiée « au beau sexe louisianais » par dix-sept gens de couleur, avait pour compilateur l'un d'eux, ancien élève de notre Ecole polytechnique. Elle était intitulée : *les Cenelles,* du nom du fruit de l'aubépine.

LES ÉMIGRÉS DES CENT-JOURS : « LE CHAMP D'ASILE », AU TEXAS

L'auteur de la *Physiocratie,* Dupont de Nemours, vint en 1815, après les Cent-Jours, aux Etats-Unis pour y pratiquer sa « philosophie du bonheur », qui fondait la morale universelle sur la seule loi de l'amour. D'autres Français l'y suivirent après Waterloo. De ce nombre étaient le roi Joseph, frère de Napoléon, et le maréchal Grouchy ; les généraux Lallemand et Rigault, avec leurs cohortes, obtinrent du Congrès, en mars 1817, l'allocation de 100.000 acres sur l'Alabama, auxquelles ils préférèrent l'île de Galveston, au Texas.

La Fayette durant la campagne de Virginie (1781).

Kaskakia,
d'une tribu dont le Père Marquette apprécia l'urbanité.

Chaouanon,
d'une tribu qui fournit à Cavelier de La Salle un chasseur.

(Carte du général Collot. — Bibliothèque nationale.)

Carte de la Nouvelle-France, dréssée à Québec après l'exploration de Le Moyne d'Iberville en Louisiane (1702).
(Bibliothèque nationale.)

L'île de Galveston était occupée par les flibustiers des Bayonnais Jean et Pierre Lafitte, qui y avaient émigré de la baie de Barataria, où leurs demeures se dissimulaient dans des bosquets d'orangers. La maison des Lafitte avait si bien l'aspect d'une forteresse que Louis d'Aury, commandant la flotte mexicaine, n'avait osé les en déloger.

Gênées par ce voisinage, les cohortes des généraux Lallemand et Grouchy quittèrent Galveston pour « le Champ d'asile », baigné par la rivière Trinity, un vrai tapis de verdure où s'épanouissaient le sceau de Salomon, le fil d'or, le réveille-matin, le foie de roche... sous le dais de verdure des figuiers-papayers et de gigantesques magnolias ; une volière aussi, où l'apparition et la disparition, tour à tour, du colibri aux couleurs d'émeraude, de pourpre et d'or, du pape et de l'évêque richement huppés, du cardinal au chant de rossignol, de la veuve en habit de deuil ou du col de taureau siffleur composaient dans un ramage d'oiseaux le rythme des saisons.

Dans ce tableau enchanteur, tracé par Lhéritier, du « Champ d'asile », il n'était pas jusqu'aux Apaches qui n'eussent un couplet : « le Champ d'asile » dut pourtant se couvrir contre leur attaque par quatre forts à l'aspect romantique, qu'il fallut abandonner devant l'entrée en campagne des garnisons espagnoles du voisinage.

Un autre « champ d'asile » avait été fondé par le général Lefebvre-Desnouettes au sud de l'Etat du Mississippi, dans l'Etat de Marengo. Condamné à mort pour avoir pris le parti de Napoléon aux Cent-Jours, le général avait donné à son fort le nom d' « Aigleville ».

La Nouvelle-Orléans. (Cartouche d'une carte de 1720. — Bibliothèque nationale.)

Stèle votive de l'indépendance des Etats-Unis.

LA COLONIE COMMUNISTE DE CABET

Le fils d'un tonnelier de Dijon, Etienne Cabet, professeur, avocat, procureur général, député, et enfin proscrit, se plongeait au British Museum dans l'étude des ouvrages socialistes, afin de transposer dans la réalité l'*Utopie* du chancelier Thomas Morus, la *Cité du soleil* du moine Campanella et *la République* de Platon. Dans le *Voyage d'Icarie*, Cabet commença en 1838 le lancement d'un programme communiste qu'il développa dans son journal *le Populaire*. Poursuivi devant les tribunaux, il déclara à ses disciples : « Allons en Amérique fonder une Icarie française, européenne, universelle. Allons réaliser l'idéal de la philosophie, de la religion, de la fraternité. » Les sectateurs de Cabet s'embarquèrent le 29 janvier 1848.

Une secte religieuse, qui avait pris le nom du pseudo-prophète Mormon, venait de quitter en 1847, pour les bords du lac Salé, la ville de Nauvoo qu'elle avait fondée dans l'Illinois. Au prêtre de Melchisédech qui présidait le peuple polygame des Mormons, Cabet se substitua dans la ville abandonnée. C'est de Nauvoo qu'il écrivait au prince Louis-Napoléon — Napoléon III — pour protester contre l'accusation d'escroquerie lancée contre lui. Cabet n'en jugeait pas moins nécessaire d'aller se disculper en France. Il quittait le 11 mai 1851 Nauvoo. Son départ et des dissensions infinies eurent vite raison de la république communiste.

Siège de Yorktown par Washington, Rochambeau et La Fayette (1781)
La prise de la ville décida de l'indépendance des Etats-Unis. (Service hydrographique.)

La variété des petites colonies essaimées aux Etats-Unis par des Français, l'essor pris par certaines d'entre elles, Détroit, Saint-Louis, Saint-Paul, les survivances laissées dans d'autres, French Town, New Rochelle, Nouvelle-Orléans, Vincennes, Dubuque, Bangor, Gallipolis, Asylum, nécessitaient une enquête approfondie à l'heure où la mission française Marquette-Cavelier de La Salle allait sonner l'éveil du passé jusque dans les humbles villages du Mississippi où l'on a conservé les traditions et le langage du pays d'Evangéline. « Au bayou Têche, sous un chêne vert de Louisiane, disait l'abbé Casgrain, une blanchisseuse entonnait les couplets de *la Claire Fontaine,* la chanson du Canada, dont ses enfants répétaient le refrain. »

CH. DE LA RONCIÈRE.

SURVIVANCES FRANÇAISES EN AMÉRIQUE DU NORD

Cette carte de ce qui fut la Nouvelle-France (mais où sont délimités trente et un des quarante-huit Etats de l'Union) fait mention des villes et lieux géographiques qui ont conservé des noms français.

LA NAISSANCE DES ÉTATS-UNIS

18 FÉVRIER 1933

Le 20 janvier 1783, le comte de Vergennes, secrétaire d'Etat au département des Affaires étrangères, et le sieur Alleyne Fitz-Herbert, envoyé de Sa Majesté britannique, signaient à Versailles dans le cabinet particulier du ministre, les articles préliminaires d'une paix qui, par sa promulgation le 18 septembre suivant, devait consacrer l'indépendance des Etats-Unis.

Plus de quinze mois s'étaient écoulés depuis la capitulation de Yorktown au cours desquels le cabinet de Versailles, tout en souhaitant la fin des hostilités, avait entretenu en Amérique l'armée victorieuse du comte de Rochambeau. Car, à l'encontre de ce que nous pensons, il ne croyait pas la partie définitivement gagnée. « Vous avez rendu à nos armes, écrivait Vergennes au lieutenant-général en décembre 1781, le plus grand éclat et vous avez posé une pierre d'attente sur laquelle j'espère que nous élèverons un édifice honorable de paix. Il ne faut pas se flatter cependant qu'elle puisse être prochaine ; il n'est pas dans le caractère anglais de lâcher si facilement prise. » Précaution superflue à l'égard d'un homme qui avait la réputation d'être méfiant et exprimait son énergie dans l'une de ces formules de bon sens dont les grands capitaines ont le secret. *Où sont-ils ?* avait-il coutume de demander en parlant de l'ennemi afin de le frapper au point vulnérable. Or, ils étaient encore, par delà New York, citadelle inexpugnable, à Savannah et à Charleston, et Rochambeau se montrait disposé à forcer ces deux villes.

Mais, de nouveau, les circonstances l'acculèrent à la défensive. La nouvelle de l'écrasement de l'amiral de Grasse, connue au camp français dans les derniers jours de mai 1782, le jetait dans la consternation. Privée de ses plus belles unités, la marine du roi ne pourrait plus, désormais, épauler les opérations de terre ni chasser les corsaires anglais – « cette vermine », écrivait Rochambeau à son ministre — qui, peu à peu, en s'insinuant dans les baies et les estuaires de la côte, couperont toute communication entre les deux continents et réduiront le corps français à la plus extrême disette de dépêches et d'argent.

Rochambeau réussit pourtant à se maintenir, jusqu'au fort de l'été, dans ce poste de vigie qu'était la presqu'île d'York, à égale distance des « armées américaines du Nord et du Sud » et prêt à seconder, selon les préférences du roi, Greene ou Washington. Le silence incompréhensible de la cour et les chaleurs déprimantes de Virginie l'obligèrent enfin à « prendre un parti sur des conjonctures et faire pour le mieux ». Le 1er juillet, l'armée quittait Williamsburg et remontait vers Baltimore par des étapes de nuit qui s'achevaient au lever du soleil, « passé lequel la chaleur excessive ne permettait plus aucun mouvement ».

Seul et à cheval, Rochambeau avait pris les devants pour conférer à Philadelphie avec Washington. Celui-ci, qui cherchait à flatter l'amour-propre de ses alliés, proposa d'entrer en force *into the bowels of Canada* et d'assiéger Québec. C'était méconnaître les tendances pacifiques de la politique de Vergennes. Rochambeau, qui, lui, ne les ignorait pas, éluda la difficulté en invoquant ses *Instructions*. Comme à Wethersfield, l'année précédente, il accepta seulement de se joindre aux milices américaines qui campaient sur les bords de l'Hudson et d'y attendre l'arrivée, toujours différée, du plan de campagne.

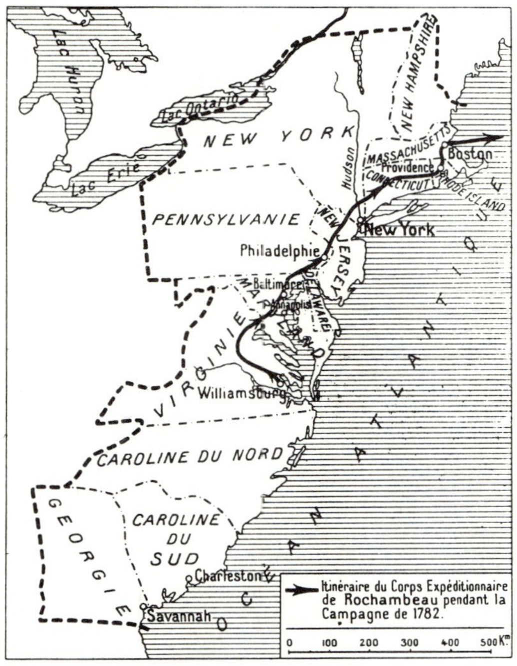

Les treize « Etats-Unis » de 1782.

Le surlendemain de cette jonction, qui fut marquée de part et d'autre par de véritables transports de joie, le propre fils du secrétaire à la Guerre, le comte de Ségur, atteignait à son tour l'Hudson après une traversée périlleuse. Rochambeau le reçut à bras ouverts. Ce jeune homme apportait l'ordre de tenir le corps expéditionnaire en mesure d'embarquer pour les îles sur treize vaisseaux que le marquis de Vaudreuil avait ralliés depuis la capture de Grasse et qui réparaient leur gréement dans la rade de Boston. Une fois de plus, le lieutenant général avait manœuvré du bon côté. Les Anglais abandonnaient d'eux-mêmes Savannah et Charleston et le bruit courait qu'ils s'apprêtaient à évacuer New York, leur dernier boulevard, pour mieux défendre les Antilles. C'était le signe avant-coureur de la paix.

L'armée française quitta son camp le 22 octobre, s'arrêtant à Hartford et à Providence afin de donner le temps à Vaudreuil de se préparer. L'automne était froid et pluvieux. Rochambeau, qui avait sollicité du ministre la permission de ne pas suivre ses soldats aux îles, leur fit ses adieux le 30 novembre : « Nous avons vu partir M. de Rochambeau avec peine, écrivait Fersen à son père. C'était le seul homme qui fût capable de nous commander ici et de maintenir cette parfaite harmonie qui a régné entre deux nations si différentes par leurs mœurs et leur langage. Sa conduite sage, prudente et simple a plus fait pour nous concilier l'Amérique que quatre batailles gagnées n'auraient pu le faire. »

Pour la seconde fois en effet, et malgré les intempéries qui rendirent cette dernière campagne particulièrement pénible, le vieux soldat avait réussi ce tour de force de traverser les Etats-Unis avec sa petite armée sans soulever la moindre plainte et sans avoir à déplorer « le plus petit accident ».

Quand il eut pris congé de Washington et du Congrès, Rochambeau chevaucha à travers la neige jusqu'à Annapolis où la frégate *Emeraude* avait été détachée pour rapatrier l'état-major. A peine ce vaisseau eut-il débouqué, au soir du 11 janvier 1783, qu'il fut pris en chasse par un croiseur anglais. L'*Emeraude* força de voiles, mais n'échappa à une poursuite favorisée par un beau clair de lune et qui dura trente heures qu'en s'allégeant des mâts de rechange et de quelques canons. Un mois plus tard, le 12 février, la malheureuse frégate, malmenée par la tempête et les orages, jetait l'ancre à l'entrée de la Loire. Un pilote côtier apprit à ses passagers que la paix était faite. Alors cette poignée d'hommes comprirent soudain que quelque chose de grand, qui dépassait singulièrement leurs exploits personnels, venait de se produire. Un aide de camp qui écrira le récit de cette moderne croisade prononça le nom de Christophe Colomb en bombant le torse. Il n'était pas tellement ridicule. Colomb n'avait bouleversé que les cartes de géographie.

Eux, ils avaient élargi la conscience humaine en introduisant dans les relations diplomatiques un concept nouveau : le droit qu'ont les peuples à disposer librement de leurs destinées.

JEAN WEELEN.

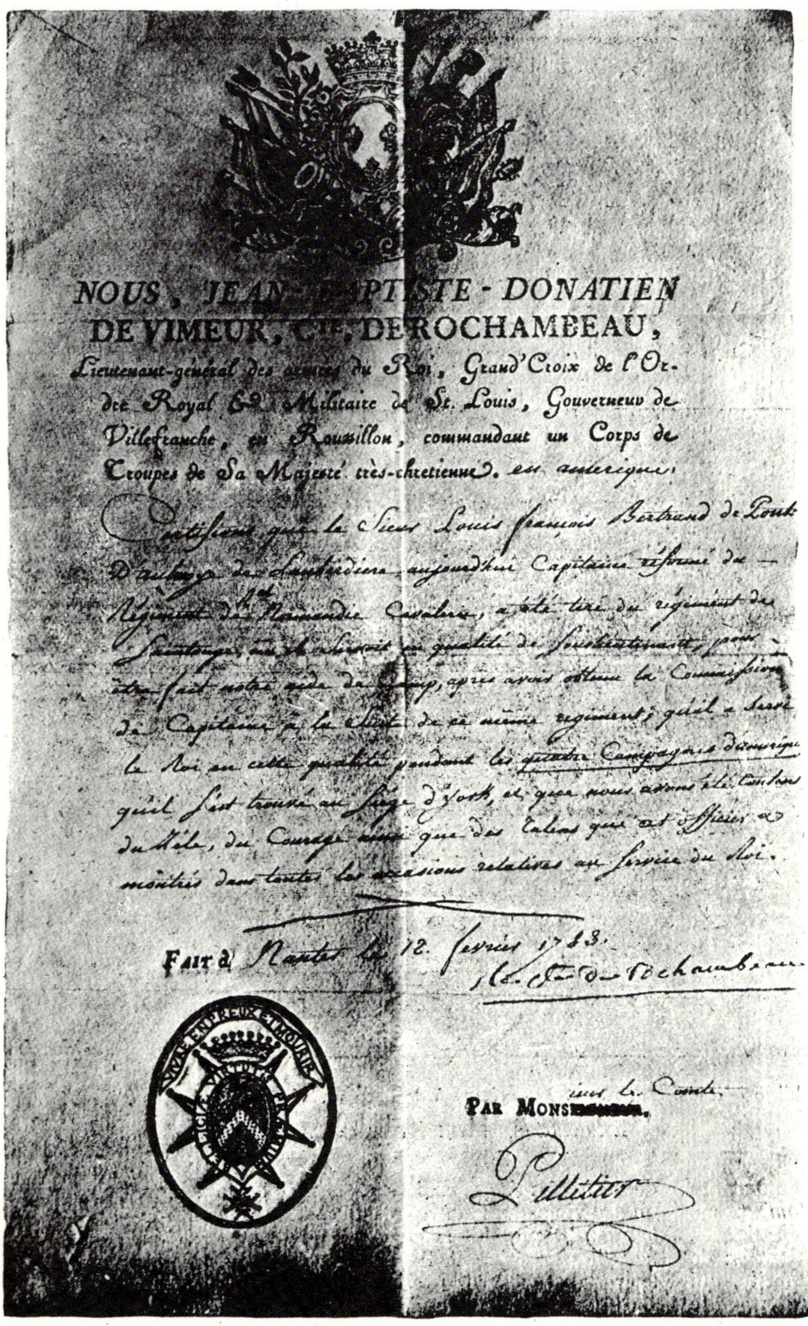

NOUS, JEAN-BAPTISTE-DONATIEN DE VIMEUR, Cte DE ROCHAMBEAU,
Lieutenant-général des armées du Roi, Grand'Croix de l'Ordre Royal & Militaire de St. Louis, Gouverneur de Villefranche, en Roussillon, commandant un Corps de Troupes de Sa Majesté très-chretienne en amérique,

Certifions que le Sieur Louis françois Bertrand de [illegible] ... au service du Roi.

Fait à Nantes le 12. fevrier 1783.
le Cte de Rochambeau

PAR MONSEIGNEUR le Comte
Pelletier

Le dernier acte officiel du comte de Rochambeau, daté de Nantes le 12 février 1783, après son débarquement : témoignage en faveur d'un officier « qui a servi le roi, en cette qualité, pendant les *quatre campagnes d'Amérique* ».
Certificat timbré des armes du comte entourées du cordon de Saint-Louis avec la devise : « Vivre en preux et mourir. » — *Collection de M. Georges du Chêne.*

(1) Voir *L'Illustration* des 10 mai 1930 : « l'Armée de Rochambeau », et 17 octobre 1931 : « la Victoire de Yorktown ».

L'ILLUSTRATION
JOURNAL UNIVERSEL

LES ETATS-UNIS D'AMÉRIQUE

Histoire de la semaine.
25 MAI 1844

Un traité, qui semble devoir trancher définitivement une question dont la solution a été longtemps différée, vient d'être conclu entre le Texas et les Etats-Unis. Il est convenu, par ce traité, que le Texas sera annexé au territoire de l'Union, et nommera un député ou représentant au congrès. Les Etats-Unis se chargent de payer les dettes du Texas jusqu'à concurrence de la valeur des terres situées dans le Texas, qui seront mises en vente. Le traité ne parle point de l'esclavage.

Ce point sera sujet à discussion entre les Etats à esclaves et ceux qui n'en ont pas, dans l'examen que le sénat a présentement à en faire pour la ratification qui devra être donnée dans les trente jours de la communication du traité à cette assemblée. L'Angleterre pourra bien, elle, ne pas se contenter d'un délai aussi court pour se résigner à voir cet arrangement d'un bon œil. Ses démarches auprès du Texas n'ont pas été plus secrètes qu'heureuses. Elle ne cherchera probablement pas à dissimuler davantage son dépit, mais ce sera probablement aussi sans plus de profit. Quant à la France, qui a reconnu l'indépendance du Texas, elle ne pouvait élever des objections contre l'annexation que dans le cas où elle s'offrirait à préserver cet Etat de la guerre dont le menace le Mexique, qui le confine, et contre lequel il n'est pas en état de lutter. Nos griefs contre Santa-Anna sont grands sans doute; mais rien n'annonce en ce moment que nos escadres soient armées en guerre. — Les négociations entamées entre le ministre américain et le chargé spécial de l'Angleterre, M. Pakenkam, sur la question concernant le territoire de l'Orégon, sont suspendues; M. Pakenkam attend de nouvelles instructions de son gouvernement.

L'Orégon.
13 DECEMBRE 1844

Le territoire de l'Orégon est situé à l'ouest des montagnes Rocheuses, qui forment les limites de l'Amérique du Nord. Il est borné au nord par les possessions britanniques et américaines, au sud par le Mexique, et à l'ouest par l'océan Pacifique. Il s'étend du 42e au 54e degré de latitude nord, et du 107e au 130e degré de longitude ouest. Sa superficie est de plus de quatre cents kilomètres carrés.

Outre les montagnes Rocheuses, qui forment, comme nous l'avons dit, la limite orientale de ce pays, une autre chaîne de montagnes élevées et couronnées de neiges éternelles, s'étend encore entre la chaîne des Rocheuses et l'océan Pacifique. C'est là que se trouvent les cascades de l'Orégon ou de la Colombie, rivière à cent bras, qui compte environ treize cents kilomètres de longueur, et dont la source est située dans les montagnes Rocheuses, à moins de deux kilomètres de celle du Missouri.

Les Etats-Unis réclament la possession de la portion du territoire comprise entre le 42e et le 49e degré de latitude nord, et depuis l'océan Pacifique jusqu'au territoire américain, à l'est des montagnes Rocheuses. Cette partie du pays est fertile; elle a sur un point 700 milles anglais de largeur; et 500 sur un autre, en tout 200,000,000 acres de terre.

Depuis un certain temps déjà des émigrations de citoyens des Etats-Unis avaient eu lieu sur le territoire contesté. M. Tyler disait même à ce sujet dans son dernier message: « Je crois devoir appeler l'attention du congrès sur la nécessité d'encourager et de faciliter les émigrations vers ce territoire. Il faudrait, sur toutes choses, établir de distance en distance des points fortifiés qui donneraient de la sécurité à nos concitoyens lorsqu'ils voudraient aller habiter ces fertiles contrées à l'embouchure de la rivière Colombia, et rendre, par conséquent, plus favorable pour nous qu'elle ne l'a été jusqu'à présent, l'occupation simultanée du territoire par les Anglais et les Américains, telle qu'elle existe provisoirement. Il y aurait lieu aussi de mettre les citoyens américains, établis à l'Orégon, sous la protection des lois de leur pays, comme les Anglais sont eux-mêmes protégés par leurs lois. Quel que soit l'état actuel des négociations, toutes ces mesures me paraissent urgentes. » En effet, un bill avait été présenté à la chambre des représentants pour l'extension de la juridiction des Etats-Unis sur le territoire de l'Orégon; il avait été admis à la discussion par 129 voix contre 58; son adoption à la Chambre n'était pas douteuse; elle pouvait être plus incertaine au sénat; mais une émigration nombreuse et nouvelle est venue faire cesser ces incertitudes en occupant la contrée en litige.

Souvenirs d'un voyage aux États-Unis en 1847.

LETTRES A M. LE DIRECTEUR DE L'ILLUSTRATION.

LA NOUVELLE-ORLÉANS.
27 MAI 1848

Après avoir fait le tour de l'archipel des Antilles, et être arrivé à la Havane, je partis de cette colonie pour la Nouvelle-Orléans, qui devait être le début de mes pérégrinations dans les Etats-Unis.

Après onze jours d'une traversée contrariée par les calmes et les vents, nous aperçûmes un matin, à quelque distance devant nous, une immense ligne jaune et limoneuse, comme tirée au cordeau; tandis que tout autour de nous la mer conservait cette transparence azurée si remarquable dans le golfe du Mexique. Cette ligne était pour ainsi dire le souffle expirant du Mississipi, qui, se ruant violemment dans le golfe par ses trois embouchures, imprime la couleur de ses eaux à la mer, tant que son courant a assez de force pour l'envahir. Les approches du Mississipi se font d'ailleurs sentir deux ou trois jours à l'avance par les innombrables débris d'arbres et de végétations qu'on rencontre sur le golfe, et qui s'en vont portés à tous les flots.

L'entrée de ce fleuve, un des plus grands du monde, a quelque chose de triste et d'imposant à la fois. C'est une multitude de petits îlots, de rochers, de bouquets d'arbustes rabougris, de troncs, de racines qui surnagent au-dessus des flots. On dirait un lendemain d'inondation. Puis, à mesure qu'on pénètre dans l'intérieur, de droite et de gauche s'étendent des langues de terre plantées de bambous et de roseaux, à moitié submergés, et du milieu même du fleuve surgissent des arbres dont la cime dépasse à peine le niveau de l'eau. A trois ou quatre milles environ, dans l'intérieur, on rencontre un premier village bâti sur la rive, et qu'on nomme *La Balise*. C'est là que l'on quitte le pilote. Après une journée entière de navigation, au souffle d'une brise favorable qui nous permettait de côtoyer les bords au point de pouvoir, du bâtiment, cueillir les branches à l'ombre desquelles nous semblions voguer, nous avions jeté l'ancre, et amarré le bâtiment aux troncs de deux gros arbres, attendant le passage d'un *tow-boat* (1), qui nous ramassa vers le milieu de la nuit.

On ne peut se faire une idée du spectacle étrange qu'offre cette navigation sur le fleuve que nous remontions. Le bruit incessant des tow-boats qui se croisent cinq ou six fois par jour, l'aspect des rives bordées d'habitations et de forêts immenses, le mouvement continuel des bâtiments, tout cela frappe l'imagination et donne déjà un avant-goût de la grandeur du pays que l'on va visiter. De tous les fleuves de l'Amérique, le Mississipi est celui qui y joue le rôle le plus important; il baigne des contrées riches et fécondes; sur un cours de près de douze cents lieues navigables, il se grossit dans sa marche de plusieurs autres rivières, entre autres de deux fleuves, le Missouri et l'Ohio, et enfin il est la grande route qui conduit de la Nouvelle-Orléans à la mer. Le courant du Mississipi est rapide, violent, brutal même, il renverse, détruit, inonde; mais un grand bien sort souvent des maux qu'il a produits.

Il roule avec lui un limon épais, qu'il dépose sur les places où il a passé; et quand il se retire, ce limon féconde la terre; et quelquefois c'est une conquête sur lui-même dont il laisse les éléments aux habitants de ses rives. Ainsi, qu'un obstacle arrête, sur un des bords du fleuve, un de ces arbres dont je parlais et qui s'en vont flottant au hasard; l'arbre séjourne, d'autres débris viennent se joindre à lui, le limon s'y entasse, quelque germe de végétation égaré s'y féconde, jette des racines, un îlot se forme bientôt, puis l'îlot grandit, se rattache par un coin à la terre ferme, et ne s'en sépare plus. Il y a une partie de la Louisiane aujourd'hui plantée en cannes à sucre, et qui, il y a quarante ans, était *fleuve*. En se retirant, le Mississipi avait produit un de ces phénomènes dont je parlais, et qui s'est manifesté sur une étendue de près d'un mille. C'est aujourd'hui un terrain ferme, solide et fécond.

Enfin après une traversée de deux jours et demi pendant lesquels on remonte quarante-cinq lieues, nous entrâmes dans un de ces bassins immenses que la nature prodigue creuse au milieu du fleuve. Nous n'apercevions encore rien de la Nouvelle-Orléans, car les terres de la Louisiane sont si basses et si bien cachées, pour ainsi dire, derrière les eaux, que l'on ne distingue le point vers lequel on se dirige, que quand on y touche. A peine si avec la longue-vue, on découvrait les flèches des mâts des navires entassés dans le port; puis, peu à peu, nous vîmes le dôme arrondi de l'hôtel *Saint-Charles*, ce phare de la Nouvelle-Orléans, et nous atteignions presque déjà les premières maisons qui s'allongent sur la rive, quand l'ensemble de la ville se dessina à nos yeux dans ce magnifique hémicycle décrit par le coude gigantesque que fait le Mississipi à cet endroit. Je ne crois pas, monsieur, qu'il soit donné à l'œil humain de contempler, en aucune partie du monde, un spectacle plus beau et plus majestueux que celui du port de la Nouvelle-Orléans, située sur la rive gauche du fleuve. Le vaste fer à cheval autour duquel se déroule la ville dépasse toutes les proportions que puisse concevoir la pensée. Comme une immense ceinture flottante, les navires amarrés aux quais, sur trois, quatre et cinq rangs, semblent en interdire l'entrée même aux regards, tant la masse en est compacte; devant nous serpente une forêt de mâts qui s'étend à perte de vue, et dont les flèches légères et élancées se dessinent gracieusement dans l'air. Vous pouvez à peine encore juger de la ville, car vous n'en apercevez qu'accidentellement un coin, un morceau à travers cette ceinture de bois et de cordages qui la protège; et par-dessus les *steam-boats* qui occupent toute une partie du port. Ce qui impressionne vivement surtout, c'est le bruit tumultueux, le mouvement incessant qui règnent dans toutes les parties de ce grand bassin, dont les eaux sont perpétuellement fatiguées par les roues des bateaux à vapeur qui remontent ou descendent le fleuve, des remorqueurs amenant ou emportant avec eux des navires cramponnés à leurs flancs, ou par les *ferry-boats* qui traversent continuellement d'une rive à l'autre, allant de la Nouvelle Orléans à Alger, petite ville située sur le bord opposé.

La Nouvelle-Orléans a reçu, sur les fonts baptismaux de l'opinion publique, le nom de la *Reine du Sud*, appellation justement appliquée, en tant qu'elle est l'expression poétique de la beauté, de la grandeur et de la prépondérance. La ville primitive, celle qu'ont toujours occupée les Français, constitue numériquement la première des trois municipalités dont se compose la ville. Je confesserai tout de suite que sous le rapport de l'importance, des fortunes, de l'aspect extérieur, elle n'occupe que le second rang. On la désigne vulgairement sous le nom de *quartier créole*, ce qui est déjà un éloge à nos yeux. La seconde municipalité date de l'annexion de la Louisiane aux États-Unis. Elle est le fruit de la répugnance qu'éprouvèrent les anciens colons français à admettre dans leur sein la race anglo-saxonne, qui bâtit alors, à côté de l'ancienne, une nouvelle ville plus belle, plus grande, plus riche, et qui porte le cachet américain. La troisième municipalité, création toute récente, est la plus pauvre, la moins importante des trois, elle n'est qu'à peine encore construite; mais de belles destinées lui sont réservées, parce que les progrès de toutes sortes, qui doivent faire un jour de la Nouvelle-Orléans peut être la première ville de l'Union, s'attacheront à elle et l'emporteront dans le tourbillon. La troisième municipalité a été créée par un homme qui a possédé une des plus brillanies fortunes de l'Amérique, et qui occupe encore aujourd'hui une de ces positions d'estime et de considération publique dont les revers de fortune ne peuvent faire tomber ceux qui l'ont conquise par une vie probe et toute dévouée à leur pays. Cet homme est M. Bernard Marigny. Son nom, dans la Louisiane, date de la fondation de la colonie, où sa famille avait rempli les premières places. C'est, en un mot, un nom historique dans le pays. C'est sous le toit de son père que le jeune duc d'Orléans, aujourd'hui roi des Français, s'était abrité lors de son passage aux États-Unis. Le roi n'oublia point l'hospitalité toute française qu'il avait reçue; et à un voyage que fit à Paris M. Marigny, Louis-Philippe paya sa dette de reconnaissance, en l'admettant dans son intimité, comme il avait partagé jadis celle de la famille Marigny.

Ainsi divisée, la Nouvelle-Orléans, déjà considérable par son étendue et par sa population, qui n'est pas moindre de 150 à 160,000 âmes, sans compter la masse compacte d'étrangers et de voyageurs qu'y attirent les plaisirs et les affaires, peut non-seulement s'étendre encore sur une superficie de plus d'un mille et demi, mais s'enrichir d'un jour à l'autre d'une ville entière, toute bâtie, et qui forme comme un de ses faubourgs. Je veux parler de *La Fayette*, qui touche à la Nouvelle-Orléans comme les Batignolles, par exemple, touchent à Paris; moins la barrière et les murs d'enceinte. Déjà à la Nouvelle-Orléans on ne dit plus la *ville*, mais le *quartier* La Fayette. Quelques considérations d'intérêts municipaux ont seules arrêté cette annexion. La Fayette est un port libre où s'arrêtent toutes les denrées de l'intérieur, et où les navires vont se charger. C'est l'avant-poste de la Nouvelle-Orléans.

Les deux premières municipalités forment un carré à peu près parfait, coupé par des rues larges, spacieuses et droites qui traversent la ville d'un bout à l'autre, du nord au sud et de l'est à l'ouest. Quelques-unes d'entre elles n'ont rien à envier par leurs dimensions ni à nos boulevards, ni à nos plus belles rues de Paris. Toutes sont bordées de larges trottoirs en briques. Elles ne brillent point, par exemple, par le pavage, qui se compose d'un entassement de roches plus ou moins informes, plus ou moins aiguës. Intolérable quand on vient de le poser, ce pavage devient détestable au bout de deux jours de service. Les pierres s'enfoncent promptement dans le sol mou et marécageux, et disparaissent noyées sous la couche de boue que leur poids soulève et déplace. Liquide pendant les temps de pluie, cette boue se calcine et forme, aux grandes chaleurs, un moelleux édredon de poussière d'au moins deux pouces d'épaisseur. Le long des trottoirs, et de chaque côté des rues, règnent de larges et profonds ruisseaux destinés à l'écoulement des eaux. Ces petits fleuves sont recouverts de madriers qui servent en même temps de ponts pour les traverser. Pour peu qu'on assiste à un de ces

(1) Bateau remorqueur.

formidables orages à pluie torrentielle, comme il n'en existe qu'à la Louisiane, on comprend la necessité d'avoir donné tant de profondeur et de largeur à ces ruisseaux, qui suffisent à peine alors à l'écoulement des eaux qui ont besoin de traverser toute la ville, où il ne règne aucun égout, pour aller se perdre dans les immenses pinières qui l'enceignent. Car, monsieur, n'oubliez pas que le fleuve est plus élevé que le terrain; il a donc fallu donner à ces voies d'écoulement une pente opposée à celle qu'on leur ménage dans tous les pays, c'est-à-dire que ces eaux tournent le dos à la rivière : ce qui semblerait faire mentir le proverbe. Mais dant ces pinières, les eaux s'infiltrent, et l'on voit surgir tout à coup de dessous terre de nouveaux fleuves qu'on appelle dans ce pays *bayous*, et qui n'ont pas d'autre origine que ces infiltrations. Source bourbeuse, ou mare infecte à leur début, ces bayous vont se grossissant, et arrivent, navigables même pour de grands bâtiments, au Mississippi, dans lequel ils se jettent.

Le peu de solidité du sol empêche qu'on donne des fondations aux maisons, qui reposent presque toutes sur pilotis, et les rez-de-chaussée sont toujours élevés de quatre à cinq marches, quelquefois davantage. A l'exception d'un très-petit nombre, tous les édifices sont construits en briques. La brique est le moellon et la pierre de taille de l'Amérique. L'extérieur des maisons a un air de propreté très-engageant; tous les détails intérieurs sont généralement d'un confortable irréprochable. Les pièces principales des appartements sont vastes, élevées, et communiquent entre elles au moyen d'immenses portes massives qui vont du plancher au plafond, et s'ouvrent au moyen de coulisses, dans l'épaisseur de la muraille. En Amérique, les tapis ne sont pas considérés comme objets de luxe mais de première nécessité, dont personne ne se prive, pas plus l'ouvrier que le plus riche *gentleman*. Et du haut en bas, toutes les maisons en sont garnies.

Souvenirs d'un voyage aux États-Unis. — La Balise, village sur le Mississipi.

Pendant l'été on les remplace par des nattes en paille très-fine. Les meubles sont riches par la belle qualité des bois d'acajou massifs qui en sont la base. Dans un seul canapé de la Nouvelle-Orléans, on taillerait tout un meuble de salon pour Paris; et avec les quatre énormes colonnes qui soutiennent la couronne d'un lit à coucher, un marchand de la rue de Cléry ferait sa fortune. Le loyer des maisons est fort cher; joint au prix de location des domestiques, il constitue la dépense la plus considérable d'un ménage. Aussi est-ce une fortune que de posséder des esclaves qu'on met ainsi en loyer, ils rapportent l'un dans l'autre de 12 à 1,500 francs et représentent en moyenne un capital de 4 à 5,000 francs. Certains esclaves de profession produisent quelquefois un revenu de près de 5,000 fr. Ils sont au surplus fort gâtés, fort choyés, et sont par conséquent les plus mauvais domestiques qu'on puisse rencontrer.

Les plus belles maisons d'habitation à la Nouvelle-Orléans se trouvent dans le quartier américain; car dans la partie créole on rencontre encore beaucoup trop de ces vieilles masures en bois basses, étriquées et qui déparent un peu l'aspect de cette belle ville. Mais ces baraques disparaissent peu à peu, grâce surtout aux incendies qui les dévorent avec une telle activité, qu'il semble que les flammes elles-

Souvenirs d'un voyage aux États-Unis. — Vue de la Nouvelle-Orléans.

mêmes conspirent en faveur des progrès matériels de la Nouvelle-Orléans. Dans la partie voisine du fleuve se sont élevées depuis quelques années des maisons remarquablement belles, particulièrement destinées aux *offices* ou bureaux des grands négociants et aux magasins des marchands. Je vous en envoie ci-jointe une vue prise aux environs de la Douane. Les maisons à *offices*, au contraire des asiles solitaires où se retire la famille, sont peuplées par un monde de locataires pendant les heures consacrées aux affaires. Le soir, ces murs, si animés durant le jour, deviennent mornes et silencieux. Trois ou quatre rues ont le privilége, à la Nouvelle-Orléans, d'être des rues à magasins, ce sont les rues Saint-Charles, Royale, de Chartres, et une partie de celle du Canal. On y rencontre des boutiques que l'on pourrait, sans risque de trop les humilier, transplanter au beau milieu de Paris, où elles occuperaient une place distinguée. Il y a à la Nouvelle-Orléans deux sortes de commerce qui ne laissent pas de produire une certaine impression : c'est le commerce des nègres et celui des cercueils, tous deux se faisant en plein jour, en pleine rue, en plein soleil. Nègres et cercueils sont exposés dans les boutiques, et l'on va s'approvisionner des uns et des autres comme on va acheter du pain. Mais on s'habitue autant que possible à l'un et à l'autre spectacle, à ce qu'il paraît, et personne ne manifeste de répugnance à cet égard. C'est une affaire de mœurs, une simple question de liberté de commerce.

La Nouvelle-Orléans n'est point une ville qui puisse donner au voyageur une idée exacte de l'Amérique, bien que le mouvement commercial qui y règne, les progrès chaque jour nouveaux, chaque jour plus grands qui s'y réalisent, laissent deviner le génie et l'esprit d'audace qui caractérisent les Américains. Malgré leur première opposition, les créoles de la Louisiane ont subi l'influence de cette puissante activité qui a si heureusement fécondé leur sol. Encore aujourd'hui, ils s'en défendent; et s'il fallait s'en rapporter aux apparences, vous les croiriez dégagés du fluide américain. En effet, au premier aspect, deux populations bien distinctes partagent la ville; l'une, toute française, conserve encore, après quarante-cinq ans de nationalité américaine, les mœurs, les usages, l'esprit français. Jusqu'au milieu de la rue du *Canal*, laquelle sépare la première municipalité de la seconde, vous entendez parler presque exclusivement la langue de l'ancienne mère-patrie, tandis que de l'autre côté de la même rue cet idiome est pour ainsi dire inconnu. Mais la langue française cependant tend à disparaître; pendant longtemps elle avait partagé avec l'anglais le sceptre officiel, c'est-à-dire qu'aux tribunaux, aux assemblées législatives, on les parlait indistinctement l'une et l'autre, aujourd'hui le français en est pour ainsi dire banni. Parmi les nombreux journaux qui circulent dans la ville, très-peu sont rédigés uniquement en français, quelques-uns ont une double rédaction; mais la plus grande partie sont publiés exclusivement en anglais. Avant dix ans on ne retrouvera plus dans ce pays vestiges de la langue française, que des efforts littéraires tentés par quelques hommes ne pourront maintenir. C'est une véritable agonie, d'où ne la relèvera même pas notre littérature, qui s'y écoule cependant par toutes les voies.

Ces deux populations distinctes qui parlent deux langues différentes forment également deux sociétés distinctes. On ne peut pas dire qu'il y ait aujourd'hui antipathie politique, mais il y a absence de sympathie sociale entre la race créole et la race anglo-saxonne. Les liens qui seraient de nature à les rapprocher, les liens du mariage, se contractent rarement entre elles. Les nombreuses occasions de plaisirs si ardemment recherchées par l'une et l'autre population, et qui devraient les confondre, ne font point disparaître la ligne de démarcation qui subsiste entre les deux sociétés. Mais il faut dire que les Américains cherchent continuellement à s'implanter au milieu de leurs rivaux; c'est la conséquence de leur caractère, de leur politique, même à propos de plaisirs. Les mœurs créoles ont, à leur insu, gardé quelque teinte de ce frottement des mœurs américaines, de même que celles-ci ont gagné beaucoup à ce contact. Il en est résulté un ensemble qui, malgré son absence d'originalité, en a pourtant une encore. L'esprit français avec l'ardeur chevaleresque des races transplantées dans le nouveau monde, ces sentiments de dévouement exalté, la chaleur du cœur, la générosité, la bravoure, la froide réserve et la rigueur des

Souvenirs d'un voyage aux États-Unis. — L'église de Saint-Louis et la place d'armes.

principes américains; les traces à peines sensibles de la domination espagnole, qui a laissé dans le pays quelques usages poétiques, quelques allures de liberté sociale, tout cela, jeté pêle-mêle dans le même moule, a produit un mélange qui fait de la société louisianaise un type charmant qui séduit beaucoup.

Les symptômes apparents de scission disparaissent dès qu'on arrive à examiner de près les intérêts communs; vous trouvez les deux sociétés parfaitement unies. Vous entendez bien par moments ces mots : « Nous autres créoles! » vous frapper l'oreille. Puis, qu'une question d'amour-propre national touche les mêmes hommes, ils s'écrieront bien haut : « Nous autres Américains! » La distinction disparaît dès qu'il s'agit de la grande nationalité.

Par les hommes, comme par les choses, la Nouvelle-Orléans est une ville digne d'attention. L'étranger qui s'en va, le nez en l'air, flânant par les rues, trouve assez de quoi s'occuper pendant quelques jours. Il s'arrêtera devant plus d'une élégante construction; il rencontrera de charmantes places publiques qui lui offriront leurs beaux arbres et leurs frais ombrages : entre autres la place La Fayette, la place d'Armes, la place Congo, que l'on trouve toujours solitaires et désolées; ce que l'on ne s'explique pas. Mais, à la Nouvelle-Orléans, on ne se promène pas; on sort quand on a affaire, ou bien l'on se contente de respirer l'air du soir, devant la maison, sur le trottoir qui sert de salon. Cela est une habitude créole commune à toutes nos îles de l'Amérique. En fait de monuments, ou d'établissements publics et industriels, vous vous arrêterez, à coup sûr, devant la cathédrale catholique, vieille construction qui date de la possession espagnole, et devant les deux édifices dont elle est flanquée, dont l'un renferme les cours et tribunaux, et l'autre les bureaux de la municipalité. Ces trois édifices, qui ont un certain air de vétusté et qui ne manquent pas d'élégance dans leur architecture, font place à la place d'Armes, dont les vastes terrains circulaires sont la propriété d'une femme occupant un grand rang dans le monde parisien, madame la baronne de Pontalba, qui avait conçu le gigantesque projet d'élever sur ces terrains, occupés aujourd'hui par des maisons de médiocre im-

Souvenirs d'un voyage aux États-Unis. — La levée à la Nouvelle-Orléans.

portance, une splendide construction dans le style du Palais-*Royal*, et destinée à recevoir des magasins élégants. Je ne veux point surcharger cette lettre d'une nomenclature stérile; mais je citerai entre autres, comme dignes d'être visités, le *Water-Works* (château d'eau), l'établissement du gaz, les presses à coton; l'hôtel de la Monnaie, dont les travaux, les appareils mécaniques, ainsi que l'intelligente administration, offrent un grand intérêt. Tous ces édifices dénotent à un haut point l'esprit de hardiesse et d'entreprise des Américains.

Tout ce qui constitue une grande ville, une ville riche et attrayante, abonde à la Nouvelle-Orléans : fêtes, théâtres, concerts, plaisirs artistiques, rien n'y manque. Les bals masqués y sont très-brillants et très-suivis par la meilleure société de la ville.

Ces fêtes ont un attrait qu'on ne peut s'expliquer que quand on connaît l'esprit, les grâces et la beauté des femmes de la Louisiane, dont quelques-unes sont les plus splendides créatures que la main de Dieu ait pu mouler. Aux charmes du corps, elles joignent toutes les qualités de l'âme et du cœur : elles sont généreuses et grandes;

Souvenirs d'un voyage aux États-Unis. — La jetée, sur le lac Pontchartrain.

leur dévouement est inépuisable. Nulle part vous n'êtes certain de rencontrer une hospitalité plus franche, plus cordiale qu'à la Nouvelle-Orléans, vous y êtes accueilli par les plus charmants sourires, et vous y trouvez des hommes intelligents, serviables, heureux de vous recevoir de vous abriter sous leur toit, de vous offrir la meilleure place à leur table et à leur foyer; et il n'est personne qui, ayant foulé le sol de ce pays, ne s'associe à l'hommage que je paye ici aux nobles cœurs de la Louisiane.

Tous les éléments qui constituent également un pays fort et d'avenir s'y pressent aussi. Ce port, placé à quarante-cinq lieues de la mer, est, nonobstant le côté fâcheux de cette situation, supérieur à New-York même peut-être, sous le rapport du commerce d'exportation, parce qu'il est comme l'entrepôt de tous les produits de l'intérieur et de l'ouest de l'Union. Plus de deux mille navires y entrent annuellement; environ huit ou neuf cents *steam-boats* y arrivent de toutes parts. Je reviendrai ailleurs sur cette partie de la prospérité de la Nouvelle-Orléans. La position éloignée de la mer n'était qu'un de ces obstacles dont les Américains triomphent aisément. Qu'a-t-on fait? On a établi un chemin de fer jusqu'au golfe du Mexique; œuvre gigantesque, entreprise par des hommes intelligents et puissants, et qui peut changer la face de cette cité. Il suffit de savoir qu'au lieu de consacrer deux jours et demi au moins à remonter le fleuve, un navire pourra, de l'embouchure, expédier ou recevoir son chargement en cinq ou six heures!

En hommes de talent, d'énergie et de capacités, la Louisiane a peu de chose à envier aux autres Etats de l'Union. Parmi tous, je citerai, en première ligne, M. Pierre Soulé, Français réfugié que la restauration avait chassé de son pays, et qui s'est créé, aux Etats-Unis, une de ces positions splendides qu'un homme de sa trempe sait se conquérir en tous lieux. Avocat, M. Soulé occupe, au barreau de la Louisiane, la première place comme orateur; homme politique, il jouit de l'estime et de la considération unanime et, appelé récemment au congrès de Washington en qualité de sénateur, il a rivalisé d'éloquence avec les plus éloquentes voix de l'Amérique, et s'est posé en esprit pratique, en familier avec toutes les questions qu'il sait élever à la hauteur de sa grande intelligence. Homme de cœur et de dévouement, M. Soulé appelle à lui les sympathies de tous ceux qui l'approchent, et ses éminentes qualités lui ont attiré l'affection de tous les partis. A côté de lui, on peut citer MM. Grymes, Canon, Garcia, Mayureau, Preston, Canonge, etc., et beaucoup d'autres que je ne nomme pas, les uns par modestie pour moi, les autres pour ne m'exposer peut-être à oublier trop de monde.

Ce qui m'a beaucoup frappé à la Louisiane, comme dans tous les États-Unis, c'est l'absence complète de toute police, sauf les *watchmen*, dont le nombre est très-multiplié, et le service parfaitement organisé. Leur surveillance est d'autant plus active, qu'ils ont pour mission, non-seulement de traquer les maraudeurs de nuit, mais encore de veiller aux incendies. Cette absence apparente de police, faut-il le dire, a faussé, dans les Etats du Sud et de l'Ouest, le sentiment légal, au point de faire croire aux citoyens à l'absence et à l'impuissance de la justice, et partant, à se la rendre eux-mêmes. Un homme insulté ou qui se croit insulté, en pleine rue, devant cent témoins, administre à son adversaire un coup de poignard ou un coup de pistolet, sans qu'on songe à l'arrêter. Il faut reconnaître que la justice se montre facile à l'endroit de ces cas de légitime défense trop souvent invoqués. Ces meurtres sont devenus moins rares encore, depuis que la législation louisianaise a frappé le duel d'une peine si sévère. Reste à savoir s'ils ne moissonnent pas moins de jeunes hommes utiles à leur patrie, que ne le faisaient les duels toujours si meurtriers dans un pays où l'habileté des Louisianais, comme tireurs, est proverbiale.

Ce n'était pas assez que la Nouvelle-Orléans fût une ville charmante, un nid de plaisirs, il fallait que les environs rivalisassent avec elle. La baie Saint-Louis, Pascagoula, Mandeville, tous les lieux de plaisance situés sur les bords des lacs, continuent, pendant la saison d'été, les fêtes et les joies de la ville. La distance à parcourir n'arrête pas les Louisianaises, pourvu qu'elles trouvent, au bout de la course, un bal pour prix de leur patience. C'est ainsi qu'elles vont jusqu'au jardin de Carrollton, situé à quatre ou cinq lieues de la ville, y chercher le plaisir de la danse. Une des plus charmantes promenades de ce genre est celle que l'on fait au lac Pontchartrain, auquel on aboutit par trois routes différentes; deux destinées aux voitures, qui, à certains jours, les sillonnent en tout sens : j'y en ai compté jusqu'à près de cent, surtout sur la route dite américaine, et au bout de laquelle on rencontre un excellent hôtel où l'on va passer de délicieuses après-dînées. Une sorte de jetée s'avance très au large sur le lac, et l'on y va pêcher, rêver et s'enivrer du beau spectacle de cette nappe d'eau, vaste comme une mer, et à l'horizon de laquelle on voit glisser, comme des fantômes, les voiles de quelque petit navire ou la fumée d'un *steam-boat*.

Le troisième chemin est celui du rail road qui conduit à un petit village assez élégamment construit sur les bords du lac. Il y existe un très-bon hôtel très-achalandé, où l'on vient, de la Nouvelle-Orléans, faire d'excellents dîners. Une partie de ce genre, et que j'entrepris avec un vif plaisir, est un petit voyage au lac Borgne par le chemin de fer du golfe du Mexique, dont le directeur, M. Musson, nous fit les honneurs avec une grâce charmante. On traverse des contrées pour ainsi dire nouvelles, où la civilisation n'avait pas encore, je crois, porté sa bêche et son râteau; d'immenses forêts où l'on retrouve toute la virginité de ce sol dont M. de Châteaubriand a donné de si magnifiques descriptions, moins les fantaisies auxquelles s'est laissé emporter son génie. On rencontre de ces arbres séculaires, étranges, bizarres, dont les racines, jaillissant de terre et se multipliant à l'infini, se sont couvertes à leur tour de branches et de feuilles. Puis, en parcourant des bois entiers de magnolias géants chargés, à leurs cimes, de fleurs énormes, vous apercevez de ces fourrés épais, dont l'œil ne peut percer l'obscurité, dont les pas humains n'oseraient sonder les mystères, que les rayons subtils du soleil n'ont eux-mêmes jamais réchauffés; abris ténébreux gardés par des lianes multiples, enlacées et plus serrées encore que les fils d'une toile. Tout à coup vous voyez se dérouler devant vous ces immenses prairies sans horizon dont Cooper a donné des descriptions qui m'avaient toujours paru fantastiques. Celles de la Louisiane ne sont pas comparables aux prairies de l'Ouest, elles frappent néanmoins d'étonnement; et c'est, je vous assure, monsieur, un spectacle curieux que celui de cette immense mer de hautes herbes se développant sur un espace de deux ou trois lieues, sans qu'on en devine la fin. Les beaux romans de Cooper vous reviennent à l'esprit, on croit voir, entendre quelques-uns de ses héros. L'illusion est d'autant plus facile que de toutes parts on est entouré de traces et de débris des anciens Indiens, et dans le silence de mes rêves je reconstruisais l'Amérique dans toute son originalité primitive. Mais le bruit de la locomotive, la vitesse de notre course me rappelaient bien vite à la civilisation, dont je jouissais de tous les bénéfices en ce moment-là même.

Beaucoup de points que je n'ai fait qu'indiquer dans cette lettre feront l'objet de travaux spéciaux. Puissé-je avoir payé à la Nouvelle-Orléans, par ce souvenir, ma dette de reconnaissance pour le bienveillant accueil qu'elle m'a fait! Je cesse d'en parler avec le même regret que j'ai éprouvé à la quitter.

L. Xavier EYMA,
employé au ministère de la marine.

Amérique. — Cherokee, d'après Catlin.

Amérique. — Californien, d'après Choris.

Souvenirs d'un voyage aux États-Unis en 1847.

10 JUIN 1848

LETTRES A M. LE DIRECTEUR DE L'ILLUSTRATION

Bateaux à vapeur et autres.

En Amérique, Monsieur, voyager est une chose sérieuse; c'est une affaire de tous les jours et, pour ainsi dire, un des actes essentiels de la vie de chacun. Hommes, femmes, enfants, jeunes filles, personne ne recule devant les trajets les plus longs, quelquefois les plus pénibles. Le respect profond dont on entoure les femmes en ce pays fait qu'elles ne redoutent pas de se trouver seules au milieu de la plus nombreuse compagnie d'hommes. Des jeunes filles de quinze ans traversent les États-Unis, d'un bout à l'autre, aussi sûrement, aussi tranquillement que si elles étaient sous l'aile de père et mère.

Tout le monde donc voyageant par nécessité et par plaisir, on a dû aviser aux moyens et de rendre les communications faciles et de ménager aux voyageurs un bien-être et un comfort à peu près égaux à ceux du foyer domestique. D'abord le bon marché des transports, secondement l'absence complète de toutes ces petites tracasseries dont, en Europe, on accable le voyageur, sont un attrait réel, et que les étrangers surtout apprécient à un haut point. Vous vous présentez à un chemin de fer ou sur un *steam-boat*, quelle que soit la quantité de malles et de paquets dont vous êtes accompagné, on ne compte point avec vous; on charge le tout, cela va sans dire. Nulle part, dans aucune ville, vous n'êtes harcelé ni par les octrois, ni par les douanes, ni par les gendarmes. On ne vous demande jamais de passe-port, on ne fouille jamais vos malles.

Si vous le voulez bien, Monsieur, aujourd'hui nous allons examiner les moyens de transport par eau les plus usités aux États-Unis, et j'essaierai de vous esquisser les différentes sortes de bateaux affectés à ces services. C'est surtout en fait de navigation que l'audace des Américains se déploie dans toute son excentricité. Vous distinguez très-aisément un de leurs navires, au milieu d'un port, à la hardiesse de la mâture, à l'envergure des voiles; on sent, en quelque sorte, dans le navire américain, le cheval de course. Il dément rarement cette bonne opinion qu'il inspire; et puis, quand vous avez navigué deux jours seulement à bord, vous vous apercevez tout de suite qu'il doit un peu de cet air martial qui séduit, à celui qui le dirige, comme un coursier gagne en finesse, en fierté, en ardeur sous la main d'un cavalier intrépide. Je vous assure que cette audace, cet esprit d'aventures finit par vous subjuguer, et vous oubliez la prudence devant cette confiante sécurité que le marin américain conserve, même au milieu des plus grands dangers.

Si les navires à voiles n'offrent, dans leurs formes et leur construction, rien de bien frappant pour un œil vulgaire, il n'en est pas de même pour les bâtiments à vapeur, qui sont des types qu'on ne rencontre qu'aux Etats-Unis; nous allons le voir.

S'il vous en souvient, Monsieur, je vous ai dit deux mots déjà des *tow-boats*, qui servent à remorquer les navires sur le Mississipi. Je veux vous en parler un peu plus longuement aujourd'hui.

Ces remorqueurs sont d'énormes bateaux qui n'ont de remarquable que leur puissance. Ils sont pour ainsi dire informes, larges, trapus, si j'ose m'exprimer ainsi. Leur avant cependant est assez finement taillé, de manière à lutter avantageusement contre le courant du fleuve. Les roues, d'une circonférence énorme, sont masquées par deux murailles en bois, du niveau de l'eau au sommet du pont établi en manière de galerie, et placé à une très-grande élévation. Ce sont pour ainsi dire des radeaux à quille, sur lesquels on dresse une charpente à jour qui supporte tout l'échafaudage de la galerie. On se rendra mieux compte de cette disposition en supposant un de nos navires ordinaires dont on aurait enlevé tout le bordage au ras de l'eau, laissant la cale à découvert, et le pont situé à 50 ou 60 pieds d'élévation. Dans la partie basse du *tow-boat* mise ainsi à nu, se trouvent la machine, tout l'appareil à vapeur, les provisions, le bois pour combustible, etc.

Le *tow-boat* s'annonce toujours de loin par le bruit formidable de sa machine; on dirait un coup de canon se répétant de seconde en seconde. Je sais bien qu'au moment où nous fûmes accostés par le *tow-boat* qui nous remorqua sur le Mississipi, je dormais du meilleur des sommeils, et que je fus réveillé en sursaut en entendant retentir ce ronflement épouvantable. Selon l'habitude, il portait à ses flancs deux magnifiques navires, et en traînait trois autres; nous nous mîmes de la partie, en sixième par conséquent.

Ce n'est certes point par leur élégance que ces bateaux vous frappent; mais leur étrangeté même, le bruit des machines dont je parlais, la puissance qu'on leur devine, et les preuves qu'on les voit en donner, leur colossal aspect enfin appellent l'attention. On les examine, comme on tourne autour d'un éléphant. L'étonnement remplace l'admiration.

Il n'en est pas de même à l'égard des *steam-boats* qui parcourent les principaux fleuves de l'Amérique; ils sont en vérité admirables. Je vous en envoie ci-joint un des plus beaux échantillons. Ils sont tous à peu près construits sur le même type. C'est, comme on le voit, une véritable maison à plusieurs étages, et dont l'intérieur des appartements est quelquefois d'une magnificence rare, sur les bateaux de premier ordre, comme celui-ci. La soie, le velours, l'acajou, les incrustations de nacre et de bois précieux, les décorations d'or, les peintures, les moulures artistiques, les tentures d'étoffes, les caprices d'architecture, jusqu'au marbre, tout le luxe possible d'ameublement et de comfort y est déployé sur une échelle étourdissante. Ordinairement, sur le pont inférieur, entre la muraille du bord et la base de l'*édifice*, règne une galerie circulaire large de cinq à six pieds, qui parcourt tout le navire; au premier étage, se trouve généralement une immense pièce qui va d'un bout à l'autre du bateau; on l'appelle le salon. C'est dans cette pièce que se déploie plus particulièrement le luxe dont j'ai parlé. Vous y foulez d'épais et riches tapis qui couvrent le parquet dans toute sa longueur; de bons fauteuils, des causeuses de toutes formes sont prêts à vous recevoir. Rien n'y manque: cheminées chargées de garnitures splendides, glaces richement encadrées, etc. Vous vous croiriez dans un des salons les plus beaux de Paris. A droite et à gauche de ce vaste appartement se trouvent les cabines, ou chambres à coucher, qui, sauf leurs dimensions restreintes, ne laissent rien à désirer. Le second étage est autrement distribué. Une moitié de la galerie de l'arrière forme le *salon supérieur*, où les voyageurs trouvent des livres, des tables à jouer; c'est là que les musiciens qui s'embarquent par bande de six ou huit sur chaque steam-boat, donnent leurs concerts; chose dont les Américains sont très-friands, soit dit en passant. Ils aiment passionnément la musique; quand elle est excellente, ils savent l'apprécier; quand elle est mauvaise, il semble qu'elle leur fasse encore plaisir, car pour eux c'est toujours de la musique. J'ai entendu sur certains steam-boats prodiguer à de malheureuses joueuses de harpe de frénétiques applaudissements, dont eussent été fières nos artistes les plus blasées.

Ce salon supérieur s'étend de l'arrière jusque vers le milieu du bâtiment; là il y a une solution de continuité; puis, à quelques pas plus loin s'élèvent deux ou trois nouvelles constructions, dont quelques-unes sont encore des chambres à coucher; enfin, la dernière de toutes, tout à fait sur l'avant, est l'observatoire du timonier, qui gouverne de là son navire. Encore au-dessus du salon supérieur, c'est-à-dire sur le toit de la maison, légèrement arrondi, on trouve une terrasse à ciel ouvert, entourée d'une balustrade en fer, et du haut de laquelle on peut contempler les splendeurs que la nature a semées sur les rives de tous ces magnifiques fleuves.

Je n'en ai pas fini, car c'est tout un monde à décrire

qu'un steam-boat. Une portion de la grande pièce du premier étage est séparée du reste par une haute cloison à double porte au-dessus de laquelle on lit ces mots, formidables en Amérique, *Salon des Dames*. Nul pied profane ne peut fouler les moelleux tapis qui décorent cette pièce; c'est tout au plus si un œil profane peut y pénétrer à la dérobée. Ne sont pas rangés dans la catégorie des profanes les pères, frères, maris, fils, ou protecteurs (à quelque titre que ce soit), des femmes passagères à bord du navire. Ce sanctuaire, interdit aux hommes, renferme de délicates coquetteries d'ameublement et d'arrangements spécialement réservées aux divinités qui doivent l'habiter. Les fauteuils sont plus moelleux, les canapés plus riches, les draperies et les tentures de couleurs plus tendres, de beaux vases de Chine y reçoivent de monstrueux bouquets de fleurs!

Le rez-de-chaussée de cette maison flottante est destiné, à l'arrière, à la classe peu aisée, pour laquelle on a construit une grande chambre commune; quant aux esclaves, et même aux gens de couleur riches et pauvres, hommes et femmes, ils n'ont accès que sur l'avant du navire. — Descendons maintenant dans la cave de l'édifice; nous y trouvons encore à l'arrière une immense chambre qui tient la moitié du bâtiment; c'est là qu'est dressée la table à manger; le tour de cette chambre est garni de couchettes destinées aux passagers qui ont omis de retenir à l'avance leurs cabines; ces lits sont les moins agréables et les moins commodes du bord. Cette grande salle à manger, perdue pour ainsi dire au fond du bateau, est encore d'une propreté exquise, convenablement décorée, et, aux heures des repas, elle offre un coup d'œil très-remarquable. Sur l'avant du navire se trouve le *bar-room* ou café, établissement indispensable en Amérique.

Le portrait que je viens de vous tracer, Monsieur, est celui d'un *steam-boat* de premier rang, spécialement affecté aux passagers. La peur de la concurrence, terrible dans ces pays quand elle s'acharne sur des industries rivales, le besoin qu'éprouve l'Américain de se trouver toujours largement et magnifiquement installé, font que ce luxe, ce déploiement d'agréments et de comfort sont une nécessité. Et quand on songe que des traversées entreprises sur de pareils bâtiments ne durent pas quelquefois plus de cinq ou six heures, et pour des prix minimes, on s'étonne qu'en Europe on fasse pour ainsi dire tant d'efforts pour se trouver gêné, mal à l'aise, pendant des voyages qui se prolongent jusqu'à trois et quatre jours. Ajoutez à cela que la marche de ces bâtiments est supérieure en vitesse à tout ce qu'on peut imaginer; *l'Oregon*, par exemple, qui fait la traversée de New-York à Boston, ne file pas moins de 20 à 22 milles à l'heure!

Souvenirs d'un voyage aux États-Unis. — Bateau à vapeur.

Une chose remarquable à bord de tous les steam-boats américains, c'est l'absence complète de tout commandement, de tous cris, de tout bruit. C'est l'image la plus frappante du gouvernement de l'Union, où l'on ne retrouve nulle part le pouvoir, et où l'on sent partout son action. Il semble que l'âme entière de cette immense machine de bois est dans ses chaudières, dans sa vapeur, dans ses roues. Où est le capitaine? Vous le cherchez vainement; vous ne le rencontrez même pas, excepté à l'heure des repas, où vous l'apercevez au haut bout de la table et y présidant majestueusement. Les seuls ordres qu'on entende à bord se transmettent de la cabane du timonier, au moyen d'une sonnette qui communique dans la chambre aux machines, et à l'aide de laquelle on commande au mécanicien de *stoper*, d'accélérer la vitesse des roues ou de retenir leur élan. Un, deux, trois coups de cette sonnette remplacent les cris, les hurlements, les vociférations que poussent sur nos bâtiments le capitaine, les officiers, les maîtres d'équipage, les uns après les autres, et quelquefois tous ensemble.

Les steam-boats qui servent au double usage du transport des passagers et des marchandises ne sont point tout à fait aussi bien soignés que celui que je viens de décrire; il y a même dans leur construction une modification que je dois indiquer et qui leur donne une certaine ressemblance avec les *tow-boats;* c'est-à-dire que la partie basse du bateau est à découvert; c'est là qu'on empile les marchandises, la cargaison en un mot. L'édifice n'a pas de rez-de-chaussée ha-

Souvenirs d'un voyage aux États-Unis. — Grand bâtiment à vapeur.

bitable. Au surplus, la même élégance, ou à peu près, dans les distributions intérieures, la même finesse pour la marche se retrouvent dans les uns et dans les autres.

On comprend que de tels bâtiments, avec leurs hauts étages, ne peuvent naviguer que sur les fleuves où ils sont abrités par les rives. A la mer, ils ne résisteraient pas et chavireraient au moindre vent un peu violent. C'est sur un de ces bateaux de la seconde catégorie que j'ai fait mon plus long voyage à la vapeur dans l'intérieur du pays, de la Mobile à Montgomery, dans l'État de l'Alabama, en remontant le fleuve de ce nom.

Pour se rendre de la Nouvelle-Orléans dans le nord de l'Union, il y a trois routes à suivre. Laquelle fallait-il prendre? C'était là ce que j'ignorais. A cela, vous me direz, Monsieur, qu'il n'y a rien de plus simple, en pareil cas, pour se tirer d'embarras, que de demander conseil aux gens du pays. C'est aussi ce que je fis. L'on est si hospitalier à la Nouvelle-Orléans, l'on rencontre tant de bienveillance, tant d'empressement de la part des habitants, qu'on ne réclame jamais en vain un conseil ou un service. J'allai donc trouver un des nombreux amis que j'y ai laissés, et je lui dis :

— Vous qui êtes d'ici, éclairez-moi sur la route que je dois suivre?

— Volontiers, répondit-il en déroulant sous mes yeux une carte des Etats-Unis. Vous allez vous embarquer sur le *Magnolia*, le plus beau steam-boat d'ici; remonter le Mississippi et le Missouri jusqu'à Saint-Louis, l'Illinois jusqu'à Chicago, traverser les lacs Michigan, Huron, Erie, arriver au Niagara et redescendre par New-York. C'est le plus beau voyage qu'on puisse faire. Je vais vous écrire votre itinéraire et vous donner toutes les indications propres à vous bien guider.

— Merci, vous êtes un homme charmant.

Le lendemain je rencontrai un autre ami, qui me tint ce langage :

— Par quelle route comptez-vous vous rendre dans le Nord?

Je lui répétai mot à mot l'itinéraire que m'avait donné, la veille, mon premier ami.

— Ne faites pas cela! s'écria-t-il. Voyez quels inconvénients en résulteront pour vous : vous ne trouvez sur votre chemin aucune ville importante, et votre mission vous oblige à séjourner dans toutes les métropoles des principaux États. Une fois à New-York, vous serez tenu de traverser dans une autre direction les Etats-Unis pour rencontrer les grandes cités que vous devez visiter et, cela fait, de revenir sur vos pas pour aller vous embarquer à Boston.

— Ceci me semble judicieux, et je n'ai pas de temps à perdre, pas trop d'argent à dépenser; indiquez-moi le moyen de tout concilier en économisant à la fois mon temps et mon argent.

Souvenirs d'un voyage aux États-Unis — Navigation à vapeur sur l'Alabama.

— Voici le remède : vous allez remonter le Mississippi et l'Ohio jusqu'à Louisville; vous passerez ensuite à Cincinnati, la ville par excellence; vous franchirez les Alleghemi, les plus belles montagnes de l'Amérique, et vous arriverez à Richmond, dans la Virginie, de là à Washington, puis vous suivrez Baltimore, Philadelphie, New-York, Albany, et vous remonterez ainsi jusqu'au Niagara, si bon vous semble; là vous vous trouverez tout à portée de revenir à Boston pour vous embarquer. C'est à coup sûr le plus beau voyage qu'on puisse faire.

— Ce que vous venez de me dire me semble sage, je vous en remercie; je me range presque à votre avis.

Deux jours après je rencontrai un troisième ami, qui m'accosta par ces paroles touchantes :

— Hélas! vous nous quittez donc bientôt?

— Hélas! oui.

— Et par quelle voie vous rendez-vous dans le Nord?

Je lui narrai ce que m'avait raconté le second ami. Il branla la tête en signe d'improbation.

— Au surplus, lui dis-je, j'hésite encore entre l'Ohio et le Missouri, entre Saint-Louis et Cincinnati.

— Deux fleuves également beaux, à coup sûr, deux villes également intéressantes, et des deux côtés de magnifiques pays à traverser; mais...

— Mais, repris-je, vous me conseillez de ne prendre ni l'une ni l'autre de ces deux routes, n'est-ce pas?

— Mon Dieu oui! Et voici mes raisons : à l'époque de l'année où nous sommes, les eaux sont très-basses; le steam-boat peut être arrêté en chemin, et par conséquent vous seriez obligé d'attendre la crue des fleuves ou de revenir à la Nouvelle-Orléans pour suivre l'itinéraire que je vais vous tracer. Vous n'y aurez donc rien gagné. Allez-vous-en à la Mobile; seulement, au lieu de prendre la malle jusqu'à Montgomery, remontez l'Alabama jusqu'à cette ville. Cela vous allongera bien votre voyage de vingt-quatre heures; mais vous en serez amplement dédommagé par la beauté du fleuve et par la *privation* de vingt-quatre heures passées dans la malle, dont vous aurez un échantillon suffisant de Notasulga à Griffin. Et puis vous aurez l'avantage de traverser les grandes forêts de la Géorgie, des deux Carolines; ce qui n'est pas un spectacle à dédaigner. Vous passerez à Charlestown et remonterez ainsi tout l'Est des Etats-Unis. Croyez-m'en; arrêtez-vous à cet itinéraire, vous n'aurez pas lieu de vous en repentir : c'est d'ailleurs la voie la plus courte.

Comme je sais quelque peu mon La Fontaine, je me rappelai la fameuse fable *le Meunier, son Fils et l'Ane*; et je fis, à part moi, cette réflexion : que les hommes de génie, de quelque nation qu'ils soient, et en quelque langue qu'ils écrivent, ont toujours raison dans toutes les parties du monde! — Les conseils que j'avais demandés aux gens du pays n'avaient donc servi qu'à me jeter dans un embarras extrême. J'en fis part à un quatrième ami, bien résolu de m'arrêter à celui des trois partis qu'il me conseillerait.

— Je comprends ton embarras, fit-il; et, à ta place, puisque tu ne sais quelle décision prendre, voici à quoi je m'arrêterais...

— Parle.

— Je ne partirais pas du tout.

Ce quatrième ami était mon père. Son conseil, que je ne pouvais suivre, ne changeait rien à mon embarras, et je sentis bien qu'il était homme à ne pas vouloir m'en tirer. Alors, que fis-je? Je jouai à pile ou face l'une des trois routes :

Souvenirs d'un voyage aux États-Unis. — Bateau de transport sur les lacs.

Souvenirs d'un voyage aux États-Unis. — Bateau de transport sur les lacs.

ce fut celle de la Mobile qui gagna. J'ignore ce que je perdis en perdant les deux autres, mais je ne tombai pas si mal en choisissant (si l'on peut appeler cela choisir) celle que je suivis.

De la Nouvelle-Orléans, je me rendis d'abord au lac Pontchartrain par le chemin de fer; je m'embarquai au lac sur un steamer qui me conduisit à la Mobile, où je pris passage pour Montgomery sur le steam-boat le *Selma*.

L'Alabama est beau, pittoresque, imposant comme le sont tous les fleuves de l'Amérique, avec leur immense largeur qui fait perdre quelquefois de vue l'une des rives, alors qu'on côtoie le bord opposé.

Il semble en vérité que le ciel ait tout fait pour ce pays, et lui ait réservé des destinées inouïes en lui accordant de pareilles voies de communication, qui permettent de se rendre des villes les plus reculées de l'intérieur jusqu'à la mer, directement, en se laissant simplement aller au courant d'une rivière. L'Alabama n'est pas un des plus grands fleuves de l'Amérique, car il ne compte guère que 250 lieues environ de cours; mais il est un des plus pittoresques, parce qu'il est un de ceux qu'on a le moins parcourus jusqu'à présent. Il est même assez étroit en quelques endroits, et, deça delà, l'on rencontre entre les deux rives de petites îles ravissantes qui semblent des bouquets de verdure que la nymphe de ces ondes y aurait déposés pour les empêcher de se faner; ou bien des bancs de sable. Ces caprices de la nature rendent parfois la navigation difficile, car on est alors obligé de serrer la rive de si près que parfois l'avant du bateau s'engage dans les arbres dont les branches et les racines trempent dans les eaux. Cela nous est arrivé une fois, en plein jour heureusement, et la violence du choc a été telle que la proue du steam-boat brisa un tronc d'arbre de la grosseur d'un homme, ce qui n'arrêta pas plus sa course que s'il n'avait heurté qu'un fétu de paille. Les rives de l'Alabama sont, par endroits, assez élevées, et présentent comme une muraille de granit ou de substances ferrugineuses dont les crêtes sont couronnées d'arbres magnifiques. Aux places où les rives sont un peu plus basses, on aperçoit de belles forêts noires et fourrées qui sentent l'Indien à dix lieues : ce sont des repaires qu'ils devaient évidemment rechercher. A chaque coude que fait le fleuve, et ils sont très-multipliés, si épais sont les bois dont on est entouré, que, ne voyant plus l'ouverture par laquelle on est entré et ne distinguant pas encore celle par laquelle on sortira, il semble qu'on se trouve au milieu d'un beau lac, ou au centre d'une magnifique pièce d'eau dans quelque parc féerique.

La disposition des rives de l'Alabama donne à la navigation sur ce fleuve un caractère d'originalité dont il est bon de parler. Généralement, et afin d'éviter les attaques des eaux au moment de leur grande crue, les villages, hameaux, bourgs, maisons qui bordent le fleuve sont bâtis sur les points les plus élevés; en sorte que lorsque le *steam-boat* s'arrête pour déposer des marchandises ou en prendre, il se passe là un spectacle assez curieux : le bateau, avec une habileté et une précision de manœuvre qui m'a toujours étonné dans toutes mes traversées, accoste la terre de flanc et s'amarre à quelque arbre, quand il y en a, ou se maintient stationnaire au moyen d'un mouvement modéré de ses roues. Alors, du haut de la rive, quelquefois de cinquante ou soixante pieds, descendent des chaînes à crampons auxquels on attache les ballots, les barriques, toute la cargaison qu'on a à laisser ou à prendre dans l'endroit. Cette manœuvre s'opère au moyen d'appareils mécaniques. Les passagers arrivent à ces sommets escarpés par des escaliers en planches construits sur le flanc de la rive ou taillés dans le roc de ces gigantesques murailles. Pour parvenir à établir ces informes chemins, il a fallu encore des travaux inouïs. Lorsque les villages sont situés à des hauteurs raisonnables, et proches de quelque plan incliné, on y a établi des voies à coulisses sur lesquelles, au moyen de crics, on fait monter ou descendre un chariot chargé des approvisionnements destinés au steam-boat ou que celui-ci décharge sur la rive. Il advient souvent que les personnes qui devaient recevoir les objets à leur adresse ne se trouvent pas présentes au moment de l'accostage du steam-boat, qui s'annonce toujours, à cinq minutes de distance, par deux ou trois volées de cloche. On ne les attend pas alors, on dépose tout simplement à terre les paquets, volumineux ou non, et même des factures, des lettres renfermant quelquefois des valeurs. Comme je m'étonnais de cette façon d'agir, on m'affirma que jamais aucun détournement d'objets n'avait eu lieu. Nous avions fait au moins vingt-cinq stations pendant le trajet de la Mobile à Montgomery, et certainement en plus de quinze endroits on a ainsi abandonné sur la rive des objets faciles à dérober. Les choses se passent ainsi d'ailleurs le long de tous les fleuves, et sur tous les chemins de fer.

Avant de vous parler de ces derniers, qui méritent une étude toute spéciale, permettez-moi, Monsieur, d'achever l'esquisse que j'ai entreprise des moyens de transport par eau, et vous dire quelques mots de ceux qui m'ont le plus frappé par leur physionomie. Après les steam-boats, il n'y a plus rien en ce genre qui soit digne d'attirer l'attention; le reste n'est intéressant que par l'originalité et le pittoresque. Les *canal-boats* jouissent cependant d'une certaine importance. Ce sont, comme le nom l'indique, les bateaux destinés à naviguer sur les canaux si nombreux en Amérique, et dont quelques-uns, par leur étendue, leur largeur, l'utilité réelle des communications qu'ils établissent, peuvent être considérés comme de véritables fleuves que le génie américain a ajoutés à ceux dont Dieu avait déjà si magnifiquement doté le pays. Le canal-boat n'est, à tout prendre, qu'une grande chaloupe, sur le pont de laquelle s'élève une petite dunette dans la forme, toute proportion gardée, des édifices que portent les steam-boats. C'est le rapport d'une cabane à une maison. Cette dunette est destinée à abriter les quelques passagers à qui il prend fantaisie de faire ces sortes de traversées, qui ont quelquefois, mais rarement cependant, l'avantage de raccourcir la route.

Sur une petite échelle on y réunit, autant que possible, les choses les plus indispensables à un voyage. J'ai vu quelques-uns de ces bateaux qui étaient munis de petits appareils à vapeur. Ils varient de dimension selon la longueur et l'importance de leurs traversées, et l'étendue des tronçons de fleuve qu'ils ont quelquefois à parcourir pour rejoindre les canaux. En somme, le *canal-boat* a un peu l'aspect d'une gondole vénitienne.

Il existe aux États-Unis une espèce de bateaux assez curieuse, qu'on ne rencontre guère que sur le Mississippi et ses affluents, et qu'on nomme *flat-boats* (bateaux plats). Ce sont de véritables caisses longues et étroites, carrées aux extrémités et recouvertes dans presque toute leur longueur d'un toit en planches qui les clôt hermétiquement. Ces bateaux ne sont pas difficiles à construire : c'est, comme je le disais, une caisse et rien de plus, au fond de laquelle on entasse du bétail, du charbon, des produits de l'intérieur, toute une menue cargaison enfin; quelquefois on y trouve une famille de quatre ou cinq individus. Le flat-boat abandonné au courant du fleuve le descend bien au delà de la Nouvelle-Orléans, venant quelquefois de cinq ou six cents lieues de l'intérieur, sans autre appareil de navigation qu'un long aviron manœuvré à l'arrière par le chef du flatboat. Parvenu au terme de sa destination, le propriétaire débite sa cargaison d'abord, puis vend ensuite le bateau, à la construction duquel on emploie toujours, dans ce but, du bois de choix, dont on fait d'excellents matériaux de menuiserie. Il serait d'ailleurs impossible à ces informes embarcations de remonter le fleuve. Une fois sa vente réalisée, le *capitaine* (car il ne tolère pas qu'on lui donne un autre titre que celui-là) prend passage à bord d'un *steam-boat*, regagne l'intérieur, prépare une nouvelle cargaison, un nouveau bateau et revient chercher fortune le long des rives du fleuve. Ces bateaux, quand on les aperçoit venir de loin, font l'effet exact d'un long cercueil flottant sur les eaux. On est tout étonné par moments de voir apparaître, par une des ouvertures ménagées dans la toiture, une tête d'enfant ou de femme. A l'époque où je me trouvais dans la Louisiane, ces bateaux portaient tous le nom du *général Taylor*. C'était un hommage populaire rendu au vainqueur de Buena-Vista, une sorte de réclame flottante que ses amis encourageaient; et ceux qui croyaient lire dans l'avenir, ou qui se plaisaient à flatter leurs espérances, avaient déjà substitué au titre de *général* celui de *président*. L'intérieur de ces embarcations offre l'aspect que donne le dessin ci-dessus.

Une autre espèce de bateaux non moins curieuse sont les bateaux qui naviguent sur les lacs dans le nord, et dont je vous envoie aussi un croquis. Son apparence est lourde, ses quatre mâts sont très-courts; ses voiles étroites et basses semblent insuffisantes à prendre assez de vent pour le mettre en mouvement, et toutes ses formes manquent d'élégance. Quelques-uns de ces bateaux ont ceci de curieux qu'ils sont destinés à une double navigation. Composés de trois ou quatre compartiments bien hermétiquement clos séparément, on les hale à terre, on charge ces caisses sur des trains de chemins de fer, avec toutes les marchandises qui y sont entassées, et on les transporte ainsi jusqu'à un autre point du lac, où on rapproche les compartiments au moyen de forts écrous, et on les rend de nouveau à leur élément naturel. Dans l'intérêt des marchandises, qui ne subissent de cette manière aucun transbordement, cette opération ne laisse pas d'avoir quelques avantages.

L'on a beaucoup parlé, Monsieur, des accidents dont sont victimes et que causent les bateaux à vapeur en Amérique. Il y a, permettez-moi de le dire, un peu d'exagération dans les récits qu'on en a faits. Si rares que soient ces catastrophes, elles n'en sont pas moins déplorables, j'en conviens; mais d'abord rétablissons l'exactitude et la vérité. Ces accidents sont presque inconnus ailleurs que sur le Mississipi; et alors même il n'y a pas toujours de la faute ni des capitaines, dont je n'excuse pas l'imprudente hardiesse; ni des machines, qui sont généralement bonnes; ni des bâtiments eux-mêmes, qui sont ordinairement bien construits. Mais il ne faut pas oublier que, dans ses parties les plus navigables, le Mississippi est semé de ces énormes troncs d'arbres dont les cimes arrivent au sommet de l'eau et contre lesquels il arrive souvent qu'on se heurte. Ces chocs violents produisent presque toujours des catastrophes. On appelle dans le pays ces récifs des *chichots*. Ensuite, il ne faut pas oublier non plus que sur le Mississippi on compte plus de 1,000 steam-boats faisant, l'un dans l'autre, de trois à quatre voyages par an; ce qui établit une moyenne de trois mille cinq cents traversées, sur lesquelles il arrive à peine une catastrophe chaque année. Ce sont là les conséquences inévitables de l'existence et de l'emploi de la vapeur. Chaque médaille a son revers, chaque progrès son côté fatal!

***

Il n'est pas inutile de rappeler à ceux qui le savent, et d'apprendre à ceux qui l'ignorent, que le nord du continent américain renferme d'immenses réservoirs d'eau douce appelés lacs par tradition, bien que leur étendue, plus considérable que certaines mers d'Europe, leur donne en réalité quelques droits à être considérés comme des océans. Ils en ont les ouragans redoutés, les profondeurs mystérieuses, les flottes mues par le souffle des vents ou la puissance de la vapeur; — et, sur leurs vagues, des peuples ennemis venus d'Europe s'y sont disputé une suprématie sanglante, comme sur les autres mers du globe.

Les principaux de ces réservoirs gigantesques sont les lacs : Supérieur, — Michigan, — Huron, — Saint-Clair, — Erie et Ontario, tous reliés l'un à l'autre par un courant d'eau dans lequel les géographes se sont accordés à ne voir qu'un même fleuve, — le Saint-Laurent, — qui, sorti du pied des montagnes Rocheuses, emporte leur tribut à l'Océan atlantique, après un cours de plus de huit cents lieues. La portion du Saint-Laurent qui sert de déversoir au lac Erie, et conduit le trop-plein de ses eaux au lac Ontario, est universellement désignée sous le nom de Niagara, — nom indien dont personne n'a su encore établir clairement la signification. — C'est ce fleuve qui, précipité tout entier dans un gouffre de plus de cent cinquante pieds, forme les cataractes célèbres auxquelles aucune autre au monde n'est comparable.

Le cours du Niagara, à partir du lac Erie jusqu'aux rapides, n'est que de vingt-deux milles, sur lesquels se répartit une inclinaison de seize pieds seulement, produisant un courant variable qui permet partout la navigation du fleuve. Mais, à un mille environ au-dessus des chutes, son niveau s'incline tout à coup. La nappe d'eau déprimée obéit dans toute sa largeur à un déplacement inférieur, et court, sans briser d'abord sa surface polie, vers une première barrière que de loin trahit à l'œil une longue ligne blanchissante. A partir de ce point, le cours majestueux et paisible du fleuve change complétement de nature. Emporté sur un chaos de récifs, de bancs de sable et de rocs submergés, il bondit, hurle, bouillonne, se précipite en torrents, se tord en tourbillons, se brise en pluie d'écume, poursuivant sa course furieuse dans une lutte sans trêve, jusqu'aux bords du gouffre où il s'élance et disparaît, après s'être abaissé de cinquante-huit pieds en moins d'un mille. Rien de plus étourdissant, de plus tumultueux que cet « enfer des eaux » que l'on nomme *les Rapides*. Les tempêtes de l'Océan, plus grandioses dans leur développement, n'ont point ce caractère de furie désespérée. Les mugissements profonds de la mer n'ébranlent pas les airs de ces mille voix hurlantes, et ses vagues, librement déchaînées dans l'étendue, n'offrent point aux yeux les convulsions du fleuve se débattant sous l'étreinte de ses rives où jamais ne se fait ni silence, ni repos.

Pourtant, au milieu de cette immense confusion, bruyant champ de bataille de la terre et des eaux, s'avance un cap immobile. C'est la pointe de l'île d'Iris, appelée aussi île de la Chèvre (*Iris-Island* ou *Goat-Island*). Au pied de ce promontoire sans cesse rongé par l'effort des courants qui le mordent et en entraînent les lambeaux, le fleuve se partage en deux bras inégaux. Le plus vaste suit, en s'élargissant, la courbe de la rive du Canada, et va se précipiter dans la grande chute, après avoir rencontré sur son passage trois îlots avancés nommés les Trois-Sœurs. — Ce sont les grands rapides.

Là, plus d'espoir de salut, plus de possibilité de secours pour le malheureux navire ou l'imprudent pêcheur emporté par ces tourbillons désordonnés qui ne lâchent jamais leur proie. L'inscription funèbre du Dante n'est pas plus fatalement vraie sur les portes de son enfer que sur la limite extrêmes de ces récifs; cette limite une fois franchie, tout est dit : — « *Ogni lasciate speranza*, » — il ne reste plus qu'à mourir.

Les chutes au coucher du soleil, côté américain.

Souvenirs d'un voyage aux États-Unis en 1847.

22 JUILLET 1848

LETTRES A M. LE DIRECTEUR DE L'ILLUSTRATION

Chemins de fer, routes, voitures, etc.

Voilà, Monsieur, une relation bien malheureusement interrompue. Il faut remonter au 27 mai et au 10 juin pour retrouver dans votre collection les deux premières lettres que j'ai eu l'honneur de vous adresser. Je ne m'en plains pas et aucun de vos lecteurs, sans doute, ne s'en plaindra. Quel que soit l'intérêt des observations que nous pouvons faire sur un pays qu'il faut présenter sans cesse comme modèle aux peuples libres, je conviens que nous avons eu mieux à faire depuis le 10 juin; la question était de préserver la maison de l'incendie, non de savoir dans quel goût il convient de la meubler.

Si vous vous en souvenez, monsieur, celui de mes amis de la Nouvelle-Orléans qui m'avait conseillé de remonter l'Alabama en steam-boat, jusqu'à Montgomery, avait eu soin de faire valoir à mes yeux qu'en allongeant ma route de vingt-quatre heures, je m'épargnais vingt-quatre heures de diligence. Ah! monsieur, que cet ami avait sagement pensé! Il faut donc que je vous dise ce que c'est qu'une diligence ou *stage* aux Etats-Unis. Le portrait ci-joint vous en donnera l'idée la plus complète quant à l'extérieur. Dans cette voiture, composée d'un seul compartiment, on entasse neuf personnes sur trois banquettes transversales, les trois du milieu n'ayant pour s'adosser qu'une ceinture de cuir accrochée aux deux côtés intérieurs de la voiture. A la grande rigueur, six personnes y seraient à peu près à l'aise. Mais là n'est pas encore tout le mal. Les Américains semblent avoir été si complétement prédestinés à ne se servir que de steam-boats et de chemins de fer, qu'ils n'ont pas été doués de l'instinct de la voiture à roues, pas plus que de celui des grandes routes propres à ces sortes de voitures. On attelle, il est vrai, à ce *stage* quatre magnifiques chevaux parés, reluisants, harnachés comme pour un tour au bois, avec de longs rubans bleus et roses aux cocardes; un *driver* (conducteur), ganté de gros gants de daim qui lui montent jusqu'à mi-bras, tient en mains les guides et conduit ses chevaux avec une admirable habileté. Durant les premiers moments que je fus installé dans mon coin, cela alla assez bien; mais nous n'étions pas à deux milles du relais, que nous entrâmes en plein dans les grandes forêts de l'Alabama. Alors, monsieur, ce n'était plus une grande route tracée pour des hommes que nous suivions, c'étaient des fossés et des rivières que nous franchissions, des troncs d'arbres que nous escaladions, le tout accompagné de cahots à vous briser les reins; car, même devant ces obstacles, les chevaux ne ralentissaient pas le galop qu'ils avaient pris depuis leur départ, et chaque fois que l'obstacle devenait plus grand, le cocher les fouettait et ranimait leur ardeur. Etait-il gris? demanderez-vous; non pas! Avisez-vous donc de crier à un driver américain de prendre garde...

Souvenirs d'un voyage aux États-Unis. — Stage (diligence américaine).

— Prendre garde à quoi? vous demandera-t-il.

— Mais à mes côtes, s'il vous plaît! lui répondrez-vous.

— A vos côtes, monsieur! mais je m'en soucie bien; je ne sais pas pourquoi je perdrais mon temps à les ménager!

— Mais au moins songez à vos chevaux...

— Mes chevaux! mais il me semble qu'ils ne se plaignent pas... Voyez, ils sont vigoureux, obéissants, ils ne demandent pas mieux que de galoper, et vous voudriez que je les fisse aller au pas... Ils me le reprocheraient.

— Mais vous allez briser la voiture!...

— La voiture se briser! oh! que non! elle est bien construite, elle est solide, soyez tranquille. Une voiture! cela est fait pour suivre les chevaux! Du moment que ceux-ci franchissent le fossé, il faut bien que la voiture y passe; s'ils s'enfoncent dans la boue jusqu'au poitrail, la voiture peut bien y entrer aussi, elle n'est pas plus délicate qu'eux! Ils ont leurs jambes pour s'en tirer, elle a ses roues qui l'y aideront.

Et il a raison, le *driver;* ses chevaux sont bien aussi américains que lui sous ce rapport : ils vont toujours, toujours. Fossés, haies, rivières, troncs d'arbres à franchir, à escalader, rien ne les arrête. C'est un nouveau genre de *steeple-chase.* Ne croyez pas, monsieur, que j'exagère le moins du monde! Le sol sur lequel roule ou plutôt bondit le *stage* est, pour ainsi dire, dans son état primitif, il n'a été ni nivelé, ni battu, ni pavé. Lorsqu'à la suite de grandes pluies il a été trop défoncé et qu'il s'y est formé quelque crevasse réellement dangereuse, alors on jette en travers de la route des arbres rapprochés les uns des autres; mais, si près qu'on les puisse placer, il existe toujours entre eux une solution de continuité produite par la forme même des troncs, et qui amène une suite de cahots non interrompus; chaque tour de roue en fait naître trois ou quatre qui se succèdent avec une rapidité effrayante. Cela dure ainsi quelquefois un quart d'heure, une demi-heure. C'est un véritable supplice! Tout à coup, au moment où l'on s'y attend le moins, on se trouve pris, arrêté, comme emprisonné au milieu d'un bois à travers lequel il faut absolument se frayer un passage. On évolutionne littéralement autour des arbres dont les branches indiscrètes pénètrent jusqu'au milieu de la voiture, menaçant de vous briser la tête, de vous abîmer le visage, tout au moins de vous endommager un œil! Et puis ce sont des chocs terribles quand les roues s'engagent entre les racines, à croire que la voiture va sauter en morceaux! Quelquefois encore on franchit des gouffres de cent pieds de profondeur, au fond desquels roule quelque torrent; on les passe sur des ponts en bois dont les planches mal jointes, mal assurées, mal clouées, crient, tremblent, s'ébranlent et basculent sous le poids des roues. Il y a dans le danger réel qu'on y court une certaine grandeur qui le fait presque oublier!... Puis, un instant après, on se sent rouler sur la mousse ou sur un lit de feuilles; plus de cahots, plus de secousses, on est moelleusement balancé alors! C'est qu'on traverse quelque belle partie de forêt où il semble qu'on fasse une promenade sentimentale! mais, hélas! l'illusion n'est pas d'une assez longue durée. Vous suivez encore du regard les charmants caprices de la nature qui s'est plu à semer dans ces immenses déserts des trésors de poésie et de surprises, quand un bond qui colle votre front aux parois de la voiture vous avertit qu'il n'y faut plus songer, et vous ramène à la triste réalité!

La seule compensation qu'on trouve à ce véritable martyre est le beau spectacle qu'offrent les magnifiques forêts qu'on traverse et qu'on ne quitte pas du moment du départ au

Souvenirs d'un voyage aux États-Unis. — Un convoi de chemin de fer américain.

moment de l'arrivée. Il en est ainsi dans toute l'Amérique. J'en donnerai la raison tout à l'heure. J'éprouve le besoin de vous expliquer, d'abord, comment il se fait qu'aux États-Unis on rencontre des routes pareilles à celles dont je viens d'essayer de vous donner une idée. Ce mal a deux causes. La première vient de ce qu'il y a indécision dans l'esprit du gouvernement de l'Union sur la question de savoir si les grandes routes, même celles que suit la malle, doivent être créées et entretenues par le gouvernement général, ou bien si chaque État doit en avoir la charge isolément. Il en résulte un *statu quo* déplorable, en attendant qu'arrive l'heure de la solution du problème. Il faut dire, en second lieu, que dans la pensée des Américains, il est arrêté en principe que la vapeur appliquée à tous les modes de transport doit seule desservir les voies de communication. Tous les efforts se concentrent donc sur les chemins de fer, et on ne se préoccupe nullement des routes ordinaires, qui ne sont considérées que comme un provisoire, un accident qui, d'un jour à l'autre, doit disparaître. Ceci est tellement vrai que, dès qu'il est possible de rouler dix minutes seulement sur un chemin de fer en cours d'exécution, on en profite immédiatement.

Parvenus, après trente heures de souffrances et de fatigues, au terme de mon voyage en *stage*, nous prîmes le chemin de fer à Griffin. Il était trois heures de l'après-midi; nous étions en retard d'une grande heure et demie, et nous devions être rendus au plus tard à quatre heures moins un quart à Atlanta, afin d'y rejoindre un convoi de nuit qui devait nous conduire à Augusta. Le train partit, si je puis m'exprimer ainsi, au galop de sa vapeur, et dévora en cinquante-cinq minutes les quarante-cinq milles qui séparent les deux stations; mais en atteignant cette grande vitesse, nous avions enfreint les lois qui, dans la Georgie, interdisent au rail-road une vitesse de plus de douze lieues par heure! car, dans chaque État de l'Union, selon la plus ou moins bonne construction des chemins, selon la qualité des machines, des locomotives, etc., les lois dudit État fixent le maximum de vitesse des trains. Ainsi, dans la Georgie, comme je l'ai dit, dans la Caroline du Sud, dans la Virginie, dans les États du Nord où les chemins sont parfaitement établis, on voyage avec une rapidité qu'on peut estimer varier en moyenne de huit à quinze lieues, tandis que dans la Caroline du Nord, dans la Louisiane, etc., cette moyenne ne dépasse pas quatre à cinq lieues!

A peine sortis de Griffin, nous entrâmes de nouveau en pleine forêt; et c'est le moment d'expliquer, comme j'avais annoncé vouloir le faire, comment et pourquoi, en Amérique, toutes les routes possibles sont tracées au milieu des forêts. D'abord, aux États-Unis les trois quarts du sol sont à défricher, et cette partie encore inculte est presque tout entière en bois; on se garde donc de toucher aux terres déjà en culture, car ce serait porter stupidement le trouble au sein des richesses du pays. Secondement, ouvrir des voies de communication au milieu de déserts, c'est y appeler des populations nouvelles, c'est y créer des villes et des villages, c'est y faire naître l'agriculture et l'industrie, c'est y semer la fortune, c'est y répandre la civilisation. Aussi, chaque tronçon de chemin de fer, à mesure qu'il s'avance dans le pays, semble apporter tout cela avec lui. A chaque pas que l'on fait dans chacune de ces immenses forêts, selon la disposition des terrains, selon les chances d'avenir que présentent les localités, on aperçoit s'élever au milieu des arbres, ici une cabane isolée.

En deçà, au delà, à droite, à gauche, s'étend toujours la forêt; le calme, la solitude de la nature à deux pas de ces premiers murmures de la civilisation naissante. Troisièmement, aux États-Unis tout doit se faire promptement; c'est un des caractères de l'Américain, c'est une condition à ses entreprises, c'est aussi un besoin; tout doit se faire aussi aux moindres frais possibles, c'est un moyen de faire beaucoup. Or, pour construire des chemins de fer, le bois est nécessaire autant que le fer. Afin donc d'en obtenir vite, à bon marché, rien de plus naturel que d'ouvrir les voies à travers les forêts. On abat, dans la direction que doit suivre le tracé, tous les arbres qui se trouvent sur le passage; on les taille carrément, en forme de poutres, et on les couche sur le sol, parallèlement et dans leur longueur, le plus souvent sans autres travaux préparatoires. Si le terrain n'est pas uniformément nivelé, on soulève les pièces et on rectifie les inégalités au moyen de coussins en bois ou de cales; cette première opération faite, on pose de l'une à l'autre des pièces parallèles, de trois pieds en trois pieds, d'autres pièces transversales destinées à les assujettir et à les unir entre elles; en sorte que la base de tout chemin est un caillebotis à larges carrés égaux. Puis on place les rails. A mesure qu'un, deux ou trois milles sont terminés, on les livre à la circulation; ce n'est que peu à peu que l'on comble le vide qui existe entre le sol et le niveau des rails. Pour jeter donc les premières fondations de ces voies si rapides, on se sert des richesses dont Dieu a gratifié ces immenses contrées; le bois ne coûte rien, on puise à même le trésor, et il ne reste plus que la main-d'œuvre, le travail, le transport et la pose du fer à acquitter. La moitié de l'œuvre s'accomplit pour ainsi dire d'elle-même; on comprend alors que la rapidité de l'exécution, qu'on recherche tant, s'obtienne comme par enchantement. C'est de cette façon que l'Amérique a pu, en si peu d'années, se couvrir de voies de fer, dont le nombre s'élève aujourd'hui à plus de 130 lignes distinctes, desservant des points directs, ou se reliant les unes aux autres en vertu de traités particuliers ou de conventions d'États. Ces 130 lignes couvrent une surface de près de cinq mille cinq cents milles.

Souvenirs d'un voyage aux États-Unis. — Intérieur d'un char (wagon) pour les hommes.

Il n'est peut-être pas sans intérêt d'indiquer, en passant, le prix de revient de quelques-uns de ces chemins, la moyenne de leurs recettes, de leurs dépenses annuelles et de leurs rapports. Un simple échantillon. Le *Western rail-road* (ligne de l'Ouest) dans l'État de New-York, et dont le parcours est de 156 milles, a coûté à établir 41,805,477 fr.

Ses dépenses en 1845 se sont élevées à . . . . 2,001,353 fr.
Ses recettes à . . . 4,392,792
Bénéfices. . . 2,391,439 f..

Ligne de Nashua et Lowell.

Parcours : cinq lieues.
Prix d'établissement. . 2,700,000 fr.

Recettes en 1845. . 608,477 fr.
Dépenses. 259,254
Bénéfices. . . 349,223 fr.

Ligne d'Utica et Shenectady.

Parcours : trente lieues.
Prix d'établissement. . 11,823,327 fr.

Recettes en 1845. . 2,387,496 fr.
Dépenses. 796,813
Bénéfices . . . 1,590,683 fr.

Ligne de Baltimore et de l'Ohio.

Parcours : soixante-dix lieues.
Prix d'établissement. . 4,116,744 fr.

Recettes . . . . . . 3,988,456 fr.
Dépenses. 1,964.741
Bénéfices. . . 2,023,715 fr.

Une autre cause à signaler, comme facilitant le rapide développement des voies de communication par les chemins de fer, est celle-ci : les Américains, quand ils ouvrent un de ces chemins, ne se préoccupent que d'une chose: de la pensée d'arriver au plus vite au point qu'ils veulent atteindre. Aussi ne s'attachent-ils qu'à poser une première voie de rails, afin d'arriver d'abord; cela fait, s'il reste des capitaux, s'ils ont du temps à perdre, ils songeront aux moyens d'en établir une seconde, pour le croisement des trains d'aller et de retour. Il est rare qu'ils s'inquiètent de cette seconde partie du chemin; presque toutes les routes n'ont donc qu'une voie, sinon dans toute la longueur de leur parcours, au moins sur une grande partie; leurs trains partent à des heures fixes et déterminées, pour l'aller ou le retour, ils ne redoutent pas les rencontres. Ils calculent avec raison que, s'ils s'avisaient d'établir simultanément les deux voies à la fois, ils mettraient le double de temps, et consacreraient, sans compensation, le double de capitaux à arriver d'un point à un autre. Ils économisent en outre, de cette façon, un matériel roulant considérable. Il arrive souvent que la même locomotive, les mêmes chars, après avoir déposé les voyageurs en un endroit, retournent immédiatement à leur première destination; et la locomotive attelée en avant, et dirigeant le convoi à l'arrivée, se trouve, au retour, placée à l'arrière et chassant devant elle les chars. Ceci se rencontre surtout sur les lignes d'un parcours restreint, et où ce n'est que, grâce à ces économies multipliées, qu'on parvient à s'assurer des bénéfices.

Enfin, et pour dernière raison, les chemins de fer ont avantage à passer à travers les forêts, en ce qu'ils se trouvent à même ainsi de s'approvisionner de combustibles à très-bon compte. Aussi ne consume-t-on point de charbon aux États-Unis, ni pour les rail-roads, ni pour les bateaux à vapeur.

J'ai dit plus haut que, dans l'établissement des chemins de fer, on s'occupait fort peu de la nature du sol, qu'on ne se donnait même pas la peine de travailler ou de niveler. Je vais vous citer à cet égard un fait curieux et qui vous donnera en même temps une nouvelle idée de cette audacieuse témérité des Américains, dont je vous ai souvent parlé. On avait conçu aux États-Unis le gigantesque projet de faire aboutir à un centre commun toutes les grandes lignes de chemins de fer, et on avait choisi, dans ce but, la cité de Nashville, dans le Tennessee. Pour se rendre de la Nouvelle-Orléans à Nashville, il n'y avait qu'un tracé possible; à travers une série de ces fameuses prairies tremblantes si célèbres en Amérique, abîmes étranges dont la profondeur est un mystère, dont les entrailles sont cachées à l'œil et à la pensée par une masse de boue et de terre liquide, dans lesquelles un homme s'enfoncerait insensiblement s'il restait quelques instants debout, immobile, laissant porter tout le poids de son corps sur le point où il se trouve.

Souvenirs d'un voyage aux États-Unis. — Intérieur d'un char (wagon) pour les femmes.

C'était donc sur un pareil sol (si sol il y a) qu'on construisit le chemin de la Nouvelle-Orléans à Nashville. La rapidité de la course pouvait seule préserver d'une catastrophe; un point d'arrêt, une immobilité d'un seul instant, et voitures et voyageurs, tout disparaissait dans le gouffre. On fut obligé d'y renoncer cependant après deux ans d'existence, parce que le projet primitif de concentration des lignes à Nashville fut abandonné. Rien n'était plus émotionnant et plus curieux en même temps qu'un voyage sur une telle route, m'ont dit les personnes qui l'ont parcourue. Il semblait qu'on voyageait sur mer, et l'on se sentait comme bercé par des vagues, que simulait parfaitement l'élasticité du terrain. En regardant courir le train, on le voyait onduler comme un navire qui s'enfonce dans les flots, puis se relève sur leur cime. L'audace des Américains pouvait seule concevoir et exécuter un tel projet.

Les travaux d'art proprement dits sont rares sur les chemins de fer; on évite, autant que possible, de se soumettre à ces dispendieuses obligations. On rencontre deci, delà, quelques ponts plus ou moins bien construits, selon la localité, sur des rivières de peu d'importance, ou destinés à relier les deux lèvres de quelque ravine. Les travaux les plus curieux sont les voies suspendues. Je m'explique. Quand on rencontre, par exemple, quelque montagne ou monticule qu'il faudrait tailler, creuser, ce qui nécessiterait de longues et coûteuses opérations, on tourne la difficulté de la manière que voici : du fond de la vallée, et quelquefois du précipice qui s'ouvre aux pieds de la montagne, on élève un échafaudage de poutres, de cent pieds de hauteur souvent, et sur lequel on établit les pièces de bois qui servent de base aux rails. Ces poutres, entrecroisées et disposées en une multitude de potences, offrent un point d'appui solide. Le bruit des voitures et de la vapeur produit dans ce gouffre béant un écho formidable. Ces sortes de chemins aériens sont très-nombreux et quelquefois très-longs; dans la Caroline du Sud, on en traverse un, entre autres, qui a plus de deux lieues d'étendue. Au surplus, là, pas plus qu'ailleurs, aucun garde-fou, aucune barrière latérale, aucun surveillant. Un train de chemin de fer est dans ce pays-là considéré comme une voiture ordinaire. On est habitué à s'en garder comme nous nous gardons d'un cabriolet qui passe dans la rue. Il y a des villes aux États-Unis, comme la Nouvelle-Orléans par exemple, où les trains passent au beau milieu de la ville, et se dirigent à travers certaines rues exactement comme le ferait la plus innocente calèche. Les enfants se rangent tranquillement, les passants attendent, les autres voitures stationnent; seulement, le mécanicien lâche un petit robinet de vapeur disposé en manière de sifflet, et dont le cri strident et prolongé se fait entendre au loin et annonce l'approche du train. Dans la campagne, ce signal est nécessaire pour avertir les animaux qui se promènent paisiblement sur les rails ou s'y couchent en travers. Ils ont une peur terrible de ce sifflement, et, dès qu'ils l'entendent, ils prennent la fuite de tous côtés en poussant des hurlements.

Dans certaines villes où les gares sont placées au centre des populations, comme à Baltimore, les trains n'y entrent pas avec la vapeur; à quelque distance de la ville, ils s'arrêtent, ou abandonnent la locomotive, et on attelle aux chars sept ou huit vigoureux chevaux d'une espèce toute particulière et qui les font rouler jusqu'à la gare. Ces chevaux toujours lancés au galop impriment au convoi une vitesse extraordinaire que facilitent les rails.

Si je me le rappelle bien, monsieur, nous étions arrivés à Atlanta pour y prendre un train de nuit qui devait nous conduire à Augusta. Ici j'ai une particularité toute spéciale à vous signaler, je veux parler de la disposition intérieure des chars destinés à recevoir les voyageurs pendant la nuit. Ces voitures sont de véritables maisons où rien, absolument rien, ne manque pour tous les besoins de la vie. Elles sont divisées en plusieurs compartiments ou chambres à coucher : les unes destinées aux dames seules, les autres aux hommes. Chacune de ces chambres comporte six lits ou plutôt six couchettes placées latéralement sur trois étages. Avant que la nuit soit venue, les deux couchettes inférieures forment un excellent canapé; quand l'heure du sommeil arrive, on prend la peine de soulever le dossier du canapé; quand il est parvenu à la position horizontale qui convient à son nouvel usage, de forts crampons en fer mis en mouvement par un mécanisme intérieur le saisissent et le maintiennent; trois sangles ou courroies perpendiculaires garantissent le dormeur de toute chute. Vous dire, monsieur, que ces lits soient parfaitement bons, ce serait mentir; mais on est encore très-aise de les trouver tels qu'ils sont, et de pouvoir, grâce à cette précaution, passer une nuit assez tolérable. Chacune de ces chambres à six lits communique l'une dans l'autre, en sorte que l'on peut se promener au besoin d'un bout à l'autre du char. Des fanaux suspendus à la voûte éclairent cet intérieur, ce qui ne laisse pas d'être un spectacle pittoresque et nouveau.

Les chars de jour, s'ils ne sont pas aussi riches, aussi moelleusement arrangés que les nôtres, offrent, en compensation certains avantages qui sont bien à envier quand on a une longue route à parcourir. Ces voitures ont la même construction à peu près que les wagons de seconde classe de nos chemins de fer; la toiture en est beaucoup plus élevée cependant, et a environ sept pieds de hauteur. Chaque char contient, sur les grandes lignes, de quarante-huit à soixante-douze personnes. Dans le milieu du char règne une allée assez large qui le coupe en deux parties; à droite et à gauche sont disposées des stalles exactement semblables aux stalles de nos théâtres, avec un dossier un peu plus élevé. Ces stalles sont rangées par trois de front sur chaque côté, et chaque rang jouit du bénéfice d'une croisée. Aucune porte latérale; on entre et on sort par les deux extrémités de la voiture. Devant chacune de ces portes règne une sorte de petit balcon circulaire avec balustrade en fer, et qui sert comme de pont pour passer de plain-pied d'un char à l'autre. De cette façon on peut se promener d'un bout à l'autre du convoi. Il n'y a de distinction entre les places que celles-ci : les femmes jouissent du privilége d'un char spécial où ne sont admis, comme sur les bateaux à vapeur, que leurs chevaliers servants; les gens de couleur ont également un char spécial; quant aux esclaves (dans les États à esclaves), on les relègue avec les bagages, dans une sorte de magasin placé sur l'avant et qui sert en même temps de salle à fumer. Tout ce qui a la peau blanche, ou, pour mieux m'exprimer selon la loi américaine, tout ce qui est citoyen américain, a des droits égaux aux mêmes places, le prix en est le même pour tous. Dans le char des femmes se trouve un petit salon, mystérieux arcane, qui renferme des toilettes complètes et tous les objets dont la coquetterie féminine sent le besoin, même en voyage. Ce petit salon est parfaitement arrangé et décoré. Pendant l'hiver, on place dans les chars un poêle; vous voyez, monsieur, que rien n'y manque. Le dossier des siéges est disposé sur des ressorts à bascules, de façon à ce que chaque rang de voyageurs se tourne le dos ou se regarde selon la volonté de chacun.

Aux États-Unis on ne paye pas sa place avant de monter dans un convoi, ou du moins il en est ainsi pour ceux qui prennent le train en route, car, aux États-Unis, on fait signe et on arrête un convoi de chemin de fer en pleine voie, comme nous arrêtons un omnibus sur le boulevard. Seulement, de demi-heure en demi-heure, le chef du train fait sa tournée, nuit et jour, dans tous les chars en criant :

— *Your tickets, if you please, gentlemen!* (Vos billets, s'il vous plait, messieurs.)

Celui qui ne peut produire son billet paye le prix de sa place, et, en échange de son argent, on lui remet une carte. Afin de prévenir cette exhibition continuelle de billets pour la production desquels le chef du train est obligé au milieu de la nuit de réveiller les dormeurs, les Américains ont adopté l'usage de planter le *ticket* entre le chapeau et le ruban qui l'entoure, de manière à le mettre bien en évidence. Il n'y a pas d'exemple que jamais personne ait songé à profiter du sommeil d'un voyageur pour lui dérober ce billet. En France, il faudrait se bien garder d'une telle confiance. Mais en Amérique, il n'y a pas, à proprement parler, de *filous*, ils sont rares du moins. On y vole un peu, comme partout, mais on y vole sur une échelle plus importante. Un coquin ne sera pas assez sot pour jouer sa liberté sur un coup pareil, il aime mieux la réserver pour quelque grande opération plus lucrative. J'ai cependant vu, sur un bateau à vapeur de Philadelphie à New-York, trois voyageurs dépouillés, en moins d'une demi-heure, de leurs montres et de leurs bourses. Mais c'était alors une bonne capture à faire.

Il faut reconnaître, monsieur, que, nonobstant de grands avantages qui leur sont particuliers, les chemins de fer en Amérique ne sont comparables ni à ceux de la France ni à ceux de l'Angleterre pour l'élégance, pour la régularité des constructions. Tous même ne sont pas également bien établis, également solides, à l'exception de ceux des États de l'Est et du Nord, qui ne laissent rien à désirer sous aucun rapport. Je vous l'ai dit, le but en Amérique, en construisant un chemin de fer, est de créer le plus promptement des communications entre deux points. On ne s'attache qu'à cela; le reste n'est que secondaire: les questions de solidité même, sur quelques lignes, ne préoccupent que fort peu. Dans certains États, comme dans la Caroline du Nord, par exemple, les voies de fer sont, on peut le dire, déplorables, et les travaux ont été exécutés avec une négligence qu'aucun prétexte, qu'aucune raison ne doit excuser. Quoi qu'il en soit, monsieur, quand on a traversé d'un bout à l'autre les États-Unis à l'aide des chemins de fer, on reste frappé de la grandeur des entreprises de cette nation!

Les hôtels, les auberges et les cafés.
12 AOUT 1848

Beaucoup de choses, ai-je dit, monsieur, favorisent le goût des voyages aux États-Unis : la commodité des moyens de transport et le bon marché entre autres. J'ajouterai que le comfortable des hôtels y entre pour une bonne part. Maintenant reste à décider si ces avantages sont la cause ou la conséquence. Convenons qu'il y a réciprocité et n'en parlons plus.

Nous n'avons pas en France l'idée de ce que peut être en Amérique un des établissements de ce genre; et en Angleterre même, où ils sont, en général, sur un pied que nous ne pouvons atteindre, il faut reconnaître qu'ils ne peuvent lutter avec ceux des États-Unis. Quant à nous, ce que nous possédons de plus grandiose, de plus riche, de plus cher à Paris même, en fait d'hôtels, n'équivaut pas aux hôtelleries des villes de second ordre en Amérique. Il n'est pas jusqu'aux petites auberges qu'on rencontre sur les routes, qui n'offrent un comfortable que j'ai bien souvent regretté de ne pas trouver dans des villes importantes de la France.

Les habitudes américaines contribuent à assurer ce développement colossal aux hôtels bien famés; par exemple, pour tenir un train de maison, même ordinaire, aux États-Unis, il faut être dans de certaines conditions que tout le monde ne peut remplir. Il n'existe pas, à proprement dire, de maisons à appartements, et surtout à petits appartements; par conséquent les *bachelors*, ou garçons, seraient obligés, en tout état de cause, de prendre à loyer une maison entière dont le prix est généralement élevé. Cette dépense très-forte en entraîne d'autres non moins considérables, celle de plusieurs domestiques par exemple; car on ne trouve pas aux États-Unis de maître Jacques, le cuisinier n'est jamais cocher en même temps, le cocher ne cumule jamais les fonctions de valet de chambre, etc. Lors même qu'il est riche, le *bachelor* a toujours une occupation qui ne lui laisse aucun loisir pour surveiller la direction de sa maison. S'il ne jouit pas d'une aisance convenable, il lui est encore impossible de songer à vivre chez lui, car on ne connaît point non plus, en Amérique, ces mille ressources d'économies de la vie parisienne. La femme de charge n'existe pas, le portier-valet de chambre est ignoré. On n'a pas la ressource des restaurateurs à la carte pour les gens riches et des gargottes à prix fixe pour les réprouvés.

Voilà pour les grands établissements des grandes villes. Les mêmes causes se reproduisent dans les localités secondaires, dans les lieux de plaisance et de passage. Combien de familles allant passer une saison entière à la campagne, ou aux eaux, ou dans une ville même où les plaisirs et les affaires les appellent, préfèrent de beaucoup se loger à l'hôtel plutôt que de louer une maison, lors même qu'ils seraient en position de le faire, dût-il leur en coûter plus cher! Aussi les hôtels des petites localités un peu en vogue reçoivent-ils un développement colossal. Allez à Newport, à Saratoga, partout ailleurs, vous serez émerveillé. Jugez-en, monsieur, par le croquis ci-joint que je vous donne du pavillon de New-Brighton, dans Staten-Island, aux environs de New-York. C'est là une simple résidence d'été, une sorte de provisoire, et pourtant vous voyez dans quelles proportions est établi ce pavillon, dont les dépendances sont aussi vastes que les principaux corps de bâtiments. Ce n'est pourtant pas encore un des chefs-d'œuvre du genre; mais cela en donne une idée convenable. J'y ai du reste passé quelques jours fort agréables, au milieu de la meilleure société de New-York dont cet établissement est le rendez-vous.

Tous les hôtels des États-Unis ont été bâtis et sont administrés sur un type uniforme, qui est le *Tremont house* à Boston, le plus ancien des hôtels de l'Amérique. Les détails que je vais vous donner s'appliquent donc indistinctement à tous les établissements de ce genre, sauf quelques modifications fort légères qui s'observent suivant les habitudes de certaines localités. Je m'en tiens aux traits généraux, communs à tous.

D'abord, monsieur, il faut que vous sachiez que les heures d'arrivée de tous les steam-boats, rail-roads, voitures, etc., de quelque point de l'Amérique qu'ils proviennent, sont exactement connues dans tous les hôtels, qui, à ces heures, ont des hommes à eux et des voitures leur appartenant postés au lieu du débarquement. Le voyageur n'a donc pas à s'inquiéter de ses bagages, ni à s'occuper de trouver une voiture pour le conduire au domicile qu'il a choisi. En arrivant, il remet aux hommes de l'hôtel où il veut prendre logement les cachets numérotés de ses malles, et il monte dans la voiture qui l'attend à la porte. Une demi-heure après, les malles sont rendues dans l'appartement sans que le voyageur se soit donné le moindre souci, sans qu'il ait lieu de s'inquiéter, attendu que ces commissionnaires patentés portent sur leurs chapeaux le nom de l'hôtel auquel ils appartiennent, qu'ils sont parfaitement connus des gardiens, qui, au moment de l'arrivée des chemins de fer, ne laissent pénétrer qu'eux seuls dans l'enceinte des débarcadères. Ce sont, au surplus, des gens sûrs, bien choisis par ceux qui les prennent à leur service.

Ce sont donc deux embarras, deux ennuis véritables qu'on évite, réclamer ses bagages et chercher une voiture.

L'aspect extérieur des hôtels a toujours quelque chose de grandiose et de monumental, rappelez-vous Saint-Charles; si vous ne retrouvez pas le même style d'architecture, car sous ce rapport Saint-Charles est une exception, vous en rencontrez un autre presque généralement adopté partout : une façade grecque, de hautes colonnes corinthiennes et un vaste escalier de pierres, à larges marches, pour arriver à la porte d'entrée, souvent un perron qui déploie ses deux immenses ailes de droite et de gauche.

Vous arrivez d'abord sous un vestibule énorme, dont les murs sont placardés d'une multitude d'affiches de la taille d'un homme, imprimées en lettres longues comme le bras. Autour de ces murs, une foule de flâneurs lisent ces affiches avec une patience angélique. Dans ce vestibule vous trouvez ce que l'on nomme l'*office*, ou bureau, dans lequel sont toujours employés trois ou quatre individus, occupés l'un à expédier les voyageurs qui s'en vont, l'autre à recevoir ceux qui arrivent; celui-ci à remettre et à reprendre les clefs des appartements, à répondre à toutes les questions, à fournir tous les renseignements demandés; celui-là à aligner la comptabilité si multiple dans un pareil établissement. Ces employés sont des commis, des *gentlemen*, et souvent, parmi eux, se trouve le propriétaire même de l'hôtel, si riche qu'il soit.

Chaque voyageur, à son arrivée, va inscrire sur un registre ouvert à cet effet dans le bureau, son nom, le lieu d'où il vient, celui où il va. Ce registre est une proie pour les désœuvrés de l'hôtel et pour les passants. Rarement un individu traverse la rue sans monter à l'*office* pour jeter un coup d'œil sur le registre que tous les jours les éditeurs de journaux viennent feuilleter pour publier le lendemain la liste des voyageurs. On peut compter toujours cinq ou six personnes occupées sans interruption à parcourir ce malheureux registre. C'est une curiosité dont je n'ai jamais pu m'expliquer la raison, et que tout Américain a à cœur de satisfaire. Je cherche encore le mot de l'énigme.

Cet immense vestibule où stationne, du matin au soir, une masse d'individus, devient inabordable à certaines heures, à celles des repas, par exemple, et particulièrement après dîner. Ce ne sont plus seulement les voyageurs qui s'accumulent alors dans cet espace devenu trop étroit, ce sont tous les promeneurs de la ville qui s'en vont faisant une halte de quelques moments d'un hôtel à l'autre.

Et puis enfin les ressources de toutes sortes qu'offrent ces établissements attirent nécessairement une quantité énorme de gens du dehors.

Souvenirs des États-Unis. — Hôtel Varandah à la Nouvelle-Orléans.

Rien ne manque en effet dans ces hôtels où tous les détails, où toutes les choses utiles à la vie sont réunis; tout y est prévu. Vous y avez un salon de lecture où vous trouvez tous les journaux publiés aux États-Unis, et Dieu sait si les journaux y pullulent! Un salon de conversation où l'on reçoit ses visites, où l'on se retire pour rêver, tuer le temps, causer. Une salle est spécialement réservée aux fumeurs, ce qui, à la rigueur, ne serait pas indispensable, attendu que tout le monde fume aux États-Unis, et qu'il n'y a pas peut-être de pays, sans en excepter l'Orient, où l'on fasse une plus grande consommation de tabac par les trois moyens que l'on a inventés pour en user; vous ne rencontrez pas un Américain qui ne fume et ne chique en même temps, les trois quarts de la population prisent par-dessus le marché. Enfin chaque hôtel est pourvu d'un *bar-room* ou café, sorte d'établissement dont je vous dirai quelques mots tout à l'heure.

Vous comprenez, monsieur, que toutes ces ressources intérieures des hôtels, sont autant d'attraits pour les gens du dehors dont la foule encombre à la fois, les salons de lecture et de conversation, la salle à fumer, le *bar-room*, etc.

Le rez-de-chaussée des hôtels, le *basement* comme on dit là-bas, est occupé par des boutiques d'objets de première nécessité; l'une d'elles est toujours le lot d'un barbier : à moins que celui-ci ne fasse partie intégrante du personnel de l'établissement, ce qui arrive souvent. Le barbier est un industriel indispensable aux États-Unis, où personne ne se fait soi-même la barbe : c'est donc une profession en même temps très-lucrative, car les Américains ont la barbe en horreur; et sauf les deux villes de New-York et de New-Orléans, où les étrangers conservent cet ornement si populaire parmi nous, dans tout le reste de l'Union on devient un objet de curiosité, de rires, de quolibets quand on se montre dans les rues avec un poil un peu long sur le visage. Même à bord des bâtiments à vapeur vous trouvez la chambre à barbe et un barbier au service des passagers.

Comme sur les steam-boats, comme sur les chemins de fer, où les femmes ont leur salon et leur char particuliers, elles ont aussi leur voiture spéciale pour se faire conduire à l'hôtel; elles y ont une entrée qui leur est exclusivement réservée, et un corps de logis est tout entier affecté à leur sexe. Cette distinction se continue dans tous les détails de la vie intérieure. Ainsi la salle à manger des dames est à part; elles ont leur salon, leur parloir à elles. Vous pouvez vivre dix, quinze jours, dans un hôtel aux États-Unis, sans apercevoir un visage féminin; vous ne soupçonneriez pas qu'il existe quelquefois cent femmes sous le même toit qui vous abrite. Les heures de repas même sont différentes. Il va sans dire qu'elles ont des serviteurs ou plutôt des servantes qui ne sont destinées qu'à elles.

Toutes les pièces réservées à la belle moitié du genre humain sont toujours décorées avec luxe et souvent avec goût; et l'on y trouve tout ce qui peut satisfaire aux agréments et aux caprices d'une femme.

Les appartements, même les simples chambres sont, dans la plupart des hôtels, parfaitement en rapport avec tout l'extérieur des établissements, c'est-à-dire au moins très-convenables. Je ne dirai pas qu'ils sont somptueux, mais on rencontre partout les traces de certains soins, de certaines prévisions qui ne laissent rien à désirer. Ceci est d'ailleurs conforme à l'esprit américain; le comfortable, l'utile, le nécessaire avant tout! Le service est bien et régulièrement fait. Une armée de domestiques est échelonnée pour ainsi dire sur toutes les marches, à tous les étages de l'hôtel, et au premier coup de sonnette vous êtes entendu, deviné, obéi.

L'aspect d'une salle à manger d'hôtel est une chose qui mérite qu'on s'y arrête. Cette pièce, par ses dimensions, nous paraît fabuleuse; habitués que nous sommes à ne rencontrer dans nos plus grands hôtels que des trous à rats, étouffés, mesquins, rétrécis. L'ordre méthodique qui règne dans cette partie de la maison, la surveillance active qui s'y exerce, la propreté merveilleuse qui en est l'ornement le plus beau lui donnent un certain air de grandeur et de majesté. Chose étrange! à quelque moment que vous entriez dans ces immenses salles, vous les trouvez nettes, soignées et toujours préparées à recevoir les convives d'une façon convenable. Je dis que c'est étrange, monsieur; et vous le comprendrez facilement quand vous saurez que du matin au soir on mange en Amérique. A huit heures on déjeune, à onze heures on songe au *lunch*, à trois heures on dîne, à six heures on prend le thé, et à dix heures on soupe. Cinq minutes après chacun de ces cinq repas, vous ne soupçonneriez pas qu'une foule d'affamés a passé par cette salle à manger, qui est tout aussi propre qu'avant l'arrivée des convives. Les nappes sont blanches et lisses, toutes les chaises sont symétriquement rangées, toutes les pièces du service ont repris leur place respective. Rien ne répugne le retardataire qui vient prendre sa part du repas. Il est à regretter, monsieur, que la cuisine, en général, ne réponde pas à l'aspect appétissant des préparatifs. Vous savez le mot de M. Talleyrand : « J'ai trouvé en Amérique, disait-il, trente-six religions et un seul ragoût. » — Mais passons, s'il vous plaît; je ne suis que médiocrement fort sur l'art culinaire, et je ne veux pas me lancer dans une série de critiques que je ne saurais mener à bout.

Dans ces vastes salles à manger, sont dressées une, deux ou trois tables longues et s'étendant à perte de vue, autour desquelles prennent place jusqu'à 200 ou 250 convives, silencieux comme le sont les Américains dans l'accomplissement de ce devoir impérieux de la nature, sobres et expéditifs. Dix minutes suffisent, aux États-Unis, pour absorber un repas. Les domestiques sont nombreux, attentifs et attentionnés sans affectation, sans empressement

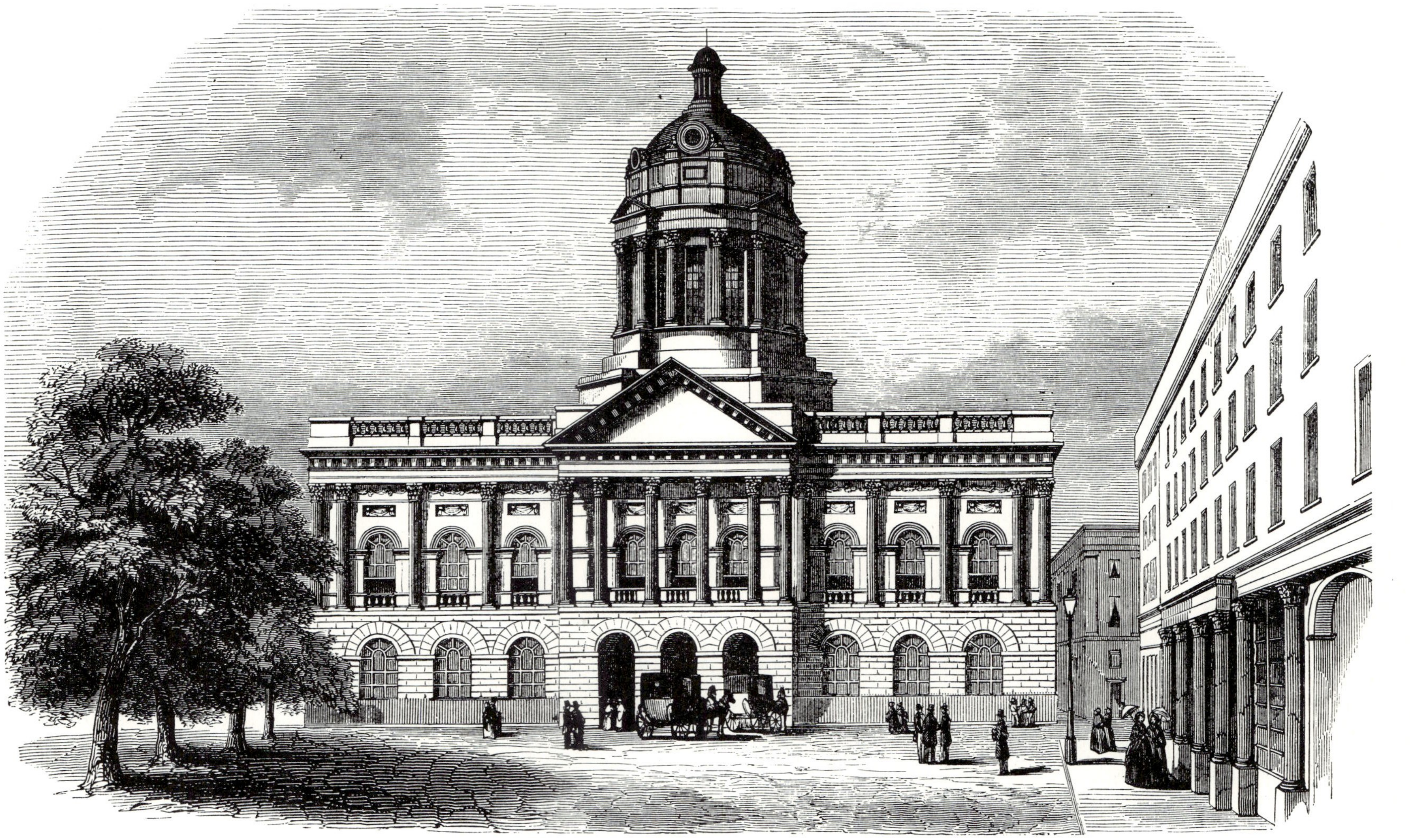

Souvenirs des États-Unis. — Hôtel Saint-Charles à la Nouvelle-Orléans.

Souvenirs des Etats-Unis. — Intérieur d'un bar-room (café) à la Nouvelle-Orléans.

bruyant. Un réfectoire de séminaire n'est pas plus paisible, plus calme; on ne cause qu'à voix basse, on n'adresse la parole aux domestiques qu'à l'oreille, et ils vous répondent sur le même ton. Un regard suffit pour se faire comprendre d'eux, du geste vous leur indiquez le plat que vous désirez, et, sans proférer un mot, ils vous le présentent.

Je vous ai parlé, monsieur, du bon marché des transports, je vous citerai également la modicité relative des hôtels, même dans la plupart des grandes villes. Presque partout le prix du logement et des repas varie de 2 à 3 dollars par jour (10 fr. 80 à 16 fr. 20); les vins sont toujours compris à part : pour l'étranger seul c'est là un accroissement de dépense, car les Américains généralement ne boivent que de l'eau à leurs repas.

Le nombre des hôtels est très-considérable aux États-Unis; il est en rapport d'ailleurs avec le nombre considérable des voyageurs qui chaque jour traversent chacune des grandes villes de l'Union. Ainsi à Philadelphie on en compte une quarantaine, à New-York également, presque autant à Boston, à Baltimore; et je n'entends point parler des établissements infimes, qui est du double peut-être.

Je citerai entre autres, à la Nouvelle-Orléans, l'hôtel *Saint-Charles*, qui par sa forme monumentale est digne de fixer l'attention. Vous en pouvez juger par le dessin que je vous envoie; ne vous arrêtez pas à l'architecture, cet art est pratiqué dans toute l'Amérique avec un goût exécrable. A côté de Saint-Charles, il faut citer son rival l'hôtel *Saint-Louis*, vaste caserne qui ne compte pas moins de cent mètres d'étendue et plus, sur chacune de ses façades, de soixante croisées. Ces deux hôtels peuvent contenir environ trois mille personnes, et dans certaines saisons, ils sont presque toujours au complet. Chacun d'eux contient une vaste salle de bal, où se donnent, à la Nouvelle-Orléans, les plus brillantes fêtes de l'hiver. Saint-Louis est situé dans le quartier créole, Saint-Charles dans la deuxième municipalité, où l'on trouve encore l'hôtel *Varandah*, qui est un des beaux établissements de ce genre. L'ancien hôtel Saint-Louis, beaucoup plus magnifique que l'hôtel actuel, a été dévoré, il y a quelques années, par un incendie. Aux rez-de-chaussées de Saint-Louis et de Saint-Charles se trouvent les bourses de commerce pour les deux municipalités.

Dans toutes les villes de l'Amérique, vous rencontrez au moins un établissement monté sur un pied aussi colossal : A la Mobile, c'est le *Mansion-House*, qui dans l'immense carré entouré de colonnes qui forme son rez-de-chaussée comprend à la fois : la Bourse, l'administration de la poste, etc.; à New-York le *Astor-House*, qui occupe bien un espace aussi grand que celui du bâtiment de notre conseil d'État et de la Cour des comptes. Cet hôtel est une fortune annuelle pour son propriétaire. Il porte le nom de l'homme le plus puissamment riche des États-Unis. Je citerai encore dans la même ville l'hôtel français des frères Delmonico; à Baltimore, le *Barnum's-City-Hotel*; à Charlestown, le *Charlestown's-Hotel*, dont la façade comporte un développement de trente et une colonnes formant une magnifique galerie, etc. Ce sont tous des établissements de premier ordre, montés sur un pied remarquable et qu'un voyageur visite volontiers, presque comme des curiosités. Nous posséderions à Paris de pareils monuments et nous saurions, il faut le reconnaître, les relever par certains détails dont le goût parisien seul a le secret, que l'on s'y ferait conduire avec plus d'empressement que l'on ne va voir beaucoup de nos édifices soigneusement consignés dans les *guides* de toutes sortes qu'on met entre les mains des étrangers.

Je vous ai promis quelques lignes sur les *bar-rooms;* j'y arrive. A chaque hôtel tient un de ces établissements. j'ajouterai qu'ils sont en outre assez répandus par les villes. Ces cafés n'ont rien de commun avec les nôtres; ils n'ont un peu de ressemblance qu'avec les comptoirs de nos marchands de vins. Ce sont tout simplement de grandes pièces, sans autre ornement qu'une bibliothèque de la façon de celle que don César de Bazan avait trouvée si bien montée dans la petite maison de son bon ami Ruy-Blas. Aucun luxe, rien qui puisse engager le chaland à séjourner dans l'établissement; quelquefois cependant deux ou trois petites tables de marbre sont disséminées dans l'appartement. Le fond de cette pièce est garni d'une longue table en marbre ou en bois, en forme de buffet, derrière laquelle se tiennent deux ou trois garçons occupés du matin au soir. On se fait servir ce que l'on désire, on boit debout, après avoir trinqué; on paye et l'on s'en va. C'est tout au plus si on se donne le temps d'allumer son cigare à la lampe qui brûle perpétuellement sur le comptoir, comme le feu que les vestales étaient chargées d'entretenir sur l'autel.

Quoi que vous vous fassiez servir, le prix en est fixé à 10 cents (un peu plus de 50 centimes) par grand verre. Dans chacun de ces *bar-rooms* vous trouvez toujours une petite fontaine d'eau à la glace, où le premier passant peut venir satisfaire sa soif sans rétribution. Cet usage est établi dans toute l'Amérique, où l'on fait une consommation énorme d'eau glacée. C'est un besoin tellement répandu même, qu'à Baltimore toutes les fontaines-pompes des rues ont une petite écuelle qui y est attachée par une chaînette, et dont les passants de toutes classes, de toutes conditions se servent pour étancher leur soif.

Sur les *steam-boats*, dans les hôtels, dans les foyers de théâtres, à la Bourse, partout enfin, vous rencontrez le bar-room. A la Nouvelle-Orléans, ces sortes d'établissements sont très-nombreux; ils ne désemplissent pas; et, ce qui m'a étonné, c'est qu'avec l'immense consommation de boissons fortes qui s'y fait, on rencontre dans les rues très-peu d'hommes ivres. Vous ne serez pas moins surpris que moi de cela, monsieur, quand je vous aurai dit qu'en Amérique c'est une politesse d'offrir à quelqu'un de venir au bar-room boire quelque chose, et que c'est une impolitesse que de refuser. En sorte qu'un homme est exposé à offrir ou à accepter dans sa journée une trentaine de verres de quoi que ce soit. Dans le sud et dans l'ouest de l'Union, ce quelque chose est ordinairement des liqueurs fortes.

Cependant, depuis quelque temps, la mode à la Nouvelle-Orléans est de s'adonner au *soda-water*, qui y jouissait, lors de mon passage, d'une très-grande faveur. Il existe même de très-beaux établissements où l'on ne débite que de cette boisson. On a fait de très-grands efforts pour diminuer le nombre des bar-rooms en portant jusqu'à 300 dollars (1,600 francs) le prix de la patente. Ces efforts ont été vains, le nombre des bar-rooms n'a pas diminué. C'est un trop bon commerce, il est excellent même au prix auquel on acquiert le droit de l'exercer.

A New-York et à la Nouvelle-Orléans, quelques-uns de ces établissements, particulièrement ceux qui sont situés dans le quartier des affaires, fournissent à manger, c'est-à-

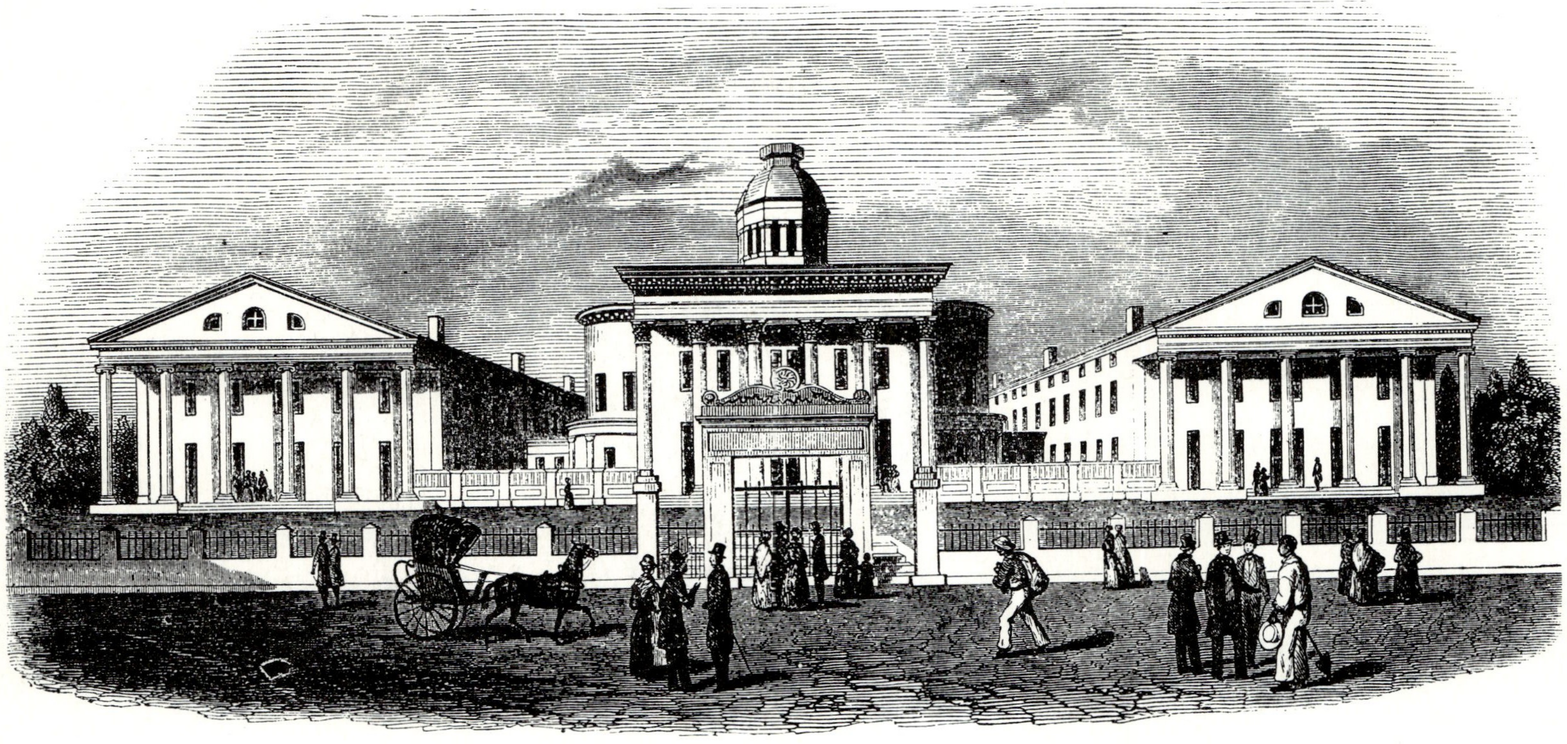

Souvenirs des États-Unis. — Hôtel de New-Brighton à Staten-Island, près de New-York.

dire qu'à l'heure du *lunch* (ou goûter) les gens qui auraient une partie de la ville à traverser pour rentrer chez eux, y vont satisfaire leur appétit du milieu du jour, au prix minime de 5 et 10 cents (un peu plus de 25 ou 50 centimes). Des viandes froides, ou conservées, sont servies en assez grande abondance aux consommateurs. Si les propriétaires perdent évidemment sur la nourriture qu'ils fournissent à des prix si bas, ils compensent, et au delà, cette perte par la grande quantité de liquides qui s'absorbe en même temps pendant cette seule heure de la journée.

L. XAVIER EYMA.

La Californie et ses trésors.

13 JANVIER 1849

Ho! for California! — En avant! en Californie! tel est maintenant le cri universel à Philadelphie, à New-York, dans tous les Etats de l'Union. On évalue à plus de cinquante mille le nombre des aventureux voyageurs qui, par voie de terre ou de mer, à pied ou à cheval, à la voile ou à la vapeur, bravant la faim dans les déserts, le froid dans les montagnes, la tempête sur les flots, le soleil réverbéré par les sables arides, sont partis pour la nouvelle Terre-Promise. Et la frénésie gagne de proche en proche. L'ouvrier renonce à ses machines, le laboureur à sa charrue, le négociant à son comptoir. — *Ho! for California!* — En avant! en avant! Cinq mois de voyages périlleux; pendant ces cinq mois la mort à tous les détours du chemin; les Andes à traverser ou le cap Horn à doubler; les fièvres de bord, dues à l'entassement des passagers sur des navires toujours insuffisants; d'incommensurables fatigues pour ceux qui, voulant abréger, iront par terre jusqu'à Chagres, et de là — cinquante jours de traversée — à San-Francisco. Encore, pendant ces longs voyages, sera-t-on dévoré d'une crainte bien légitime : celle d'être devancé; car toutes les côtes du Pacifique sont en éveil. Valparaiso, Callao, Guayaquil s'élancent, elles aussi, dans la carrière. En Californie! en Californie! crient à l'envi les deux Amériques. Et l'Europe, toute bouleversée qu'elle est par ses immenses déchirements, ne peut faire moins que de se soulever, meurtrie et saignante, pour écouter cette grande clameur, pour assister à cet étrange spectacle.

En somme, que s'est-il donc passé? Où a pris naissance cette épidémie nouvelle, qui ressemble, par ses effets, sinon par ses causes, au mouvement des croisades, ou plutôt à l'élan du vieux monde quand il apprit la découverte d'un monde nouveau? C'est ce que nous allons dire en peu de mots.

Dans le courant de l'hiver 1847-1848, il y eut bon nombre d'émigrants qui s'empressèrent d'aller, dans les pays conquis sur le Mexique, explorer ces régions nouvelles et s'assurer les droits de premier occupant. L'un d'eux était un certain capitaine Sutter, à moitié militaire, à moitié industriel, comme le sont si volontiers les colons du Texas ou de l'Orégon. L'idée lui vint de construire un moulin à scier sur la branche méridionale du fleuve Sacramento, branche connue sous le nom de Fourche-Américaine.

Le moulin achevé, on s'aperçut que le canal ouvert pour y amener l'eau n'était pas de dimension suffisante, et pour l'élargir à peu de frais, sans perdre de temps, on y lâcha tout d'un coup les eaux accumulées dans un réservoir supérieur. Ce procédé sommaire eut un effet sur lequel personne n'avait compté : celui de désagréger brusquement le sol qui formait le lit du petit canal, et de mettre à nu plusieurs fragments métalliques dont l'architecte employé par le capitaine Sutter eut bientôt constaté la nature.

C'était DE L'OR.

Cet or, parfaitement pur, se présentait en masses assez compactes pour ne laisser aucun doute sur l'existence de quelque mine voisine. MM. Sutter et Marshall, mis ainsi sur la voie, se gardèrent bien de divulguer leur découverte, et, selon toute apparence, ils profitèrent amplement de la connaissance qu'ils s'en étaient exclusivement réservée. Mais un monopole de cette nature ne saurait être longtemps défendu. Les Indiens stupides que les deux chercheurs d'or associèrent à leurs travaux finirent par en comprendre le but. Une vague rumeur circula dans le pays, accueillie d'abord par une incrédulité dédaigneuse.

Si les savants étaient moins rares en Californie, on se fût pourtant rappelé que l'existence des mines d'or dans cette lointaine péninsule était un fait connu dès le seizième siècle. Ainsi, en 1578, à l'époque où sir Francis Drake visita ces parages, il y trouva les jésuites en possession de certains districts auxquels ils attachaient une importance particulière à raison des richesses minéralogiques qu'ils y soupçonnaient. Par la même raison, les révérends Pères avaient grand soin, dans leurs rapports à la cour d'Espagne, de déprécier autant que possible ces terres incultes et dont il était, disaient-ils, impossible de tirer parti.

Plus tard, et lorsqu'on expulsa les jésuites, la cour de Madrid chargea don Josef Galves, à qui elle avait confié le commandement d'une petite escadre, d'explorer le pays reconquis sur Loyola. Les rapports de Galves firent une mention très-favorable du pays, et ils parlent de mines d'or par lui découvertes qui s'annonçent sous les plus engageants auspices.

Telle était cependant l'apathie du gouvernement espagnol — d'ailleurs enrichi presqu'à satiété par les mines du Mexique — et la Californie était un pays si fabuleusement lointain, offrant si peu de ressources, si dépourvu de population, de routes, etc., que les rapports de Galves attirèrent peu l'attention, tombèrent bientôt en oubli, et que les traditions relatives à la Californie furent vainement léguées par un siècle à l'autre jusqu'au moment où la conquête américaine d'une part, de l'autre une trouvaille fortuite, livrèrent au monde des richesses qui vont peut-être modifier étrangement ses conditions d'existence.

Cette expression peut, au premier abord, sembler ambitieuse. Elle n'est que juste. Nous nous chargeons de le prouver plus tard. Mais, auparavant, occupons-nous de ce qui s'est passé en Californie depuis l'hiver dernier.

Une fois ce fait avéré, que les eaux du Sacramento roulaient en abondance des parcelles d'or; qu'en outre, on trouvait dans le sol à peine remué des grains d'or pesant souvent une once, une once et demie, et quelquefois beaucoup plus, il devait se faire, il se fit en effet un mouvement très-marqué des populations voisines vers cet autre Eldorado. Les villes les moins éloignées donnèrent le signal. Monterey, San-Francisco se virent bientôt presque abandonnées. De plus, il n'arrivait guère sur la côte un bâtiment étranger dont l'équipage n'abandonnât aussitôt le bord pour courir aux mines californiennes. Dès le mois de juillet dernier, l'auteur de cet article eut à signaler dans le *National* ces symptômes étranges de gens de tout âge et de toute condition, transformés par le sort en chercheurs de métaux. Il raconta, d'après les journaux américains, comment ces richesses si subitement et si généralement acquises avaient établi, parmi les aventuriers californiens, le niveau idéal de la plus complète égalité; comment le prix de tous les objets nécessaires à l'existence s'était démesurément accru dans ce pays où tout était d'une excessive rareté, sauf le signe, par lui-même sans valeur, au moyen duquel tout s'échange et se paye. Il cita dès lors le fait curieux d'un fabricant de balances qui les vendait, en cuivre, deux fois leur poids en poudre d'or. Il raconta que, pour ne pas mourir de faim, les chercheurs d'or en étaient réduits à former de petites associations, pour lesquelles chacun des membres, tour à tour, remplissait les fonctions de cuisinier, à raison de vingt dollars, soit environ cent francs par jour.

Ces détails et bien d'autres furent considérés comme fabuleux. On évoqua le souvenir de certaines mystifications transatlantiques — entre autres celle du fameux télescope à l'aide duquel on voyait distinctement paître des moutons *lapis-lazuli* dans les vallons de la lune — auxquelles le public européen s'était trop facilement laissé prendre. On poussa l'incrédulité jusqu'à rédiger un *contre-canard* — passez-nous l'expression — établissant que le prétendu sable d'or, dûment soumis à l'éprouvette, n'était ni plus ni moins que du *mica*.

Mais aujourd'hui rien de mieux avéré que l'existence, et mieux l'excessive pureté de l'or californien. Le commandant militaire de la province, le colonel Mason, après une exploration officielle du pays, déclare dans un rapport au ministre de la guerre qu'il y a dans les régions où il a pu porter son examen — et chaque jour s'étend, à mesure que la population augmente, le rayon des investigations heureuses — assez d'or pour payer cent fois les frais de la guerre du Mexique. Or cette guerre a coûté plus de quarante millions au gouvernement des Etats-Unis.

En même temps qu'on s'informait de l'abondance du métal, on s'assurait de sa qualité. Les résultats de l'essayage pratiqué sur les échantillons d'or californien par le directeur de la Monnaie de Philadelphie ont prouvé qu'il n'en est pas de plus pur. L'épreuve faite sur près de 2,500 onces arrivées de divers points n'a donné à la fonte que 2 1/4 pour 0/0 de perte sur le poids primitif. L'essayage a montré dans le titre du métal une variation de 892 à 897 millièmes. La moyenne générale est de 894 millièmes et se trouve de bien peu de chose au-dessous du titre officiel, lequel est, comme on sait, de 900 millièmes.

Ceci établi, voyons la condition faite aux chercheurs d'or. Leur droit est nul, commençons par le dire. La terre qu'ils fouillent appartient, par conquête, au gouvernement des Etats-Unis, qui seul devrait exploiter, dans l'intérêt égal de tous ses sujets, les richesses minérales de ces déserts inoccupés jusqu'à l'année dernière. Mais le droit, un peu partout, se subordonne à la force des choses, et la force des choses est ici en faveur de cette population nomade qui s'est abattue la première sur les terres vagues où l'or poudroie. Elle se composait, lors des derniers rapports, de quatre mille individus environ, tous valides, tous résolus, tous bien armés. Le commandant Mason n'avait avec lui que deux ou trois cents soldats plus ou moins mal disciplinés; encore les retenait-il à grand' peine sous le drapeau, en présence des tentations qui les assiégeaient de tous côtés, et les nouvelles les plus récentes nous apprennent que, ne pouvant plus à aucun prix se faire servir — et comment donner, en effet, trois mille dollars par mois à un chef d'office? — l'infortuné gouverneur en est réduit à faire sa cuisine en personne.

Constance héroïque, du reste, car il pourrait, creusant la terre avec son épée, en tirer comme tant d'autres jusqu'à cent *dollars* ou cinq cents francs par jour.

On est assuré d'un beau succès lorsqu'on parvient à organiser un atelier d'Indiens. Entre autres exemples de ce trafic, sept hommes associés avaient enrôlé cinquante sauvages. Ils travaillèrent ainsi sur les bords de la rivière Plume (*Feather River*) pendant sept semaines et deux jours, *les dimanches non compris*, et certes leur piété n'était pas sans mérite. Elle fut amplement récompensée, car, au bout de ce temps, leur récolte se montait à 275 livres de l'or le plus pur.

Cet or, après la fusion, vaut 18 dollars ou 90 francs *l'once*. Calculez les bénéfices de l'opération.

On cite un père de famille, sa femme et un de ses fils qui, dans une journée, ont réalisé 500 dollars.

On cite encore un homme qui, dans un creux de rocher pas plus grand qu'une cuvette, a ramassé en moins d'un quart d'heure deux livres et demie d'or.

La moyenne, après tout — car ces trouvailles sont encore assez rares — la moyenne des gains les plus ordinaires est de seize dollars ou 80 francs par jour. Il est vrai de dire que la dépense est montée au niveau de la recette. La farine, qui, tout d'abord, s'était élevée au prix déjà monstrueux de 36 dollars les 60 livres, soit 3 francs la livre, a plus que doublé de prix depuis lors. Elle est à 424 francs les 60 livres. On a vu échanger contre une once de poudre d'or (valant 90 francs ou peu s'en faut) une bouteille de brandy, une boîte de poudre de soudes, une carotte de tabac.

Le commerce aurait déjà rétabli l'équilibre en multipliant au niveau des besoins tous les objets de consommation sur cette terre fabuleuse; mais ici se présente la difficulté que nous avons déjà fait entrevoir. Chaque navire apporte, en même temps que des approvisionnements, un surcroît de population qui annule ce bienfait, et, de plus, comme nous le disions, à peine le navire a-t-il touché la côte enchantée que matelots et capitaines, l'abandonnant sur son lest, vont, eux aussi, courir après la fortune. Si bien que les moyens de transport, se raréfiant de jour en jour, manquent aux besoins du commerce.

Laissant de côté ces phénomènes bizarres d'une situation qui n'a guère sa pareille dans les fastes du monde, nous sommes amené à nous demander dans quelles proportions peut s'étendre l'enrichissement métallique des États-Unis et quelle influence cet accroissement du signe monétaire exercera sur l'état actuel des relations commerciales dans le monde entier.

Comme on l'a déjà fait remarquer, les mines de la Californie viennent fort à propos pour remplacer d'autres mines, comme celles du Pérou, par exemple, dont les filons épuisés ne fournissaient plus qu'à grands frais une assez médiocre quantité de métal. On a dit aussi avec raison que le progrès naturel de la population et du commerce sur le continent américain rendait indispensable une augmentation parallèle dans la quantité des métaux précieux qui servent de garantie au crédit des banques, et par suite des particuliers. On a fait remarquer que les usages de l'or, autres que son emploi comme monnaie, se multipliant chaque jour, empêcheraient l'avilissement du signe monétaire, à moins que l'or ne se produisît sur les marchés du monde avec plus d'abondance que ne peut le faire prévoir la découverte des mines californiennes.

Tout cela, dans une certaine mesure, est parfaitement vrai. Ce qui le prouve, c'est l'existence récente des mines de la Russie, qui fournissent impunément à l'Europe une valeur de 120 à 130,000,000 d'or chaque année, sans que les monnaies aient très-notablement changé de valeur depuis que ces mines sont en exploitation.

Cependant, et sans sortir du domaine des conjectures tout à fait raisonnables, on peut se demander si d'ici à quelques années un produit régulier de 150 à 200 millions par an — telle est l'évaluation des journaux anglais par rapport aux districts aurifères de la Californie — ne diminuerait pas la valeur relative de l'or et par conséquent celle de tous les objets dont il fait aujourd'hui apprécier la valeur.

Les calculs des savants, tels qu'on peut les voir résumés dans le livre de Jacob, portent à 850,000,000 de francs (monnaie actuelle) la valeur de l'or et de l'argent qui existaient en Europe en 1492.

Dans les cent sept ans qui suivirent, déduction faite de la déperdition qui résulte par l'usage, il s'en produisit des quantités équivalant à 3,450,000,000.

Ensemble 4,300,000,000 de francs existants en 1599.

En 1699, on évalue les monnaies existantes à 7,425,000,000.

Cent dix ans après (1809), à. . . . . . 9,500,000,000.

Dans ces cent dix années, plus normales que les précédentes, l'augmentation a été de 2,075,000,000, soit par an environ 188,000,000.

La Californie à elle seule donnerait désormais ce résultat, et à côté d'elle, recevant l'impulsion de l'activité anglo-américaine, la Nouvelle-Espagne tout entière continuerait, que disons nous? augmenterait ses produits. On calculait l'année dernière que l'Amérique entrait pour 163,000,000 de francs dans la production annuelle des métaux précieux. Ce résultat serait immédiatement doublé. Puis on verrait se réaliser la prédiction de M. de Humboldt, qui, prévoyant l'action d'un peuple industrieux sur les richesses métallurgiques de la longue chaîne des Andes, déclarait que l'Europe serait littéralement inondée de métaux précieux, à partir du jour où les gîtes de Balanos, Batopilas, Sombrerête, Rosario, Pachuca, Sultepec, Chihuahua, tous déjà connus, mais mal exploités ou abandonnés sans raison, seraient attaqués de nouveau avec ensemble.

Qu'arriverait-il alors? Ce qui est arrivé en Europe après la découverte du Nouveau-Monde : un bouleversement complet dans le prix de toute chose. L'assiette des revenus sera déplacée. L'hectolitre de blé doublera, triplera dans le cours d'un siècle. Toutes les redevances fixes exprimées par une quantité déterminée d'argent deviendront plus douces à porter pour celui qui les devra, moins avantageuses pour celui au profit duquel elles auront été constituées. Les Etats, ces grands débiteurs, acquitteront aisément leurs obligations réduites du tiers ou de moitié; mais ils seront forcés, d'autre part, à élever, dans une proportion assez notable, le taux nominal des impôts. En somme, cette révolution s'accomplira, comme de raison, au profit du travail et de la terre, au détriment du capital accumulé. Mais s'accomplira-t-elle sans d'affreux déchirements sociaux? C'est là une autre question.

En attendant, et par rapport à la France, qui doit nous

Recherche de l'or dans un cours d'eau aurifère.

Paillettes d'or dans un fragment de quartz.

préoccuper avant tout, la conclusion à tirer de tout ce qui précède est celle-ci : Une administration sage et habile devrait s'efforcer dès à présent de restreindre autant que possible la masse énorme de numéraire à l'aide de laquelle s'opèrent nos échanges intérieurs.

Sur huit milliards de francs qui défrayent les transactions de l'Europe commerçante, la France a pour son compte

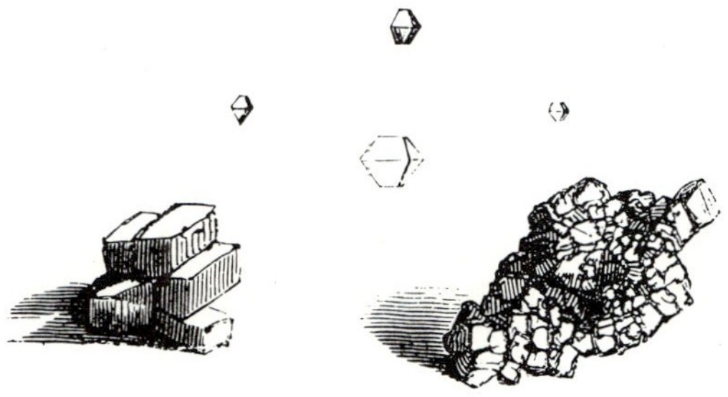

Cristallisation d'or.

trois milliards de monnaie circulante, la majeure partie en argent. L'Angleterre n'a pas, pour sa population presque égale, pour son commerce bien autrement étendu, plus d'un milliard d'espèces. En 1835, époque de grande prospérité, les États-Unis n'employaient guère plus de 500,000,000. Supposez, ou plutôt prévoyez une dépréciation des valeurs métalliques, la France souffrira trois fois plus que l'Angleterre, et six fois plus que les Etats-Unis.

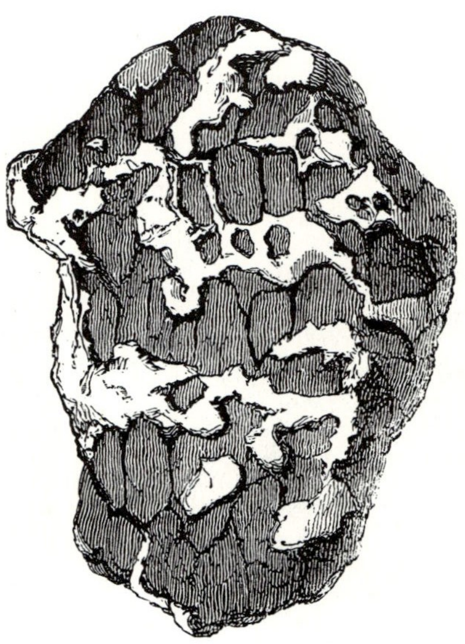

Fragments de quartz arrondis par l'eau contenant de l'or.

Pour être à long terme, cette menace n'en est pas moins à méditer. Et c'est la plus grande leçon que nous puissions tirer de cette première étude sur la Californie.

O. N.

Lavage d'or.

Les Chercheurs d'or en Californie, — Caricatures par Cham.
27 JANVIER 1849

Colonel californien passant en revue les hommes de son régiment.

Situation délicate du gouverneur général de la Californie.

Travail préparatoire pour arriver à la libre exploitation d'une mine.

— Veuillez vous lever, madame, vous êtes assise sur une mine. — Mais il n'y a donc pas un endroit où l'on puisse s'asseoir tranquillement dans ce pays.

— Une mine d'argent! Quelle pauvreté! Je vais en laisser l'exploitation à mon domestique.

— Une pomme de terre, quel bonheur! Mais non, je suis volé, elle est en or.

— La poussière de ce pays est insupportable, j'ai au moins pour 80 francs d'or dans chaque œil.

— Je vous ai demandé un verre d'eau, vous apportez de l'or potable.
— Vous avez la ressource de mettre dans votre bourse ce que vous ne pouvez pas boire.

— Oui, mon neveu; j'avais en partant un million, mais le capitaine ayant exigé un million et demi pour mon retour, je n'ai plus que 500,000 francs de dettes.

La Californie

D'APRÈS LES DOCUMENTS AMÉRICAINS.

17 FÉVRIER 1849

Les liqueurs fortes et les viandes salées sont dangereuses et leur usage fréquent amène les maladies les plus cruelles et les plus implacables qui, habituellement dans ces régions, ne pardonnent pas aux voyageurs.

Un préservatif efficace contre ces épidémies consiste à prendre, chaque matin, deux ou quatre grains de quinine dans un verre de vin, tant qu'on navigue sur la rivière.

Jamais on ne doit coucher hors de l'embarcation, non-seulement à cause des animaux qui rôdent sur les bords de la Chagres, mais encore à cause des exhalaisons de la nuit, qui font du climat de cette contrée un climat pestilentiel; il est préférable de souffrir les piqûres des moustiques et la chaleur étouffante du canot que de commettre l'imprudence de chercher un peu d'air dans les forêts qui bordent le rivage.

Les voyageurs recommandent aussi d'éviter le soleil et de se priver entièrement de fruits, à l'exception des oranges; encore faut-il en manger avec une extrême modération.

Telles sont les difficultés de ce voyage, et bien des infortunés déjà se sont arrêtés à moitié chemin; quittant le sol natal, pour chercher l'or de la Californie, ils ont à peine trouvé une tombe sur les bords arides de la rivière de Chagres.

Du reste, ce voyage deviendrait beaucoup plus facile et beaucoup moins périlleux si le gouvernement américain voulait fournir à la compagnie qui propose de construire un chemin de fer à travers l'isthme de Panama les ressources nécessaires pour arriver à la prompte exécution de son projet. La dépense ne serait pas comparativement exorbitante, car l'isthme n'a que 50 milles de largeur, et, comme la rivière de Chagres, longue de 30 milles, est navigable presque jusqu'à sa source pour des bateaux à vapeur d'un petit tirant d'eau, il ne resterait plus à construire qu'un chemin de fer sur une étendue de 20 milles qu'on parcourrait ais ment en trois heures. Ce projet présenterait non-seulement de grands avantages pour les relations commerciales des Etats-Unis avec la Californie, relations qui doivent nécessairement prendre de jour en jour une extension plus considérable; mais encore il simplifierait le voyage de Chine en l'abrégeant de trente jours, même par la voie des bâtiments à voiles. En effet, si l'on établissait des bateaux à vapeur sur chaque océan, on formerait ainsi une ligne continue de Portsmouth à New-York et de New-York en Chine, ce qui réduirait le voyage total à une traversée de deux mois au plus.

C'est un projet qui n'a pas échappé à l'esprit sérieux et habile des Américains, et qui rendrait au monde entier un éclatant service.

En partant pour ce long et périlleux voyage, il faut que les chercheurs d'or qui s'aventurent ainsi sur des mers lointaines, pour aborder ensuite à des rivages inconnus, se figurent bien que leur tâche n'est pas facile; ils doivent s'attendre, tandis qu'ils iront à la découverte des mines, dans les montagnes de la Californie, en traversant les sources et les rivières, ils doivent s'attendre à dormir en plein air, à se priver de toutes ces habitudes de confortable et de luxe qui leur sont peut-être familières; ils doivent porter avec eux des vêtements forts et durables; car, dans ces régions, les tailleurs sont peu nombreux, et, si l'on en rencontre quelques-uns, ils préfèrent couper l'or que couper des habits. Plusieurs pantalons forts sont donc nécessaires ainsi que des chemises de flanelle très-larges, qui sont le meilleur préservatif contre les suites souvent funestes d'une excessive transpiration. Comme ils auront à traverser un grand nombre de rivières à gué, il est également essentiel pour eux d'emporter une ou deux paires de bottes à l'épreuve de l'eau; c'est une précaution de santé presque indispensable. Prémunis, de cette manière, contre les privations de la route, les périls de l'entreprise et les intempéries de ce nouveau climat, les voyageurs pourront s'aventurer et nous montrer, peut-être, à leur retour, les lingots d'or de la Californie.

Au mois de février de l'année 1848, un ouvrier mécanicien était occupé à jeter les fondements et à préparer les constructions d'un moulin dans la partie sud de la rivière Fork-Américain, à la distance de cinquante milles environ de la Nouvelle-Helvétie. En travaillant, il aperçut dans le lit de la rivière un objet brillant qu'il prit d'abord pour un caillou frappé par la réverbération du soleil. Pourtant, en faisant un examen plus attentif du lit où coulait la rivière, il vit le même phénomène se reproduire. Il ne fut tranquille qu'après avoir retiré un de ces prétendus cailloux; alors seulement il lui vint à l'esprit que c'était de l'or; il en recueillit successivement pour une valeur approximative de 250 francs. Aussitôt il en fit part à ses compagnons, qui surent si bien apprécier la valeur de ce métal que les ouvrages de construction restèrent inachevés et que le bruit ne tarda pas à se répandre dans le pays qu'on avait découvert des ruisseaux qui roulaient de l'or. Sur la côte il courut bientôt des relations merveilleuses de ce nouveau Pactole, et ces relations tenaient tellement de la féerie qu'elles ne rencontrèrent durant quelque temps que l'incrédulité. Cependant, les ouvriers mécaniciens apportèrent au marché une quantité considérable de poussière et de grains d'or; ce fut alors seulement que l'attention des habitants fut fixée; les doutes disparurent, la certitude les remplaça, et, dans l'espace de quelques jours, une révolution s'accomplit parmi les populations voisines. Les avocats, les docteurs, les ecclésiastiques, les fermiers, les mécaniciens, les marchands, les marins, les soldats quittèrent leurs occupations habituelles pour se jeter dans une entreprise qui promettait à chacun une fortune en quelques semaines. Des villages, des districts entiers où naguère tout était animation, commerce, industrie, furent abandonnés à une population de femmes et d'enfants. Une idée seule dominait toutes les autres : — bêcher l'or; — c'était la pensée de toutes les têtes, c'était le cri de toutes les bouches. D'abondantes récoltes jaunissaient dans les champs, les bras manquèrent pour les recueillir; les récoltes se perdirent, et des centaines d'acres de froment furent brûlées dans les plaines faute de laboureurs. Un navire abordait-il sur les côtes de la Californie, il restait bientôt à l'ancre et désemparé, tandis que le capitaine et les matelots couraient aux mines.

A Monterey, la moitié des habitations furent laissées vides; à San Francisco, le tiers des maisons restèrent fermées. Les villes ressemblèrent à des déserts. Plus de travailleurs, plus de commis, plus de serviteurs. Les gages de ceux qui demeuraient atteignirent un chiffre exorbitant. A San Francisco, les plus mauvais ouvriers du port emmagasinaient à raison d'un dollar (5 francs) par heure; les mécaniciens recevaient un salaire de 40 à 50 fr. par jour; les gages des garçons d'hôtel s'élevèrent à 8,500 fr.; les commis dans les bureaux touchaient jusqu'à 12,000, 14,000 fr. d'appointements. Le blanchissage d'une douzaine de chemises revenait à deux louis, et tout allait en proportion. A Monterey, les officiers de la garnison se trouvèrent tout à coup sans domestiques pour les servir, et le colonel lui-même fut obligé de faire la cuisine à son tour afin d'avoir un plat de viande sur sa table. Soixante bâtiments appareillèrent dans tous les ports d'Amérique, et telle était l'empressement et la frénésie des chercheurs d'or qu'un navire de Boston qui pouvait transporter trois cents passagers fut obligé de refuser cent personnes. Le prix du passage était de 150 dollars (750 francs). Ainsi donc, cette seule traversée exprime un chiffre de 225,000 francs.

Dans la Californie proprement dite la valeur des comestibles fut portée à des taux fabuleux, ainsi que les objets de première nécessité. Une livre de beurre ou de jambon se payait 5 francs; la barrique de farine valut de 600 à 1,000 francs; des souliers ordinaires, qui coûtent chez nous 8 à 10 francs, se payaient de 60 à 80 francs. En un mot, il existait, il existe encore une telle incertitude dans le prix des objets, incertitude qu'on ne rencontre nulle part, qu'une boîte de poudre de Sedlitz, qui vaut 50 centimes à San Francisco, s'est vendue 120 francs, et que la bouteille d'eau-de-vie a coûté jusqu'à 240 francs.

D'après cette imparfaite relation des prix courants en Californie, on peut se figurer ce que l'on paye les autres articles. La valeur des mines a fait monter la valeur de tous les objets. Les revenus ont atteint dans quelques endroits du pays un chiffre considérable, et des magasins dont l'apparence était autrefois chétive et les bases peu solides font aujourd'hui un gain plus élevé que les grands magasins de New-York ou de Boston.

Arrivons maintenant au phénomène qui absorbe l'attention générale et considérons-le sous ses diverses faces. On trouve l'or dans les sources, dans le lit des rivières, sur les montagnes. La plupart des sources dans lesquelles on rencontre ce précieux métal sont des torrents qui prennent naissance au sommet des montagnes et se précipitent dans les vallées à travers un lit rocheux recouvert d'une terre jaunâtre. Cette couleur provient sans doute de l'énorme quantité de fer qui forme un des principaux éléments du sol de la Californie. Les endroits où l'on rencontre l'or en plus grande abondance sont parsemés de gros graviers et couverts de cette terre jaune dont nous venons de parler. Autant qu'on peut en juger, l'or se trouve enfoui dans des couches de sable mouvant (diluvium), à moins que ces couches, étant déplacées par des eaux torrentielles ou par des accidents récents, ne laissent ce métal à découvert. L'or fin se rencontre dans le bas des sources; à mesure qu'on les remonte, il présente des morceaux plus grands et plus massifs, depuis la grosseur du petit plomb jusqu'au volume du poing, tandis que dans la partie inférieure il reste à l'état de lamelles minces et légères qui offrent une certaine analogie avec des écailles de poisson. Sur le sommet des montagnes, on extrait l'or par fragments du poids de six onces et de toutes formes. Dans ces fragments il existe quelquefois une partie de granit assez considérable. C'est là ce qu'on appelle le gros or; il se bêche littéralement dans les crevasses des roches, dans les lits desséchés des torrents au moyen de pioches, de petites barres de fer et d'autres instruments aratoires ou bien façonnés spécialement pour cet usage. Dans beaucoup d'endroits en Californie, les rivières coulent sur des couches de grosses ardoises superposées verticalement, et l'or que ces rivières entraînent dans leur cours se dépose entre ces couches, où l'on n'a plus qu'à le recueillir, soit avec des espèces de truelles légères et plates, soit en enlevant les ardoises elles-mêmes.

Comme personne encore n'a trouvé l'or dans sa substance native, de nombreux doutes se sont fait jour au sujet de son origine; mais les différents aspects et les différentes formes sous lesquels il se présente sont propres à éclaircir ces doutes. Du reste le docteur Boyton a donné sur la nature du sol où l'on découvre l'or de précieux et scientifiques renseignements qu'il est intéressant de rappeler. De nombreuses raisons, s'appuyant sur des preuves qu'il serait trop long de détailler ici, portent à croire que la terre de cette région était primitivement dans un remarquable état de fluidité; sa croûte originaire était composée principalement de quatre minéraux distincts qui s'y trouvent mêlés : quartz, feldspath, mica et hornblende, formant par leur combinaison les syenites et les granites. Par une conséquence de l'immense fermentation de la masse liquide dans l'intérieur de la terre et de ses contractions successives, des ouvertures se pratiquèrent dans la croûte primitive, et de nombreuses veines de la matière ignée qui fermentait à l'intérieur se répandirent dans ses fentes naturelles et se logèrent non-seulement dans l'enveloppe originaire, mais dans les grottes terreuses qui se trouvaient au-dessus. On a remarqué des veines métalliques traversant dans toutes les directions des roches entières; c'est là que se trouvent les dépôts d'or. L'or gros doit se rencontrer dans les endroits où s'étendent ces couches primitives, tandis que l'or fin, qui se dépose au fond des sources, a été nécessairement balayé par l'eau des torrents, et l'explication de ce phénomène est prompte à donner. En effet, presque tous les rochers de la haute Californie sont d'une composition chimique imparfaite; leur nature est molle et friable, facile à réduire en poudre et incapable de résister à l'action dévastatrice de l'atmosphère. Dans la marche du temps, ces montagnes se sont affaissées sur elles-mêmes; leurs éléments ont formé de la poussière, et l'or qui s'y trouvait a été, par ce fait, dégagé des autres matières inhérentes au granit des rochers. L'or gros, par son poids massif et par sa propre gravité, n'a pu être arraché des flancs des montagnes, tandis que l'or fin, réduit en imperceptibles parcelles, a été entraîné jusque dans les vallées.

Il est impossible de calculer l'étendue des dépôts d'or en Californie. En effet, on a découvert l'or à cent quatre-vingts lieues de l'établissement de Sutter's-Fork; on le retire en grande quantité dans presque toute la longueur des rivières de Feater, de Yuba, de Bear, de Fork-Américain et ses tributaires, sur les rives du Cosumnes, du Stanislaus et du San Joaquin; on l'a trouvé à Bodega, sur la côte de la mer, et sur différents points de la chaîne de montagnes qui sépare les eaux qui coulent du San Joaquin de celles qui se dirigent vers l'Océan Pacifique, du côté du sud jusqu'à Ciudad de los Angelos, dans les plaines de la mission de Sainte-Clara. On peut donc constater que l'or existe dans toute l'étendue d'une région de six cents milles et au delà peut-être jusqu'à l'Orégon.

Tout porte à croire que les mines de la Californie sont inépuisables; en effet l'or est tellement mêlé à la terre qu'il constitue, pour ainsi dire, une portion du sol; et c'est surtout dans les vallées et dans le lit des rivières, où le courant de l'eau a enlevé la terre qu'il est plus abondant.

Cette abondance est si considérable qu'un ouvrier actif peut en recueillir par jour pour une valeur de 25 à 40 dollars (75 à 200 fr.), si l'on estime l'or à 16 dollars (80 fr.) l'once. On cite des exemples de personnes qui, entre le lever et le coucher du soleil, en ont trouvé pour 4 à 5,000 francs, et d'autres qui, après trois mois d'absence, ont rapporté dans leur pays des sommes de 10 à 25,000 fr. en poudre d'or.

On calcule aussi qu'au bout de l'année commencée au mois de juillet dernier les mines auront déjà produit 5,500,000 dollars (environ 27,500,000), somme plus forte que celle qu'on a retirée de toutes les mines des États-Unis pendant les quinze années qui se sont terminées en 1838. Deux millions cinq cent mille francs ont dû quitter la Californie entre le mois de juillet et le mois de septembre.

La finesse de l'or varie de 892 à 897 millièmes, et présente, par conséquent, une moyenne de 894, si l'on s'en rapporte à l'étalon américain, qui est de 900. La valeur du métal avant qu'il soit fondu est de 18d 05 1/8, et après la fusion de 18d 48 par once.

La Californie possède aussi des mines d'argent, de mercure et de platine, mais qui n'ont pas encore été exploitées. La mine d'Almadin rend 50 pour 100 avec des machines imparfaites.

En effet, on n'a pas encore inventé de moyens prompts et commodes pour récolter l'or. Voici les différentes méthodes qu'on emploie jusqu'à présent et qui ne fournissent qu'un resultat incomplet.

Nous avons dit que l'or fin se trouve dans le bas des sources; on l'y recueille, et, pour le séparer de la terre qui l'enveloppe, on le jette dans des écuelles d'étain remplies d'eau, ou dans tout autre vase qu'on peut y substituer. On imprime à ces écuelles ou à ces vases un mouvement circulaire qui fait détacher les parties les plus fines de la terre qu'absorbe le liquide, tandis que le gravier forme une couche facile à enlever avec la main. L'or reste au fond de l'écuelle avec un sable noir et ferrugineux qui conserve la couleur et l'apparence de la poudre à sécher l'encre. Ce qui demeure (or et sable) s'étend sur des morceaux de drap au soleil jusqu'à ce que le tout soit entièrement séché; alors on chasse le sable avec la bouche ou bien avec un soufflet, et l'or, étant par son poids une matière plus lourde que la poussière, reste sur les morceaux de drap.

Mais cette méthode offre un grand inconvénient, car souvent la vivacité du souffle enlève et disperse une grande quantité d'or très-fin qui se trouve perdu.

On se sert aussi de machines très-simples et dont la forme ressemble à celle des berceaux d'enfant. L'action de bercer répond au mouvement circulaire qu'on imprime aux écuelles. L'eau, la bourbe et le sable fin s'échappent par le fond de la machine, sur une série de barres croisées qui opposent un obstacle suffisant au passage des grosses parties de l'or. Au sommet du berceau on place un tamis composé de larges mailles sur lesquelles on jette la terre sulfureuse. La machine étant mise en mouvement, l'eau qu'on verse dans le tamis entraîne au fond l'or et le sable fin, tandis que le gravier est retiré.

Mais ces méthodes sont bien imparfaites, impliquent une lenteur considérable et font perdre la moitié du métal qu'on a pu recueillir. Le procédé qui consiste à se servir du mercure pour extraire l'or n'est pas encore adopté.

Il est un inconvénient qu'il est utile de signaler aux chercheurs d'or. Nous avons dit que différents minéraux formaient la croûte originaire du sol dans cette partie de la Californie. Quelques-uns de ces minéraux ont une grande analogie avec l'or, et ce n'est qu'un œil exercé qui sait les distinguer. Le sulfate de fer, par exemple, est une substance dont la couleur est celle de l'or; quelques expériences très-simples fournissent un moyen de ne pas confondre les deux matières. L'or peut se couper avec un canif comme le plomb et l'argent; le sulfate de fer résiste à tout instrument tranchant, et s'émiette au lieu de se laisser couper. Si la substance frappée avec de l'acier produit du feu, c'est du sulfate de fer; si l'acier ne fait jaillir aucune étincelle, on peut assurer que la matière est effectivement de l'or. Si l'on place un petit morceau de minéral sur un fil d'archal au-dessus d'une bougie, et que ce minéral dégage une exhalaison sulfureuse, c'est du sulfate de fer; si c'était de l'or, l'exhalaison n'aurait pas lieu. Les ignorants prenaient aussi quelquefois pour de l'or des particules de fer micacé; ils pouvaient facilement reconnaître leur erreur en grattant la substance avec la pointe d'une aiguille ou tout autre instrument; le fer micacé se serait émietté, au lieu de présenter une marque brillante. Une goutte d'acide nitrique versé sur l'or ne produit aucune altération; tandis que, jetée sur un métal inférieur, elle en change la couleur, en noircissant sa surface.

Après avoir lu cet aperçu rapide de la position actuelle de la Californie, on se demande quel sera le résultat de ce développement immense et soudain de richesses; il est difficile de le prévoir. Les villes, les campagnes sont abandonnées, les travaux d'art et d'agriculture sont délaissés, et tout porte à croire que cette espèce de grève continuera pendant quelques années encore, jusqu'à ce que cette soif d'or se ralentisse par elle-même, ou que des incidents fortuits viennent y mettre violemment un terme.

L'aspect de la Californie est triste autant que merveilleux : d'une part, une population de femmes et d'enfants habitant des villes presque désertes où bientôt le pain fera défaut si des bras ne se dévouent pour cultiver les champs et récolter les moissons; d'autre part, une réunion d'hommes de tout âge, de toute nation, de toute classe se confondant, se croisant avec une même pensée, avec une même ardeur à la recherche de l'or. C'est vraiment un spectacle qui rappelle les descriptions des contes féeriques et les mœurs des tribus sauvages qui habitaient jadis les contrées de l'Amérique et que la civilisation européenne a chassées de leur domaine pour en faire une immense colonie du monde.

Aux bords du Sacramento et des autres rivières qui roulent la poussière d'or s'étendent des camps, s'élèvent des tentes, s'allument des feux, veillent des sentinelles; c'est là que sont déposées les richesses déjà conquises sur la nature. Tout autour, les ouvriers travaillent, bêchant une terre dont un grain de sable qu'on rejette laisse reluire au soleil un grain d'or qu'on recueille. Point de trêve, point de repos, jusqu'à ce que la pioche leur échappe des mains et qu'ils s'affaissent sur eux-mêmes, demandant un morceau de pain et de viande qu'on leur fait payer d'une journée de leurs fatigues et de leurs sueurs.

Dans les montagnes de la Sierra Nevada se rassemblent les hommes qui, tout en fuyant la justice des États-Unis, ont trouvé, dans cette sorte d'exil, une mine inépuisable où ils viennent enlever un métal qui plus tard alimentera leurs funestes passions et couvrira d'un manteau doré leurs honteuses turpitudes. Ici, point de campements comme dans la plaine; des aventuriers, des brigands, la bêche à la main, le fusil sur l'épaule, le poignard à la ceinture, soutenant les feux rayonnants du soleil pendant le jour, trouvant un abri sous les arbres de la montagne durant la nuit, dormant d'un sommeil fiévreux dans de grossières couvertures sous lesquelles ces étranges travailleurs ont souvent caché plus de vingt mille dollars en poudre d'or.

Le séjour en Californie n'est pas une existence, c'est une frénésie, une rage de posséder, d'augmenter ce qu'on possède; et cette frénésie, poussée jusqu'au paroxysme, de chaque chercheur d'or, peut, d'un moment à l'autre, faire un assassin.

Que fera le gouvernement des États-Unis pour empêcher que des quatre points cardinaux on ne vienne prendre une part de son nouveau trésor et s'enrichir de ses dépouilles? Enverra-t-il une escadrille croiser sur les côtes et mettre l'embargo sur tous les bâtiments marchands qui voudraient enlever la poudre d'or des vallées du Sacramento, pour en faire de la monnaie en Europe, sans payer la taxe aux légitimes possesseurs de cette prodigieuse mine? Etablira-t-il des garnisons pour contenir ces hordes devenues à demi sauvages dans les lois et les limites de la justice et de l'humanité? La conquête de la Californie deviendra-t-elle pour l'Amérique une source nouvelle de grandeur, ou bien un acheminement progressif vers la ruine de son commerce et de sa société?

Ce sont des questions auxquelles l'avenir seul peut et doit répondre.

V. DE BELLUNE.

Épisodes d'un Voyage par terre en Californie.

26 MAI 1849

Le *National intelligencer* des 14 et 16 avril derniers a publié des fragments de lettres adressées par le colonel Frémont à sa femme, et qui ont produit une vive sensation aux États-Unis. Ainsi que nous nous y étions engagés dans notre dernier numéro, après avoir résumé les nouvelles les plus récentes de la Californie, nous traduisons littéralement quelques passages de ces lettres pour montrer à quelles privations se condamnent, à quels dangers s'exposent les émigrants qui veulent gagner la Californie par terre en traversant l'Amérique septentrionale de l'est à l'ouest. Seulement, avant de mettre sous les yeux de nos lecteurs ce lamentable récit qui n'a pas besoin de commentaires, nous croyons devoir leur donner une courte explication sur les régions où l'expédition du colonel Frémont a été si cruellement décimée.

La grande chaîne des montagnes Rocheuses court du nord au sud, mais une de ses principales ramifications descend au sud-est entre les vallées supérieures de l'Arkansas et du Rio-del-Norte; puis, séparant les bassins de ces deux rivières, elle s'abaisse et meurt dans les plaines du Texas. Les sommets les plus élevés de ce chaînon latéral sont les Pics-Espagnols découverts et signalés pour la première fois par le lieutenant Pike. Ces pics, situés par 37 degrés 1/2 latitude nord et 105 degrés longitude ouest, sont éloignés d'un demi-degré environ des forts de l'Arkansas supérieur d'où on les aperçoit. Du reste, on les voit de très loin et ils servent en quelque sorte de phares à tous les voyageurs. La route qui conduit de l'Arkansas à Santa-Fé, la capitale du Nouveau-Mexique, les laisse à 2 degrés au nord. Le colonel Frémont, qui était parti de New-York à la tête d'une nombreuse expédition pour se rendre en Californie, passa au sud dans l'intention de compléter des études géographiques entreprises depuis plus de sept années. Il se proposait de remonter le Rio-del-Norte jusqu'à sa source, puis de traverser par un col inconnu la grande chaîne des montagnes Rocheuses pour redescendre sur les bords de Rio-Colorado dans le bassin de l'Océan-Pacifique. Malheureusement le guide qu'il prit au fort supérieur était indigne de sa confiance. On va voir maintenant par les extraits suivants des lettres du colonel Frémont quelles conséquences terribles a eues ce mauvais choix.

Taos, Nouveau Mexique, 27 janvier 1849.

« Je vous écris de la maison de notre ami Carson. Ce matin on m'a apporté une tasse de chocolat dans mon lit. Vous ne sauriez croire quel plaisir peut causer un pareil déjeuner à un voyageur qui vient de subir les épreuves dont je vais avoir la douleur de vous faire le récit.

» Mes lettres précédentes vous ont appris que nous étions arrivés heureusement au fort Bent et que nous avions gagné avec non moins de bonheur le fort Supérieur situé près des sources de l'Arkansas. Nous quittâmes le fort Supérieur le 25 novembre avec 100 bonnes mules et les provisions nécessaires pour nous nourrir ainsi que nos animaux dans les régions couvertes de neige des montagnes Rocheuses, et jusque dans les plaines arrosées par les tributaires du Colorado, où d'ordinaire la neige n'empêche pas de voyager pendant l'hiver. Malheureusement j'avais pris pour guide un vieux trappeur bien connu sous le nom de Bill Williams, et qui avait passé vingt ans de sa vie à trapper dans diverses parties des montagnes Rocheuses. Cet homme ne connaissait pas — ou il avait complétement perdu la mémoire — les pays que nous devions traverser. Il nous égara. Pendant quinze jours nous cherchâmes vainement notre chemin, dans une neige profonde qui commençait à rendre les cols impraticables. Le 11 décembre nous nous trouvâmes à l'entrée de la gorge du Rio-del-Norte, où cette rivière débouche de la Sierra-San-Juan, une des chaînes les plus élevées, les plus abruptes, les plus accidentées des montagnes Rocheuses. Elle est tellement inaccessible que les trappeurs et les chasseurs ne s'y aventurent même pas en été. Notre guide cependant essaya de nous la faire traverser. Comme nous avions encore une grande confiance dans son expérience, nous le suivîmes sans hésiter. Même le long des bords de la rivière, la neige était si épaisse que les mules s'y enfonçaient jusqu'au poitrail. Il en tombait fréquemment dans la vallée et presque constamment sur les montagnes. Le froid était extraordinaire; à l'heure la plus chaude de la journée, c'est-à-dire entre une et deux heures, le thermomètre de Fahrenheit marquait zéro à l'ombre d'un tronc d'arbre; et je fis cette observation par un temps des plus favorables. Non-seulement le soleil brillait dans un ciel sans nuages, mais le vent était très faible. Jugez des nuits et des orages.

» Cependant nous continuâmes de monter. La neige devenait plus profonde à mesure que nous nous élevions, et après quatre ou cinq jours d'escalades incessantes, tous à pied, nous atteignîmes les chaînes nues qui dominent la région des arbres, et d'où s'élancent les pics escarpés dont les eaux s'écoulent d'un côté dans l'Océan-Pacifique, de l'autre côté dans l'Océan-Atlantique. Tout le long de ces hauteurs stériles règne pendant l'hiver un orage perpétuel, et les vents les plus violents y soufflent sans cesse avec une incroyable fureur... A notre première tentative pour franchir le col, nous rencontrâmes une *poudrerie* (c'est de la neige séchée chassée dans l'atmosphère en tourbillons épais par un ouragan et au travers de laquelle on ne distingue aucun objet, si ce n'est à une très faible distance), et nous fûmes obligés de battre en retraite; ce jour-là dix ou douze de nos hommes eurent la figure, les mains ou les pieds gelés. Le guide faillit être gelé tout entier, et plusieurs mules furent tuées par le froid autour des feux de notre campement. La neige ne cessait pas de tomber. Le lendemain nous renouvelâmes notre tentative, et nous nous estimâmes plus heureux que la veille. En effet,

Aménagement intérieur d'un bâtiment américain frêté pour la Californie.

nous parvînmes à nous creuser un chemin dans la neige et, malgré une forte *poudrerie*, nous passâmes sur le versant opposé, où nous allâmes camper un peu au-dessous du point culminant sur la lisière de la région des arbres. Des débris de caisses, de selles et de vêtements, et des cadavres de mules dispersés tout le long de la route que nous suivions nous prouvaient que d'autres voyageurs avaient passé peu de temps avant nous dans les mêmes lieux et qu'ils n'y avaient pas été plus heureux. Nous dressâmes nos tentes à 12,000 pieds environ au-dessus du niveau de la mer. Du côté de l'occident, tout le pays que nous apercevions était enseveli sous la neige. L'orage continuait. Impossible de reculer et d'avancer. C'en était fait de nous; nous étions tous irrévocablement condamnés à périr. Les animaux d'abord : si ces pauvres bêtes montaient, elles ne trouvaient qu'un roc nu balayé constamment par le vent; si elles descendaient, elles s'ensevelissaient dans la neige. Évidemment nous devions toutes les perdre l'une après l'autre : je pris aussitôt un grand parti. Je résolus de repasser le col et de redescendre jusqu'à la vallée du Rio-del-Norte en faisant traîner ou porter les bagages et les provisions par les hommes. Ce fut avec les plus grandes peines que nous retournâmes sur le versant oriental jusqu'aux sources d'un petit ruisseau qui se jette dans le Rio-del-Norte. Quelques jours suffirent pour détruire ce beau troupeau de mules que vous m'aviez vu acheter l'automne dernier sur la frontière du Missouri... En général elles se pressaient l'une contre l'autre afin de se réchauffer, et à mesure qu'elles gelaient on les voyait chanceler, tomber et s'enfoncer dans la neige. De temps en temps quelques-unes s'éloignaient de leurs compagnes et se précipitaient vers des arbres; elles disparaissaient bientôt dans la *poudrerie*. Un certain nombre de nos hommes commencèrent à perdre courage.

» Dans cette situation, je me déterminai à envoyer aux établissements espagnols du Nouveau-Mexique un détachement que je chargeai de nous rapporter des provisions et de nous amener d'autres mules pour transporter nos bagages. En vivant avec économie, nous n'avions plus de vivres que pour vingt-jours; il était donc indispensable d'envoyer chercher des secours. Je demandai des hommes de bonne volonté pour cette expédition. Parmi ceux qui s'offrirent j'en choisis quatre, King, Brackenbridge, Creutzfeldt, et le guide, Williams, et je plaçai le détachement sous le commandement de King, en lui recommandant bien de m'envoyer un exprès dans le cas où il éprouverait le moindre retard aux établissements. — Ils partirent le lendemain de Noël. La veille j'avais été, comme bien d'autres Noëls des années précédentes, tourmenté des plus douloureuses inquiétudes et des plus sombres pressentiments. Mais ce jour m'avait rappelé aussi des souvenirs de famille et de joie, et j'adressai au ciel des vœux sincères pour votre bonheur. Que vous auriez été étonnée si vous aviez pu regarder pendant quelques instants seulement dans le miroir d'Agrippa! Vous n'avez pas oublié sans doute les commentaires de Blackstone que je pris dans la bibliothèque de votre père, lorsque nous l'examinâmes en détail chez votre ami Brant? Ils furent mes amusements de Noël. Je les lus pour passer le temps et m'ôter le sentiment de ma situation. Je conserverai, soyez-en sûr, un long souvenir de cette première leçon de droit.

» Le détachement parti, nous nous occupâmes à transporter les bagages sur les bords de la rivière au fond de la vallée. Ce travail nous prit plusieurs jours. Quand il fut achevé, nous n'eûmes plus autre chose à faire qu'à attendre le retour de nos compagnons. Les jours succédaient aux jours et nous ne recevions aucune nouvelle. La neige tombait sans interruption dans les montagnes. L'abattement général augmentait. Chez quelques-uns c'était déjà du désespoir. Ceux qui n'avaient à penser qu'à eux en ce monde aimaient mieux mourir que de vivre d'une pareille vie. Un jour de soleil, Proue étendit sa couverture au milieu du chemin, se coucha dessus et, bien qu'il eût tout ce qu'il fallait pour allumer du feu, il se laissa glisser jusqu'à la mort. Nous n'étions pas alors avec lui.

» Seize jours s'écoulèrent ainsi. De plus en plus inquiet et impatient, je résolus d'aller moi-même à la recherche et du détachement qui ne revenait pas et des secours qu'il était chargé, sinon de nous apporter, du moins de nous envoyer. Je savais que nos troupes, à leur arrivée au Nouveau-Mexique, avaient été en hostilité avec les Utahs espagnols et avec les Apaches qui errent sans cesse dans la vallée du Rio-del-Norte et sur les montagnes où nous nous trouvions, et je craignis que King et ses compagnons n'eussent été massacrés par ces Indiens. Je ne pouvais pas supposer qu'aucun autre accident leur fût arrivé. Laissant le camp et la garde des bagages, sous le commandement de Vincent Haler, avec l'ordre de me suivre dans trois jours, je descendis la rivière à la tête d'un petit détachement composé de Godey, son jeune neveu, Preuss et Saunders (le domestique de couleur). Nous emportions nos armes et des provisions pour deux ou trois jours. Il ne restait au camp des vivres que pour un petit nombre de repas, sans compter cinq livres de sucre pour chaque homme. Si je ne rencontrais pas King, mon intention était de gagner les établissements mexicains situés sur le Colorado, petit affluent du Rio-del-Norte, à un demi-degré environ au-dessus de Taos, et d'envoyer de là les secours les plus prompts au corps de l'expédition qui me suivait sous la conduite de Vincent Haler.

» Le lendemain de notre départ du camp ayant remarqué des traces du passage récent d'une troupe d'Indiens, nous suivîmes ces traces, et trois jours après nous surprîmes un Indien sur la glace de la rivière. C'était un Utah, fils d'un chef que nous avions connu autrefois. Nous n'eûmes qu'à nous louer de lui. En lui donnant un fusil et mes deux couvertures, et en lui promettant d'autres récompenses lorsque nous serions dans une meilleure position, je le décidai à nous servir de guide jusqu'à l'établissement du petit Rio-Colorado et à nous prêter quatre de ses chevaux pour transporter notre bagage. Ces animaux étaient horriblement maigres. Ils ne pouvaient marcher qu'au petit pas. Le premier jour nous partîmes tard et nous ne fîmes que six à sept milles. Vers le coucher du soleil nous aperçûmes une petite colonne de fumée s'élever d'un bouquet d'arbres à peu de distance de la rivière que nous continuions à descendre; pensant que c'étaient peut-être King et ses hommes qui venaient à notre secours, nous nous dirigeâmes de ce côté. Il y avait vingt-deux jours qu'ils avaient pris congé de nous et six jours que nous étions partis du camp. Nous les trouvâmes, en effet, c'est-à-dire nous en trouvâmes trois, Creutzfeld, Brackenbridge et Williams. Mais dans quel état, bon Dieu! Je ne reconnus pas Creutzfeldt lorsque Brackenbridge le souleva et me dit son nom. Ils se mourraient de faim. King avait rendu le dernier soupir quelques jours auparavant. Ses restes mortels gisaient sans sépulture à six ou sept milles plus haut, près de la rivière. Grâce aux chevaux indiens, nous pûmes transporter les trois survivants jusqu'au fort du petit Colorado, que nous atteignîmes quatre jours après (le dixième jour de notre départ du camp), ayant fait 160 milles à pied dans la neige.

» J'avais été bien inspiré en quittant le camp. Si j'y étais resté pour y attendre le retour du détachement de King, nous y serions tous morts de faim.

» Nous n'avions trouvé au fort du petit Colorado ni chevaux ni provisions. Dès le matin du jour qui suivit notre arrivée, je partis à cheval avec Godey pour le Rio-Houdo et Taos, à 25 milles du fort environ, où nous nous procurâmes aisément tout ce dont nous avions besoin, et le lendemain, de bonne heure, Godey retournait sur ses pas au devant du détachement de Vincent Haler avec quatre Mexicains, trente chevaux ou mules et des provisions. Je reste ici, parce qu'il est inutile que je l'accompagne et, en outre, parce que je vais, en attendant le retour de mes hommes, réorganiser notre expédition en Californie...

Ici M. Frémont donne à sa femme des détails sur ses projets d'avenir et sur sa vie présente, puis il termine ainsi : « Lundi, janvier 29. Ma lettre prend la forme d'un journal. Aucune nouvelle de Godey, j'en suis inquiet. Il pleut et il grêle presque constamment ici, il doit neiger dans les montagnes. En outre, le pays est infesté d'Indiens. Je le répète, je suis inquiet. J'ai peut-être eu tort de ne pas accompagner Godey. Ma présence eût produit un bon effet parmi mes hommes. Lorsque nous rencontrâmes le détachement de King, Brackenbridge me dit qu'il se sentait en sûreté depuis que j'étais avec lui. »

La seconde lettre, datée du 6 février, est encore plus triste. Nous en traduisons seulement quelques fragments :

« J'étais tout prêt à partir, lorsque j'ai enfin reçu des nouvelles de l'expédition. Hier soir M. Vincent Haler est arrivé ici. Il avait atteint la veille au soir l'établissement du petit Colorado avec trois ou quatre de ses compagnons. Nous avons perdu en tout onze hommes, en y comprenant M. King et M. Proue. » Voici le résumé de ce que M. Haler m'a appris :

» Vous devez vous rappeler que, lorsque je quittai le camp avec Godey, Preuss et mon domestique pour aller à la recherche et au secours de King et de son détachement, j'y laissai vingt-deux hommes sous la conduite de Haler. D'après mes instructions, ils devaient attendre encore trois ou quatre jours, puis descendre la rivière en suivant le chemin que j'avais pris. Ils ne partirent que le huitième jour, après avoir épuisé le reste des provisions que je leur avais distribuées.

» Ils n'avaient pas fait deux milles, que Manuel—vous le connaissez bien, c'est un Indien chrétien de la tribu Cosumué, dans la vallée de San-Joachim — refusa d'aller plus loin, et, dans un accès de désespoir, supplia Haler de lui tirer un coup de fusil. N'obtenant pas de réponse, il retourna au camp pour y mourir de faim et de froid.

» Le détachement continua sa marche, et au bout de dix milles, Wise s'abandonna aussi au désespoir, jeta son fusil et sa couverture, et quelques centaines de pas plus loin tomba dans la neige où il mourut.

» Carver eut le délire toute la nuit. Il rêvait à une foule de choses qu'il croyait manger. Le matin il s'éloigna de ses compagnons, et il mourut probablement quelques heures après. On ne le revit plus.

» Le même jour (le quatrième après le départ du camp), Sorel se coucha dans la neige pour mourir. On alluma un grand feu autour de lui; et Morin, qui se sentait défaillir et que l'éclat de la neige avait rendu aveugle, ne voulut pas l'abandonner. Ils ne vécurent certainement pas jusqu'au lendemain matin.—Ce soir-là, Hubbard tua un daim.

» Les survivants se remirent en marche, tuant de distance en distance un coq de bruyère, mais aucun autre animal, la neige ayant chassé tout le gibier de la vallée.

» Leur situation devint alors tellement désespérée, que Haler, les réunissant, leur dit qu'il avait fait pour eux tout ce qu'il avait été humainement possible de faire; qu'ils n'avaient plus d'espoir que dans les secours que je leur avais promis; que le meilleur parti qu'ils eussent à prendre, c'était de se séparer, afin de ne pas se voir réduits à la nécessité de se manger, etc. Ce discours produisit sur eux l'effet qu'il en attendait. Ils se séparèrent immédiatement.

» Scott, Hubbard, Martin, Rohrer et les deux enfants indiens suivirent Haler. A peine s'étaient-ils éloignés de leurs camarades, que Rohrer perdit courage et s'arrêta. Haler lui parla de sa famille et l'engagea vivement, au nom de ses parents, de faire un dernier effort. Rohrer se releva un instant, mais quelques pas plus loin il retomba, leur promettant de les suivre dès qu'il se serait un peu reposé.

» Haler, Scott, Hubbard et Martin convinrent alors que si l'un d'eux tombait épuisé, les autres n'attendraient pas qu'il fût mort, mais continueraient à marcher en avant pour essayer de sauver leur propre vie.

» A la nuit tombante, le détachement, qui s'était placé sous la conduite de Kerne, campa à quelques centaines de mètres de celui de Haler, avec l'intention bien arrêtée de séjourner en ce lieu jusqu'à ce que des secours fussent arrivés, et, en attendant, de se nourrir de ceux qui étaient morts et de ceux qui mourraient encore. Il se composait des trois frères Kerne, du capitaine Katheart, de MM. Makil, Andrews, Stepperfeldt et Taplin. — Ferguson et Bearle étaient restés en arrière. — Dans la soirée, Rohrer vint se réunir à Kerne; mais le lendemain matin il s'éloigna en compagnie d'Andrews, et ils moururent tous deux à peu de distance l'un de l'autre. Haler trouva leurs cadavres sur la route.

» Le détachement de Haler continua sa route. Au bout de quelques heures de marche, Hubbard déclara qu'il ne pouvait pas aller plus loin. D'après l'engagement pris par tous les membres du détachement, ses camarades l'abandonnèrent à son sort; ils allumèrent un grand feu autour de lui, et lui amassèrent, à la portée de sa main, une petite provision de bois, — c'étaient les seuls soulagements qu'il leur fût possible de lui procurer, — puis ils s'éloignèrent sans même tourner la tête, pour échanger avec lui un dernier regard.

» L'après-midi, les deux petits Indiens prirent les devants, — bénis soient ces enfants! — et avant la nuit, ils rencontrèrent Godey avec les secours. Il avait fait toute la diligence possible. Les enfants lui donnèrent les tristes nouvelles que je viens de vous rapporter. Il tira aussitôt plusieurs coups de fusil pour avertir les survivants de son approche. Haler entendit les détonations et comprit que les secours approchaient. Cette nuit-là fut la première nuit d'espérance et de joie. Le lendemain matin de bonne heure, à l'aube naissante, Godey rencontra Haler et les débris de son détachement qui s'avançaient à pas lents. Ils se mirent tous à crier et à pleurer comme des enfants, ces hommes qui avaient l'habitude de braver les dangers, les fatigues et les privations avec des corps de fer et des cœurs de lion. Ce premier moment d'émotion passé, Godey leur distribua des vivres et des couvertures; puis, accompagné de Haler, qui rebroussa chemin, il courut au secours des infortunés qui avaient été abandonnés la veille. Ils trouvèrent d'abord Scott. Il vivait encore et il est sauvé!... Quand ils arrivèrent auprès de Hubbard, il était encore chaud, mais tous les soins qu'on lui prodigua ne purent le rappeler à la vie.

» Le détachement de Kerne, qu'ils rencontrèrent ensuite, leur apprit la mort de Andrews et de Rohrer, et un peu plus loin ils trouvèrent Ferguson qui leur dit que Bearle était mort la nuit précédente. Tous ceux qui respiraient encore furent retrouvés, y compris Manuel qu'on parvint à ressusciter, ce qui réduit le nombre des morts à dix, un tiers des hommes jeunes, robustes, déterminés, qui, quelques jours auparavant, escaladaient avec moi les plus hauts sommets des Montagnes Rocheuses et luttaient énergiquement contre les éléments à 12 mille pieds au-dessus du niveau de la mer.

» Sa tâche accomplie en ce qui concernait le personnel, Godey s'est occupé de sauver le reste du matériel.

» Que les vicissitudes de la vie humaine sont étranges et rapides? Il y a quelques jours, j'errais au travers des solitudes les plus sauvages du cours supérieur du Rio-del-Norte; enfoncé dans la neige jusqu'à mi-corps, n'ayant pas même une couverture pour m'envelopper, ignorant si j'aurais de quoi me nourrir le lendemain, craignant de ne jamais revoir mes parents et mes amis, voyant mourir mes compagnons autour de moi l'un après l'autre de fatigue, de faim et de froid! Aujourd'hui, assis sur un excellent fauteuil, au coin d'un bon feu, dans une chambre confortablement meublée, je vous écris avec la certitude de vous rejoindre bientôt, et je me ris des vains efforts de l'orage qui bat en vain les vitres de mes fenêtres... Je me sens aussi fort et aussi résolu qu'auparavant; seulement, les horribles scènes auxquelles j'ai eu la douleur d'assister m'ont rendu si triste, que je ne retrouverai pas de longtemps mon ancienne gaieté.

» J'achève mes préparatifs de départ. Dans quelques jours je me mettrai en route pour la Californie.

» 11 février.

» Godey est de retour. Il n'a pas réussi dans sa tentative. Tous nos bagages sont perdus. Il était tombé tant de neige dans les montagnes, qu'il a été impossible à Godey d'atteindre le camp.

» Santa-Fé, 17.

» Je n'ai pas le temps de vous écrire. Je pars ce soir. »

Comme on l'a pu voir par les fragments de lettres que nous venons de traduire, le colonel Fremont n'a pas écrit une seule fois le mot *or*... Ce n'était point en effet à la recherche de l'or qu'il était parti. Bien que les journaux lui eussent appris les brillantes découvertes récemment faites en Californie, il allait fonder dans cet *Eldorado* de l'Amérique du Nord un établissement agricole.

Souvenirs des États-Unis.

6 AVRIL 1850

Religions bizarres professées dans l'Union-Américaine.

LES QUAKERS TREMBLEURS.

La religion généralement professée dans les États-Unis, c'est le culte réformé; religion aux variétés multiples, aux croyances les plus bizarres.

En brisant le joug qui les asservissait à l'Angleterre; les

Religions bizarres aux États-Unis. — Danse de Quakers trembleurs, d'après un dessin de M. Didier.

Américains n'en ont pas moins gardé leur esclavage moral. Les protestants (et cette dénomination est vraiment parfaite dans toute son acception aux États-Unis), les protestants disent qu'ils n'ont qu'à ouvrir la Bible pour y découvrir la règle de leurs pensées et de leurs actions. Aussi, c'est de là que provient le manque d'unité de leur religion. Les croyants en sont donc réduits à n'être que des commentateurs; et, l'intelligence de l'homme variant à l'infini, il arrive naturellement que les opinions religieuses font comme son intelligence.

L'Amérique du Nord, plus que tout autre pays, semble faire un abus de cette liberté de conscience; c'est là qu'on retrouve la vérité de cette pensée de Voltaire :

« Tout protestant est pape, une Bible à la main. »

Aux États-Unis, chaque individu se persuade qu'à lui seul il forme un petit monde; chacun se bouffit de son importance personnelle; et bien souvent il arrive que, mettant de côté tous les liens qui devraient le rattacher à sa nation et à sa famille, l'Américain se forge *motu proprio* une croyance, une religion à laquelle il cherche à attirer des prosélytes. C'est une sorte de spéculation.

Une statistique publiée, il y a trois ans, dans la ville de New-York, capitale de la province de ce nom, porte à vingt et un mille le nombre des congrégations religieuses des États-Unis; mais ces congrégations ne comprennent qu'un million neuf cent quatre-vingt-trois mille neuf cents et quelques communiants, ce qui est à peu près le dixième de la population des vingt-six États. Il est donc certain que le « système volontaire » (*voluntary system*), qui autorise chaque citoyen à choisir la religion qui lui convient le mieux, l'entraîne naturellement à n'en pas choisir du tout. Qu'en arrive-t-il? C'est que la religion étant le lien qui unit généralement les différents membres de la race humaine, la désunion existe indubitablement dans une famille, une cité, une nation au milieu desquelles chacun suit le chemin qu'il s'est tracé lui-même.

Je n'en citerai qu'un seul exemple : Dans la ville de Philadelphie, j'ai connu intimement une famille *M'c Mehony*, où le père et la mère allaient le dimanche à l'église épiscopale, la fille aînée fréquentait la chapelle anabaptiste, la fille cadette se rendait à la cathédrale catholique romaine, et la plus jeune au temple unitairien. Quant aux deux fils de cette famille, ils allaient au prêche n'importe où, et bien souvent nulle part.

Je ne me suis point proposé, en commençant cet article, de passer en revue toutes les religions et de citer les différentes congrégations religieuses qui pullulent dans l'Amérique du Nord; je me contenterai de parler de celles qui m'ont paru les plus extraordinaires par leurs croyances et leurs rites.

A la tête des religions bizarres des États-Unis, je citerai les *Quakers Shakers* (quakers trembleurs). La plus curieuse particularité de cette secte, c'est que ses adeptes sont persuadés qu'*ils iront au ciel en dansant*. Je vois d'ici beaucoup de mes lecteurs sourire. C'est une plaisanterie, diront-ils, une exagération de voyageur. — Je répéterai pourtant ma phrase en gardant mon sérieux : Les Shakers sont persuadés que *par la danse ils iront droit au ciel*. Rien n'est plus vrai.

Le révérend John Maffit, prédicateur méthodiste, d'après un dessin de M. Jules de Casse.

Voici en quoi consistent la religion et les cérémonies du rite des Shakers. Leur croyance est tirée de ce passage de la Bible qui rapporte que le roi David dansa devant l'Arche sainte.

« Et David dansait et sautait *de toutes ses forces* devant le Seigneur, et il était vêtu de l'éphod de lin. »

Aussi, en commémoration des honneurs rendus à l'Arche par ce roi prophète, les Shakers se réunissent chaque dimanche dans une vaste salle, où ils commencent par s'asseoir sur des bancs sans dossier, les hommes vis-à-vis des femmes, genoux contre genoux, dans la position d'un magnétiseur devant son adepte.

Chacun d'eux porte sur le bras un large mouchoir de toile blanche dont j'expliquerai l'usage tout à l'heure. Ils se mettent ensuite à rouler leurs pouces l'un sur l'autre, en levant en même temps les yeux au ciel et en faisant les grimaces les plus hideuses.

Tout à coup un des anciens, un vieillard se lève, et, après avoir prié les spectateurs, qui, moyennant une somme de deux shellings (1 franc 25 centimes), ont été admis dans l'intérieur du temple, *to be decent and not to laugh* (de se conduire avec décence et de ne pas rire), il entonne un chant d'un rhythme saccadé, qui est répété en chœur par tous les assistants.

La dernière mesure de l'hymne fait sur le Shakers l'effet de la trompette sur les chevaux. A peine ont-ils émis la dernière syllabe avec le dernier son, qu'ils se lèvent comme une seule personne, tous à la fois, rangent de côté leurs bancs et se placent par dix de front. Les deux troupes sont en présence, espacées de six pieds environ. A un signal donné, tous ensemble se mettent à sautiller en s'avançant et en reculant alternativement comme dans une contredanse, avec la seule différence, toutefois, qu'il n'y a point de pas seul, et que l'art illustré par Vestris leur est tout à fait inconnu. A la dernière figure, les Shakers se tournent subitement le dos et s'arrêtent d'une seule pièce.

Voici le refrain qu'ils chantent en dansant. J'en ai noté la musique dans leur temple, lors de ma dernière visite chez eux. C'est une sorte de fioriture sur le mot anglais *law* (loi), qui est le seul dont on puisse expliquer le sens.

Les Shakers, en dansant, battent la mesure avec leurs pieds; leurs bras, serrés près du corps, se relèvent seulement pour revenir se poser en croix sur la poitrine. On dirait voir des ours exécutant une danse sur un mouvement accéléré.

Camp-meeting méthodiste, d'après un dessin de M. Didier.

Après un quart d'heure employé à cet exercice violent, les Shakers s'arrêtent; hommes et femmes reprennent leurs

siéges, et c'est alors qu'ils mettent en usage le mouchoir blanc dont j'ai parlé (*the handkerchief for the face*) qui est destiné à essuyer la sueur qui découle de leur visage.

Pendant ces moments de repos, ils entonnent un autre cantique, dont j'ai aussi noté la musique et le texte, et dont voici le sens :

« Notre âme et notre corps sont mis en liberté;
» Nous sommes purs du vice et de l'iniquité! »

Les Shakers scandent ces derniers mots avec une grande lenteur (— a — vec — i — ni — qui — té) et d'une façon fort bouffonne; et, à peine ont-ils achevé, qu'ils se relèvent de nouveau, rejettent leurs bancs et recommencent leurs évolutions chorégraphiques.

Mais alors la cérémonie change de forme; ce ne sont plus des pas sautillés à la façon des ours ou des chiens savants : toute la congrégation se réunit et forme une sorte de *boulangère* (*all round*) exécutée par les hommes et les femmes, qui se prennent par la main et courent en rond autour de dix des leurs, cinq hommes et cinq femmes placés sur deux lignes, chantant pendant que les autres dansent, frappant la mesure en suivant la cadence de l'hymne et marquant le temps avec leurs mains. Cette farandole dure aussi longtemps que peut résister la force des danseurs et des chanteurs, dont les premiers finissent par être dans l'impossibilité de se mouvoir, et dont les derniers ne font plus entendre qu'un croassement presque sourd, qui s'éteint peu à peu, mais que chacun cherche à faire durer autant que possible : car il y a autant de gloire pour les Shakers à émettre le dernier son qu'à exécuter le dernier pas.

Ainsi se termine leur cérémonie du dimanche. Les Shakers se séparent alors en se disant l'un à l'autre ces mots : *Farewell, good bye!* (Adieu! au revoir!)

Les Shakers sont une variété de la secte des Quakers. Il n'en existe aux Etats-Unis et dans *le monde* qu'une seule congrégation, qui est établie dans l'Etat de New-York, à *New-Lebanon*, près de la rivière de l'Hudson, dans le comté de Niskayuna, à cinq milles de la ville de Troy. Les biens de ces sectaires sont réunis en commun, leurs terres sont parfaitement cultivées, leurs champs ensemencés avec soin et la congrégation entière est fort riche. Les Shakers s'occupent de médecine, et dans le village de *New-Lebanon* (le nouveau Liban) sont établis de nombreux magasins d'herboristes où l'on vend aux étrangers de petits paquets de simples d'une vertu sudorifique qui sont fort célèbres dans les Etats-Unis et sont connus sous la dénomination de « *life everlasting* » (vie éternelle). Titre pompeux qui est en grande contradiction avec la croyance des Shakers dont la religion a pour fondation et pour but *la fin du monde!* Pour eux il n'y a qu'un seul moyen afin d'arriver à ce but, le *mariage est défendu parmi* les Shakers, et, quoique les sexes soient mêlés, hommes et femmes professent au New-Lebanon les vœux de célibat et de chasteté.

LES MÉTHODISTES.

Une autre congrégation fort célèbre aux Etats-Unis est celle des Méthodistes, les plus fanatiques sectaires parmi les réformés. Ils ont chaque année des assemblées en plein air qu'ils appellent *Camp-meetings* (rassemblement au camp). Ces réunions au milieu des bois sont faites en commémoration de celles des premiers chrétiens qui, fuyant la persécution en Angleterre, émigrèrent en Amérique et abordèrent sur le rocher de Plymouth, sur les côtes de la Nouvelle-Angleterre. Ces « pèlerins de la foi » (*pilgrims of the faith*), comme on les appelle encore de nos jours, se réunissent dans les forêts pour y adorer Dieu.

En 1845, le 3 septembre, si j'ai bonne mémoire, je me trouvais dans les environs de Baltimore, chez M. R..., riche Américain qui possède une admirable villa sur les bords de la rivière Potomac. Le soir, pendant une *partie* (c'est ainsi que l'on nomme aux Etats-Unis une réunion quelconque, qu'elle ait pour but un bal, un dîner, ou même un enterrement) à laquelle prenaient part les plus jolies femmes de Baltimore — ville célèbre pour la beauté du sexe féminin — les ladies mirent sur le tapis la proposition d'aller, le jour suivant, entendre prêcher le révérend John Maffit dont l'éloquence faisait alors beaucoup de bruit (dans les deux acceptions du mot) et dont le nom était adoré parmi ses coréligionnaires. Ce projet fut accepté à l'unanimité, et le lendemain matin nous partions, au nombre de vingt personnes, à cinq heures du matin, afin de franchir, avant le commencement de la chaleur, les dix milles (environ quatre lieues françaises) qui séparaient la villa (Country-House) de M. R.... du lieu où les Méthodistes avaient établi leur Camp-meeting. Leurs tentes étaient dressées au centre d'une vaste forêt. Sur le chemin que nous parcourûmes pour arriver jusque-là, nous fûmes témoins des plus inimaginables drôleries. Je puis bien assurer que dans les voitures, charrettes et wagons qui transportaient les Méthodistes jusqu'au Camp-meeting, il n'y avait pas vingt blancs. Les races nègre, mulâtre, métisse et quarteronne composaient seules le fond de cette assemblée. Or, comme en général, à Baltimore, les noirs et les gens de couleur sont tous domestiques, ils demandent et obtiennent, dans ce cas-là, un congé pour les trois jours que durent ces saturnales.

Cette « sainte » cohorte des noirs, pendant ces pèlerinages religieux, emporte tout ce qu'elle rencontre sur son passage. Malheur aux cochons, moutons et volailles qu'ils trouvent sur leur route! Les nègres font main basse sur tout, afin de pouvoir jouir agréablement du temps qu'ils passent dans le désert, occupés à *pleurer les crimes de ce monde pervers et corrompu et à prier pour la conversion des pécheurs.*

Rien n'est plus plaisant, plus ridicule, plus ignoble à la fois et plus scandaleux, que ces réunions de femmes et d'hommes qui, sous le masque de la piété, se livrent à des excès vraiment honteux. Sur notre chemin nous avions rencontré des fermiers qui venaient chercher au Camp-meeting, non pas la parole de Dieu, mais la piste des bestiaux et des oiseaux de basse-cour qu'on leur avait volés, et qui n'avaient d'autre désir que d'arracher leur bien à la rapacité de ces saints personnages.

Lorsque nous arrivâmes au Camp-meeting, nous aperçûmes, d'abord, un *bar-room* (établissement où l'on donne à boire du vin, de l'eau-de-vie, de la bière et autres liqueurs fermentées), café en plein vent, devant lequel une vingtaine de libertins et d'ivrognes des deux sexes dansaient une *bamboula* très-échevelée, en chantant des chansons qui ne ressemblaient guère à des cantiques. Quand ce ballet fut terminé, un gros nègre à la lèvre épatée, aux cheveux roides et crépus, s'écria : *T'is enough to kill the devil, let us have a drink!* (c'est assez pour tuer le diable, allons boire un coup); et cette proposition rafraîchissante fut acceptée avec un hurrah formidable par la foule entière qui se précipita vers le bar-room.

L'endroit où se jouait cette ignoble farce religieuse était une enceinte circulaire dans laquelle on avait abattu quelques arbres qui, couchés sur le sol, dépouillés de leurs branches et grossièrement équarris, servaient de bancs aux religionnaires qui faisaient partie du Camp-meeting. Tout autour de ce rond-point s'élevaient de vastes tentes sous lesquelles toute cette population (*gen'men and ladies ob colour*, messieurs et dames de couleur, comme s'intitulaient les noirs dans leur dialecte particulier), buvait, mangeait, priait et dormait.

Au milieu de cette enceinte s'élevait un *stand* (tréteau fait avec des planches de sapin vierges du rabot) recouvert d'un auvent semblable à celui sur lequel batifole Polichinelle dans les avenues des Champs-Elysées de Paris. Devant ce tréteau se trouvaient couchés ces arbres à moitié équarris dont j'ai déjà parlé, bancs primitifs destinés aux Catéchumènes des deux sexes.

Sur ce *stand* se démenait un homme de moyenne stature, à la figure grave, mais dans les traits duquel on découvrait bientôt un air de Tartufe bien caractéristique. Le révérend John Maffit débitait un discours entremêlé de phrases si bizarres, de jeux de mots si équivoques, que je l'aurais aisément pris pour un *Bobèche*, si le nom du Sauveur du monde ne s'était échappé à chaque instant de sa bouche profane. A la voix de ce ministre, les *drunkards* (ivrognes) juraient du bout des lèvres de ne plus boire et de signer le *pledge*, contrat imprimé dont l'usage a été rendu célèbre par le père Mathews. Toutes les madeleines faisaient, à haute voix, l'aveu de leurs faiblesses et promettaient de ne jamais retomber dans le crime. Tout à coup, transportés par un fanatique délire, ces insensés déchirèrent leurs vêtements (si toutefois on peut ainsi appeler des haillons endossés pour cette occasion seulement), et ils accompagnaient cette comédie semi-tragique de rugissements qui tenaient de ceux des animaux qui jadis avaient dû hanter la forêt dans laquelle nous nous trouvions.

Le discours du révérend John Maffit électrisa ses auditeurs. Sa voix, pareille à celle qu'avait dû posséder le grec Stentor, était d'une puissance et d'une sonorité impossibles à décrire. Parmi ces sectaires, la vigueur se mesure à la force des poumons.

Entre autres admirables métaphores, l'orateur compara le Seigneur à une « blanchisseuse » (*a washerwoman*) dont l'enfant s'est endormi.

« Si, en se réveillant, disait-il, l'enfant ne fait que geindre, » la blanchisseuse continue tranquillement sa lessive; — s'il » pleure, elle cherche, sans quitter son ouvrage, à l'apaiser » par des chansons ou de douces paroles; — mais s'il continue à crier et qu'elle craigne qu'il ne tombe en convulsions, elle se lève alors, essuie ses mains et s'élance à » son secours.

» Eh bien! mes frères, nous sommes ce pauvre, cet innocent enfant. Notre Seigneur Jésus-Christ est la *blanchisseuse* qui s'occupe à *laver* les âmes sales des hommes, et, » si vous ne criez de toutes vos forces, il vous laissera croupir dans la fange du crime et vous tomberez ensuite en » enfer. Oui, mes frères, vous serez tous damnés! si vous » ne vous écriez avec moi : Seigneur! Seigneur, pitié, pitié. » Alors il viendra à votre secours et nous chanterons ensemble dans le ciel, *Alleluia!* »

A peine le révérend John Maffit avait-il achevé son « *speech*, » qu'une vieille négresse, franchissant l'escalier ou plutôt l'échelle qui conduisait sur le sommet du tréteau du ministre méthodiste, s'écria, en se jetant au cou du prédicateur harassé : « Mon père! mon père! oh! dites-moi que » je ne serai point damnée! » et elle poussait des hurlements qui tenaient de la bête fauve. L'infortuné ministre, pour échapper à cette étreinte peu flatteuse, fut obligé de jeter quelques paroles de consolation à cette énergumène : « Oui! ma sœur, vous échapperez aux feux de la géhenne, » disait-il en s'efforçant de détacher d'autour de sa poitrine les bras de la noire Euménide, « votre repentir vous assure » la jouissance du ciel. » Et dès lors, les cris de douleur et de componction de la négresse se changèrent en beuglements de joie et d'allégresse.

Après cet incident burlesque, lorsque John Maffit eut repris ses sens et le fil de son discours, dont la gravité avait été quelque peu compromise, il pérora encore avec une éloquence digne d'une meilleure cause, et conclut enfin par les paroles suivantes, débitées avec un aplomb imperturbable : « Et maintenant, mes frères, allez prendre la nourriture du corps; c'est l'heure de souper, et nous avons » tous grand faim. Cette nuit, vous reviendrez encore implorer la miséricorde de Dieu. »

Et chacun retourna sous sa tente, afin d'y préparer le thé et le repas du soir.

La nuit vint : de grands feux, allumés avec des cèdres entiers, des sapins et autres arbres résineux, avaient été placés de distance en distance. La flamme brillait à travers la forêt, en projetant une lueur étincelante sur cette masse d'êtres noirs, chancelants d'ivresse ou endormis. Ces tentes, sous lesquelles on buvait sans raison, où l'on se battait sans cause, où l'on blasphémait sans mesure, l'aspect de ce ministre à la figure hypocrite, qui visitait ses ouailles et leur adressait la parole en s'agitant comme un possédé du démon, la vue de ces fanatiques qui tombaient en convulsions à la voix du prédicateur, les cris perçants des femmes qui formaient une ronde satanique autour de lui, tout cela offrait un spectacle bizarre, fantastique, qui, pour être exactement décrit, aurait demandé la plume d'Hoffman ou le crayon de Callot.

Peu à peu le calme se rétablit; le thé était prêt, et les Méthodistes allèrent se mettre à table. Rien ne manquait à leur repas, ni l'argenterie, ni les mets recherchés, ni même la glace pour rafraîchir l'eau et les boissons, pour donner au beurre cette fermeté qui le rend succulent. Tout y était servi à profusion, et ces agapes méthodistes, à part la manière d'apprêter les mets, donnaient une idée des noces de Gamache, si bien décrites par Cervantes.

Lorsque minuit arriva, le son d'une trompette rappela les fidèles auprès du ministre, et tous les Méthodistes revinrent se placer devant le tréteau. Des cantiques furent chantés; le prédicateur John Maffit recommença son discours, et lorsqu'il l'eut achevé, il descendit au milieu de ses frères, qui alors entonnèrent tous à la fois un hymne au rhythme lent et accentué. Je dois avouer que cet unisson produisit sur moi une vive impression. La voix de cette multitude, les rayons de la lune, mêlés à la lueur des feux allumés autour du camp, la figure sinistre du prédicateur, tout était fait pour imprimer dans ma tête d'Européen un souvenir ineffaçable, qui survivra à tout ce que j'ai vu aux Etats-Unis.

Tout d'un coup, John Maffit, d'une voix sépulcrale, prononça ce seul mot, répété par trois fois : Prions! et soudain tous les assistants, hommes et femmes, se jetèrent à la renverse, et tombèrent en convulsions. Des cris, des hurlements, des rugissements, semblables à ceux que l'on entend dans une ménagerie, se firent bientôt entendre. C'était horrible à voir, terrible à écouter. J'en éprouvais tout à la fois du dégoût et de l'horreur. La scène si bien décrite par le Dante se déroulait vivante devant moi :

« Quivi sospiri, pianti ed alti guai
» Risonavon per l'aere : orribile favelle
» Parole di dolore, ascenti d'ira
» Voci alti e' floche, e suon di man con elle.

Et pendant que nous examinions en détail cet horrible tableau, John Maffit se promenait lentement au milieu des jambes, des bras et des têtes de ces pénitents fanatiques, en chantant les versets d'un hymne. Bientôt les mouvements de ces convulsionnaires devinrent d'une licence qui frisait le libertinage, et les dames qui se trouvaient avec moi furent obligées, par décence, de se retirer à l'écart.

En revenant de cette excursion, mon esprit était partagé entre deux sentiments bien opposés : le dégoût que m'inspirait la libre pratique de cérémonies aussi révoltantes, dans un pays aussi religieux (du moins en apparence) que l'Union américaine, et l'étonnement où j'étais plongé en voyant la grossièreté et l'ignorance alliées à toutes les délicatesses de la civilisation la plus avancée.

J'ajouterai, comme morale de cet article, que le révérend John Maffit n'a point joui longtemps de sa popularité usurpée. En 1849, une malheureuse jeune fille, appartenant à une fort respectable famille de Baltimore, épousait le prédicateur méthodiste. Deux mois après cette union, John Maffit amenait une concubine dans la maison conjugale; sa femme se plaignit, et le révérend la quitta alors pour toujours, la laissant dans une misère absolue. Les amis de mistress Maffit l'engagèrent à porter plainte devant un tribunal. Le procès a été long. Des témoins nombreux y ont dévoilé les plus honteuses turpitudes commises par le ministre américain, qui, condamné par la justice séculière et religieuse du pays, a dû quitter un pays où ses prédications étaient désormais impossibles. On m'assurait dernièrement qu'il faisait partie d'une troupe de chercheurs d'or, campée sur les bords du Sacramento.

B. H. Révoil.

Le baptême chez les Mormons.

Souvenirs des États-Unis.

2 AVRIL 1853

Religions bizarres professées dans l'Union américaine.

LES MORMONS.

Ce nom, d'origine inconnue, est donné à des sectaires qui professent une religion dont l'existence m'a toujours paru une monstruosité à peine compréhensible dans un pays de sauvages parmi lesquels les mœurs de l'Europe n'auraient point encore pénétré; comment expliquer, à son égard, la tolérance d'un peuple aussi policé que celui des Etats-Unis. Ce pays est vraiment la terre promise des sectes religieuses; elles y poussent avec un succès qui forme un des traits les plus saillants du caractère américain, de son goût pour la discussion et pour l'association quels qu'en soient le sujet et le but.

Il y a onze ans, un nommé Bennett, qui se disait général (qualification fort commune aux Etats-Unis), demeurant dans le village de Nauvoo (Illinois), fonda une secte pour laquelle il interpréta la Bible à sa manière. Le général Bennett avait *trouvé* dans le saint livre que puisque Abraham avait eu des relations avec Agar tout en étant marié, de même les autres hommes pouvaient avoir aussi plusieurs femmes. Ce précepte ayant été connu et *apprécié*, les prosélytes se groupèrent en foule autour du général Bennett; on adopta à Nauvoo les mœurs turques en diminutif, et, dans ce pays si pudique en apparence, où les ladies qualifient du mot *shocking* (choquant, honteux) les choses dont nous ne songeons même pas à rougir en France, cette vie licencieuse où la débauche se cachait sous le prétexte spécieux de la religion, personne ne trouva un mot de blâme pour ces nouveaux sectaires, dont la morale ne fut point alors flétrie par la réprobation publique. Bennett eut pour commentateur un de ses élèves appelé William Stafford, et enfin ce dernier fut détrôné par le fameux *Joë Smith*, dont nous publions ici le portrait et la biographie qui est, elle seule, assez curieuse pour obtenir une place dans ces colonnes.

Joë Smith naquit dans la ville de Sharron (Vermont) en 1805; ainsi, à l'époque de sa mort il avait quarante ans. Smith était fort jeune lorsque ses parents, qui appartenaient à la secte des Mormons, émigrèrent à Palmyre : il demeura avec eux jusqu'à l'âge de vingt ans. Smith était d'un naturel vif, ardent, mais d'éducation fort bornée à cause de la pauvreté de sa famille. Abandonné à ses propres ressources, il resta presque ignoré jusqu'en 1827, époque à laquelle il prétendit un beau jour avoir trouvé le *livre des Mormons*. Cette fourberie audacieuse ne reçut aucun démenti. En 1832 seulement quelques hommes influents du parti de Smith publièrent un ouvrage dans lequel ils représentaient celui-ci comme ayant enfreint les lois de leur religion. Selon eux Smith était un intrigant qui avait jadis, de connivence avec sa famille, trompé le peuple en lui faisant croire qu'il pouvait découvrir les trésors cachés. Joë, disaient-ils, assurait avoir en sa possession une *pierre miraculeuse*, au travers de laquelle il découvrait les richesses renfermées dans les entrailles de la terre, et les désignait à ceux qui avaient payé pour sa consultation.

Ce charlatan religieux prétendait aussi avoir trouvé une bible aux feuilles d'or qui faisait suite au livre des Mormons, et pour la publication de laquelle il avait reçu des ordres du ciel. Ses partisans attendaient avec impatience l'impression de ces deux volumes. Ils furent en effet publiés, et le gouvernement débonnaire des Etats-Unis n'employa aucun moyen pour les faire disparaître de la circulation. Il est vrai de dire aussi qu'on ne supposait alors à ces livres aucune influence sur les masses, car ils étaient écrits sans honneur et sans probité.

Joë avait un frère nommé Hiram qui était aussi intrigant que lui. Ces deux associés promirent à leurs adhérents de leur montrer les feuillets des livres sacrés aussitôt que les volumes seraient imprimés. Mais plus tard ils prétendirent avoir reçu un ordre émané du ciel qui leur enjoignait de ne point faire voir ces feuillets à des yeux profanes et de les détruire entièrement.

L'assurance et l'audace de ces deux hommes leur acquirent bientôt un grand nombre de partisans. Les ennemis les plus acharnés de Joë Smith devinrent peu à peu ses amis intimes, et en 1838 il fut déclaré universellement *ministre des Mormons* et salué à l'unanimité du titre de *prophète*. Le gouvernement, alors seulement, commença à s'inquiéter. Le major Clarke, officier de l'armée régulière en station dans l'Illinois, écrivit au président pour lui donner connaissance de ce qui se passait parmi ces sectaires : il les accusait de meurtres, de vols, de libertinage et de toutes sortes de méfaits. Cette dénonciation n'eut aucune suite; Joë Smith se tint seulement un peu plus sur ses gardes, et dès lors commença cette vie d'hypocrisie qui n'eût qu'un côté favorable, celui de faire prospérer le pays; car, en peu de temps, les Mormons, dont les mœurs plus que faciles avaient grossi les rangs, firent du village de Nauvoo une ville régulièrement bâtie, y élevèrent un temple construit dans un assez bon style, où l'on voit une piscine appropriée aux usages du rite des Mormons; piscine pour baptiser les enfants, destinée à baigner les malades pour lesquels cette eau était un *remède certain*; piscine pour laver les consciences de leurs péchés; piscine pour purifier les morts, etc., et consacrée, en un mot, à toutes sortes d'usages.

Malgré toutes ces ablutions, Joë Smith, aux yeux des gens honnêtes et sensés des Etats-Unis, n'eut pas le pouvoir de se purifier des infractions aux lois de la morale commises par lui et les siens. On raconte, entre autres faits d'immoralité prouvés par de respectables témoignages, qu'il voulut un jour engager une jeune fille, miss Martha Brotherton, à *épouser* un de ses complices nommé Young qui *avait déjà une femme*. Je n'ose pas reproduire ici les raisons absurdes et ignobles que Joë Smith donna à cette pauvre créature afin de l'engager à se livrer à Young. Le complot de ces deux misérables qui abusaient du nom de Dieu pour arriver à leur but, réussit en effet, et miss Brotherton suivit l'exemple de mainte autre de ses compagnes qui avaient eu précédemment la folie d'écouter les conseils de Joë Smith ou de ses compagnons.

La secte des Mormons devait attirer le grand nombre de ceux qui aiment la licence et le libertinage. C'est ce qui arriva en effet; la ville de Nauvoo se trouva bientôt remplie de tout ce que les Etats-Unis comptent de mauvais sujets (et la masse en est malheureusement grande). Le lieu se peupla, le *village* devint *grande ville*, comme nous l'avons dit, et la population monta peu à peu au chiffre de 8,000 habitants. L'union et la paix, qui, par un miracle tout providentiel, s'étaient maintenues jusqu'au mois de mai 1844, furent brisées à cette époque : une collision assez grave eut lieu à Nauvoo.

Les premières difficultés provinrent de quelques disciples de Smith qui, ayant à se plaindre de leur chef et de ses intimes, avaient entrepris de publier un journal pour être l'organe de leurs plaintes. Ce journal parut; il s'appela le *Nauvoo Expositor*, et grande fut la colère de Joë Smith, lorsqu'il lut certain jour dans ce papier un article des plus injurieux contre sa personne sacrée. Il voulut répondre à cette attaque par un grand coup; en conséquence il publia un *appel aux armes* contre ses dissidents, et, quelques heures après, une troupe de deux cents hommes munis de mousquets, d'épées, de pistolets, de poignards et de haches, petite armée à laquelle se joignirent volontairement quelque cent autres personnes, s'avança contre la maison où était l'imprimerie, dont les portes furent brisées à coups de hache. Alors commença l'œuvre de destruction. La presse, le matériel de l'imprimerie furent jetés dans la rue, puis on y mit le feu, et la foule ne se sépara que lorsque tout eut été réduit en cendres.

Cette nouvelle parvenue à Warsaw (Illinois) y produisit une vive sensation. Les ennemis des Mormons coururent aux armes, et ce fut seulement alors que l'autorité se réveilla de son inertie. On se hâta d'écrire à Carthage, chef-lieu du comté de Hancock, et des officiers de police partirent pour Nauvoo avec des mandats d'amener contre les personnes désignées comme ayant pris part à la destruction du *Nauvoo Expositor*. Ces démonstrations ne furent pourtant qu'illusoires, car on n'osa sévir contre aucun perturbateur. D'un autre côté, Joë Smith dirigea lui-même une sorte de police dont les mandats furent mieux exécutés par ses partisans, et il arrêta tous ceux qu'il soupçonnait ne pas donner dans ses vues.

Une guerre d'extermination fut dès lors déclarée à Warsaw par les Mormons, mais les habitants de cette ville, secourus par quelques comtés voisins, se préparèrent à repousser les attaques de Joë Smith et de ses partisans. Les Mormons furent effrayés des démonstrations de leurs dissidents, mais ils s'étaient tellement avancés qu'il leur était impossible de reculer.

Le gouverneur du pays, le général Ford, se hâta de rassembler un corps de troupes. Le 25 juin 1844, il se présenta devant Nauvoo à la tête de deux mille cinq cents hommes, et il somma Joë Smith et les Mormons de mettre bas les armes. On refusa d'obéir.

Le lendemain, Joë Smith et son frère Hiram, pris tous les deux d'une terreur panique, abandonnèrent les leurs et prirent la fuite à travers champs. Ils furent poursuivis et arrêtés le 27 par un bataillon du corps d'armée du général : on les conduisit à Carthage, où on les jeta en prison sous la garde de deux cents hommes.

Dès que la nouvelle de cette arrestation fut connue par les Mormons, ils songèrent à délivrer leur prophète; mais leur projet ayant été éventé, ils songèrent à se débarrasser de Joë Smith et d'Hiram.

Dans ce but quelques hommes s'étant barbouillé le visage de noir, profitèrent du moment où la garde de la prison ne se composait que de huit hommes, forcèrent la porte et se ruèrent sur ces deux infortunés. Ce fut alors que, pour échapper à cette attaque imprévue, Joë Smith et Hiram cherchèrent à se sauver par la fenêtre de la prison. Mais un misérable, reconnaissant les fugitifs, tira sur le prophète un coup de pistolet qui le frappa au cœur, et huit autres coups de feu répondirent à cet appel. L'infortuné prophète des Mormons tomba sur le sol frappé de cent dix-sept chevrotines, qui toutes ont été recueillies depuis par ses amis et religieusement conservées. Hiram eut le même sort que Joë Smith.

Plusieurs journaux donnèrent à cet assassinat un motif politique; le parti whig, disaient-ils, craignait le vote des Mormons en faveur de M. Polk, alors candidat locofoco-démocrate pour la présidence de 1844. D'autres assurèrent que les habitants de *Warsaw* étaient jaloux de la prospérité de Nauvoo où les lois de Joë Smith avaient attiré grand nombre de prosélytes. Quelles qu'aient été les véritables causes de la mort de Joë, il n'en est pas moins certain que cet homme fut traîtreusement assassiné.

Au reste, quoique les Mormons eussent perdu leur chef, ils ne courbèrent point la tête; quelque temps après cet événement, ils se réunirent en grand nombre à Baltimore pour y tenir une convention dont le but était de nommer un successeur à Joë Smith. Ce *meeting* ne produisit aucun résultat, et les Mormons se séparèrent sans avoir pu s'accorder entre eux.

Enfin, le 20 du mois d'août 1844, on élut à Nauvoo, comme grand prêtre de la religion des Mormons, le frère aîné du défunt prophète nommé Elder Smith, qui gouverne encore maintenant cette secte.

Cependant, le prestige qui avait entouré le fameux Joë ne paraissait pas avoir été recueilli en héritage par son successeur. La ville de Nauvoo n'était plus aussi prospère qu'avant l'assassinat du prophète des Mormons; la plupart de ces sectaires, dans le but de fuir la persécution qui les entourait, quittèrent le pays après avoir vendu à vil prix leurs maisons et leurs champs. Ceux qui restaient, les plus endurcis dans leur croyance, voulurent venger la mort de Joë Smith, et, n'ayant pu obtenir du gouvernement de Washington qu'il fût fait une enquête et que l'on jugeât criminellement les personnes coupables de ce meurtre, ils résolurent de se faire justice eux-mêmes.

Dans le courant d'octobre 1844, ils attaquèrent les habitants de Warsaw et de Carthage, qui s'étaient ligués contre leur agression; mais, repoussés avec perte, ils se replièrent sur Nauvoo, où leurs ennemis les suivirent, et, pressés de près, n'ayant plus ni la force morale, ni la force physique pour résister, ils capitulèrent. On leur laissa la vie sauve, mais on les obligea à quitter le pays. Les lecteurs devineront sans doute quelles furent les conditions de cette paix. Les Mormons vaincus furent traités en ilotes, à l'esclavage près. Dépossédés, sans asile pour reposer leur tête, ne pouvant emmener avec eux que quelques charrettes chargées des choses les plus indispensables, ils quittèrent en masse le lieu de leur naissance, et se dirigèrent vers les grandes prairies en deçà du Mississipi, dans le but d'aller s'établir le long de l'océan Pacifique.

Il n'entre pas dans le cadre de cet article de suivre ces émigrants au milieu de ces mers de verdure, ayant pour écueils les Indiens redoutables qui les attaquaient à chaque instant. Les tribus des Comanches, des Pieds-Noirs, des Pawnies, Apaches et Sioux ont scalpé un grand nombre de ces malheureux sectaires.

Enfin les Mormons arrivèrent sur les bords du Sacramento. Pionniers de l'émigration américaine, les disciples de Joë Smith furent les premiers qui foulèrent le sol doré de la Californie. Remontant le cours de la rivière, ils arrivèrent bientôt sur les bords d'un lac immense, aux ondes salées, et au milieu duquel s'élevait un bloc granitique ayant la forme d'une pyramide. Ce site pittoresque plut à Elder Smith et à ses administrés. La terre de Chanaan était trouvée, il s'agissait d'y bâtir la nouvelle Jérusalem. Chacun se mit à l'ouvrage; hommes, femmes, enfants, travaillèrent avec tant de courage qu'au bout de deux mois les Mormons avaient construit un village sur le plan de Nauvoo, laissant un grand espace au centre pour y élever, à leur loisir, un temple semblable à celui qu'avait construit dans leur ancienne patrie leur prophète révéré Joë Smith.

Bientôt la découverte du précieux minerai fut faite par ces hardis pionniers. Du fort Suttler, la nouvelle de la trouvaille du sable d'or se répandit avec le plus grand retentissement jusqu'aux États-Unis, en passant par le Mexique et l'isthme de Panama. La « fièvre californienne » s'empara des Américains, et, quelques mois après, les Mormons n'étaient plus seuls en Californie; leurs compatriotes les avaient suivis aux confins les plus éloignés de ces pays sauvages et inconnus.

A l'heure où je termine cet article, la ville de *Great salt Lake city* prospère à tous égards. Elle est la capitale d'un État nommé « Déseret, » dont les limites sont d'une immense étendue. Elles partent du 33e degré de latitude septentrionale, du point où il intersecte le 108e degré de longitude ouest de Greenwich. De là elles vont au sud-ouest rejoindre la frontière septentrionale du Mexique, suivent ensuite vers l'ouest, jusqu'à son embouchure, le lit principal de la rivière Gila, qui sépare l'État du Déseret des frontières mexicaines. La ligne de séparation parcourt encore la frontière de la basse Californie jusqu'à l'océan Pacifique. Elle remonte la côte vers le nord-ouest jusqu'au 108° 30' de longitude occidentale qu'elle suit vers le nord jusqu'au point où cette ligne rencontre la crête principale de la Sierra-Nevada. Ces limites se dirigent ensuite vers le nord, le long de cette chaîne jusqu'à sa rencontre avec celle qui sépare les affluents du Columbia et des cours d'eau qui se perdent dans le grand bassin. Elles se replient alors vers l'est pour suivre cette dernière chaîne qui sépare les affluents du golfe du Mexique de ceux du golfe de Californie jusqu'au point de départ. Tel est le tracé que je suis sur une carte dressée par Charles Reuss, et publiée par ordre du sénat des États-Unis. Cet État s'étend sous dix degrés de longitude sur neuf de latitude.

D'après les dernières nouvelles qui me sont arrivées par les journaux américains, la colonie des Mormons prospère de plus en plus. Les adeptes augmentent en proportion de cette prospérité, et cela est facile à croire, surtout si la croyance, les mœurs et les usages du cérémonial mormon ont été conservés au Déseret dans leur *pureté* originelle, telle qu'elle est dévoilée dans un pamphlet publié aux États-Unis, mais dont la teneur est d'un débraillé tel que je n'ai pu en faire usage.

Cet article ne serait point complet si je n'apprenais à mes lecteurs ce que sont devenues les constructions de la ville de Nauvoo et le temple de Joë Smith. Élevées par le communisme et le socialisme, elles devaient retomber dans les mains des disciples d'Owen et de Fourier. Chacun se souvient de « l'Icarie » de M. Cabet, des déboires qu'éprouvèrent les malheureux qui furent assez crédules pour traverser l'Océan, afin d'aller périr sur les bords de la rivière Rouge dans le Texas. J'aime à croire que l'apôtre de l'Icarisme avait été déçu lui-même ; c'est du moins ce dont j'ai dû être persuadé en causant avec M. Cabet, lors de son passage à New-York (en janvier 1849), alors qu'il se rendait à la Nouvelle-Orléans pour y rejoindre ses administrés. Convaincu que les plaines du Texas n'offraient point, à cause de l'insalubrité du pays, un lieu favorable pour fonder l'Icarie, M. Cabet, accompagné de trois cents de ses adeptes, remonta le Missisipi. On lui avait parlé de la ville de Nauvoo, située dans l'une des plus fertiles plaines de l'Illinois, et

Religions bizarres aux États-Unis. — Les Mormons. — Joë Smith, prophète des Mormons, d'après un dessin de M. Didier.

qui, depuis le départ de la secte des Mormons, semblait condamnée à tomber en ruines.

Dans les premiers jours de mars 1849, les émigrants français arrivèrent à Nauvoo. Frappés de la beauté pittoresque du paysage, et assurés de la fertilité du terrain, ils comprirent sur-le-champ qu'aucun endroit n'était plus propice que celui-là pour y mettre en pratique les préceptes du code icarien. M. Cabet résolut de s'arrêter à Nauvoo, afin d'en faire le centre de la communauté icarienne, le foyer d'où partiraient pour l'ouest les émigrants qui quittaient l'Europe pour le rejoindre.

Dans une lettre que M. Cabet écrivait à M. James Gordon Bennett, éditeur du journal américain le *New-York Herald* (à la rédaction duquel j'ai été et suis encore attaché), il racontait lui-même son installation à Nauvoo. Je ne saurais mieux faire que de publier ici sa lettre qui n'a pas été reproduite en France :

« Nous avons quitté la Nouvelle-Orléans le 1er mars; nous sommes arrivés à Saint-Louis le 11, et à Nauvoo le 15. Nous étant fait précéder d'une commission chargée de nous préparer des logements, nous nous sommes établis momentanément sur la hauteur voisine du Temple. La beauté du site, éloigné d'une centaine de pas au plus du Missisipi, qui roule majestueusement à nos pieds, la salubrité du climat, qui nous rappelle celui de la France, les ressources de tout genre qu'offre le pays environnant, et par-dessus tout le bon accueil que nous ont fait les habitants, nous ont fait prendre la détermination de former ici notre premier établissement.

» En ma qualité de directeur-gérant de l'association, j'ai acheté en mon nom, mais pour elle, le temple, l'arsenal et une étendue de onze arpents de terre qui les entourent. Dans l'arsenal, nous avons installé de beaux ateliers pour les charpentiers, les tourneurs, les tonneliers, les charrons et les forgerons. Les tailleurs et les cordonniers sont dans un autre édifice. Nous avons en outre, dans un vaste bâtiment construit sur la rive même du Missisipi, une fonderie, et nous y établirons plus tard une scierie, un moulin à farine et une distillerie. Nous avons

Église des Mormons à Nauvoo.

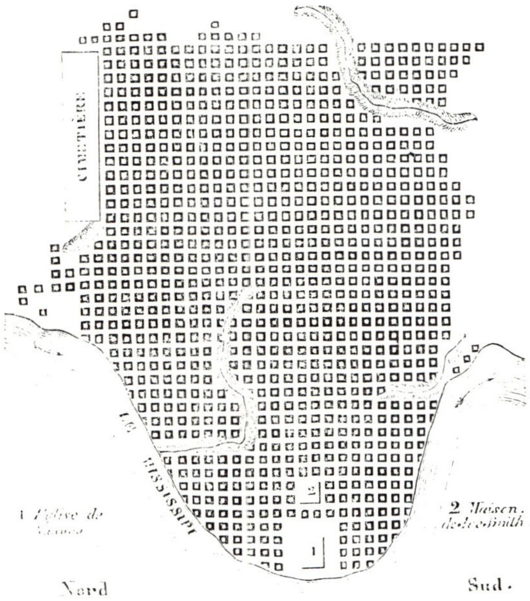

Plan de la ville de Nauvoo (Illinois), copie de celui dressé par Joë Smith.
D'après M. B. H. Révoil.

Piscine de l'église des Mormons.

pris à bail des fermes et des terres, desquelles nous sommes autorisés à extraire de la houille. Nous avons acheté des chevaux, et nous aurons sous peu tous les autres bestiaux qui nous sont nécessaires. Nous avons une boulangerie et une boucherie.

» Quant au temple, nous lui laisserons sa forme actuelle, en y ajoutant seulement une terrasse, qui dominera l'un des plus beaux panoramas du monde. Dans l'intérieur, nous aurons nos cuisines et un réfectoire pour mille personnes, tous les ateliers des femmes, nos écoles, notre bibliothèque, nos salles d'assemblées, nos bureaux, et assez de logement pour 500 personnes, en allouant une chambre à chaque famille.

» Nous transformerons en un beau jardin les quatre âcres de terres qui entourent le temple.

» Pour ce qui concerne notre système d'organisation sociale et politique, je me bornerai à dire, pour le moment, que c'est la communauté fondée sur la fraternité et l'égalité, sur l'éducation et le travail. Nous sommes républicains, désirant la république dans toute son intégrité; notre morale est pure; elle est fondée sur le mariage et les liens domestiques. Notre religion est la chrétienté dans sa forme primitive, et fondée sur ce principe : « Aime ton

Assassinat de Joë Smith, d'après un dessin de M. Didier.

prochain comme toi-même. » Nous sommes les amis et les frères de tous les hommes, à quelque nation qu'ils appartiennent. Nous ne désirons pas nous enrichir aux dépens d'autrui, mais unir nos intérêts aux intérêts de nos voisins, en donnant une nouvelle impulsion à l'industrie, à l'agriculture et au commerce.

» Nous avons résolu de ne jamais nous mêler des questions politiques qui divisent les esprits en Amérique. Si nous désirons le bonheur de notre pays natal, nous ne désirons pas moins celui de notre pays adoptif. Et si je dis à nos frères : « Venez ! » un grand nombre d'entre eux sera disposé à répondre à mon appel.

» *Signé :* CABET. »

Je lisais, il y a peu de jours, dans les colonnes du *Herald*, que l'Icarie de Nauvoo réussissait au delà de toute espérance, et que ses membres jouissaient de la sympathie de tous leurs voisins; et, comme le journaliste américain, je réfléchissais sur l'inconstance des hommes qui avaient chassé les Mormons, ces communistes pur sang, et qui accueillaient avec bienveillance les disciples de M. Cabet.

B. H. RÉVOIL.

Californie. — Place et partie de la rue Blay à San-Francisco, d'après une épreuve daguerrienne communiquée.

Californie. — La place Blay à San-Francisco, d'après une épreuve daguerrienne communiquée.

La Californie.

31 AOÛT 1850

SAN-FRANCISCO ET SACRAMENTO.

La Californie commence à devenir une vérité. Pendant plus de deux années l'Europe stupéfaite a craint d'ajouter foi aux récits étranges, exagérés, contradictoires, qui lui arrivaient indirectement de cet Eldorado inconnu et mystérieux; aujourd'hui le doute ne lui est plus permis; elle a vu, elle a touché, elle emploie l'or de ces mines abondantes, à l'existence desquelles elle ne voulait pas croire; quelques-uns des émigrants qui l'ont quittée pauvres, y reviennent riches; des relations, dont la véracité est incontestable, se publient dans toutes ses langues. Enfin, pour achever de convaincre les sceptiques les plus incrédules, nous venons aujourd'hui compléter cette série de preuves par un témoignage irrécusable; nous reproduisons aussi fidèlement que possible six daguerréotypes pris tout exprès pour l'*Illustration*, dans les premiers mois de cette année, à San-Francisco et à Sacramento-City. Nier le daguerréotype ne serait-ce pas nier la lumière? Or, quel est l'insensé qui oserait ne pas croire... au soleil et à ses œuvres? Quant au récit qui accompagne ces dessins, il n'a pas sans doute la même authenticité; mais on peut se fier avec une égale assurance à ses assertions, car il est le résumé comparé de tout ce qui a été publié en France jusqu'à ce jour de plus sincèrement exact sur la Californie. Du reste, comme l'écrivait le 1er juin dernier de la mine de Murphy (*Revue des Deux-Mondes*, 15 août 1850) M. Alexandre Achard, il est fort difficile, avec la meilleure volonté du monde et la plus entière bonne foi, de dire complétement la vérité sur la Californie. Tout change, tout est bouleversé en moins de quinze jours; les mouvements de hausse ou de baisse atteignent des proportions effrayantes... sans parler des incendies qui détruisent en un jour des villes rebâties en quelques semaines, pour être bientôt dévorées de nouveau par les flammes.

Il y a en ce moment deux routes principales pour se rendre d'Europe en Californie. La plus longue et la moins dispendieuse, celle du cap Horn, demande six mois au moins, même sans de bien grandes relâches. La plus courte et la plus coûteuse, celle de l'isthme de Panama, peut se faire en deux mois. Si on la choisit, il faut se rendre directement à New-York pour y retenir sa place à bord des bateaux à vapeur américains de la mer Pacifique. Sans cette précaution on court le risque de se voir arrêté à Panama pendant des mois entiers. Le prix du passage du Havre à New-York est de 450 fr.; de New-York à Chagres, de 1,000; de Panama à San-Francisco, de 1,600 fr. aux premières, et de 800 fr. aux secondes. La traversée de l'isthme ne coûte pas moins de 400 à 500 fr. C'est donc 3,500 fr. environ qu'il faut dépenser actuellement pour se rendre en deux mois de Liverpool ou du Havre à San-Francisco, et encore ce voyage est-il dans sa seconde partie aussi dangereux et pénible que coûteux. Mais laissons de côté les détails du voyage, qui nous entraîneraient trop loin, et supposons-nous arrivé, sinon sans privations, sans périls et sans souffrances, du moins sans accident, en vue de cette Californie, objet de tant d'espérances, de désirs et d'illusions!

Un canal de cinq milles de long sur un de large environ, désigné sous le nom pompeux de *Chrysopyles* ou portes d'or, forme l'entrée de la baie de San-Francisco, entrée souvent difficile pour les navires à voiles, à cause des vents, des brouillards et des courants qui y règnent, ainsi que des rochers dont elle est parsemée. Ce canal, qui ressemble beaucoup au goulet de Brest, est donc assez étroit pour que les forts qu'on se propose d'élever de chaque côté puissent croiser leurs feux et en commander l'embouchure; il contient en outre assez d'eau pour faire flotter les plus gros navires. Parvenu à son extrémité, le voyageur qui arrive en Californie voit se déployer devant lui non point un port ou même un lac, mais une Méditerranée en miniature. Le port de San-Francisco contiendrait facilement, en effet, toutes les flottes de la terre; il a douze lieues marines dans sa plus grande longueur, du sud-est au nord-ouest. Son extrémité nord communique avec une autre baie, dite de San-Pablo, qui mène à son tour, par le détroit de Carquinès, sur les bords duquel s'élève Benitia, la rivale de San-Francisco, dans une troisième et dernière baie, celle de Suisan ou de Shisum. C'est dans celle-ci que viennent se réunir les rivières du Sacramento et du San-Joachim, dont la première prend sa source dans le nord et la seconde dans le sud de la Haute-Californie. Beaucoup de personnes donnent le nom unique de baie de San-Francisco à ces trois baies, qui se font suite et qui forment une sorte de mer intérieure de vingt-trois lieues de long.

« Il est peu de ports qui offrent un aspect aussi remarquable que celui où nous venons de jeter l'ancre, écrivait, le 18 septembre dernier, M. A. Haussmann (1). Trois ou quatre cents navires y sont mouillés en ce moment, et nous sommes entourés d'une forêt de mâts au haut desquels flottent les pavillons de tous les pays du monde. La jonque chinoise, à la flamme bariolée, aux formes fantastiques, se balance ici à côté du trois-mâts russe et du vaisseau de ligne américain. Mais le silence et la solitude qui règnent à bord de tous ces navires ne tardent pas à nous frapper. On dirait autant de corps sans âmes. C'est qu'en effet ces énormes masses de bois, naguère peuplées d'actifs équipages, ne sont plus aujourd'hui, en quelque sorte, que des cadavres abandonnés. Une épidémie plus redoutable que le choléra a passé par-dessus ces bâtiments; une force plus puissante que la discipline leur a enlevé leurs matelots. La fièvre jaune minérale, comme disent les Américains, a frappé tout le monde; aimant irrésistible, l'or du Sacramento a tout attiré à lui. Honneur national, devoirs du soldat, engagements sacrés, d'une part; privations de tout genre, fatigues, dangers, maladies, de l'autre; l'appât du précieux métal a tout fait oublier. L'histoire de notre époque n'aura-t-elle donc à signaler, dans cette grande réunion des peuples sur ces rives lointaines, que de honteux instincts, que de tristes excès, que des appétits matériels développés outre mesure par la soif du gain?

» Le vapeur qui nous a amenés vient de mouiller à deux milles de terre. San-Francisco étale au loin devant nous ses frêles constructions et sa vaste ceinture de tentes. La ville se déploie sur une colline qui décrit, vers le milieu, une sorte de rentrant ou de vallée, occupée par les quartiers les plus anciens et les plus populeux. Les maisons s'élèvent jusqu'au sommet des hauteurs; d'immenses campements garnissent les extrémités de la ville, et la tente, ici la sentinelle avancée du travail et de la civilisation, marquant çà et là les futurs progrès de la cité, devançant le charpentier et le maçon, semble indiquer au nouvel arrivé les points sur lesquels doivent se diriger ses premiers pas et ses premiers efforts. »

On débarque sans difficulté sur une jetée improvisée au pied de l'ancien fort espagnol. Point de douaniers pour fouiller vos poches ou sonder, le fer à la main, vos malles et vos paquets. Les octrois sont parfaitement inconnus chez les Américains. Le temps, pour eux, a sa valeur aussi bien que la marchandise, et tout ce qui leur en enlève une part sans nécessité bien démontrée est un empiétement sur leurs droits d'hommes libres.

(1) *L'isthme de Panama et la Californie.* En cours de publication dans le *National*; la relation la plus intéressante et la mieux faite qui ait été publiée en français jusqu'à ce jour.

Il y a deux ans, San-Francisco n'était qu'un hameau d'une demi-douzaine de cabanes grossières; c'est aujourd'hui une ville, ou plutôt un camp, un caravansérail de 50,000 à 100,000 âmes. Le chiffre de sa population varie sans cesse. M. Patrice Dillon, ex-consul de France aux îles Sandwich, aujourd'hui consul à San-Francisco, estimait à 2,000 par jour (*Revue des Deux-Mondes*, 15 janvier 1850) le nombre des émigrants qui arrivent par mer en Californie. En outre, il y a un mouvement continuel de va et vient entre la côte et les mines. L'hiver, les deux tiers des mineurs, battant en retraite devant les pluies et les neiges, viennent se réfugier à San-Francisco, qui, par conséquent, renferme deux fois plus d'habitants que l'été.

Les rues de San-Francisco, latérales à la baie, sont très-larges, droites et de niveau; les rues perpendiculaires présentent à l'œil l'aspect d'une côte roide et difficile, où la circulation des voitures est impossible. La voirie californienne n'a pas encore eu le temps de naître; les rues restent telles que le hasard les a faites; la pioche et le balai n'y passent jamais, et les mille débris que les maisons expulsent de leur intérieur s'y entassent toujours. En été, la poussière et les émanations fétides y sont intolérables; en hiver, quand viennent les pluies, les rues se changent en marais, et les piétons et les mules y enfoncent à chaque pas jusqu'aux jarrets. On a vu, dans certains quartiers, se former des fondrières où des hommes et jusqu'à des mulets ont disparu, sans qu'il fût possible de leur porter aucun secours. Il faut ajouter, pour rester fidèle à la vérité, que, dans cette population brûlée par l'amour de l'or, personne n'y pensait beaucoup. L'aspect de ces fondrières est repoussant; toutes remplies d'une eau noire et croupissante, couvertes de débris de toute espèce d'immondices, d'os à demi rongés, de linges troués et puants, elles exhalent une odeur pestilentielle. Ces fondrières se retrouvent partout, même dans le centre et le bas de la ville, qui sont presque entièrement et le mieux bâtis. Quant au climat, c'est peut-être le plus capricieux qui soit au monde. Le matin, de 9 heures à midi, la chaleur est accablante; de midi à sept heures, un vent intolérable soulève d'épais tourbillons de poussière; les brouillards montent avec le soir, répandent partout l'humidité, et un froid intense s'empare de la ville avec la nuit. C'est tour à tour, et dans la même journée, le climat d'Alger, d'Avignon, de Londres et de Stockholm. En outre, l'eau est trouble et malsaine; elle occasionne des maladies d'entrailles aux personnes qui ont l'imprudence de la boire pure. Aussi les médecins font-ils des affaires d'or. La plupart demandent une demi-once ou une once, c'est-à-dire de quarante à quatre-vingts francs, pour une visite chez eux, et le double pour une visite à domicile.

San-Francisco possédait déjà, à la fin de 1845, une bourse, un théâtre, des églises pour tous les cultes chrétiens, et un certain nombre de maisons d'assez belle apparence. Quelques-unes de ces maisons étaient bâties en pierres, mais l'immense majorité étaient de bois de la base au sommet. Leurs murs sont formés de planches disposées horizontalement les unes au-dessus des autres, et clouées contre des pieux disposés aux quatre coins. Beaucoup d'habitations ne sont autre chose que des tentes de forme carrée, soutenues par quatre pieux et par des traverses en bois. Souvent la

Californie. — Vue générale de la ville de San-Francisco.

terre reste à découvert dans l'intérieur des maisons, dont la plupart se composent simplement d'un rez-de-chaussée. Quelquefois aussi on y remplace le plancher par des nattes.

Presque tout le monde couche sur des matelas étendus à terre. Les lits sont fort rares; car le blanchissage d'une paire de draps ne coûte pas moins de 5 piastres. Du reste, le blanchissage, en général, est une chose presque inconnue à San-Francisco. Une chemise de couleur, de qualité ordinaire, y coûtait moins cher, en octobre 1849, qu'on n'eût eu à payer pour la faire blanchir. Elle s'y vendait au prix de 4 réaux, ou 2 francs 50 centimes environ, tandis que la plupart des blanchisseurs demandaient 5 francs par pièce de linge. Aussi presque tous les habitants avaient-ils pris le parti de jeter leur linge sale au fumier, plutôt que de le faire laver ou que de se faire eux-mêmes blanchisseurs; car leur temps est trop précieux pour cela. De cette manière, tout en achetant à chaque instant du neuf, on réalisait une véritable économie.

M. A. Haussmann fait la description suivante de l'un des meilleurs hôtels de San-Francisco, *la Boule d'Or*, tenu par deux Marseillais, où le logement et la table (le vin non compris) ne lui revenaient qu'à 10 francs par jour :

« Je m'empressai, après mon débarquement, d'aller m'installer à l'hôtel français de la Boule d'Or, composé d'une salle à manger qui ressemble assez à une cave, d'un dortoir situé au-dessus de cette pièce, mais dans lequel on entre de plain-pied par la rue, en raison de l'inclinaison du terrain et de la construction moitié souterraine de la chambre du bas. Celle-ci n'a point de plancher. Une natte qui recouvre la terre en tient lieu. La porte de la rue reste ouverte à la poussière et au vent, afin d'inviter les passants à venir se rafraîchir; aussi l'hôtel, puisqu'il faut l'appeler par ce nom, est-il sans cesse rempli d'une bruyante compagnie, inconvénient inévitable dans cette ville trop étroite pour sa population.

» Passons dans le dortoir, dans cet affreux taudis tout encombré de malles et de matelas : car l'établissement ne possède point de lits. Minuit a sonné. Quinze ou vingt personnes sont étendues par terre, serrées les unes contre les autres dans un espace de huit à neuf mètres de long, sur cinq de large. Les portes ne ferment pas; le froid pénètre de toutes parts; de temps en temps un voyageur attardé, et souvent pris de vin, trébuche, en entrant dans cette chambre obscure, sur le corps de quelque dormeur qui se réveille en sursaut, maudissant le malencontreux personnage dont l'arrivée a troublé son sommeil. Scènes plaisantes et tristes à la fois! Car rien n'aigrit, à la longue, le caractère comme l'accumulation de toutes ces tribulations de détail, dont on rit dans le principe. On ne saurait se figurer de combien de patience et de résignation il faut s'armer, combien d'adresse on a souvent besoin de déployer, pour se faire, sur cette terre lointaine, à certaines compagnies obligées, et pour subir sans susceptibilité déplacée comme sans humiliation les manières d'un grand nombre d'émigrants, qui sont charmés de pouvoir donner ici libre cours à leur grossièreté, à leurs passions et à leurs vices. »

Les principales rues de San-Francisco sont *Pacific-Street*, à l'entrée de laquelle est situé l'hôtel de la *Boule d'or*, et la grande rue conduisant à la place d'armes où s'élève une énorme potence qui a déjà servi à mainte exécution. Au milieu de ces rues, des voitures, des charrettes, des wagons circulent pêle-mêle, se croisent et se heurtent dans tous les sens. De grands gaillards à charpente forte et osseuse, la tête surmontée de chapeaux en pain de sucre, fouettent et éreintent leurs attelages sans faire la moindre attention aux piétons. De chaque côté marche ou court une foule silencieuse et préoccupée, se dirigeant soit vers la douane, grossière construction située au fond de la ville; soit vers la Bourse, édifice placé entre deux maisons de jeu, et devant lequel stationnent en permanence des groupes d'avides spéculateurs.

Toutes les nations du globe sont largement représentées à San-Francisco. Chaque jour les débarcadères et les hôtels sont inondés de flots d'émigrants de tous les pays, de tous les âges, de tous les costumes. Cependant l'élément américain domine. Dans le principe la population y était presque exclusivement mâle, aujourd'hui le beau sexe commence à y être, je n'ose pas dire assez nombreux, mais moins rare. Il ne se passe pas de semaine sans que quelque brick chilien ou américain, frété par des spéculateurs, ne verse sur la place sa cargaison féminine. Ce genre de trafic est de l'aveu de tous les voyageurs celui qui procure les bénéfices les plus prompts et les plus élevés.

« Si on essayait, dit M. Dillon, de soumettre à l'analyse les éléments de la population de San-Francisco, on en trouverait d'étranges. Une foule de banqueroutiers, de voleurs libérés, de faiseurs de projets, de chercheurs d'aventures, de joueurs, c'est-à-dire de Grecs, se sont abattus sur cette terre promise; et cependant les vols y sont rares, malgré les facilités de tout genre qui s'offrent aux mauvais instincts de cette population suspecte. Ainsi dans les cours des maisons particulières, devant les portes, dans les rues, sur les places publiques, partout, en un mot, on se heurte contre des tas de marchandises venues de tous les points du globe et éparpillées là, en apparence sans protection ni surveillance aucune, et pourtant jamais les filous, les flibustiers de profession qui se promènent par la ville ne s'avisent d'y toucher. La raison en est que, comme beaucoup d'autres pays du globe, la Californie a son code de morale particulière, code accepté et reconnu de tous. Ainsi il est bien permis de s'y passer le caprice d'un coup de couteau ou de pistolet dans une affaire de vengeance ou dans une querelle; mais toucher au bien d'autrui c'est là plus grande des énormités; une vingtaine de balles partent à l'instant des tentes et des maisons environnantes et vont chercher le voleur. Marchand, mineur, batelier, tout le monde quittera sur-le-champ ses occupations pour s'élancer à sa poursuite, car tout le monde est intéressé à empêcher le vol; et cependant il n'y a ni gendarmes ni soldats pour veiller spécialement sur les intérêts du public. Un tel état de choses éveillera au premier moment un sentiment d'étonnement et presque d'indignation; on ne conçoit pas qu'un gouvernement puisse manquer à son devoir le plus essentiel, au point de ne pas accorder à un pays qui s'est rangé sous sa bannière une protection officielle et directe; mais beaucoup de choses que l'Européen a peine à concevoir paraissent à l'Américain naturelles et simples. La société, suivant lui, n'est qu'un ensemble d'éléments intelligents et libres dont chacun se trouve attiré, par une espèce d'affinité propre, vers sa place naturelle. L'intervention du pouvoir civil, à moins d'un besoin extrême, ne ferait, dans les idées des Américains, que déranger cette tendance, entraver cette gravitation, et il vaut mieux se charger soi-même de la répression de certains désordres sociaux que d'abandonner ce soin à l'État et de se placer dans une sorte de tutelle permanente. »

Quand les Californiens, ou plutôt les habitants de la Californie, nommèrent des délégués à la Convention de Monterey, un seul de ces délégués fut élu à l'unanimité. C'était un alcade des bords du Sacramento, qui, depuis qu'il exerçait ses fonctions, avait montré un caractère résolu.... trop résolu peut-être, à en juger par les anecdotes qui circulaient sur son compte. Il avait, à la vérité, sous sa juridiction le district le plus mal habité de toute la Californie. Pas une heure ne se passait sans qu'un crime n'y fût commis; les délits étaient de tous les instants; du reste il ne faisait aucune différence entre un crime ou un délit. Toutes les fois qu'on amenait un inculpé devant son tribunal — qu'il s'agît d'un coup de poignard ou du vol d'une pipe — il le condamnait sans l'entendre à être pendu. L'arrêt s'exécutait à l'instant même. Un jour un des assistants se permit de lui dire que l'accusé pouvait ne pas être coupable, et qu'il serait convenable d'écouter sa défense. « — Ah bah, répondit-il, vous le savez bien, citoyen, il n'y a pas d'innocent parmi nous. S'il n'a point commis le délit en question, il en a commis d'autres, ici ou ailleurs. Pendez. » Un autre jour un Français, marchand d'eau-de-vie, vint se plaindre à lui qu'un Américain, matelot déserteur, venait à chaque moment lui demander à boire le pistolet à la main et ne le payait jamais. En ce moment l'alcade rédigeait un arrêt de mort qu'il venait de prononcer. Il s'interrompt, étend la main, prend sur sa table à sa droite un pistolet à deux coups, l'offre au plaignant et continue sa besogne. — Qu'est-ce que cela veut dire? expliquez-vous, s'écrie le Français qui craint de comprendre. — Prenez, lui répond l'alcade. Si vous vous laissez insulter, c'est que vous n'avez pas d'armes pour vous défendre. Vous me les rendrez après!.. »

Dans les débuts de la colonisation, on suivait l'ancien système espagnol, qui, laissant tout pouvoir à l'alcade, n'admet pas l'intervention du jury. Plus tard ce système fut modifié, les Américains éprouvant, dit M. Dillon, une répugnance invincible à se passer d'un accessoire qui seul empêche la justice de dégénérer en despotisme. Il est vrai, ajoute-t-il, que l'adoption du jury ne servit, dans les circonstances où on était alors, qu'à rendre la procédure un peu plus grotesque. Que de fois n'a-t-on pas vu un jury de douze ivrognes se constituer pour juger un autre ivrogne! Le verdict de culpabilité, verdict presque invariable, était à l'instant suivi de la formule favorite de l'alcade du Sacramento : Pendez. Alors on voyait la scène la plus étrange qui se puisse imaginer. Le président du jury, lui-même fortement pris de vin, tirait de sa poche une Bible et en lisait un chapitre au malheureux condamné. Puis chaque juré l'embrassait en l'assurant qu'un sentiment de devoir avait seul dicté son verdict. « Allons, camarade, ajoutaient-ils, du courage; il te reste encore quinze minutes à passer ici-bas

Californie. — Vue générale de la ville de Sacramento.

pendant qu'on prépare la corde. Comment désires-tu les employer? Veux-tu une pipe et du tabac? on te les donnera. Veux-tu du *brandy?* en voilà. » Puis, jury, condamné et spectateurs allaient s'enivrer tous ensemble.

M. A. Haussmann attribue à la facilité que les joueurs trouvent à San-Francisco à faire passer sans bruit et sans éclat, sous le manteau du jeu, l'or de la poche de leur voisin dans la leur, la rareté actuelle des crimes et des vols ostensibles dans cette ville, où l'échappé de Sidney et le filou d'Amérique se rencontrent à chaque pas. Ce n'est qu'à ce point de vue, dit-il, qu'on pourrait se rendre compte de la tolérance de la police américaine à l'égard des *Gaming-houses*. En effet, dès qu'il y a une maison à louer, les joueurs s'en emparent à tout prix, et s'y installent. « Il y a actuellement à San-Francisco, écrivait M. Dillon à la fin de l'année dernière, plus de cent établissements de ce genre, où se pressent et se coudoient chaque jour une foule de vagabonds et d'aventuriers. Rien de plus étrange que le spectacle qu'elles offrent tous les soirs, après huit heures. Au dehors, une foule immense en obstrue les portes; à l'intérieur, les joueurs avides se forcent un passage jusqu'à la table de *monte*, et, dans leur fougue impatiente, en viennent souvent aux mains. Ailleurs, c'est à coups de poing ou de pied que se vident les querelles de cette nature. En Californie, une injure ou même quelquefois un léger froissement sont, à l'instant, suivis d'un coup de poignard ou de pistolet. « Silence là-bas! crie-t-on de la banque, lorsqu'il part un coup de pistolet dans la salle; vous faites trop de bruit, damnés coquins que vous êtes! » *I 'll make a hole in you* (je ferai un trou dans votre personne), crie-t-on d'un autre point; *May the devil take me if y don't* (que le diable m'emporte si je ne le fais pas)! Telles sont les observations courtes mais énergiques qu'on échange de tous côtés. Une fois devant la table de jeu, le nouveau venu qui, la plupart du temps, arrive des mines, déboucle sa ceinture de cuir jaune et lui imprime une légère secousse. Après avoir posé un des bouts sur le tapis vert, plusieurs pépites d'or roulent aussitôt sur la table. *The head menager* (le président) avance une main large et osseuse, s'en empare, les pèse dans une balance placée à côté de lui, puis il rend la valeur en onces de 85 fr. chacune. On joue; la main osseuse vient enlever la pièce; on rejoue, même résultat. Au bout de quinze à vingt minutes, il faut de nouveau détacher la ceinture. Il arrive rarement que le joueur se retire avant que la banque ne l'ait dépouillé, en une seule nuit, du fruit de son travail et de ses privations de plusieurs mois. »

La passion du jeu n'a pas été introduite en Californie par les Américains; de tout temps, les habitants de cette contrée s'y sont adonnés avec fureur; au Mexique il en est encore de même aujourd'hui. Le jeu appelé *monte* est celui qui attire le plus d'amateurs; mais la roulette a aussi ses partisans, ainsi que le jeu dit « *des bêtes*, » dans lequel des animaux, placés au bout d'un cabestan armé de baguettes mobiles, reçoivent un mouvement de rotation, puis s'arrêtent au-dessus de certaines cases contenant des animaux.

« Un des côtés les plus pittoresques de San-Francisco, dit M. Achard, est le mélange, la confusion extrême de toutes les classes. Ici tous font tout. Il n'y a pas de métier honteux, pas d'industrie avilissante. Tout se calcule au point de vue du bénéfice. Cependant, si quelque différence pouvait être remarquée dans les rangs mêlés de la société californienne, je dirais que les émigrants appartenant aux classes pauvres affectent plus particulièrement, aussitôt qu'ils ont gagné quelqu'argent, les dehors du luxe et cherchent à éclipser leurs voisins. Bien au contraire, les personnes qui, par leur naissance et leur éducation, font partie des classes lettrées de la société européenne, se livrent sans relâche à un travail acharné. On a parlé d'un marquis charretier et d'un vicomte chasseur. Rien de plus exact: j'ai rencontré ici l'ancien secrétaire d'un ex-pair de France deux ou trois fois ministre, qui exerçait la profession de garçon de café; il gagnait 80 fr. par jour à ce métier, qui lui permettait d'attendre quelqu'un de ces hasards fortunés après lesquels soupirent tous les argonautes californiens. »

Si on est à peu près sûr de se ruiner au jeu, à San-Francisco on a presque la certitude de s'y enrichir en travaillant. « J'ai rencontré à San-Francisco, raconte M. Haussmann, des charpentiers français qui y gagnaient de 70 à 80 francs par jour, et qui refusaient le travail à la pièce, afin de pouvoir prolonger leur tâche à leur gré, sans se fatiguer. D'ici à plusieurs années, l'ouvrage ne saurait manquer, dans ce pays, aux bons artisans. Que de bras réclameront toutes ces villes, toutes ces bourgades, toutes ces usines qui vont s'élever, qui s'élèvent déjà! Ici c'est San-Francisco, un peu plus loin c'est Bénitia, puis Sacramento-City, puis Stockton, Vernon, Sutterville et mille autres centres de population qui se dessinent et qui s'organisent. Oui, ajoute-t-il, l'ouvrier courageux, déterminé à supporter une rude existence et à résister aux fatales passions qui font ici tant de victimes, est à peu près certain de s'y créer un sort avantageux. Oui, l'homme qui possède une de ces professions manuelles si demandées en Californie, et dont la position en Europe est malheureuse ou précaire, fera bien, si l'expatriation ne lui répugne pas, de partir pour un pays nouveau, dont le développement et la prospérité ne peuvent manquer de devenir immenses. Mais malheur à celui qui émigrera en ne comptant que sur les mines d'or, ou sur quelques mille francs en écus ou en marchandises, destinés à quelque petite spéculation californienne!

« .....Le chercheur d'or partant pour les mines et le chercheur d'or qui revient des mines, offrent deux types aussi curieux que différents l'un de l'autre. Autant le premier a l'air confiant, joyeux, actif, entreprenant, autant le second paraît dégoûté, fatigué et abattu; car, quelle que soit la récolte qu'il ait faite, elle est toujours bien inférieure à ses espérances. Pays des folles illusions et des déceptions cruelles, la Californie ne doit être abordée que par des hommes qui sentent dans leurs forces, dans leur santé, dans leur énergie morale, dans leur profession, dans leur aptitude, dans leurs capitaux, les moyens de soutenir un rude combat contre les éléments et la concurrence. »

Pour le commerce tout est loterie encore en Californie, et le négociant d'Europe qui y envoie des expéditions a chance égale de gagner ou de perdre 500 pour 100. « Il est difficile, disait M. Dillon, sinon impossible, de renseigner bien exactement le commerce sur le genre de produits qu'il devrait expédier à San-Francisco. Les distances sont telles, que le marché peut se trouver encombré depuis plusieurs semaines lorsque le chargement demandé arrivera à sa destination. Bien que la consommation soit immense pour certains articles, il s'en importe des masses si formidables et par tant de voies, qu'il s'écoulera encore longtemps avant qu'on puisse asseoir sur les besoins de cette place un calcul tant soit peu certain. » Un jour on paye l'eau-de-vie 30 piastres la bouteille, la semaine suivante elle tombe à 20 francs. Le frère d'un artiste de l'Opéra, M. Barroilhet, favorisé par le hasard, a gagné du soir au matin 250,000 francs sur une cargaison de planches. Il y avait, au moment de son arrivée, disette de bois; un mois après, ces mêmes planches étaient à vil prix. Ainsi de tout.

Les environs de San-Francisco sont arides, incultes et à peu près dénués de végétation. Ces magnifiques forêts, ces bois d'orangers et de citronniers, dont la presse américaine entretenait, il y a peu de temps encore, ses crédules lecteurs, se réduisent à quelques touffes d'arbres isolées. Partout la nature la plus monotone se déroule aux regards du voyageur attristé. Quelques montagnes, comme celle qui domine la petite baie de San-Solito, sont couronnées de chênes et de sombres cyprès; presque toutes, et notamment la montagne du Diable, dont la hauteur est d'environ 1,000 mètres, n'offrent guère à l'œil que des masses de rochers. On rencontre çà et là quelques terrains d'alluvion à la base des collines. Dans le sud de la baie se trouve la vallée de San-José, qui possède de riches mines de mercure, et qui paraît être moins stérile que le reste de la côte. Diverses plantes sauvages y croissent en abondance. Mais la nature n'est pas autour des *placers* ou des mines, comme aux environs de San-Francisco, nue et desséchée: « c'est un magnifique pays, dit M. Achard, propre à tous les genres de culture, et qui ne demande que le travail des hommes pour se couvrir des plus riches moissons. Des prairies interminables courent le long des rivières, mais si chargées de fleurs, que le pied des voyageurs en écrase des gerbes à chaque pas. De grands bouquets de beaux arbres coupent ces vastes solitudes, où paissent en liberté d'innombrables troupeaux de cerfs et d'antilopes. »

Un autre jour, nous l'espérons, nous conduirons nos lecteurs, en leur en faisant admirer les sites les plus curieux dessinés par le soleil, dans cet Eldorado animal, végétal et surtout si minéral, que, quelle que soit déjà la population des mineurs, il y a encore, de l'aveu de tous les voyageurs, des filons, des blocs ou de la poudre d'or pour des milliers d'aventuriers.

Ad. J.

Vue de New-York.

17 MAI 1851

New-York figure en tête de ce numero comme la capitale du commerce et de l'industrie américaine, comme la seconde capitale de cette puissance hardie qui n'occupe qu'un petit coin dans l'exposition, mais qui embrasse l'immensité dans le monde, et tient une grande place dans les préoccupations prévoyantes des hommes d'Etat de l'Angleterre aussi bien que dans l'instinct de la nation, entrevoyant sa future souveraine dans sa rivale d'aujourd'hui. — L'exposition universelle nous fournira plus d'une occasion de constater à Londres cette secrète inquiétude.

⁂

31 MAI 1851

— Les nouvelles des Etats-Unis en date du 13 mai nous apprennent qu'à cette époque deux questions occupaient le public de l'Amérique du Nord : la question de la séparation de la Caroline du Sud, et le projet d'une nouvelle attaque contre Cuba. Sur la première question, le gouvernement entend maintenir le contrat qui unit les différentes parties de l'Etat ; et quant à l'attaque contre Cuba, il continue à prendre des mesures propres à retarder du moins si ce n'est à faire abandonner ce projet. PAULIN.

Go Head and No Mind!

5 JUIN 1851

OU LE MOUVEMENT INDUSTRIEL, COMMERCIAL ET MARITIME AUX ÉTATS-UNIS.

*Lettres à M. le Directeur de l'*ILLUSTRATION.

I.

MONSIEUR,

L'exposition de Londres en agglomérant dans son palais de cristal les échantillons de l'industrie du monde entier, aura, entre autres avantages, celui de forcer, après qu'on aura constaté la valeur des œuvres de chaque pays, à étudier le caractère, les habitudes et les mœurs industrielles de toutes les nations, pour rechercher les causes des effets qu'on aura eus sous les yeux.

C'est à ce titre, monsieur, que je vous demande la permission de vous parler aujourd'hui du peuple américain au point de vue de l'immense mouvement industriel et commercial qui s'opère chez lui. En rappelant quelques traits de son caractère, j'essaierai de bien faire comprendre à quelles causes physiques et morales est dû le spectacle émouvant auquel on assiste aux Etats-Unis, comme aussi de justifier le rang considérable qui ne manquera pas de lui être accordé dans le classement que l'opinion publique établira entre toutes les nations du globe. Je me hâte de dire cependant que le véritable génie américain n'est pas à Londres en ce moment; il est tout en Amérique, dans ce travail incessant, dans ces conceptions journalières, dans ces enfantements merveilleux qui marquent chaque heure, chaque minute de la vie de ce peuple. Je fais les chances larges, et je dis : si remarquables que pussent être les produits américains envoyés à l'exposition de Londres, fussent-ils même supérieurs à tous les chefs-d'œuvre que les autres nations y auront entassés, ils ne représenteront jamais dans sa vérité le génie industriel des Etats-Unis ; fussent-ils reconnus inférieurs aux plus faibles productions des peuplades les plus arriérées, que cette infériorité ne serait pas une défaite ; car, il faut le confesser hautement, si la victoire échappait dans le présent aux Américains, elle leur serait assurée dans l'avenir; et cette victoire, je vous le garantis, sera complète. Je le répète, monsieur, le génie industriel des Américains est moins dans les résultats que dans les causes, que dans le caractère même de cette nation. Encore une fois, il n'est pas à Londres mais aux Etats-Unis, où nous irons le trouver dans toute sa vigueur, si vous le voulez bien.

II.

Le peuple américain est incontestablement le plus audacieux et le plus entreprenant de tous les peuples de la terre. Sous quelque point de vue qu'on l'examine et qu'on l'étudie, on le trouve toujours en avant et courant après les rêves les plus étranges, qu'il a le don secret, une fois qu'il les tient, — et ils lui échappent rarement — de matérialiser et de rendre les plus palpables du monde. Il n'y a pas de danger ni que ces gens-là laissent aucune idée à la traîne, — car ils ramassent tout — ni qu'ils abandonnent rien à l'état de problème ou de chose inachevée. Si bien que, de prime abord, ils vous ont tout l'air de chasseurs de chimères et de chercheurs de je ne sais quelle pierre philosophale qu'ils ont le talent de finir toujours par rencontrer. L'impression première qu'on s'était faite d'eux se modifie bientôt; et celle qui reste, c'est que ce sont des hommes insatiables de progrès, de perfectionnements et de découvertes, qui n'ont jamais cru que le mieux fût ennemi du bien, et qui n'entreprennent, au contraire, une chose qu'à la condition de la pousser jusqu'au superlatif.

Sur toute l'échelle industrielle, du plus grand au moindre des métiers, de la plus simple à la plus importante des exploitations, dans l'utile comme dans l'agréable, — si on peut le dire — c'est toujours la même activité, la même persévérance, la même préoccupation de faire mieux, d'élargir l'idée, de gagner de l'espace. En Amérique, l'infériorité pèse, l'égalité stimule, la supériorité oblige. En sorte que c'est une perpétuelle agitation, un mouvement incessant des bras et de l'intelligence. Et ajoutez à cela que les besoins des masses, qui comptent bien là-dessus, deviennent de plus en plus exigeants à chaque progrès. Il n'est plus permis, dès lors, de s'arrêter : il faut toujours marcher, toujours courir. La concurrence qui s'y fait n'est plus une concurrence ordinaire, patiente, lente, méticuleuse, allongeant le pied avec prudence pour s'assurer de la solidité du terrain sur lequel on s'aventure. — C'est quelque chose dont nous n'avons pas l'exemple, un saut de mouton entre voisins, entre industries rivales, un parti pris enfin de ne souffrir personne devant soi, de tolérer à peine quelqu'un coude à coude.

Ceci est utile à noter, qu'il y a, entre nos rivalités et celles des Américains, cette différence, que, n'aimant pas plus qu'eux à souffrir quelqu'un devant nous, nous sommes assez disposés à faire descendre nos rivaux jusqu'au-dessous de nous ; tandis qu'aux Etats-Unis, on s'efforce de s'élever jusqu'à eux et de les dépasser en convoitant la place au delà.

On peut dire que tout l'esprit, tout le cœur, toute l'âme des Américains sont voués à l'industrie et au commerce, dont leurs institutions politiques favorisent admirablement le développement. En échange, les institutions se sont mises à l'abri des commotions en détournant d'elles toutes les ambitions et toutes les convoitises qui, attirées par cet immense courant industriel, s'y jettent de préférence, sachant bien que c'est par là qu'on va à la fortune.

Ce n'est pas dans ce pays-là qu'un homme sacrifie l'intelligence que Dieu a mise dans son cerveau et la force dont il a doué ses bras au facile droit de mourir de faim dans quelque obscur emploi mendié dans les antichambres du gouvernement. Aussi ne sont-ce pas les avenues des ministères qu'on voit encombrées par les solliciteurs, mais les portes des manufactures, des fabriques, des ateliers, mais les chemins qui conduisent en Californie, au fond des déserts, partout où il y a une mine à exploiter, une forêt à défricher, un coin de terre à cultiver, une usine à monter. Les fonctions publiques ne sont, à vrai dire, qu'un accident dans la vie des hommes, même les plus illustres, de l'Union. La véritable carrière est celle du travail actif et productif.

Il faut dire que les Américains ont élevé le travail, même manuel, à une grande hauteur dans l'estime publique. Le premier titre d'honneur d'un homme, c'est le travail ; — c'est là sa noblesse et son orgueil. On ne rougit et on ne fait rougir aucun homme d'une profession qu'il remplit, quelle qu'elle soit; on ne rougit, en Amérique, que de l'oisiveté.

Vous comprendrez aisément, monsieur, que cette place au travail, que chacun réclame et se crée, donne une impulsion immense à l'industrie et au commerce. Il en résulte un mouvement incessant qui éblouit. C'est de là qu'est née cette activité prodigieuse qui caractérise les Américains et qui a pu faire dire d'eux :

« Qu'en industrie, ils ont dépassé les limites du possible ; » qu'en fait de navigation, ils en peuvent remontrer aux plus » audacieux ; que, commercialement parlant, ils n'ont pas » de rivaux pour la hardiesse des entreprises. »

Voyons-les à l'œuvre.

III.

Je me trouvais aux Etats-Unis lorsqu'on y conçut le projet de la première ligne de vapeurs qui devaient disputer le sceptre commercial transatlantique aux Anglais, maîtres déjà des communications entre Liverpool et Boston, c'est-à-dire en toute l'Europe, l'Amérique du Nord et l'Amérique septentrionale.

Non-seulement les Américains ont l'ardeur de l'initiative pour les grandes opérations, mais ils sont doués d'une bravoure qui les empêche de reculer même devant les concurrences les mieux assises. Or, les Anglais, dans ce moment-là, tenaient tout le haut — non pas du pavé, — mais de l'Océan. Du jour donc où deux ou trois de ces bonnes têtes hardies et entreprenantes, comme on n'en rencontre que dans ce pays-là, eurent conçu l'idée de faire noise à l'Angleterre, l'esprit national y avait trouvé son compte; et, en moins de temps qu'il n'en faut, en France, pour réunir une dizaine de mille francs entre deux cents souscripteurs, on avait ramassé assez de millions de dollars pour établir une ligne de vapeurs partant de New-York et touchant à Southampton et à Brême, pour revenir se reposer à Southampton, où était dressé son lit de relâche.

C'était en 1847. Le 1er janvier de cette année-là, la compagnie, à peine et si rapidement constituée, mettait sur chantier son premier vapeur, son *Pionnier*, comme disent les Américains. Et en déposant sur le sol ce germe d'un bâtiment qu'on nomme la fausse quille et qui est comme la première pierre de l'édifice, ces gens-là qui ne doutent de rien allaient criant partout que le *Washington* (c'était le nom du vapeur) serait lancé le 1er juillet suivant.

En tout, six mois pour bâtir un géant de bois et de fer, et pour allumer dans ses flancs ces fournaises colossales qui devaient le faire voler sur l'Océan. Cela passa, aux yeux et aux oreilles de bien des gens, même à New-York, pour une vanterie et pour une gasconnade. Mais le génie industriel des Américains fut exact au rendez-vous; et jour pour jour, six mois après sa mise en chantier, le *Washington* creusait sa large couche dans les flots de la baie de New-York, étonnés eux-mêmes de la rapide croissance de cet enfant qu'ils avaient vu naître la veille pour ainsi dire. Et quinze jours plus tard, à heure dite, le *Washington* battait la mer de ses roues et prenait le chemin de l'Europe.

Ce fait me confirmait tout ce qui m'avait été dit et tout ce que j'avais vu déjà de l'esprit d'entreprise des Américains. Et le Go Head (En avant!), qui est leur devise industrielle et commerciale et la règle perpétuelle de leur conduite, se révélait à moi dans toute sa splendeur, dans toute l'énergie de son orgueil et de son dédain des obstacles et des dangers.

Avec ces deux mots magiques, il n'y a plus en effet pour les Américains ni temps ni espace. Le Go Head défie tout, hommes et choses; comme le bélier antique, il bat en brèche les plus épaisses murailles, ne manquant jamais de les renverser ou au moins de s'ouvrir un passage au travers.

Il arrive parfois que, trop confiant dans le Go Head, le géant heurte une montagne qui le fait trébucher. Qu'importe! pour ce courage vaincu, pour cette hardiesse déchue, il n'y a ni larmes ni regrets. Mais un grand ressort invisible remet sur pied le géant, qui se frotte les parties endolories en murmurant No Mind! (Cela ne fait rien!). Et le voilà qui, retroussant ses manches et relevant fièrement la tête, recommence la lutte de plus belle.

Avec le Go Head, qui personnifie en lui l'audace dans l'entreprise, et le No Mind, qui représente le courage dans l'adversité et l'insouciance du péril, l'Américain du Nord accomplit des prodiges.

Ces deux locutions, qui courent les rues aux États-Unis, résument le génie du peuple américain.

Elles lui ont aidé à conquérir son indépendance, à défricher des forêts aussi vastes que toute la France pour y bâtir des villes splendides, à vaincre la nature, à porter l'industrie aux dernières limites de l'imprévu, à tenter tout ce que d'autres eussent appelé l'impossible et à gagner des batailles de 1 contre 6. — Le général Taylor écrivait à un de mes amis après la bataille de Buéno-Vista, où cinq mille Américains mirent en déroute trente mille Mexicains: « J'ai vu dix » fois dans la journée l'affaire perdue sans que l'ennemi sût » en profiter, sans que nos troupes s'en aperçussent. Heu» reusement j'avais devant moi des soldats indisciplinés et » sous mes ordres des *insouciants* qui ne se doutaient seu» lement pas du danger qui les menaçait. »

Une voix mystérieuse, à coup sûr, leur criait à l'oreille: *Go head!* et *No mind!* et ils se jetaient dans la mêlée comme des étourneaux.

Mais je reviens à mon sujet.

IV.

En même temps que s'accomplissait à New-York, à propos du vapeur le *Washington*, la merveille que je vous ai racontée, la France, piquée au jeu, tentait de se réveiller de sa torpeur: on organisait la ligne française de vapeurs du Havre à New-York, celle que le *Franklin* a ouverte dernièrement. Le premier vapeur français, par une singulière coïncidence, arrivait à New-York presque au même moment où le *Washington* en sortait.

Cette rencontre des deux navires à l'entrée de la baie permettait de faire ces tristes réflexions:

Il avait fallu à la France, pour armer et expédier un bâtiment *tout construit*, plus de temps que les Américains n'en avaient demandé pour former une société, récolter des millions de dollars, placer sur les chantiers, lancer et mettre en route un des plus grands et des plus beaux vapeurs que l'on eût vus jusqu'alors.

La ligne que le *Washington* avait ouverte continue aujourd'hui ses explorations. La ligne française se contenta de tuer sous elle trois ou quatre navires, et tout fut dit. Avouons-le, la faute n'en est pas entièrement aux fondateurs de la ligne française.

A l'époque du premier voyage du *Franklin* ici, au mois d'octobre 1850, j'eus l'honneur, monsieur, de vous rendre compte de l'enthousiasme avec lequel on accueillit ce navire dans notre port; et, en vous parlant du banquet tout sympathique qui fut offert à bord par le capitaine, je vous signalai tous les discours qui avaient été prononcés durant le repas. M. Léon Faucher, aujourd'hui ministre de l'intérieur, qui avait pris la parole comme vice-président alors de l'Assemblée nationale, fit ressortir dans son allocution que, en Amérique, où chacun est libre autant que possible, où chacun fait ses propres affaires sans le secours ni de son voisin ni de l'Etat, le gouvernement américain avait cru devoir cependant venir en aide à la ligne qu'exploite le *Franklin*. M. Léon Faucher avait omis d'ajouter que, quand le gouvernement américain se donne la peine de s'immiscer dans les affaires des particuliers, c'est toujours pour leur assurer un appui efficace et leur donner un gage certain de prospérité; tandis qu'en France, ce n'est jamais que pour leur susciter des embarras et hâter la ruine de toutes les entreprises.

Or, c'est précisément ce qui arriva à la ligne des vapeurs français. Le concours du gouvernement lui fut on ne peut plus fatal. L'Etat crut faire à la compagnie un superbe cadeau, et lui prêta, à titre bien onéreux, hélas! des bâtiments détestables, incapables de naviguer, de porter même un approvisionnement suffisant de charbon; le sachant bien, par malheur, et exposant ainsi une compagnie à la déconfiture, notre commerce à constater son impuissance dans les grandes entreprises, et notre pavillon à devenir l'objet de plaisanteries choquantes pour une oreille française.

Telle était en effet la situation insoutenable que les lenteurs de notre gouvernement avaient faite à nos nationaux en Amérique, que durant près de trois mois, en attendant toujours le premier navire annoncé, un Américain n'abordait pas un Français sans lui dire d'un air narquois: *Well! where is your steamer?* (Eh bien! votre steamer, où est-il?)

Et que vouliez-vous qu'on leur répondît, monsieur, quand on avait sous les yeux le spectacle de leur activité, et qu'ils appuyaient par des résultats positifs et réels cette intempérance d'ironie?

Deux mots encore sur ce sujet, monsieur. Le *Franklin* est arrivé au Havre au mois d'octobre; il a fait depuis cette époque trois voyages, supportant à lui seul le fardeau d'une ligne lourde à servir; depuis, le *Humboldt*, entré dans notre port le lundi 19 mai, est venu lui porter secours. Sept mois se sont écoulés depuis le jour où un splendide banquet fut donné à bord du *Franklin*, et dans ce banquet il a été dit bien des paroles d'encouragement et d'espérance pour la fusion d'une ligne française avec la ligne américaine. Des engagements avaient même été pris par M. Léon Faucher, comme vice-président de l'Assemblée nationale. Mais, hélas! monsieur, tout cet enthousiasme était de pure politesse, c'était de l'enthousiasme entre le champagne et le fromage. Il n'en est rien resté. On en est à attendre que la France comprenne qu'il y va de son honneur de ne pas laisser perdre une ligne transatlantique que les Américains ont ouverte courageusement, mais qu'ils abandonneront certainement si nous ne faisons pas au moins la moitié des avances. Et M. Faucher est aujourd'hui ministre! Mais, en France, la politique fait oublier l'industrie! Il faut bien le dire, aux Etats-Unis, c'est tout le contraire; et les Etats-Unis ne s'en trouvent que mieux.

V.

14 JUIN 1851

Après tout, les Américains sont gens à persister quand même dans leur entreprise; car un des côtés saillants du génie industriel de ce peuple, c'est, ayant tout osé, d'avoir encore après, le courage de son opinion, si je puis m'exprimer ainsi. Car il est rare, en effet, que les Américains renoncent à une entreprise avant que d'avoir usé jusqu'à la dernière corde de l'expérience. Et si mauvaise que soit une exploitation, — on peut se tromper parfois à tant faire — il se trouve toujours chez eux un certain nombre d'individus prêts à lui donner raison pendant un assez long temps encore.

J'ai eu occasion, il y a trois ans, à mon retour des Etats-Unis, de vous raconter comment, voulant réaliser un vaste projet de jonction à Nashville, dans l'Etat de Tennessee, de toutes les voies de fer de l'Union, on avait construit un long embranchement de chemin sur une de ces fameuses plaines ondulantes qui, cédant sous le poids des voitures, les faisait ressembler à des vaisseaux s'enfonçant dans les vagues et remontant à leurs crêtes. Les voitures n'échappaient à l'engloutissement que par la rapidité de la course; elles n'eussent pas séjourné une demi-seconde à la même place sans disparaître aussitôt dans un gouffre sans fond.

C'était bien hardi, bien téméraire, n'est-ce pas? Il se rencontra pourtant pendant près d'un an des voyageurs assez intrépides ou assez fous pour braver ce danger de tous les instants et donner raison à l'entreprise.

On sait que la Nouvelle-Orléans est située à quarante-cinq lieues de l'embouchure du Mississipi; quarante-cinq lieues qui jadis étaient considérées comme un voyage au long cours, obligés qu'étaient les navires de lutter, pour remonter jusqu'à la ville, contre un courant formidable et de subir tous les caprices du vent. Dire que les Américains ont établi des remorqueurs sur le Mississipi, ce n'est rien: mais ces remorqueurs sont de véritables colosses dont nous ne pouvons guère nous faire une idée. Si grande que fût la force de ces remorqueurs, qui entraînent avec eux jusqu'à cinq ou six navires, on a voulu encore exagérer leur puissance, et on a poussé si loin les choses, qu'il leur arrive souvent de faire explosion. Ce n'est jamais assez, en Amérique, de faire ce qu'on peut, il faut toujours tenter quelque chose au delà. *Go ahead!* On ne réussit pas. Ma foi! tant pis! *Never mind!* A un autre!

Mais ce n'était pas assez encore que d'avoir dompté le Mississipi. Une fois qu'on eut vaincu ce géant avec une armée de géants à vapeur, on rusa avec lui, — histoire de lui prouver tout simplement qu'il n'était pas invincible. On se mit donc en tête de relier la Nouvelle-Orléans avec le golfe par un chemin plus court que le fleuve. Vite, un beau matin, l'idée vient d'entamer les vastes forêts de pins et de magnoliers qui abritent le derrière de la ville. On abat ces arbres dont les cimes sont invisibles à l'œil nu, on les couche sur le sol en long et en travers, sans autre forme de procès; on cloue des rails dessus, sans se donner la peine de dessécher des marais nombreux qu'on trouve sur la route; et aussitôt voilà un chemin de fer bâti et livré à la circulation. On arrive ainsi au lac Pontchartrain, qui est large comme un petit océan. Il eût été trop long de le contourner pour continuer la route: on y plante tout bonnement une sorte de pilotis, sur lequel on construit une voie ferrée et qui traverse ainsi le lac dans toute sa diagonale, jusqu'à l'embouchure du golfe.

Croyez-vous, monsieur, qu'un peuple qui va toujours ainsi devant lui, sautant par-dessus les obstacles, bravant tout, ne doit pas, quand il applique ces ressources d'activité et d'intelligence à des choses réfléchies, arriver à créer des prodiges et à prendre la tête de toutes les nations en fait d'industrie?

Faut-il relier deux crêtes de montagnes et jeter sur le gouffre béant qui s'ouvre entre elles un pont pour le passage des chemins de fer? — On établit tout simplement des potences gigantesques en bois du fond de l'abîme au niveau qu'on a marqué pour la route, et c'est sur cette voie fragile, longue parfois d'un mille ou deux, que courent les chemins de fer. Le tonnerre, dans ses plus violents accès de colère, n'a pas de rugissements pareils à ceux que produisent ces ponts tremblants et sonores. On les traverse en frissonnant d'abord, puis on s'y habitue; et, dès la troisième fois, il semble qu'on se soit si bien inoculé les procédés américains que toutes ces choses monstrueusement hardies ne vous paraissent plus que très-simples et bien naturelles.

VI.

C'est l'obligation de simplifier et de hâter l'entrée en jouissance de leurs entreprises qui force les Américains à concevoir ces audacieuses constructions qui ont, peu s'en faut à la rigueur, l'aspect de merveilleux travaux d'art.

Ils ont en général l'heureuse monomanie de n'entreprendre que des choses d'une utilité constatée. Ils gaspillent peu leur argent en joujoux industriels. Or, du moment qu'ils commencent une chose utile, il leur faut arriver promptement au but qu'ils ont visé. Pour cela, — ils raisonnent assez sagement, comme vous allez voir, — il faut économiser le temps, en se contentant des moyens les plus simples. Du moment qu'on peut traverser une rivière ou une falaise à l'aide d'un pont en bois aussi bien que d'un pont en pierre, ils se décident pour le pont en bois, qui est plus vite fait, et qui leur livre, par conséquent, bien plus tôt la route; sauf plus tard à s'occuper du pont en pierres.

Les Américains poussent si loin la pratique de ce raisonnement, que, s'ils commencent un chemin de fer, par exemple, ils établissent tout d'abord une seule voie, celle qui ira tout de suite au but, et du jour où elle est terminée, ils la livrent à la circulation. C'est alors seulement qu'on s'occupe de la seconde voie, celle qui rendra plus facile et plus prompt l'aller et le retour. Après cela on avise aux améliorations, aux perfectionnements matériels.

C'est ce qui fait que chez eux tout a d'abord un aspect grossier et primitif. Ils ont autant horreur de l'argent qui dort que du temps qu'on ne gagne pas. Les embellissements leur importent peu; le principal, c'est l'utile, le solide et le pressé, dussent-ils n'y parvenir qu'à des prix énormes et en entreprenant des travaux herculéens, fantasques et pleins de dangers, — comme ceux que j'ai signalés.

C'est ainsi qu'ils ont bravé toutes les plus mauvaises chances d'une lourde entreprise lorsqu'ils ont ouvert la ligne commerciale entre le Havre et New-York. Ils ont expédié le *Franklin* avant que le second vapeur, le *Humboldt*, fût achevé. Mais c'est dans leur goût de faire d'abord acte de possession et de planter le drapeau de la conquête sur une industrie ou sur une exploitation. Du moment qu'ils sont les maîtres, ils savent qu'ils feront bien vite le surplus. N'oublions pas que le magique Go ahead est toujours là.

VII.

Le temps, c'est de l'argent! — Les Anglais ont transmis ce précepte en héritage aux Américains, et les Américains, en fils économes et ménagers, ont fait fructifier l'héritage de leurs pères. Le précepte est donc devenu comme la règle de conduite des Américains en matière d'industrie et de commerce. Ce peuple de marchands, comme on dit, préoccupé de gagner beaucoup d'argent, a dû songer tout de suite à en appeler à l'industrie et à la science pratique pour multiplier le temps, cette source féconde de la richesse. Tel est le germe qui, en grandissant, a produit de si beaux, de si puissants, de si étonnants effets. Succès oblige autant que noblesse; or, la noblesse des Américains, c'est le succès obtenu en toutes choses tentées. Il s'en est suivi qu'à chaque triomphe nouveau ils contractaient envers leur propre honneur une dette que l'orgueil national endossait. Peu à peu ils se sont trouvé lancés dans une voie où ils ne pouvaient plus reculer, sous peine de faillir à leur renommée d'audace déjà universelle.

La Providence, heureusement pour eux, — heureusement pour le monde entier — les avait doués de ce caractère, de cette énergie de volonté, de cette persévérance dans l'activité que je vous ai déjà signalés, monsieur, et qui se résument dans les deux locutions avec lesquelles je vous ai familiarisé, Go ahead *and* never mind.

Le commerce, impatient et pressé de gagner de l'argent, avait donc créé l'industrie en l'appelant à son aide. L'industrie, à son tour, paye aujourd'hui au commerce une dette de reconnaissance qui s'estime à deux cents pour cent.

Le temps étant de l'argent, l'industrie a été chargée de doubler, de tripler, de décupler la somme de temps que Dieu a répartie aux hommes comme aux nations, c'est-à-dire de doubler, de tripler, de décupler la vie, en annulant les distances, en rapprochant les villes et les pays, en multipliant les communications, en quintuplant les forces humaines, en enfantant des machines, en augmentant le nombre des bras par la puissance des instruments, en suppléant aux populations insuffisantes par des hommes de fer à qui l'on donnait du feu pour âme et pour intelligence.

L'industrie et le commerce, en Amérique, s'appuyèrent

donc, pour arriver à leurs fins, sur deux grands leviers : la VAPEUR, appliquée à la navigation, aux routes et aux ateliers, et la TÉLÉGRAPHIE; c'est-à-dire sur deux puissants moyens pour les hommes de se réunir, d'échanger leurs pensées, soit par la parole, soit par la plume, soit par l'imprimerie, soit par des signes de convention, de multiplier leurs forces au delà de la répartition faite par la nature.

Toute leur activité, toute leur intelligence se sont appliquées à développer et à perfectionner les services de la vapeur et de la télégraphie, comme base de leur grandeur industrielle, commerciale et maritime.

Voilà, monsieur, à quels traits se distingue le génie des Américains. Ces points de départ étaient essentiels à connaître pour apprécier le but auquel tend ce peuple audacieux et laborieux, et pour bien se rendre compte des résultats. Ils sont déjà plus faciles à entrevoir.

VIII.

Aujourd'hui les Américains comptent sur leur vaste territoire un parcours de chemins de fer de plus de 16,000 kilomètres (4,000 et quelques lieues), presque autant que sur tout le continent européen, qui compte 19,540 kilomètres, chiffre dans lequel la France figure pour 3,000 kilomètres. C'est dire que d'un bout à l'autre de l'Union les Américains se sont frayé des routes par-dessus les obstacles de la nature et que leur territoire entier est sillonné dans tous les sens par des voies ferrées.

Ces chemins ont coûté à établir plus de 130 millions de dollars, soit plus de 700 millions de francs, ce qui suppose près d'un milliard et demi engagé dans ces entreprises.

Aux dernières dates de la statistique générale des chemins de fer, l'ensemble des lignes avait produit en recettes 300 millions de francs environ.

Voici, monsieur, pour quelques-uns de ces chemins, des détails particuliers sur le nombre des voyageurs et sur la quantité de marchandises qu'ils ont transportés, ainsi que le chiffre de leurs recettes.

La ligne de Boston à Worcester, sur un parcours de 44 milles (soit près de 80 kilomètres), a transporté 470,319 voyageurs, qui ont produit 1,468,917 francs, et 179,000 tonnes de marchandises, qui ont donné en recettes 1,365,866 francs.

La ligne de Boston au Maine, sur un parcours de 79 milles, a transporté 460,426 voyageurs, faisant en recettes 1,171,758 francs, et 61,599 tonnes de marchandises, ayant produit 627,579 francs.

La ligne de Providence a transporté 476,515 voyageurs, produisant 1,310,051 francs, et 82,172 tonnes de marchandises, soit 582,130 francs de recettes.

La ligne de Philadelphie à Reading, l'une des plus importantes et des plus belles de l'Union, a réalisé en 1846 9,975,603 francs de recettes, tant sur les voyageurs que sur les marchandises.

Sans aller plus loin, quant à présent, en fait de chiffres et de statistiques, ne vous est-il pas facile, monsieur, de saisir tout de suite l'importance véritable du mouvement des chemins de fer aux Etats-Unis. Une chose vous aura frappé sans doute, monsieur, c'est, relativement, le produit peu élevé des recettes comparé au nombre de voyageurs et de marchandises.

En voici l'explication en deux mots. La première condition pour les Américains, en même temps que la célérité dans les moyens de transport, c'est le bon marché; chose que nous ne pouvons pas comprendre en France, et qui est pratiquée en Amérique sur la plus large échelle. Tout leur succès est là. Commercialement parlant, il faut, pour qu'il y ait avantage réel et immédiat, que le rapprochement des distances se combine avec la modicité des prix dans le transport, sinon le bénéfice qu'on recueille d'une main s'en va de l'autre.

Nous avons fait tout le contraire des Américains. Chez eux, les besoins et les intérêts se prêtent une mutuelle assistance. Les chemins de fer, avec des tarifs très-bas, ont appelé à eux les marchandises, et ils ont stimulé ainsi l'industrie en mettant à sa disposition de nombreuses voies de communication, ce qui est en effet l'âme et la vie de l'industrie. La production, s'est montrée reconnaissante en se servant largement des chemins de fer.

Les Américains, en outre, se déplacent très-volontiers et voyagent aisément. Les chemins de fer ont entretenu et développé ce goût, avec le besoin des voyages, par la modicité de leurs prix, en facilitant les moyens de transport.

Ainsi, par exemple, je citerai la ligne de Boston à Worcester, dont je parlais plus haut. 470,000 voyageurs, vous disais-je, ont produit 1,468,912 francs; cela met le prix moyen du voyage à 3 francs 15 centimes environ pour un parcours de 44 milles, soit un peu plus de 7 centimes par mille ou pas même 5 centimes par kilomètre. Pour les marchandises, la proportion est la même et met le transport du tonneau à 17 centimes 1/2 par mille, soit environ 11 centimes par kilomètre et par tonne.

Avons-nous compris, avons-nous fait cela en France? Non. Au lieu de procéder à la façon américaine, par économie et par simplicité, pour la construction première des chemins de fer, on a agi à un point de vue de luxe et de magnificence; et pour couvrir de grosses dépenses, on a cru faire une belle affaire en recourant à de gros tarifs, — seconde faute, car on trouvera plus aisément cinq voyageurs payant 3 francs chacun qu'un seul payant 10 francs. Cela eût fait un bénéfice de 5 francs en tout cas et tout d'abord. En résumé, les Américains créent leurs voies ferrées dans l'intérêt du commerce et du pays tout entier, nous avons édifié les nôtres pour la commodité de ceux qui auraient le temps de voyager par les moyens moins rapides. Et, chez nous, ce que le commerce peut gagner sur le temps avec ce mode de transport, il le dégorge d'un autre par l'élévation des tarifs. Le consommateur paye la différence; mais les chemins de fer ne bénéficient pas, attendu qu'ils transportent à peine le dixième des marchandises qui leur reviendraient de droit. C'est une industrie, à proprement dire, en enfance chez nous et qui ploie sous le fardeau des habits couverts d'or dont nous l'avons chargée.

Aussi, depuis une quinzaine d'années que nous nous occupons des chemins de fer en France, nous sommes parvenus à grand' peine à établir une quinzaine de lignes de voies ferrées; tandis qu'aux Etats-Unis le nombre s'en élève à plus de cent! Faut-il ajouter que dix ou douze grandes entreprises visant à de gigantesques résultats, et qui nous feraient reculer d'effroi si on nous proposait de les tenter, vont éclore ou sont peut-être écloses à l'heure où j'écris?

IX.

Il faut tout dire : si les bas tarifs produisent des recettes médiocres, ces recettes constituent cependant des bénéfices assez élevés, par cette raison que les dépenses d'installation sont infimes. Le ciel, sous ce rapport, a favorisé singulièrement les Américains, et l'économie leur est plus facile qu'à nous autres. Aux portes de chacune de leurs villes, ils rencontrent le désert, d'immenses forêts ou des terres vagues. Personne à léser, aucuns droits de propriété à racheter et la facilité presque toujours de se tailler des routes en pleine nature.

Et, loin de nuire à qui que ce soit, ces chemins, en s'enfonçant dans le désert, y apportent la civilisation, marquent la place des villes, et posent pour ainsi dire les premières pierres d'une foule d'usines qui profitent de leur voisinage pour se développer rapidement, et pour ajouter des fleurons à la couronne industrielle déjà si riche de l'Amérique.

On s'explique donc, monsieur, l'intérêt que les Américains ont à multiplier leurs chemins de fer et le soin qu'ils apportent à perfectionner leurs agents de locomotion. A coup sûr, c'est le côté le plus florissant de leur industrie que la mécanique. Là, le travail est incessant; les découvertes, les améliorations sont perpétuelles : il ne se passe pas de jour sans que des expériences nouvelles constatent un progrès dans ce but infatigable de diminuer le temps et d'annihiler les distances.

Le plus grave obstacle que l'industrie des voies de fer devait rencontrer aux Etats-Unis était l'immensité des fleuves. Nul travail humain ne pouvait assez sûrement franchir ces largeurs *océaniques*, et il allait se trouver une solution de continuité et une halte qui retarderaient la rapidité des communications et l'échange de la pensée. Mais le GO AHEAD veillait sur l'industrie américaine. Là donc où les efforts du chemin de fer expirent, la vapeur transportée dans un autre corps vient à son secours; et les *steamboats* sont les ponts qui servent à lier d'une rive à l'autre les tronçons coupés par le courant d'un fleuve. A l'arrivée de chaque convoi sur les bords du fleuve, un bateau à vapeur recueille instantanément marchandises et voyageurs, et va déposer le tout à la rive opposée, où les locomotives tout allumées sont prêtes à se mettre en route. Il n'y a pas d'interruption dans la course, pas une minute de perdue. On roule du chemin de fer au bateau, du bateau au rail, les wagons chargés. Je le répète, monsieur, c'est un pont qu'on traverse. Viendra un jour sans doute où l'on chargera sur les bateaux la locomotive et les wagons. Je n'en désespère pas, tant j'ai foi dans le GO AHEAD. Ce sera bien au prix de quelques accidents. Mais bast! NEVER MIND! Et on recommencera jusqu'à ce que l'on réussisse.

Les Américains ont donc poussé jusqu'au bout, dans toute la rigueur du possible et du praticable, cette question vitale pour le commerce et pour l'industrie d'un pays : la célérité des échanges et des communications. La vapeur a donc revêtu toutes les formes et toutes les enveloppes.

Faut-il énumérer tous ces *steamboats* qui chaque jour partent de chaque ville de l'Union et se croisent dans tous les sens? on n'en finirait pas! A la Nouvelle-Orléans, point central du commerce de tout l'ouest des Etats-Unis, où aboutit par l'Ohio, Cincinnati, et par le Missouri, Saint-Louis; à la Nouvelle-Orléans, qui est la dernière halte de tous les mouvements de ces deux grandes rivières et de l'immense Missississipi; à la Nouvelle-Orléans, dirais-je, on compte plus de 1,200 steamers.

Le mouvement maritime à vapeur des Américains dépasse à lui seul le mouvement analogue de tous les pays du continent ensemble. Nous avons vu déjà qu'il en était ainsi pour les chemins de fer. Quand nous toucherons à la question commerciale proprement dite, je vous fournirai là-dessus, monsieur, d'importants renseignements. Il suffit, en tout cas, de suivre le travail des chantiers de New-York pour avoir une idée de cette fécondité maritime des Etats-Unis. Il ne se passe pas de semaine, en effet, qu'on ne mette à l'eau deux ou trois vapeurs, sans compter les bâtiments à voiles. Et ce qui n'est pas moins étonnant, c'est la hardiesse, je dirai l'audace de ces constructions. Il y a une dizaine d'années, on regardait un navire de mille tonneaux comme un phénomène, pour ainsi dire. Chaque jour les Américains ont augmenté les proportions de leurs navires, et aujourd'hui tout bâtiment au-dessous de mille tonneaux est considéré par eux comme une bagatelle. Aujourd'hui le tonnage de leurs navires varie, en moyenne, de 1,000 à 2,500 tonneaux, et la charge de leurs navires dépasse de beaucoup cette jauge officielle, dont les Américains s'affranchissent parfaitement en donnant à leurs constructions cette élévation colossale qui nous étonne tant. Cela s'explique. La douane ne mesure les bâtiments qu'en longueur et en largeur : les Américains se rattrapent sur la hauteur. Ce n'est pas les dénoncer que de dévoiler cette ruse; on tolère tant de choses en Amérique!

Tel est en ce moment le mouvement imprimé aux constructions à vapeur, qu'à New-York seulement il existe dix ou douze ateliers de machinerie employant chacun une moyenne de 15 à 1,800 ouvriers occupés uniquement à la construction d'appareils à vapeur. La maison Stillmann, Allen et Ce, les constructeurs des machines du *Franklin*, du *Humboldt*, de l'*Artic*, de l'*Alabama*, les plus puissantes que l'on ait encore appliquées à la navigation, la maison Stillman, dis-je, emploie 1,600 ouvriers.

X.

Ce qui constitue encore le véritable caractère industriel des Américains, c'est la facilité avec laquelle il accepte tout d'abord toute espèce d'invention, de progrès, même à l'état d'ombre ou de problème. Pour peu qu'ils y entrevoient une possibilité d'application, une apparence de nécessité, ils s'en emparent immédiatement et commencent l'épreuve. A la moindre lueur de succès, l'idée gagne toutes les têtes avec la rapidité de l'éclair; le feu mis à la traînée de poudre court par tout le sol. On ne doute jamais dans ce pays-là, on se décourage rarement, on ne repousse rien, on tente tout; et ce qui par hasard réussit un jour dans un espace de trois pieds carrés, dès le lendemain est généralisé par toute l'Amérique; surtout on ne perd point de temps en expériences infructueuses et stériles.

Aussi, ne vous étonnez pas, monsieur, si un jour vous entendez dire qu'il est tombé au Havre un ballon parti la veille ou l'avant-veille de New-York. J'ai l'idée que ce sont les Américains qui trouveront le mot définitif de la navigation aérienne.

Ainsi ils ont fait pour la télégraphie électrique. Après cinq ou six années d'efforts, d'études et d'expérimentations sur une chose tout expérimentée, nous nous glorifions en France de posséder trois ou quatre bouts de lignes de 50 ou 60 lieues. Savez-vous à l'heure qu'il est combien les Américains possèdent de milles desservis par des lignes télégraphiques? Près de DOUZE MILLE MILLES! Presque autant que de milles de chemins de fer. Et savez-vous encore en combien d'années ils ont établi ces communications? De 1844 à 1847 ils n'avaient construit que 2,311 milles de télégraphes électriques; de 1848 à cette heure ils en ont construit 9,689! Et savez-vous enfin quelles distances ces lignes mettent en rapport? Par exemple, quelque chose comme 1,000 lieues, 4,000 kilomètres, comme nous dirions. C'est-à-dire que du Canada à la Nouvelle-Orléans on correspond avec la rapidité de l'éclair; c'est-à-dire que les deux marchés si importants de New-York et de New-Orléans se communiquent dans leurs cours réciproques en trois heures et demie; et il y a, s'il vous plaît, d'une ville à l'autre, plus de cinq cents lieues, séparées par des montagnes, par des plaines, par des fleuves, par des forêts immenses!

Là encore on retrouve les traces de ces mœurs étranges; les mêmes faits qui se sont produits à l'endroit de l'application de la vapeur aux chemins de fer et à la navigation se reproduisent ici. C'est-à-dire que l'exploitation de la télégraphie électrique s'est popularisée immédiatement et s'est mise d'un jour à l'autre au service de tous les intérêts et de tous les besoins. C'est là d'ailleurs, en Amérique, la condition *sine quâ non* de l'adoption de toute idée utile : il faut qu'elle serve au bien-être, à la prospérité de tous.

L'électricité, appliquée à la télégraphie, a joué et joue un tel rôle en ce moment aux Etats-Unis, qu'elle est en vérité l'expression la plus haute et la plus avancée de la puissance des Américains en matière d'initiative. Jamais, chez aucun peuple, une branche quelconque d'industrie n'a d'un bond touché si loin aux limites du possible; et de ce possible à l'impossible, de cette audace à la folie, de cette application pratique à la théorie en délire, il n'y a qu'un pas. Jamais ce magique GO AHEAD, qui a tant osé, n'était encore arrivé à de si merveilleux rêves, que de songer, par exemple, et sérieusement, à faire traverser l'Atlantique par le télégraphe. Un journal anglais, en parlant dernièrement des résultats obtenus par la télégraphie électrique aux Etats-Unis, les a appelés des phénomènes! L'expression est juste et méritée!

Ayant pour âmes la vapeur appliquée à la navigation et aux chemins de fer et la télégraphie établie sur des bases aussi larges, on conçoit à quels sommets le commerce et l'industrie peuvent atteindre en Amérique.

XAVIER EYMA.

— Les derniers journaux reçus des Etats-Unis publient les résultats du recensement de la population pour l'année 1850. L'importance de ce recensement aux Etats-Unis tient à l'attribution du nombre de représentants, calculé pour chaque Etat, sur le chiffre de la population, en comptant dans la répartition générale, les esclaves pour les trois cinquièmes de leur nombre réel : ainsi le veut la Constitution.

Fête de l'Indépendance aux États-Unis,
28 JUIN 1851

ANNIVERSAIRE DU 4 JUILLET 1776.

La date du 4 juillet 1776 est une des plus glorieuses qu'aient eu à enregistrer les annales du monde. Il est peu d'événements dont les conséquences aient été aussi immenses, aussi rapides, aussi heureuses pour un peuple, que celles dont le soudain enfantement de l'Union américaine a été la source. Elle est à bon droit fière de ce grand souvenir la nation à laquelle il a suffi de soixante-quinze années pour transformer son vasselage et sa misère coloniale en une nationalité qui a déjà plus de liberté, autant de richesses, presque autant de puissance que n'en ont conquis pendant une longue série de siècles les peuples le plus puissants de la vieille Europe.

Soixante-quinze années ont suffi pour transformer ces pauvres colonies que l'Angleterre cherchait alors à maintenir sous son oppressive dépendance, en une nation grande et puissante; pour peupler de *vingt-cinq millions* de citoyens un territoire immense sur la vaste étendue duquel étaient alors disséminés deux millions à peine d'aventuriers; pour transformer en un vaste et fécond jardin agricole des forêts vierges alors; pour créer sur les plages de l'Atlantique alors désertes, d'immenses entrepôts commerciaux qui s'échelonnent depuis l'embouchure de l'Hudson, ce fleuve majestueux qui n'a de rivaux sur cette partie du globe terrestre que le Missisipi et le Saint-Laurent, jusqu'aux rives du golfe du Mexique.

La première proposition de la déclaration de l'indépendance fut faite au congrès siégeant à Philadelphie, par Richard-Henry Lee, représentant de la Virginie, dans la séance du 17 juin 1776. Cet homme d'État démontra: « que les colonies de » l'Angleterre devaient se » déclarer libres et exem» ptes de toute obéissance » à la mère-patrie. » L'éloquence de la raison et du sentiment marquait chaque phrase, chaque mot de son discours. John Adams, son illustre confrère, prouva, à son tour, que de cette délibération allait dépendre non-seulement la destinée d'un peuple, mais encore celle de toutes les nations attentives à une lutte si mémorable. L'orateur rappela les succès obtenus déjà contre les Anglais par les citoyens des colonies à Lexington, à Bunker-Hill, en Virginie et dans les deux Carolines. Il y voyait l'augure des triomphes qui devaient couronner cette entreprise, et il démontra quel serait le prix de tant d'efforts: un continent affranchi, un asile ouvert aux opprimés, aux proscrits de toutes les nations, une immortelle renommée pour les hommes qui auraient fondé le bonheur de leur patrie.

Une perspective aussi belle était bien faite pour séduire des hommes aussi généreux que ceux qui avaient à suivre l'exemple des Washington, Honcock, Jefferson, Franklin et tant d'autres héros politiques et guerriers; aussi les opinions de John Adams furent-elles propagées par

Washington.

le congrès, mais cette assemblée ne voulut précipiter aucune résolution. La mesure proposée exigeait un mûr examen; il était d'ailleurs essentiel d'obtenir un vote unanime. Quelques opinions étaient encore divergentes, et la discussion fut renvoyée aux premiers jours du mois suivant.

Dans l'intervalle, les députés de chaque colonie eurent le temps de recevoir les instructions de leurs commettants, et presque tous étaient chargés de voter en faveur de l'indépendance; les autres étaient autorisés à se ranger du côté de la majorité. La commission qui eut à présenter un rapport sur cette question était composée de Thomas Jefferson, John Adams, Benjamin Franklin, Roger Sherman, et J. Robert R. Lewington. Après quelques modifications, la déclaration de l'indépendance, cet acte mémorable qui devint la base de l'existence politique des États-Unis, fut unanimement votée par le congrès, dans la séance du 4 juillet 1776.

Tous les membres du congrès, au nombre de 56, signèrent cette charte républicaine qui fut, le même jour, solennellement proclamée dans toutes les rues de Philadelphie, et dont chaque représentant envoya une copie par un courrier dans les colonies, constituées dès lors en États, par lesquelles il avait été délégué au congrès.

John Adams, ce patriote éloquent que l'État de Massachussets avait envoyé à Philadelphie, écrivit le jour même à l'un de ses amis demeurant à Boston une lettre mémorable qui a depuis été imprimée dans toutes les histoires de l'Union, et dont j'ai eu l'original entre les mains.

« Le grand acte de l'indépendance est accompli, disait-il; c'est un des plus glorieux événements de notre siècle! Que la flamme des feux de joie éclaire tout le pays! que des réjouissances publiques soient partout organisées!»

Ces recommandations étaient inutiles, car à me-

Défilé des milices américaines, d'après un dessin de M. Victor Prevost.

sure que la nouvelle du vote du 4 juillet arrivait dans les villes et se répandait au milieu des campagnes, le peuple laissait éclater sa joie de la manière la plus énergique. A New-York, à Boston, à Baltimore et dans toutes les capitales, la déclaration de l'indépendance était consacrée par des réjouissances publiques, et toutes les brigades de l'armée américaine la recurent avec acclamations.

Des salves d'artillerie de treize coups de canon, en l'honneur des treize Etats qui formaient alors la confédération nouvelle, retentirent d'une forteresse à l'autre, et trouvèrent un écho immédiat dans chaque batterie, sur tous les points du littoral. La joie causée par cette rupture éclatante de tous les anciens liens avec l'Angleterre éclatait ainsi de toutes parts, et les énergiques résolutions du congrès, ses levées de troupes et tous ses préparatifs de défense, témoignèrent assez qu'en prenant cette mesure irrévocable, les colonies avaient prévu tous les périls auxquels elles allaient être exposées.

Il n'entre pas dans le cadre de cet article de faire un cours d'histoire des Etats-Unis; aussi ne raconterons-nous point les péripéties de cette guerre, qui finit à York-Town par la soumission de Cornwallis à l'armée française et américaine, commandées par les généraux Washington et Rochambeau. Nous rappellerons seulement qu'en 1783, la Hollande ayant passé un traité avec les Etats-Unis, les négociations commencèrent, et le 23 septembre de cette même année la Grande-Bretagne se résigna à faire la paix et à reconnaître solennellement l'indépendance de la grande république de l'Amérique du nord.

De 1776 à 1783, malgré les luttes énergiques qui avaient lieu du nord au sud, de l'est à l'ouest des Etats-Unis, rien ne put empêcher les citoyens de cette nouvelle république de célébrer l'anniversaire de la conquête de leur liberté. Partout ce jour-là était consacré par une fête générale qui commençait avant l'aube et se prolongeait jusque bien avant dans la nuit. Chaque cité rivalisait avec ses sœurs pour organiser un brillant programme qui, à mesure que la population augmentait, devenait plus magnifique, et par conséquent plus bruyant que celui qui l'avait précédé.

Au milieu des réjouissances

Uniformes des diverses milices américaines, par M. Victor Prevost.

Grande manifestation de la fête de l'Indépendance américaine à New-York.

publiques célébrées par les villes de l'Union, la ville de New-York est sans contredit celle dont la fête offre les plus émouvantes péripéties.

La cérémonie du 4 juillet est la même chaque année, célébrée d'une manière officielle par une spontanéité publique émanée des autorités, du peuple et du clergé de toutes religions. Les uns organisent la revue usuelle des troupes du gouvernement et de la garde nationale, les autres se chargent de l'enthousiasme exprimé par des hurras frénétiques, et les derniers adressent au Seigneur des actions de grâce pour avoir protégé la grande république au milieu des vicissitudes intervenues dans sa prospérité, depuis la déclaration solennelle de l'indépendance jusqu'à nos jours.

L'hospitalité aux États-Unis.

8 NOVEMBRE 1851

Un fait qui a frappé tous les voyageurs que j'ai connus revenant du nouveau monde, c'est de n'y pas trouver de différence dans les mœurs avec celles de l'ancien continent. Telle est du moins la première impression qu'on éprouve.

Chaque colonie, chacun des États de l'Union est à peu près le reflet du pays de l'Europe qui y correspond. L'esprit est le même, l'intelligence égale, les types sont identiques, le cœur rend les mêmes échos.

Mettez le pied sur le sol des colonies françaises, anglaises, espagnoles ou hollandaises, ou sur le sol des États-Unis, vous retrouvez toujours et partout des Français, des Anglais, des Espagnols ou des Hollandais. La nature exceptionnelle de ces pays n'a fait que développer et pousser peut-être à l'excès les sentiments et les instincts dont chacune de ces populations portait le germe en soi. Elle a produit sur les cœurs, sur l'esprit, sur l'intelligence, l'effet du verre grossissant; voilà tout.

A la surface, le nouveau monde n'offre rien de nouveau sous le rapport des mœurs. Vous retrouvez ce que vous connaissiez déjà. Il faut pénétrer bien avant dans la vie de ces populations flottantes pour découvrir les nuances, il faut se familiariser avec elles pour faire de ces nuances, inaperçues d'abord, de grosses choses dignes d'être notées. Ce ne serait qu'en plongeant dans la vie intime du nouveau monde qu'on se trouverait comme dépaysé; mais cela se fait si lentement, qu'au moment où l'on devrait commencer à remarquer le changement, on est soi-même comme uni et identifié à cette nouvelle atmosphère.

Il n'y a qu'une chose qui frappe vivement, dès le premier pas qu'on fait dans le nouveau monde, et qui tranche d'une manière absolue avec ce qu'on a eu l'habitude de rencontrer de ce côté-ci de l'Atlantique; c'est la franche, généreuse et cordiale hospitalité qui vient au-devant du voyageur.

A quelque porte du nouveau monde que vous alliez frapper soit volontairement, soit par hasard, soit sur recommandation, vous êtes assuré de trouver un accueil comme vous pourrait le réserver un père, un frère, un ami de vingt ans, — un ami qui nous a mandé encore, et non celui chez qui vous tombez inattendu. Il y a dans toutes les maisons qui ouvrent leur seuil à un hôte, mille cris de joies soudaines, mille sourires de bienvenue; les yeux, les mains, les lèvres le remercient comme s'il apportait avec lui un bonheur prié de longue date et qu'on désespérait de jamais voir venir prendre au foyer veuf une place déserte.

Depuis le chef de la famille, jusqu'aux plus petits enfants, jusqu'aux serviteurs, jusqu'au chien qui garde ses aboiements pour les voleurs de nuit et jamais pour les hôtes — chacun accourt au-devant du nouveau venu.

Au premier moment on pourrait se croire l'objet d'une erreur, on craint de dérober en quelque sorte à un ami espéré cette joie, ces sourires, ces caresses; et l'on est toujours sur le point de s'excuser et de se retirer, quand on entend le maître ou la maîtresse de la maison nous demander d'une voix aimable :

— Monsieur, à qui avons-nous l'honneur d'offrir l'abri de notre toit, notre table, notre meilleur vin, notre bourse au besoin, et notre dévouement tout entier?

Vous répondez. On ne vous connaît ni d'Eve ni d'Adam; on vous sourit néanmoins. Il n'y a plus de scrupules à avoir; c'est bien vous..... qu'on n'attendait pas — mais qu'on est heureux de voir! A la rigueur, je ne sais pas même pourquoi on vous demande votre nom, si ce n'est pour faciliter la conversation, et donner l'ordre aux domestiques de vous remettre les lettres qui vous arriveraient par la poste.

J'ai été élevé dans cette hospitalité, et je ne sache pas qu'autour de moi une porte soit jamais restée sourde ou se soit fermée à l'appel d'un hôte. Si on ne voit pas écrit sur toutes les portes ces mots du vieux conte : *Tournez la bobinette, et la chevillette cherra*, c'est qu'on ne sait pas lire.

Plus tard, quand je retournai aux Antilles, dans toutes celles que je parcourus, françaises, anglaises, espagnoles, danoises, aux États-Unis, partout, enfin, je retrouvai avec une joie indicible ce souvenir de mon enfance. Un peu fait, par suite d'un long séjour en France, aux mœurs, à l'égoïsme, et aux dévouements rétrécis de la vieille Europe, j'avoue qu'aux premiers jours j'éprouvais une certaine contrainte et une gêne involontaire devant ces épanchements. Des idées de discrétion me traversaient la tête.

Une fois ou deux je ne pus résister au besoin d'en faire part. Quand je touchai cette corde, on me demanda nettement de quoi je me mêlais, en me priant de m'occuper de ce qui me regardait.

— Ne trouvez-vous pas assez abondante la table qui vous est offerte?

— Excellente!

— Votre lit est-il trop dur ou mal fait?

— J'y dors comme une marmotte.

— Les domestiques de la maison sont-ils récalcitrants à vos ordres?

— Au contraire, je n'ai le temps de rien désirer.

— Vous manque-t-il quelque chose?

— Absolument rien.

— Vous vous plaisez au milieu de nous?

— J'y passerais ma vie.

— Nos visages à tous vous conviennent?

— Je ne les ai encore vus qu'éclairés par des sourires.

— Eh bien, alors, que parlez-vous de nous embarrasser? Du moment où tout vous est agréable, restez au milieu de nous le temps qu'il vous faudra, et permettez-nous de vous remercier du fond du cœur d'avoir bien voulu accepter notre hospitalité.

C'était ainsi que dans deux ou trois maisons on avait reçu mes politesses de discrétion. Je ne m'y frottai plus, et d'autant moins que de chacun des membres de la famille j'essuyais la même série de reproches. Il n'y fallait plus songer.

Je crus d'abord, sans vouloir cependant rien rabattre de l'élévation de ce sentiment, pouvoir lui trouver sa raison, et, oserai-je dire, l'excuse de sa prodigalité dans la monotonie au milieu de laquelle vivent la plupart des familles, et dans les idées presque générales là-bas que l'on y traîne le boulet de l'exil. J'en concluais que l'on était comme consolé d'accueillir un visage, une parole qui rompent l'uniformité du cadre, un visiteur qui vient distraire l'ennui de la prison.

— En abordant, me disais-je, un pays de l'Amérique où la vie est plus en rapport avec celle de l'Europe, où la société est plus large, plus compacte, où l'on retrouve enfin tout ce qui constitue ce qu'on appelle communément le monde, j'aurais le désespoir sans doute de retrouver les mœurs, l'égoïsme et les dévouements polis mais rétrécis du vieux monde! Eh bien, il n'en a rien été.

Je conclus dès lors que, décidément, le cachet du nouveau monde était le goût de l'hospitalité, offerte sur la plus vaste échelle. Au point que je ne sais pas en vérité à quoi servent à la rigueur les hôtels et les auberges dans ces pays-là!

Aux États-Unis, l'hospitalité, pour être sans doute plus formaliste que dans ces colonies, n'en est pas moins sincère, moins complète, moins sérieuse. Elle reflète plus que dans les Antilles anglaises le caractère national primitif, que les Américains ont exagéré comme pour se faire des mœurs à eux. Dans la partie des États-Unis qui est restée le plus à l'abri du mélange des autres races européennes, l'hospitalité ne s'offre pas tout d'abord de la meilleure grâce au premier venu. L'Américain tient essentiellement à savoir à qui il a affaire. Il est de glace devant un inconnu. Ce n'est pas son cœur qui est en défaut, c'est sa dignité. Il ne suffit pas toujours que le voyageur lui décline ses nom, prénoms et qualités pour obtenir un sourire ou une parole de bienveillance excessive. Mais aussi comme le visage change, comme la main se tend promptement vers l'hôte, comme les sourires viennent à lui dès qu'il a présenté une lettre d'introduction ou qu'un ami lui sert de caution! Cet Américain, tout à l'heure si froid, si compassé, cette femme presque impertinente, cette jeune fille si indifférente, cet enfant si inattentif, se transforment tout à coup. C'est un empressement tout cordial, un sourire plein de grâce, une familiarité sans exemple!

J'éprouvai tout d'abord l'hospitalité américaine à la Nouvelle-Orléans. Je tombais là, il est vrai, en pleine patrie; je retrouvais des compatriotes, des colons, de ces exilés, comme ils s'appellent, qui gardent avec ses idées et ses mœurs le souvenir de la France absente, bien que l'esprit et les mœurs des Américains aient déteint déjà sur eux. Il n'y avait pas encore entre eux et moi la différence de religion, de langage. Aussi, je puis dire que c'était une joie à n'en plus finir, toutes les fois que je frappais à une porte.

Plus tard, en remontant vers le nord, en entrant dans la partie vraiment américaine de l'Union, j'étais tout étonné de retrouver partout le même accueil, sous les conditions que j'ai déjà dites, à savoir : de présenter une lettre de recommandation ou d'être introduit par un ami. Il n'y avait plus alors la moindre différence entre ce que j'avais déjà vu et ce que j'éprouvais alors!

Un côté bizarre, pour nous autres Français surtout, des mœurs américaines, empruntées, avec exagération, aux mœurs anglaises, c'est la grande liberté laissée aux jeunes filles, sous la tutelle de leur éducation et sous la garantie un peu hasardée de l'honnêteté du premier venu. Cette liberté est poussée au point de laisser une jeune fille seule gardienne et maîtresse de la maison paternelle, ou de lui ouvrir les portes des grands chemins, qu'elle parcourt hardiment sans crainte d'insulte. Cet isolement appliqué à l'exercice de l'hospitalité, si je puis m'exprimer ainsi, a un côté délicat qui ne manque pas d'exciter l'étonnement.

En voici un exemple entre mille.

J'avais rapporté de Philadelphie une lettre d'introduction pour le major T... qui habite aux environs de New-York.

Sur le bateau à vapeur de Philadelphie à New-York je rencontrai une vieille connaissance à moi. Nous causions tous deux sur la dunette supérieure du steamboat, dans les entr'actes que voulaient bien nous octroyer une troupe de musiciens féroces, composée d'un cornet à piston, d'un guitariste et d'un clarinettiste, embarqués sous prétexte de charmer le voyage. A nos côtés se trouvait une jeune Américaine fort belle, et que j'accusais bien intérieurement d'avoir seize ou dix-sept ans. Dans un de ces entr'actes, que je bénissais toujours, mon voisin me demanda si je comptais demeurer longtemps à New-York.

— Cette fois, lui dis-je, à peine cinq ou six jours.

— Votre voyage a un but?

— Celui de faire connaissance avec un homme qu'on m'a cité comme un des plus intelligents de l'Amérique, et qui me doit fournir de précieux renseignements sur l'objet principal de mon voyage.

— Vous le nommez?

— Le major T...

A ce nom, la jeune Américaine tourna vivement la tête et me toisa de haut en bas avec une curiosité attentive.

— On ne vous a pas trompé, reprit mon ami, c'est en effet l'homme qu'on vous a dépeint. Qui vous recommande à lui?

Je nommai un des sénateurs les plus distingués et les plus influents de l'Amérique. A ce nouveau nom, la jeune fille aux seize ans me regarda fixément.

— J'ai, repris-je en l'exhibant, une lettre de lui pour le major T...

La jeune fille, indifférente d'abord à notre conversation, puis devenue attentive aux noms du major et du sénateur, s'adressa tout de suite à moi.

— Mon père, me dit-elle, aurait été bien heureux de recevoir un ami de M.***, mais il est absent.

— Vous êtes la fille du major T...? demandai-je à la jeune fille.

— Oui, monsieur; mon père, ma mère et mes frères sont au Niagara, d'où ils ne reviendront que dans deux jours. Voulez-vous me permettre de prendre connaissance de votre lettre?

Je la lui confiai. Elle la lut, et me la rendit en disant :

— L'absence de mes parents n'y fait rien, monsieur; si la compagnie d'une jeune fille peut ne pas trop vous paraître fastidieuse, veuillez bien accepter l'hospitalité que vous veniez chercher chez mon père, dont la maison vous sera ouverte par moi.

Je vous fais grâce des préliminaires : sachez seulement que quelques heures après je traversais les rues de New-York ayant miss Mary sous mon bras, comme si j'accompagnais une de mes sœurs; et je m'installais chez le major, sans plus de contrainte que s'il eût été là lui-même pour faire respecter son toit. Quand il arriva, je lui fus présenté par miss Mary comme un vieil ami de trois jours passés en un tête-à-tête plein du plus respectueux abandon. Pas un pli n'indiqua sur le front du major ni sur celui de madame T... le souci de savoir qu'un hôte avait demeuré en leur absence sous le toit de leur fille.

Je me trompe en disant qu'ils n'éprouvèrent pas de souci : ils en eurent un très-grave, celui de savoir si la jeune ménagère avait fait d'une manière complète les honneurs de la maison.

Le major T... n'était pas riche; pourtant il ne manqua à son hospitalité rien de ce qui devait la rendre agréable, et je puis dire fastueuse dans sa simplicité. Ce n'était de la part de cette excellente famille ni question d'orgueil ni affaire de spéculation à mon égard : elle pratiquait en cela l'hospitalité dans les termes où on la pratique dans toute l'étendue du nouveau monde. Un hôte a droit chez le pauvre, chez le riche, chez l'homme simplement aisé à un comfortable qui ne lui permette pas d'établir de comparaison.

Il faut bien se persuader d'une chose surtout, c'est que jamais l'hôte accueilli n'est importun, et que jamais il ne cause de gêne. L'hospitalité est une règle de la vie dans le nouveau monde. Cela est au nombre des devoirs inscrits dans la loi domestique. On fait en effet dans la distribution de la maison et aux repas la part et la place de l'hôte, comme on fait celle de chacun des membres de la famille.

Il y a dans un roman de Cooper, l'*Espion*, une scène qui ouvre le livre, et qui donne une idée exacte de ce qu'est l'hospitalité américaine en des temps de troubles, de guerre et de haine publique. On y surprend, il est vrai, quelque chose qui sort des habitudes froides et cérémonieuses des Américains; mais cela doit être attribué précisément aux circonstances exceptionnelles qui, en même temps qu'elles commandent une très-grande circonspection, appellent aussi un certain laisser aller où entre beaucoup de cette précaution un peu voisine de ce qu'on nomme les uns la prudence, les autres tout simplement la peur.

En effet, dans cette scène on voit arriver d'abord un voyageur inconnu de toute la famille de M. Warthon. On est en pleine guerre de l'indépendance; cet hôte inconnu est introduit au foyer; M. Warthon le fait asseoir, et pour savoir son nom lui offre un verre d'excellent madère, en lui disant :

— A la santé de qui vais-je avoir l'honneur de boire?

— A M. Harper, répondit l'étranger en rougissant; preuve qu'il mentait, ce qui n'échappa point à M. Warthon, mais ce qui ne l'empêcha pas de faire le meilleur visage du monde à M. Harper, de le garder à dîner et de lui offrir dans la maison une chambre que l'autre accepta.

Puis voici qu'au milieu du repas on frappe à la porte. C'est un autre voyageur inconnu qui demande l'hospitalité. Sa mine déplaît à tout le monde, peu importe, on le fait entrer, et il prend aussi sa place à la table.

Je ne prétends pas raconter le roman de l'*Espion*, je voulais seulement rappeler cette scène qui peint avec vérité, en dehors même des besoins du roman, un côté tout à fait actuel des mœurs hospitalières en Amérique.

Un autre plan du tableau qu'il ne faut pas perdre de vue, c'est le respect des Américains pour leurs hôtes.

On retrouve en effet là-bas le dévouement à l'hôte, la foi jurée, la protection sacrée, tout le chevaleresque enfin de l'hospitalité. Et si dans les maisons il n'y a pas de portraits dont on puisse faire l'histoire pour raffermir son honneur et se défendre à quelque prix que ce soit de livrer un hôte que votre toit abrite, on trouve néanmoins dans le cœur de tous les Américains la même exaltation du devoir. Et entre deux têtes à livrer, l'Américain n'hésitera pas à sacrifier la sienne plutôt que celle de son hôte.

XAVIER EYMA.

Souvenirs de la Californie.

6 AOÛT 1853

Les trois planches que nous donnons ici sont extraites de l'album d'un jeune Américain, qui, doué d'un remarquable talent de dessinateur, vient de l'exercer tout récemment en Californie. Si l'une dénote une civilisation en progrès, les autres semblent nous reporter aux temps les plus primitifs, et ces établissements s'élèvent néanmoins à des distances très-rapprochées l'un de l'autre sur cette terre extraordinaire, destinée à toujours présenter les plus étranges contrastes.

Avant le citadin, donnons la priorité à l'homme des champs, à celui qui fait moisson d'or de première main, à celui qui est l'astre principal autour duquel les commerçants et les industriels ne font que graviter. A tout seigneur tout honneur. Ici c'est l'habit noir qui va au-devant de la blouse réclamer la préférence de ses faveurs et lui faire l'offre de ses services. O puissance de l'or!

Vue extérieure d'une hutte de mineurs, en Californie.

Les habitations des mineurs sont construites en matériaux de plusieurs natures : en toile dans les plaines déboisées; en planches ou en troncs d'arbres là où l'on peut défricher. Celle-ci est de cette dernière sorte, et assez vaste pour une famille de cinq à six associés. Tout se passe dans la même pièce, qui sert à la fois de salon, de chambre à coucher et de salle à manger. Elle devient même cuisine et estaminet à la saison des pluies. Quand le ciel est beau et serein, ses proportions sont toujours assez vastes : la nuit pour dormir, et le reste du temps comme magasin et dépôt. Dans la journée, à moins

Bourse de commerce à San-Francisco.

d'être malade, les mineurs en sont absents, et cette tente, à peine fermée avec un simple taquet, est un *sanctus sanctorum* pour tout étranger, qui ne se hasarderait pas à y pénétrer quand les locataires l'ont abandonnée. Il y a peine de mort pour tout profane qui y serait trouvé. Le matin et le soir, la vie est extérieure. C'est l'heure du délassement, et le meilleur moment de la vie du mineur, surtout quand il a un peu à manger et beaucoup à boire. Nous sommes à une de ces époques où le modeste fourneau contient toutes les jouissances culinaires qu'à tour de rôle prépare *le chef de gamelle* de la petite colonie. Le samedi soir est l'instant intéressant de la semaine. Les travaux se ferment jusqu'au lundi. L'observation rigoureuse du dimanche est dans les mœurs américaines, et s'est imposée aux étrangers de toutes les communions, depuis l'idolâtre Indien jusqu'au fils du Céleste-Empire. C'est le samedi soir que se fait le partage de l'or,

Vue intérieure d'une hutte de mineurs en Californie.

qui a été soigneusement recueilli et serré à la fin de chaque journée. On sait alors le résultat de la semaine, que chacun a, du reste, à peu près supputé d'avance. La satisfaction ou les déceptions ne roulent donc que dans un cercle borné. On met de côté préalablement les dépenses de la semaine, après quoi on se rend à la ville ou au village voisin pour renouveler les provisions. Aux mines, le dimanche se passe à l'inverse des mœurs parisiennes : de la campagne on va à la ville. Sortis tous de la hutte avec le même pécule, les passions ou les besoins factices ont changé les conditions d'égalité au retour. Le lundi matin, à la reprise des travaux, qu'elles sont déjà loin d'être les mêmes que le samedi soir! *Repartager* conviendrait à plus d'un...

Mais bah! pourvu que l'on se porte bien et que le *claim* paye, on reste joyeux et d'accord, et le bonheur marque encore sa trace dans la plupart de ces tristes habitations.

L'émigration d'Europe en Amérique.

28 JANVIER 1854

Départ des émigrants, de Strasbourg.

Depuis quelques années il se produit en Europe un mouvement sans précédent dans les siècles passés : des populations entières abandonnent le lieu qui les a vues naître, les chaumières qui les ont abritées, vendent les champs que leur ont laissés leurs pères, pour transporter leurs foyers à quinze cents lieues de distance, sous un ciel étranger, sur un sol vierge qui en peu de temps devient pour elles une véritable patrie.

Et que l'on ne croie pas que l'esprit d'aventure soit le mobile qui entraîne de l'autre côté de l'Atlantique ces populations sages, peu susceptibles d'enthousiasme, qui appartiennent à la race saxonne : ce n'est ni la civilisation qu'elles vont porter au loin, ni le progrès dans les travaux des champs ; ce n'est pas pour leur foi, nullement menacée, ce n'est pas pour la conquête du tombeau d'un Dieu qu'elles se résignent aux hasards d'une longue navigation, d'un voyage pénible.—Il est passé le temps des Guillaume Penn et des Pierre l'Hermite, et le cri : Dieu le veult ! en quelque langue qu'il soit prononcé, trouverait, dans notre siècle éminemment positif, peu d'échos pour le répéter.

Il y a trente ans environ, quelques Allemands, séduits par l'espoir d'une de ces fortunes comme on pouvait les rêver alors en Amérique, entreprirent le voyage. Paysans, cultivateurs qu'ils étaient, ce fut à la terre qu'ils demandèrent de l'or, non en fouillant les mines, — il ne s'en trouvait pas alors dans les Etats de l'Union américaine, mais le bas prix des terres leur permit d'acquérir des champs d'une étendue supérieure à beaucoup de domaines de leur patrie ; le succès couronna leurs efforts. Bientôt, sentant le besoin de s'entourer, non de domestiques mercenaires, mais d'associés pour le travail et pour le bénéfice, c'est à leurs familles qu'ils firent appel, et ces premiers pionners de l'immense mouvement qui s'accomplit maintenant en Europe ne se doutaient probablement pas de la portée réservée dans l'avenir à leurs premiers efforts.

Chaque année depuis lors l'émigration s'est augmentée dans des proportions énormes. En 1852, un demi-million d'Européens a quitté, sans esprit de retour, le vieux monde pour aller défricher les forêts vierges de l'Amérique du Nord : hommes valides, femmes, enfants, vieillards, ont abandonné, non sans regrets, mais avec l'espoir d'un meilleur avenir, les villages où les uns

Les émigrants à bord.

n'avaient encore fait que naître, où les autres avaient vieilli; la terre et la chaumière ont été vendues ; quelques meubles, les instruments d'agriculture les suivront dans leur nouvelle patrie, et la petite somme produite par la vente de leur modeste patrimoine servira, après en avoir prélevé une fraction bien infime pour solder le prix de leur passage, à acquérir, dans leur nouvelle patrie, une étendue de terrain qui donnerait la richesse à celui qui la posséderait dans l'ancien monde.

Pour tout besoin qui se produit, il se crée toujours une industrie qui sait en profiter ; dans les premiers temps de l'émigration, les nouveaux colons arrivaient dans le port qu'ils avaient choisi, se mettaient en quête d'un navire, discutaient les prix, toujours relativement élevés en raison de leurs facultés, perdaient un temps precieux en attendant le moment du départ, et souvent avaient épuisé en frais inutiles la somme destinée à remplacer en Amérique leur champ vendu en Europe. Cet état de choses ne pouvait pas échapper aux regards intelligents des négociants des ports de mer, du Hâvre surtout, qui, en France, jouit, par sa position géographique et par l'étendue de son commerce, du privilége presque exclusif de nos relations avec les Etats de l'Union américaine.

L'Amérique, ce pays essentiellement producteur, verse, chaque annee, en Europe le superflu de ses récoltes : le blé, qui supplée à l'insuffisance des nôtres ; le coton, que mettent en œuvre nos industrieuses populations d'Alsace et de Normandie. Des navires d'un fort tonnage, qui n'exclut ni la beauté des formes ni l'élégance de la construction, partent chaque jour de New-York ou de la Nouvelle-Orléans pour notre grand port de la Manche ; peu de passagers prennent place dans leurs cabines décorées avec le luxe le plus aristocratique ; les vastes flancs de leur cale, chargés de marchandises encombrantes, donnent les produits les plus certains de cette longue navigation.

Si la France reçoit beaucoup de l'Amérique, elle lui envoie beaucoup en échange ; mais, au lieu d'objets lourds, encombrants, ce sont les produits de nos arts, de nos manufactures, qui servent à solder le compte ; produits de beaucoup de valeur, mais qui tiennent peu de place ; tel bijou de notre orfévrerie, telle pièce de soierie de la fabrique lyonnaise, peuvent, par leur valeur, payer le prix de plusieurs quintaux métriques de coton, et n'occupent guère de place dans le chargement d'un navire ; ces vastes cales si bien remplies à leur arrivée retournaient à leur port d'armement presque vides ; de là l'idée de les faire servir au transport des émigrants.

Plusieurs ports en Europe se disputent sinon le monopole, du moins la faveur des émigrants ; Brême, Anvers, Liverpool, le Hâvre, se mettent en coquetterie à leur égard, et font leur possible pour les attirer. Brême a fait construire une maison-modèle pour les abriter à leur arrivée, en attendant leur départ ; là, ils reçoivent à peu de frais la nourriture et le logement, et cependant le Hâvre les attire davantage ; d'abord, dans le trajet, ils passent un jour à Paris, ce rêve de toutes les imaginations ; puis, au Hâvre, ils jouissent de plus de liberté dans leurs allures : pas de maison conventuelle où ils soient soumis à une règle invariable, et d'ailleurs, alors même que ce ne serait pas l'intérêt, disons même l'humanité des négociants chargés de leur transport, de les prémunir contre toute espèce de fraude et de dommage, l'autorité veille soigneusement et paternellement sur eux ; les dépenses sont prévues, et n'excèdent pas celles de Brême, et un moins long espace de mer à parcourir leur assure une traversée plus prompte, en partant d'un climat plus doux, et par conséquent moins exposé aux orages que la mer d'Allemagne.

Plusieurs maisons de commerce en France avaient pris pour objet le transport des émigrants ; pendant longtemps elles se sont fait une concurrence active ; les émigrants payaient les frais de la guerre, et voici comment : lorsqu'un navire partait avec un chargement léger pour les Etats-Unis, chacun cherchait à l'accaparer, celui qui en offrait le prix le plus élevé en demeurait possesseur ; cette élévation de prix, les futurs voyageurs devaient la supporter. Mieux éclairées sur leurs intérêts mutuels, les maisons de commerce se sont rapprochées ; au lieu de recevoir la loi, elles la dictent maintenant ; les voyageurs dépensent moins, l'émigration augmente, tout le monde y gagne.

Cette multitude qui chaque année franchit l'Atlantique pour aller chercher une nouvelle patrie se compose presque toujours des mêmes éléments : l'Écosse et l'Irlande fournit le contingent du royaume-uni ; les provinces rhénanes, celui de l'Allemagne. Trois grandes voies sont ouvertes à cette dernière : l'une traversant directement l'agglomération germanique au moyen des chemins de fer pour arriver à Brême ; l'autre descendant le Rhin pour gagner Anvers ; la troisième, entrant en Alsace par le pont de Kehl, traverse toute la France pour venir aboutir au Hâvre. Depuis deux ans une quatrième voie a été suivie par l'émigration : au lieu de venir s'embarquer à Anvers, les voyageurs descendant le Rhin se sont rendus à Rotterdam, et de là à Hull ou à Liverpool, d'où ils sont partis pour l'Amérique.

En présence d'un pareil mouvement, le commerce ne pouvait pas rester oisif : des compagnies, nous l'avons déjà dit, se sont formées pour venir en aide aux populations ; des courtiers parcourent les villes et les campagnes de l'Allemagne pour recruter des voyageurs, il n'est pas besoin de beaucoup de sollicitations à leur égard. Ce n'est pas précisément l'inconnu qu'ils vont chercher ; des amis, des voisins ont déjà fait savoir du fond des forêts du Nouveau Monde leurs succès, leurs espérances pour l'avenir ; des moyens faciles sont mis à leur disposition ; les meilleures conditions qui leur sont faites déterminent les points d'embarquement.

Les chiffres recueillis pendant la période qui s'est écoulée entre 1848 et 1852 donneront une idée de l'importance et de l'accroissement de l'émigration, et du transit par le Hâvre ; il s'est embarqué de ce dernier port en :

	Pour New-York.	Pour la Nouv.-Orléans.	Ensemble.
1848	18,114	7,392	25,506
1849	23,068	10,830	33,898
1850	20,500	5,324	25,824
1851	34,705	9,529	44,234
1852	51,674	20,651	72,325
Total.	148,061	53,726	201,787

Dans l'année 1852, il s'est embarqué au Havre 2,545 émigrants pour la Californie.

Comme nationalité, les émigrants de 1852 se divisent de la manière suivante :

Bavarois,	22,411
Badois,	16,021
Hessois,	3,689
Prussiens,	3,685
Suisses,	9,532
Belges,	4,054
Italiens,	208
Hollandais,	415
Saxons et Autrichiens,	1,465
Français,	13,845
Total. . .	75,325

Depuis quelques années l'élément français commence à figurer dans une proportion assez considérable dans le chiffre de l'émigration ; mais ces Français, s'ils le sont par le cœur et la circonscription territoriale, sont Allemands par les mœurs et le langage. L'Alsace commence à suivre l'exemple de la Bavière et du duché de Bade. Est-ce l'exemple de leurs voisins de la rive droite du Rhin qui entraîne les Alsaciens ? la maladie des pommes de terre, que l'on nous a affirmé à Strasbourg en être la cause, y a-t-elle effectivement contribué ? ou bien ne doit-on voir dans ce fait qu'une espèce de loi d'équilibre qui rejette le trop-plein d'une nation sur un territoire fertile mais inculte ? Quoi qu'il en soit, la France n'a pas encore à s'en préoccuper, mais quelques gouvernements d'Allemagne commencent à s'efforcer de mettre des bornes à cet entraînement qui épuise le pays d'hommes et d'argent, chaque émigrant emportant le prix de la vente de ses propriétés ; de grandes restrictions sont mises au droit de s'expatrier, mais le courant est plus fort que la digue que l'on a essayé de poser, et la meilleure preuve à l'appui, c'est la progression croissante de l'émigration.

La source d'Argent (Floride).

La Suisse commence également à fournir son contingent à l'émigration. Le Suisse, si attaché à son pays natal, est, par une singulière contradiction, éminemment voyageur ; jadis il fournissait des soldats au monde entier, maintenant il envoie des agriculteurs en Amérique : l'humanité y gagne sans aucun doute. Loin d'imiter les gouvernements allemands qui s'opposent à l'émigration, les communes, en Suisse, la favorisent par tous les moyens en leur pouvoir, et, pour faciliter aux indigents les moyens de s'expatrier, les villages possesseurs de communaux importants leur rachètent, à prix d'argent, la jouissance de ces mêmes communaux : à quoi servirait, en effet, un pré à celui qui n'a pas le moyen d'avoir une vache ?

L'émigrant, nous l'avons déjà dit, ne part pas au hasard ; il est toujours appelé par un parent ou un ami qui a ouvert les voies, qui lui assure du travail, qui lui procurera le moyen d'employer utilement son modeste pécule. L'économie, voilà d'abord ce qu'il recherche dans son voyage ; chaque pièce de cinq francs inutilement dépensée, c'est un acre de moins qu'il pourra acquérir (1) ; aussi il faut voir avec quelle modestie il voyage. Les chemins de fer semblent avoir été créés pour lui : au lieu de ces charrettes traînées par des chevaux éreintés, que l'on peut encore se rappeler ; au lieu d'une longue route à pied de vingt jours de voyage, quarante heures lui suffisent pour se rendre de Strasbourg au Hâvre, en passant un jour entier à Paris. Pour trente-trois francs par personne il fait ce long trajet dans un commode wagon, sans aucune fatigue : cent kilogrammes de bagages, que les chemins de fer de Strasbourg et du Hâvre transportent gratis, lui permettent d'emporter quelques meubles peu encombrants et les outils nécessaires à la culture ou à l'exercice d'une profession, s'il en a une ; des conditions modérées pour le transport des enfants, tout se réunit pour rendre le voyage facile à l'émigrant, et sous peu de temps ces facilités augmenteront encore, s'il est vrai, comme on le dit, que les compagnies des chemins de fer parcourus par l'émigration consentent à une diminution dans le prix de leurs tarifs.

Chaque émigrant peut, à Strasbourg, point du départ pour la France, savoir au juste combien lui coûtera le voyage ; des agences spéciales se chargent, moyennant engagement de sa part, de le faire transporter soit à New-York, soit à la Nouvelle-Orléans, à son choix. — Les avantages que procure ce traité sont, d'une part, diminution sur le prix du trajet dans le chemin de fer, plus, certitude de n'attendre que six jours au plus dans le port d'embarquement. Il doit arriver au Hâvre trois jours au moins avant le terme fixé ; si par une cause quelconque, même le cas de force majeure, telle que persistance de vents contraires ou trop violents, le navire n'appareille pas trois jours après celui qui est indiqué, il est dû au passager un franc cinquante centimes par chaque vingt-quatre heures de retard.

Le prix du transport à New-York, onze cents lieues marines (5,500 kilomètres), varie entre quatre-vingts et quatre-vingt-dix francs, selon le plus ou moins grand nombre de navires qui se trouvent dans le port. Dans ce prix la nourriture n'est pas comprise, chacun embarque ses vivres ; mais, pour éviter toute économie mal entendue de la part des passagers, qui pourrait se traduire en une véritable famine, on exige d'eux, et l'autorité veille avec soin à ce qu'ils se munissent d'une certaine quantité de pain, de biscuit, de farineux, de légumes d'une conservation facile, et de viandes salées ou fumées ; l'expérience a servi à fixer avec certitude les quantités nécessaires, et le prix de revient au Hâvre est de 30 francs environ pour New-York, et de 36 francs environ pour la Nouvelle-Orléans. L'eau nécessaire et une place au feu pour la cuisson des aliments sont dus à chaque passager.

Rien n'est plus pittoresque que l'intérieur d'un navire destiné au transport des émigrants. Un peu à l'arrière du grand mât commence une vaste galerie, qui s'étend jusqu'à l'avant ; le sol est le premier plancher de la cale ; tous les panneaux sont ouverts pour laisser librement circuler l'air. Deux rangées de lits de camp superposées courent le long des flancs du navire : le premier est à 50 centimètres du sol, le second un mètre au-dessus ; ces lits ont deux mètres environ de largeur. Là, chaque famille se groupe, s'improvise un intérieur au moyen de rideaux ; les matelas apportés de la chaumière servent de couche pendant la nuit, de siége pendant le jour ; la lumière, abondamment répandue par des ouvertures ménagées pour donner de l'air, permet aux femmes de se livrer aux travaux de leur sexe, et, malgré l'encombrement, on n'a plus à craindre, grâce aux perfectionnements apportés dans la construction des navires, les maux que la corruption de l'air faisait endurer aux navigateurs du siècle passé.

En arrivant aux Etats-Unis, les émigrants trouvent immédiatement des moyens pour se transporter dans l'intérieur des terres ; là encore, une autorité protectrice veille sur eux : le gouvernement de l'Union a bien senti que dans l'émigration européenne était sa force et son avenir. Aussi tout est rendu facile aux nouveaux venus, et, pour des prix fabuleusement réduits, ils franchissent, soit en bateaux à vapeur, soit en chemins de fer, des distances qui, pour des Américains ne sont peut-être que de longues promenades, mais qui, pour nous habitants du vieux monde, passeraient pour de très-longs voyages.

PHARAMOND BLANCHARD.

(1) Dans les nouveaux Etats, le gouvernement des Etats-Unis a fixé le prix du terrain à défricher à un dollar (5 fr. 30 cent.) l'acre (un arpent environ), pour l'acquérir en toute propriété.

Un journal californien.

17 MARS 1855

Un combat chinois dans les mines du Nord.

The Wide West (le Vaste Ouest), tel est le titre du journal que nous avons sous les yeux. Cette feuille hebdomadaire, qui se publie à San Francisco, et dont le format est aussi incommode que gigantesque, contient un peu de tout et quelques autres choses encore. Les sept colonnes de texte de chaque page sont parsemées de gravures, dont vous trouverez ci-joint plusieurs copies, et qui prouveraient au besoin que, si la soif maudite de l'or a jeté les mineurs, ou *diggers*, dans un état voisin de la barbarie, les beaux-arts comptent cependant encore des sectateurs en Californie.

Poésies sérieuses et burlesques, traits de mœurs, romans, nouvelles, pensées et maximes, voyages, anecdotes, bons mots, caricatures, annonces, le Vaste Ouest embrasse tout.

Les plus intéressantes de ses gravures sont relatives aux Chinois qui ont émigré en Californie.

Les Chinois, dit le rédacteur, sont pour nous à la fois un grand fléau et une inexplicable énigme. Ils ne sont unanimes que pour le mal. Ceux d'entre eux qui le peuvent lèvent continuellement sur leurs compatriotes riches et craintifs des impôts dont la destination est un mystère. Plus on étudie leurs coutumes, moins on les comprend. La seule raison qu'ils aient jamais donnée pour expliquer les nombreuses dissensions qui s'élèvent entre eux, c'est l'existence d'une société secrète, dont nous n'avons jamais vu aucun membre, et dont aucune preuve probante n'est jamais arrivée jusqu'à nous. Ce qu'il y a de certain, c'est qu'ils sont toujours à se quereller. On pourrait croire qu'ils voyagent par bandes de partisans de forces à peu près égales. Leurs combats sont plus remarquables par les grands préparatifs qui les précèdent que par le sang qu'on y verse. Lorsqu'on est convenu d'en venir aux mains, tous les forgerons des environs sont employés à faire des instruments de combat; et celui qui invente l'arme la plus gênante et la moins utile parvient généralement à en vendre le plus. La dernière de ces batailles, arrivée dans les mines du Nord, est exactement représentée par la première des gravures qui accompagnent cet article.

La seconde gravure vous offre une scène de tous les jours. Autour de la table de jeu sont rassemblés ces Asiatiques, dont la venue dans notre pays peut être considérée comme une malédiction. Vous voyez là toutes les diverses

Une maison de jeu chinoise en Californie.

Les blanchisseurs chinois.

physionomies qu'on rencontre dans la race mongolienne, et les quelques modifications que leurs habitudes leur permettent de faire à leur costume. L'ignoble passe-temps auquel ils se livrent ne saurait plus rien ajouter à la dégradation peinte sur leurs visages. La mâchoire proéminente, le nez vulgaire, l'œil éteint, les cils et les sourcils qui ajoutent encore à la laideur des autres traits, tout indique leur infériorité à la race au milieu de laquelle les a jetés leur avarice ou la cupidité des capitalistes. Ceux pour qui les Chinois sont encore des objets de curiosité auront peine à croire que la scène que nous leur offrons ici se répète chaque nuit dans cent endroits divers, et que les maisons où se passent ces orgies, quoiqu'elles soient les plus misérables de la ville, payent plus de loyer en proportion du capital qui y a été consacré, que les plus beaux hôtels de San Francisco. Il y a, dans nos rues les plus fréquentées, des groupes entiers de maisons où les Chinois se livrent au jeu et à d'autres occupations analogues.

Les blanchisseurs chinois sont les moins chers, c'est-à-dire qu'ils font payer moins que les autres blanchisseurs. Mais si nous considérons les boutons arrachés, les boutonnières déchirées, la nuance sale du linge qui sort de chez eux, les vilains plis qu'ils donnent aux devants de chemise, les objets de coton qu'ils substituent souvent au linge de toile, il est fort douteux qu'en fin de compte on trouve une économie. Comme un Chinois croirait déroger à sa dignité en portant un fardeau autrement qu'à l'orientale (c'est-à-dire suspendu au bout d'un bâton appuyé sur ses épaules, et sous lequel il exécute un trot d'une invariable élégance), le linge propre ou sale est arrangé en paquets convenables pour ce mode de transport, ainsi qu'on peut voir dans la troisième gravure. Leur manière de repasser est unique. Le poli qui en résulte ne rivalise pas avec celui d'une glace, et l'amidon n'est pas prodigué non plus; car nous devons déclarer que toutes les chemises confiées par nous à des Chinois nous sont revenues avec les devants flasques et pendants. Quant aux poignets et manchettes, il suffit de passer l'habit pour les faire se rouler avec une obstination que rien ne peut corriger. Aussi ne croirait-on jamais que la chemise qu'on porte est arrivée le matin même de chez le blanchisseur.

Un fandango de mineurs indiens.

On ne pourrait donner de meilleure preuve de l'influence dégradante qu'exercent sur les femmes les mœurs orientales que la condition des Chinoises en Californie. Elles sont toutes vicieuses sans exception. Nous ne pensons pas qu'on en puisse trouver une seule qui se soit livrée à une des nombreuses occupations honnêtes qui se présentent ici à quiconque veut travailler. Elles sont arrivées chez nous avec un but arrêté, et l'opiniâtreté qu'elles mettent à ne pas s'en écarter est aussi invariable que dégoûtante. Ces femmes sont devenues un fléau tel, que dans plusieurs villes leur présence n'est pas tolérée; dans les autres elles sont soumises à toutes sortes d'insultes, et souvent leurs demeures sont détruites ou submergées au moyen d'eau lancée par les pompes à feu. Une tentative faite il y a quelque temps pour atténuer le mal est restée sans résultat. Peut-être n'y a-t-il d'autre remède que dans l'élévation de la moralité générale. Cependant il est une chose à faire qui pourrait avoir de bons résultats : ce serait de bannir ces créatures dans quelque partie moins fréquentée de la ville, où leurs figures barbouillées ne choqueraient pas les honnêtes gens qui ont à traverser les rues qu'elles infestent.

Voici maintenant un *fandango de mineurs indiens*. Il se peut qu'ils soient doués de moins de grâce et d'adresse dans leurs mouvements que certaines variétés plus civilisées de l'espèce humaine; mais nous ne croyons pas que les plus fameux danseurs puissent montrer plus de vigueur ni s'amuser aussi bien qu'eux. Leur musique est grossière, mais sa mélodie est comprise et appréciée par l'auditoire, composé de femmes qui ne prennent jamais part à ces fêtes, et se contentent d'en rester spectatrices. Nos danseurs ne sont pas scrupuleux relativement au costume, et s'en passent quelquefois tout à fait, comme ce hardi guerrier qui se trouve à gauche de la gravure. Ces Indiens ne sont guère plus beaux que les Chinois, mais ils se croient à une hauteur incommensurable au-dessus d'eux, et les regardent avec mépris et dédain. L'aversion, du reste, est réciproque, et ce n'est pas étonnant.

Permettez-nous de citer quelques-unes des pensées et maximes contenues dans le numéro du *Wide West* que nous avons sous les yeux.

La vérité est une chose trop précieuse pour la prodiguer au premier venu.

On disait jadis : Connais-toi toi-même. Aujourd'hui on a remplacé cette maxime par celle-ci, qui est beaucoup plus profitable : Connais ton voisin et tout ce qui le regarde.

On peut vivre sans frère, mais non sans ami. Pour mériter un bon ami, il faut le devenir.

Donnez à l'homme esprit et richesse, c'est un roi.
Donnez-lui esprit sans richesse, c'est un esclave.
Donnez-lui richesse sans esprit, c'est un sot.

Il y a quatre sortes de lecteurs : la première ressemble à un sablier; leur lecture est le sable qui s'écoule sans laisser de traces. La seconde ressemble à une éponge, qui s'imbibe de tout et rend tout à peu près dans le même état que devant, seulement un peu plus sale. La troisième ressemble à une passoire, qui laisse échapper tout ce qui est bon et pur pour ne retenir que l'écume et la lie. La quatrième ressemble à l'esclave qui travaille dans les mines de Golconde, et qui rejette tout ce qui est sans valeur pour ne garder que les diamants.

Voulez-vous quelques anecdotes?

« Je maudis le jour où nous nous sommes mariés! » disait un mari furieux à sa meilleure moitié. « Gardez-vous-en bien, mon ami, » répondit-elle avec douceur; « car c'est le seul jour de bonheur que nous ayons eu. »

« Qu'est-ce que vous venez de brûler là, Thomas? » demandait un auteur à son domestique. « Oh! monsieur, je n'ai brûlé que les papiers couverts d'écriture qui embarrassaient votre table; je n'ai pas touché au papier blanc. »

Une dame mariée trouvant ses deux fils en train de se disputer, s'écria, dans l'espoir de mettre fin à leur querelle : « Si vous ne restez pas tranquilles sur-le-champ, mauvais sujets que vous êtes, j'irai le dire à vos pères à tous deux. »

Un journal d'Albany publie l'avis suivant, signé Johanna Rentz.

« Attendu que Joseph Rentz, mon mari, m'a abandonnée sans provocation de ma part, et que je n'ai plus eu de ses nouvelles depuis un an, je déclare par cet avis que s'il n'est pas de retour dans trois jours d'ici, je me considérerai comme divorcée et me remarierai immédiatement. »

Finissons par un fait qui caractérise bien l'état encore demi-barbare où se trouve le *Far West*.

Moïse Stevens avait montré le caractère le plus doux et le plus paisible jusqu'au jour où il se porta candidat à l'Assemblée législative. Ses compétiteurs mirent tout en œuvre pour le noircir et salir sa réputation; tous les journaux répétèrent d'infâmes accusations contre lui. Irrité, il rendit la pareille à ses adversaires. Ceux-ci, s'imaginant lui imposer silence, lui envoyèrent un duelliste de profession. Mais Stevens ne recula pas. Du premier coup il étendit par terre son ennemi. D'autres duels suivirent le premier, et il en sortit toujours vainqueur. Cela le rendit insolent et hautain, et lorsqu'il eut tué sa demi-douzaine d'hommes, on n'osa plus le provoquer.

Un jour qu'il était dans un café à raconter ses exploits (c'était quelques années plus tard), il remarqua un jeune homme qui le considérait attentivement, et dont le regard fixe le troubla et le fit pâlir. Il surmonta toutefois son émotion, et lui dit à la fin : « Vous semblez avoir admiré mon talent de conteur. Qu'en pensez-vous?

— Je n'admirais pas votre talent de conteur; je m'étonnais de voir un si grand assassin.

— Je n'ai fait que plaisanter, je vous assure.

— Vous mentez. »

Stevens pâlit. « Comment savez-vous si je mens? Vous m'êtes tout à fait inconnu; je ne vous ai jamais vu de ma vie.

— Peu importe, monsieur Stevens. Je vous connais pour un assassin, et je vois à présent que vous êtes un poltron et un lâche!

— Qui donc êtes-vous pour me parler ainsi?

— Je suis le fils d'un de ceux que vous avez assassinés.

— Certainement vous vous trompez, jeune homme. Quel était le nom de votre père.

— Je ne vous le dirai, infâme et lâche menteur, qu'au moment où vous rendrez le dernier soupir. Ce nom sera pour votre âme le signal des tortures éternelles. Homme de sang, votre dernière heure est venue! »

A ces mots, Stevens resta confondu comme un coupable entendant sa condamnation.

Le jeune étranger le contempla avec dédain pendant quelques secondes. « J'avais d'abord voulu vous égorger ici, misérable! » dit-il enfin; « mais je ne veux pas tuer même un assassin sans lui laisser une chance de sauver sa vie. Poltron! acceptez-vous un combat loyal? »

Un rayon de joie sauvage illumina les traits de Stevens, et il répondit : « Oui; dites votre heure, le lieu et les témoins.

— Ce sera bientôt fait. Ce soir, à minuit, à la maison isolée dans la forêt, à cinq milles d'ici, du côté de l'est. Faites-vous accompagner d'un ami; prenez un *bowie-knife* (large couteau recourbé en forme de yatagan) ou un poignard, à votre choix. Nos témoins fermeront la porte en dehors, après avoir juré sur l'Evangile de nous laisser seuls dans les ténèbres pendant vingt-cinq minutes. Cela vous va-t-il?

— Cela me va. » Là-dessus le jeune homme sortit et se dirigea vers le lieu du rendez-vous.

Le bruit de ce duel étrange se répandit rapidement; et une foule nombreuse accourut pour y assister. La nuit était sans lune et sans étoiles. Les torches des spectateurs jetaient de lugubres clartés sur les lianes et les vignes grimpantes qui cachaient les murailles.

Dix minutes avant minuit Stevens arriva avec son témoin. Lorsque les deux aiguilles de sa montre se réunirent sur le chiffre XII, il s'écria d'un air de triomphe : « Me voici au rendez-vous; mais où est mon adversaire?

— Ici, » répondit une voix claire et vibrante. Une clef fit grincer la serrure; la porte s'ouvrit, et sur le seuil apparut l'étranger.

Les combattants se dépouillèrent de leurs habits, de leurs gilets et de leurs chemises. L'inconnu n'avait d'autre arme qu'un long poignard, pas très-large, mais effilé comme un rasoir et à double tranchant. Stevens avait fait choix d'un bowie-knife énorme et pesant comme la massue d'un sauvage. Il fut convenu que tous ceux qui avaient des torches se retireraient à vingt pas de distance, afin qu'aucun rayon de lumière ne pût pénétrer par les fentes de la porte et des volets. Les témoins placèrent les combattants dans deux coins opposés de la chambre, fermèrent la porte et s'éloignèrent.

D'abord les deux adversaires se baissèrent et ôtèrent tout doucement leurs souliers, pour ne pas faire de bruit en marchant. La même pensée leur était venue à tous deux. Puis le jeune étranger longea la muraille en silence, jusqu'à ce qu'il fût arrivé à environ quatre pieds du coin où son ennemi avait été placé d'abord. Alors il s'arrêta pour écouter. Pendant quelques secondes, il n'entendit que les battements de son propre cœur; mais bientôt il distingua comme une respiration étouffée venant du coin qu'il avait quitté. Son ennemi avait fait la même manœuvre que lui, et elle se répéta plusieurs fois avec le même résultat.

Enfin l'étranger résolut de rester immobile et d'attendre l'approche de son adversaire. Il entendit alors comme un bruit de flocons de laine tombant sur le plancher. Lorsque ce bruit ne fut plus qu'à environ trois pieds de lui, il frappa un coup de son poignard dans la direction où il croyait rencontrer le cœur de son ennemi. Mais Stevens était penché en avant, s'apprêtant lui même à frapper, de sorte que la pointe du poignard lui perça l'œil gauche et entama profondément le cerveau. Il tomba aussitôt; il avait combattu son dernier combat.

Lorsque, après les vingt-cinq minutes, les témoins ouvrirent la porte, un spectacle hideux s'offrit à leurs regards. Le cadavre sanglant de Stevens gisait par terre, la tête séparée du tronc, et placée, comme par dérision, sur sa poitrine. Le poignard était enfoncé dans l'œil presque jusqu'à la garde.

Les spectateurs, d'abord stupéfaits, crièrent enfin : « Arrêtez le meurtrier! arrêtez-le! » Mais en un clin d'œil l'étranger avait disparu, sans que personne pût voir dans quelle direction.

Je l'ai rencontré il y a quelques mois, ajoute le rédacteur, à San Antonio, dans le Texas. Il ne m'est pas permis de révéler son nom; mais c'est un homme très-considéré, et qui s'est fort distingué dans la dernière guerre du Mexique.

EDOUARD SCHEFFTER.

Proclamation du résultat des votes pour la présidence des États-Unis, devant l'établissement du Télégraphe électrique, à New-York.

Cérémonie d'inauguration, à Washington, de la présidence de M. Buchanan — D'après un croquis de M. Léon Job.

Histoire de la semaine.

29 NOVEMBRE 1856

On ne peut douter maintenant de l'élévation de M. Buchanan à la présidence, et les chiffres donnés dernièrement étaient bien exacts. Il résulte du tableau général des élections, que M. Buchanan n'a eu pour lui que quatre États libres, et que M. Fremont n'a pas eu un seul État à esclaves; M. Fillmore, représentant le parti know-nothing, n'a eu que le Maryland, qui, au sujet de l'élection, a été le théâtre de luttes odieuses et de batailles meurtrières, après lesquelles, disent les journaux du parti opposé, se fit un escamotage effronté des bulletins électoraux, qui assura la victoire au parti know-nothing. M. Buchanan doit son triomphe aux vingt-sept voix de l'État de Pensylvanie, son pays natal; en les déplaçant d'une manière quelconque, le colonel Fremont aurait certainement eu l'avantage.

Les journaux américains ne tarissent pas sur l'effet prodigieux que va produire en Europe la nomination de leur président. A les entendre, tous les yeux sont fixés sur lui, et une crainte universelle se serait emparée des esprits dans le vieux monde à cette nouvelle effrayante. L'une des plus importantes feuilles de New York surtout est remarquable par ses appréciations gigantesques; c'est presque un poëme épique. « L'élection de M. Buchanan, dit-elle, va tomber comme un coup de tonnerre sur les nations de l'Europe... Par l'élection d'un des auteurs du manifeste d'Ostende, nous annonçons aux gouvernements européens que nous sommes décidés à poursuivre à leur égard cette politique agressive si distinctement arborée dans cette déclaration. »

Certainement l'élection d'un nouveau président est un événement fort important même pour l'Europe; mais les journaux américains se trompent singulièrement s'ils pensent que nos embarras et nos propres affaires ne nous intéressent pas beaucoup plus que cette grande nouvelle, M. Buchanan est nommé.

On ne se doute guère en Europe des sommes énormes qu'a coûté son élection, en concurrence avec Fremont et Fillmore. Un journal américain, le *Frank Leslie's illustrated*, auquel nous empruntons la gravure de notre première page, donne à ce sujet des détails qui surprendront bien du monde. En récapitulant toutes ces dépenses, on trouve : frais de 40,000 clubs à 300 dollars chacun, 12 millions de dollars; travaux de trois hommes dans chaque club pour trois mois, à 100 dollars chacun, 12 millions de dollars; 1,000 orateurs à 500 dollars chacun pour trois, 500,000 dollars; officiers publics et vérificateurs aux polls, 1 million de dollars; total, 25 millions 500,000 dollars, ou 130 millions de francs, somme tout entière fournie par des souscriptions populaires.

28 MARS 1857

L'événement capital est le discours inaugural du nouveau président des États-Unis, M. Buchanan. Ce document, publié cette semaine par la plupart des journaux, respire un ton d'innocence et de candeur qui ferait croire aux intentions les plus pacifiques, si l'on ne savait que ces discours n'engagent à rien, et que l'imprévu qu'on peut faire naître à volonté sert d'excuse à tout ce qui ne s'accorde plus avec le programme.

Sur la question de l'esclavage, M. Buchanan, comme M. Pierce, reconnaît que c'est une *institution domestique* dont chaque État de la confédération a le droit de faire sa loi sans l'intervention du pouvoir fédéral. Il paraît que cette concession est nécessaire au maintien de l'Union.

Mœurs américaines.

31 OCTOBRE 1857

La jeunesse, qui a tout ensemble en soi tant de confiance et tant de défiance de soi, la jeunesse est l'âge de la susceptibilité. L'enthousiasme et la timidité s'accommodent mal de la raillerie. Plus tard, on devient plus endurant, l'expérience vous y dispose, et la conviction de ce que vous valez, et la perte de plusieurs illusions, et l'esprit de justice qui vous apprend à faire des retours sur vous-même. Cela est vrai des peuples comme des individus. Entre tous, la nation américaine s'est distinguée par sa susceptibilité envers les voyageurs qui se sont permis des critiques ou des plaisanteries sur son compte. Mistress Trollope en sait quelque chose, et Charles Dickens lui-même, pour avoir, çà et là, donné carrière à son *humour* dans ses *American notes for general circulation*. C'est en vain qu'il a pris soin de faire toutes sortes de réserves et de distinctions. Quand on foule le sol des États-unis, on passe (pour son argent) à l'état d'hôte, et c'est violer les lois de l'hospitalité, c'est de l'ingratitude, c'est de la trahison, que de médire des gens qui vous ont reçu chez eux. Il en résulte que plus on acquiert d'observation, plus on renonce au droit de critique; et c'est pour avoir méconnu la force de ce raisonnement que Charles Dickens a perdu, aux États-Unis, une partie de la popularité que son talent si sympathique devrait lui assurer partout.

Ce n'est donc pas sans frémir, on le conçoit, que nous avons reçu de l'*Illustration* la commission scabreuse d'encadrer de quelques explications les dessins échappés au crayon railleur d'un jeune touriste qui, dans la bonhomie de son caractère et dans l'innocence de ses intentions, ne se rend pas compte du danger auquel il nous expose l'un et l'autre.

Heureusement nous n'avons jamais été aux États-Unis, et nous sommes dans la rassurante nécessité de nous borner au rôle de rapporteur dans ce procès si étourdiment intenté par la gaieté à l'amour-propre. Heureusement aussi, une récente et intéressante publication, *Trois ans aux États-Unis*; par M. Oscar Comettant, nous permettra, Dieu aidant, de nous tirer d'affaire sans encombre. En trois années de séjour on peut se former une opinion sur un pays, et les observations de M. Comettant ont un caractère de modération et d'impartialité qui le maintient à distance du double écueil contre lequel sont venus échouer tant de ses prédécesseurs, la tentation de rire ou la frayeur de déplaire.

C'est à New-York que nous sommes, dans Broadway, la grande artère de la ville par où circule incessamment un va-et-vient de piétons et de voitures. Il est encore de très-bonne heure; ces hommes affairés, que vous voyez se dépassant à l'envi sur les trottoirs, ce sont des négociants. Depuis le plus humble commis jusqu'au plus riche armateur, quelle que soit la saison et quelque temps qu'il fasse dans cette cité qui, en fait de climats, réunit tous les extrêmes, à sept heures du matin, tous se lèvent. Pour ceux qui ont le sommeil lourd, on a inventé un réveil-matin infaillible : ce n'est pas simplement une pendule comme chez nous, c'est le lit lui-même qui est chargé de ce soin. Il ne se contente pas, comme elle, de sonner plus ou moins longtemps à vos oreilles, c'est un charivari complet qu'il vous donne. Si par impossible vous résistez à cette première sommation, vous en recevez une seconde plus énergique encore; enfin, si, malgré tout, la paresse vous retient entre vos draps, alors, recourant à un argument irrésistible, le lit fait la bascule et vous force à vider les lieux, c'est le cas ou jamais de le dire.

A sept heures et demie donc, diligents et paresseux, tout le monde déjeune, et tout le monde, pauvre ou riche, fait le même déjeuner, invariablement composé d'une tranche de jambon ou de roast-beef froid et d'une tasse de thé ou de café au lait. A huit heures, tout le monde est dans la rue, et à huit heures et demie, tout le monde est à son *office*, c'est-à-dire à son bureau.

Cet office participe du sentiment d'égalité qui règne dans ce pays démocratique. L'habitation du négociant riche réunit tout le luxe et le *confort* qu'on peut désirer; mais son office est, en général, tout le contraire : dans une chambre sombre et misérable, un bureau incommode, quelques chaises de paille raccommodées, une vilaine petite fontaine et une méchante cuvette pour se laver les mains; enfin, plusieurs fauteuils de cuir vert portant l'empreinte profonde du zèle et de l'assiduité au travail du patron et des commis aux écritures; voilà cet office et son ameublement. L'homme d'affaires, nous dit M. Comettant, s'y refuse par système toute espèce de confortable. Il croit prouver en cela le sérieux de son caractère, et il a pour but par là de flatter les petits marchands qui viennent traiter avec lui. Il est inconcevable, mais il est très-vrai que les trafiquants aiment, chez les hommes d'affaires qu'ils savent riches, l'apparence de la misère et le dédain affecté du luxe. Ces contrastes frappent l'imagination sordide des uns et des autres, inspirent la cupidité et provoquent les rapprochements. Un homme d'affaires qui serait bien installé dans un office bien propre, bien aéré, bien meublé, dont le langage serait poli et avenant, les manières courtoises, contenterait certainement beaucoup moins ses clients et ferait beaucoup moins d'affaires qu'un cuistre ratatiné sur son vieux fauteuil de cuir, qui reçoit ses clients d'un ton bref et indifférent. Le ton de ce cuistre, ses manières, son langage, les meubles misérables de son office, quand on sait qu'il possède une maison somptueuse où vit sa famille, plaisent beaucoup au chaland, qui trouve cette manière d'être la seule convenable à un véritable homme d'affaires.

Or, qui est-ce qui n'est pas homme d'affaires au nord des États-Unis? Les enfants eux-mêmes le sont, et les femmes voudraient l'être. « Il n'y a pas d'enfants aux États-Unis : il n'y a que de petits hommes d'affaires et de jeunes employés. J'ai connu un excellent caissier qui avait douze ans, et l'on envoie journellement en recouvrement, pour des sommes considérables, de graves gamins à qui l'on n'oserait certainement pas confier deux sous en France. Tâchez de les tromper! Ils savaient déjà compter dans le sein de leur mère. » Voilà pour les garçons; voici pour les filles : « Je me trouvais un jour en compagnie d'une jeune lady, belle de cette correcte et angélique beauté des vignettes anglaises. La conversation roulait sur les privilèges dont les femmes jouissent en Amérique, privilèges qui tiennent autant à la protection des lois qu'à une certaine galanterie et à l'extrême tolérance des Américains pour les femmes.

Avant dix heures du matin dans Broadway, à New-York. Négociants se rendant à leurs offices.

— C'est vrai, me dit-elle, nous sommes généralement bien heureuses en Amérique ; malgré cela, j'aurais voulu naître homme !

— C'eût été bien dommage, lui dis-je ; mais pourquoi auriez-vous voulu faire partie de la plus vilaine moitié du genre humain ?

— Pourquoi ? me dit-elle vivement, et vous me le demandez !

A cet instant, ses traits s'animèrent, ses yeux d'azur prirent, sous ses longs cils noirs, un air inspiré, sa personne entière parut sous le charme d'une grande et poétique pensée. Je m'attendais à l'entendre dire qu'elle voudrait être homme pour commander une armée, diriger une escadre, briller à la tribune ou à la chaire par l'éloquence de la parole, ou peut-être même encore pour essayer de faire, à l'instar de quelques fameux flibustiers, la conquête du Mexique ou de Cuba. Mais à peine avais-je achevé ces rapides réflexions que, s'approchant de moi, elle me dit d'une voix émue :

— Eh bien ! je voudrais être homme pour devenir un homme d'affaires (*business man*) !

Je n'invente rien ; d'ailleurs de pareils traits ne s'inventent pas. »

Jeunes mendiants dans la rue

New-York ne serait pas une grande ville si, à côté du luxe, on n'y voyait pas la misère. Ce sont, en général, des Irlandais qui se chargent de ce triste rôle. Cette denrée funeste croît avec une telle abondance sur le sol de la vaste Erin, que, malgré tout ce qui s'en consomme sur place, il en reste amplement encore de quoi exporter dans les deux hémisphères. Ces malheureux émigrés, venus de si loin dans une espérance illusoire, peuvent à la rigueur se croire encore chez eux, tant ils sont dénués de tout, tant ils manquent du vivre et du couvert. Là, comme toujours, vêtus, si l'expression n'est pas trop hyperbolique, des lambeaux de la défroque des riches, ils subsistent d'expédients et de petites industries ; ils exercent le métier de chiffonniers, vendent des allumettes, des journaux, ou plutôt mendient sous ce prétexte.

Dans l'après-midi, Broadway prend un autre aspect. Les hommes sont au travail : les femmes envahissent la rue, les demoiselles surtout. « Ce sont les demoiselles en Amérique qui mènent ce qu'on appelle en France la vie de garçon, pendant que les garçons, eux, mènent à tout âge, comme nous l'avons dit, la vie d'hommes d'af-

L'après-midi dans Broadway. Promenade des Dames.

Les traineaux dans Broadway, à New-York.

aires. Les jeunes filles s'en vont seules se promener des journées entières, dans les toilettes les plus élégantes. A l'âge de douze ans, elles ne veulent porter que des robes de soie. Elles vont partout, entrent à tous moments chez les pâtissiers, prennent des glaces plusieurs fois par jour, et croquent constamment des sucreries. Quand elles rentrent chez leurs parents, après des promenades de plusieurs heures, personne ne les questionne sur l'emploi de leur temps. En été, avec leur fiancé, quand elles en ont un, et elles en ont toujours un de fort bonne heure, elles courent la ville le soir, vont au spectacle, à la campagne, en chemin de fer ou en bateau à vapeur. En hiver, elles font des parties de traîneaux qui se prolongent très-avant dans la nuit; elles ont un passe-partout de la maison et rentrent incognito dans leur chambre, qui d'ordinaire est éloignée de celle du père et de la mère. » Cette extrême indépendance des filles aux Etats-Unis est évidemment une conséquence du principe de la liberté qui doit s'appliquer à tout; mais M. Comettant en donne une autre cause, qui a

Chiffonnière et marchand de journaux.

sa valeur dans l'espèce, étant toute commerciale. Les Américains, dit-il, dans le principe de la colonisation, n'ont rien négligé pour assurer le succès de leur entreprise. Sachant que la plus faible moitié de l'espèce humaine a toujours conduit la plus forte, et que là où la femme se plairait et voudrait vivre, il faudrait bien que l'homme s'y plût et vécût, ils employèrent tous les moyens pour attirer à eux les femmes, et, en bons négociants, leur offrirent *une part dans les bénéfices*. Cette part est large. Les bienheureuses filles du nouveau monde ont tous les droits ou à peu près. Une dame, par exemple, se présente dans un magasin de nouveautés. Elle annonce en entrant qu'elle a l'intention de ne rien acheter et qu'elle veut néanmoins tout voir, tout examiner, uniquement pour passer le temps. On s'empresse aussitôt de déplier sous ses yeux d'innombrables pièces d'étoffes; on la laisse essayer des châles, des mantelets, des coiffures, etc., pendant des journées entières. Elles appellent cela *magasiner*. Quand elles sont lasses de ce plaisir, elles ne remercient même pas, font un petit signe de

Camion-traineau, à New-York.

Le repos du dimanche : en Rocking Chair.

tête en guise de salut et s'en vont peut-être *magasiner* ailleurs. Les commis en ont pour plusieurs heures ensuite à tout remettre en place. Autre exemple cité par notre voyageur. Qu'une dame se présente pour avoir une place dans un omnibus complet, aussitôt un homme se lève pour lui donner la sienne, et cela de la manière la plus simple, sans exiger d'elle aucun remerciment, sans même la regarder. La dame s'installe à la place du monsieur, sans même songer à le remercier. Cette déférence lui était due. Qu'il survienne une pluie, les femmes, qui arrivent en foule et se précipitent dans les omnibus déjà pleins, s'asseoient sans se faire prier sur les genoux des voyageurs, d'abord modestement sur l'extrémité des genoux; puis, le cahot de la voiture aidant, et comme elles se trouvent mal assises, elles finissent, pour leur plus grande commodité, par faire de vous un véritable fauteuil à la Voltaire. Ce qu'il y a de plus caractéristique dans tout cela, c'est le silence des hommes, c'est leur attitude respectueuse et leur sérieux, formant un contraste plein d'originalité avec la figure des folles voyageuses, qui parlent haut, rient aux éclats et gesticulent en tous sens comme des enfants ivres de joie qu'on mènerait à la foire.

Des dames entrent journellement chez M. Horace Waters, marchand de musique dans Broadway, pour choisir des compositions nouvelles. Elles s'asseoient au piano, souvent au milieu d'un grand concours de personnes qui vont et viennent dans le magasin, et, sans le moindre sentiment de gêne, elles tripotent des valses et des polkas, ou chantent des romances. J'ai vu maintes fois, quand les romances qu'elles choisissaient se trouvaient être avec accompagnement de chœur, ces dames prier les commis du magasin et le maître lui-même de chanter avec elles pour mieux juger de l'effet d'ensemble. A l'appel d'une dame personne ne résiste, les commis en masse quittent leur besogne, sortent de leur comptoir et viennent avec le patron, qui a, pendant ce temps-là, mis ses lunettes sur son nez, se grouper autour de la musicienne. Et les voilà tous chantant à tue-tête, bien ou mal, sans s'inquiéter le moindrement de ce concert si bizarrement improvisé par une inconnue.

Et qu'on ne pense pas que cette obéissance passive à toutes les volontés des femmes prenne uniquement sa source dans un instinct de galanterie. La loi les protége trop impérieusement pour en laisser entièrement le mérite aux mœurs. Qu'entre autres permissions elles aient celle de battre les hommes qui leur déplaisent, M. Comettant le dit, et nous n'irons pas à l'encontre, nous plaisant à croire que ce droit elles n'en ont jamais usé, et qu'il n'y a, par conséquent, aucun moyen de vérifier la justesse de l'assertion. Mais ce qui est positif, c'est que la justice admet leur serment comme preuve dans des cas bien graves et bien étranges. Du reste tout cela, du plus au moins, existe aussi en Angleterre; M. Comettant, faute peut-être d'avoir habité ce dernier pays, omet trop d'en faire la remarque, et, à vrai dire sous bien des rapports, le Yankee n'est qu'un Anglais vu dans un miroir grossissant. Tout ceci, par exemple, ne peut-il, dans une certaine proportion, s'appliquer à l'Anglo-Saxon d'Europe comme à l'Anglo-Saxon d'Amérique?

« On connaît la signification du mot *flirtation*, cette conversation intime qui tient le milieu entre une conversation purement amicale et une conversation galante et passionnée. La flirtation, que les Américains prononcent *fleurteichonn*, est évidemment née de deux principes contradictoires : le désir pour les femmes de plaire aux hommes, et la crainte pour les hommes de succomber aux séductions des femmes. De là l'extrême coquetterie des unes et la froide réserve des autres.

« La femme apparaît aux Américains comme une menace pour les cœurs trop sensibles. Ce n'est pas la brebis qui a peur du loup, là-bas; c'est le loup qui craint la brebis. Aussi laissez faire les Américaines; leur expérience (les Américaines ont de l'expérience à tout âge), jointe à la protection des lois, les défendra suffisamment contre tout danger de flirtation. N'ayez non plus aucun souci de ces *aparte* dans les petits coins entre jeune homme et jeune fille qu'on remarque partout, dans les salons, au théâtre, au bal, dans les *ice-cream saloons* (chez les glaciers). Ces don Juan que la peur talonne sont souvent plus innocents qu'on ne croit, et jouent à l'amour à peu près comme les enfants font la petite guerre, avec des sabres de bois et des pistolets de paille.

« Que si l'un des deux flirteurs tremble de céder à l'attraction du sentiment, ce n'est jamais *elle*, c'est toujours *lui*. Aussi quelle confiance parfaite illumine les charmantes figures des *young ladies*, et combien ne faut-il pas admirer ces grandes écolières de quinze et même de dix-huit ans, qui, en grande toilette, des livres sous le bras, s'en vont par les rues, regardant les hommes avec affectation, leur riant brusquement sous le nez, pour les forcer à baisser les yeux!

« Souvent les écolières sont fiancées, ou bien tout simplement elles ont un ou plusieurs amoureux. Rien n'est plus amusant alors que de voir, comme on dit en anglais, les *beaux* de ces demoiselles, les *épauler* pour flirter de plus près. En Amérique, un mari ou un fiancé a seul le droit de donner le bras à sa femme ou à sa fiancée. Quand un homme désire accompagner une demoiselle dans un lieu public, il marche à ses côtés sans jamais lui offrir le bras; mais il l'épaule volontiers, ce qui est parfaitement reçu.

« Voici comment on épaule une demoiselle en Amérique : le cavalier arrondit le bras, et le consolide ensuite sur l'épaule de la demoiselle en la poussant légèrement devant lui. Il élude ainsi les rigueurs de l'étiquette. Autrefois les Américains accompagnaient les dames dans la rue en les tenant par le coude. L'épaulement est un progrès; mais ce progrès même commence à être dédaigné dans les grandes villes par la société qui se pique de donner le bon ton, et il n'y a plus guère que la société moyenne qui continue d'escorter ainsi les demoiselles à la promenade, en les épaulant. »

Le dessin des traîneaux, dans Broadway, représente un des plaisirs favoris des habitants de New-York. L'hiver qui, nous l'avons dit, est fort rigoureux dans cette ville, y est très-bien venu avec son cortége de neige et de glace. Quel bonheur! le matin au réveil, de trouver la rue encombrée de neige jusqu'aux premiers étages. Vite on est à l'œuvre pour la niveler, et dès que la voie est praticable, commence de toutes parts le concert des grelots sonores et l'entrecroisement rapide des traîneaux, car il y en a de toutes sortes, et non pas seulement de luxe, comme chez nous, où la neige est une exception. A New-York, le traîneau doit se substituer complétement à la voiture; il en faut pour porter les fardeaux, les denrées et les marchandises, et, à côté du traîneau de l'élégant aux chevaux fringants et brillamment caparaçonnés, il y a, pour le transport en commun, le traîneau-omnibus, où le peuple, en souverain qu'il est, se fait traîner à six et huit chevaux, comme les autres rois, les jours de grande cérémonie. Qui connaît les Américains devine bien qu'ils ne laisseraient pas échapper une si belle occasion de se casser le cou en joutant de vitesse. Ainsi font-ils : de tous côtés s'improvisent des courses échevelées dans les avenues, où le plus téméraire excite le plus de hurras, où le plus maltraité n'obtient que des huées et des lazzis. *Go ahead!* L'Américain doit faire son chemin à tout prix, même en traîneau, même sur la neige, même quand ce chemin ne mène à rien. *Go ahead!*

LÉON DE WAILLY.

Mœurs américaines.

21 NOVEMBRE 1857

Comme on a bien raison de dire que l'impunité enhardit le crime! Parce que nous n'avons reçu aucune réclamation des Etats-Unis au sujet des dessins insérés dans notre numéro du 31 octobre, nous allons nous hasarder à en donner encore quelques autres, vous montrer, après l'activité de la semaine, New-York au repos le dimanche.

Nous disions l'autre jour que le Yankee était un Anglais vu dans un miroir grossissant. Que ceux qui ont passé un dimanche à Londres se fassent, d'après cela, une idée de ce que peut-être un dimanche à New-York. « Les *indépendants*, dit M. Ampère dans sa *Promenade en Amérique*, qui furent les premiers colons de la Nouvelle-Angleterre, et jetèrent les fortes bases de la nationalité future des Etats-Unis, étaient croyants jusqu'à la férocité... La tyrannie qu'ils imposaient à la communauté, au nom de la religion, fut poussée par eux jusqu'au plus minutieux et au plus ridicule despotisme : il n'était pas permis d'avoir des cheveux longs et de porter perruque.. Il était défendu, sous peine du fouet, d'embrasser sa femme dans la rue, et aux mères d'embrasser leurs enfants le dimanche. Il ne fallait pas préparer la bière le samedi, de peur qu'elle ne *travaillât* pendant le jour du sabbat. » Quoique ce zèle religieux, qui allait jusqu'à brûler des sorcières et à pendre des quakeresses, se soit un peu calmé et ait pris des allures plus pacifiques, bon sang ne peut mentir, et les fils de ces pères continuent d'observer le jour du Seigneur avec une rigueur qui sera pour nous un éternel sujet d'étonnement. Que voulez-vous? nous sommes de tels mécréants en France. L'intolérance, et même, s'il faut tout dire, la ferveur religieuse, sont tout au plus, chez nous, des plantes de serre chaude. Les Américains, au contraire, en ont l'instinct. M. Ampère constate qu'à Worcester, dans le Massachussets, le nombre des fous pour cause de religion égale celui des fous pour cause d'intemperance, et ce n'est pas peu dire. Le Français est un fils de Descartes qui aime à se rendre compte de tout. Les fictions, il les perce à jour, et n'admet pas les vérités de convention. L'Anglo-Saxon est tout le contraire; il n'éprouve pas le besoin de remonter à l'origine des choses, de discuter les causes premières; il accepte l'autorité d'un livre; il s'enferme dans quelques phrases de ce livre, et ne sort pas de là. Dans cette limite, il usera de sa liberté comme un oiseau use de ses ailes dans sa cage; mais il n'en franchit pas la porte. Dieu s'est reposé le septième jour, l'Anglo-Saxon se repose le septième jour. Il s'en croit probablement d'autant plus fait à l'image de Dieu. Toutefois, du repos à l'ennui, il y a de la marge. La Bible ne dit pas que Dieu s'est ennuyé le septième jour. Mais ceci c'est une affaire de caractère, et l'on juge trop les autres d'après soi. Pourquoi vouloir imposer à cette race vos goûts et vos répugnances? « Qu'est-ce que cela me fait de m'ennuyer, pourvu que je m'amuse. » Vous connaissez cette vieille phrase. L'Américain s'amuse à sa manière. Il n'est pas gai de sa nature. Tous les voyageurs, sur ce point, sont d'accord, même les Anglais, qui ne passent pas sur le continent pour très-folâtres. Voyez quels réjouissants compagnons de route rencontre Charles Dickens sur le bateau à vapeur qui mène de Pittsburg à Cincinnati, et notez que ce n'est pas un dimanche. « Personne, à aucun repas, ne rit rien à personne. Tous les passagers ont une mine lugubre, et semblent avoir de terribles secrets qui leur pèsent sur l'esprit. Pas de conversation, pas de rire, pas d'enjouement, pas de sociabilité, si ce n'est en fait de crachats, qu'on lance silencieusement, fraternellement, tout autour du poêle, quand le dîner est fini. Si vous ne les aviez pas vus remplir ce devoir de nature, vous pourriez prendre tous ces hommes pour de tristes ombres de teneurs de livres tombés morts sur leur bureau, tant ils paraissent exténués par les affaires et les calculs. Des croque-morts en exercice seraient alègres à côté d'eux, et, en comparaison d'un pareil diner, un repas funèbre serait une joyeuse bombance. »

Si, tout en tenant compte de l'exagération, qui est le privilége et la nécessité du comique, on peut se fier à l'exactitude de cette description, que tous les voyageurs confirment à leur manière, comment pouvez-vous espérer que ce peuple tout à coup deviendrà gai périodiquement un jour par semaine? Cela le dérangerait trop de ses habitudes. L'ennui est son élément; il y est comme le poisson dans l'eau. Que lui faut-il? Du repos après l'activité de la semaine; et, comme la modération n'est pas son fort, après l'extrême activité, un repos extrême. Un excès de fatigue ôte parfois le sommeil; un excès de travail leur ôte peut-être la faculté de se distraire. Peut-être aussi est-ce un calcul, dans l'intérêt de leurs affaires. Songez donc quel bonheur ce doit être de les reprendre, de faire n'importe quoi, après tout ce long jour d'oisiveté forcée!

En allant à l'église

Vous verrez que c'est le lundi qui a inventé le dimanche, par coquetterie, pour paraître à son avantage. O parents sans prévoyance, voulez-vous que vos enfants n'aient plus de répugnance à rentrer en classe, faites comme les Américains, rendez-leur les jours de congé très-maussades.

D'ailleurs, nous qui n'avons pas ici l'excuse du comique, n'exagérons rien. Le dimanche a bien aussi ses petits plaisirs. C'est ce jour-là que les femmes se parent de tous leurs atours, et elles font de si brillantes toilettes qu'à en croire mistress Trollope, un étranger serait tenté de prendre les églises et les chapelles pour des théâtres ou des cafés. Et ces toilettes-là ne se font pas seulement pour l'amour de Dieu, ni même pour s'éclipser entre femmes. Il ne vient pas beaucoup d'hommes dans les églises, mais pourtant il en vient, et même de jeunes. Puis on a la ressource de se passionner pour le prédicateur, et même, par suite, pour le sermon.

Et puis il y a aussi, cela est triste à dire, mais on en profite, il y a le relâchement des mœurs. Il est avec le ciel

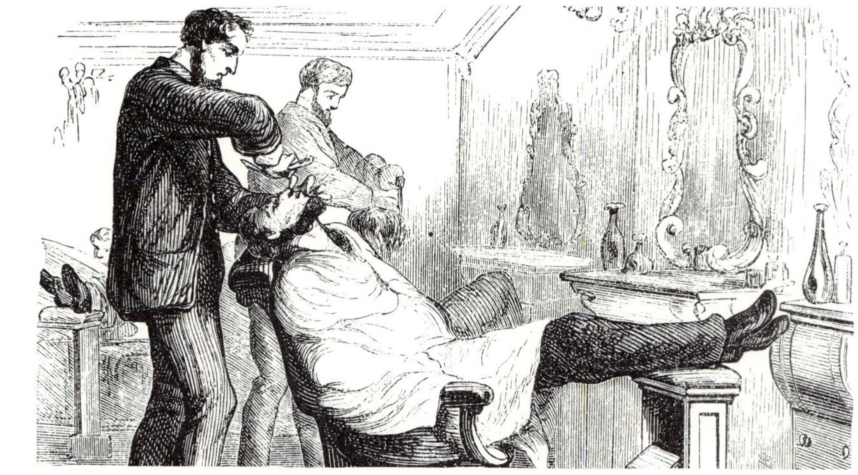

Chez le coiffeur.

A la fenêtre.

des accommodements. Par exemple, « la musique est naturellement proscrite, » — laissons, c'est le cas ou jamais, la parole à M. Oscar Comettant, — « à moins toutefois que ce ne soit la musique religieuse. Mais les Américains sont ingénieux à tourner les difficultés; ils ont pour le dimanche des polkas sacrées, des mazurkas édifiantes, des valses bibliques, des galops célestes et des quadrilles orthodoxes, qu'ils exécutent sur le piano en tenant la pédale des étouffoirs constamment levée. Ce n'est pas tout, et, si j'ose l'avouer, j'ai vu des Américains et des Américaines qui ne se faisaient aucun scrupule d'accompagner les airs sacrés de pas et de mouvements de corps qui avaient toutes les apparences des danses mondaines que nous venons de nommer..... Mais ce n'est pas à New-York qu'il faut aller pour apprécier la rigidité des mœurs puritaines. Boston et Baltimore les ont conservées plus intactes. En voici un exemple : J'avais observé à Boston que, dans les maisons connues par leur puritanisme, quand il y avait un piano, les pieds de l'instrument étaient soigneusement recouverts d'une housse qui les enveloppait entièrement jusqu'à la caisse. Je n'avais pas eu occasion de faire cette remarque dans les maisons qui passaient pour moins sévères. Cela m'intriguait fort, et je me décidai un jour à en demander l'explication à un facteur de piano :

« C'est, me répondit très-sérieusement cet industriel, qu'on dit quelquefois en anglais les jambes d'un piano, aussi bien que les pieds, et que, pour certaines personnes rigides, il n'est ni convenable ni décent, même aux instruments de musique, de laisser voir leurs jambes nues. »

Le repos du dimanche : au cottage.

Ce relâchement des mœurs, à New-York, ne se manifeste pas seulement dans l'intérieur des maisons, il éclate dans les rues, et permet à ces railleurs d'étrangers de signaler chez les Américains toutes sortes de capitulations de conscience et de contradictions. Il y a vingt ans, tous les samedis, dès que sonnait minuit, vite on tendait des chaînes en travers des rues ; on faisait dans les avenues de pieuses barricades pour imposer aux voitures l'observation du dimanche.

Aujourd'hui encore, on empêche les omnibus de circuler dans la ville; mais les voitures particulières, mais les voitures de remise, mais les *cars*, qui font sur des rails ce que les omnibus font sur le pavé, ils ont apparemment une dispense de l'Eglise, et peuvent travailler sans péché. Toutes les boutiques sont fermées, à l'exception des débits de tabac et de liqueurs; l'exception n'est-elle pas édifiante? Le chemin de fer de Brooklin à Green-Wood est fermé aussi; mais vous pouvez aller en bateau à Brooklin et aux cottages de Hoboken et de Staten-Island, et Dieu sait si on profite de la permission! Les journaux risqueraient fort leur salut s'ils s'avisaient de paraître le dimanche ; mais les Américains ont lu dans *Tristram Shandy* l'histoire de l'abbesse des Andouillettes, et comme elle, pour le faire passer sans difficulté, ils coupent leur péché en deux ; en d'autres termes, ils réduisent leur format de moitié. Ils réduisent même aussi celui de leurs porteurs. Un homme qui vendrait un journal dans la rue le dimanche, quel scandale! passe pour un gamin, il faut bien traiter la jeunesse avec plus d'indulgence. Mais pourquoi, dans ce pays de l'égalité, aux yeux de cette religion qui a proclamé tous les hommes frères, pourquoi le cuisinier a-t-il des immunités que le boucher n'a pas? Pourquoi a-t-il la permission de cuire la viande que l'autre n'a pas la permission de vendre? Pourquoi les morts, qui devraient plus que d'autres donner l'exemple du repos, choisissent-ils de préférence le dimanche pour se faire enterrer, et cela au son des airs les plus profanes? Un autre jour, cet empressement se concevrait; ils peuvent avoir hâte d'entrer en possession du calme auquel ils ont droit, et qu'il est difficile de goûter au milieu de l'agitation universelle; mais le dimanche! il ne leur faudrait pas un grand effort d'imagination, ce jour-là, pour se croire déjà enterrés. Le fait est qu'on ne les consulte pas, et que ce sont les vivants qui, pour échapper à l'ennui, s'accordent, toutes les fois qu'ils le peuvent, la distraction d'une cérémonie funèbre.

Le feu aussi est une grande ressource. Quand un incendie éclate le dimanche, on ne peut pas attendre au lundi pour l'éteindre. Or le nombre des incendies aux Etats-Unis est incalculable, et il faut avoir été dans le pays ou avoir lu M. Comettant, ce qui revient au même, pour se faire une idée de l'ardeur, de la fureur, du fanatisme des pompiers pour leur profession et pour leurs pompes, — et tout le monde, à ce qu'il paraît, est un peu pompier en Amérique. C'est un goût tout à fait national. « Il est des jeunes gens dont la passion pour les incendies est telle qu'ils n'en veulent manquer aucun. Ils couchent tout habillés en pompier sur leur lit, ou bien ils font le guet sur les toits des maisons pour découvrir les incendies et être les premiers sur le théâtre du sinistre... Quand la cloche d'alarme de l'hôtel de ville sonne pour un incendie, ce qui arrive tous les jours et toutes les nuits plusieurs fois, il se fait dans les rues au même moment un tapage infernal. » (Jugez quelle bonne fortune, quand cela tombe au milieu du silence de mort d'un dimanche!) « Ce sont les pompes qui roulent traînées par trente ou quarante pompiers... Je plains alors le passant malavisé ou peu ingambe qui voudrait traverser la rue devant cet ouragan de pompes, d'échelles, d'attirails de sauvetage et d'enragés pompiers. Il serait impitoyablement renversé, écrasé et injurié, sans que personne parmi les pompiers songeât à lui prêter secours, ni seulement à le plaindre. Un pompier n'est plus un homme quand il entend le tocsin qui l'appelle à un incendie : c'est un tigre de dévouement, qui écraserait dix personnes sur son chemin pour éteindre plus promptement un feu de cheminée... Souvent il arrive qu'une pompe vient trop tard pour prendre part à l'incendie, et que la maison est entièrement éteinte quand la formidable voix du chef crie dans son porte-voix le terrible *stop!* Que faire! s'en retourner comme on est venu, sans donner signe de pompe? Oh! non! tant pis pour la maison si elle s'est éteinte trop tôt! L'enthousiasme impossible à maîtriser des pompiers la couvrira d'eau quand même, et j'ai entendu dire par des employés de compagnies d'assurances, qu'elles redoutent plus encore l'excès du zèle des pompiers en retard, qui noient les maisons en désespérés, ne pouvant éteindre un feu qui n'existe plus, qu'elles ne craignent le feu même le plus menaçant. « Le pompier décore sa pompe de fleurs; elle est mise en deuil lorsqu'il meurt; un amant n'est pas plus épris, n'est pas plus jaloux de sa maîtresse. Etonnez-vous après cela que les Américains fassent peu de cas de nous, et disent avec dédain : « Pauvres incendies! pauvres pompes! »

Quand ils ont épuisé, le dimanche, toute cette série de distractions, ils ont encore une ressource, c'est de se mettre dans ce demi-hamac qu'on appelle *rocking-chair* ou, si vous aimez mieux, chaise à bascule, et de s'y lancer; ou, à défaut de ce voluptueux fauteuil, de s'étendre sur un siége quelconque, en se donnant le régal d'avoir les pieds plus haut que la tête. Ceci, c'est le goût le plus prononcé des Américains; celui des incendies ne vient qu'en seconde ligne. Tels vous les voyez ici à leur fenêtre, tels vous retrouverez les spectateurs au théâtre, les juges sur leur tribunal, les représentants à la chambre des communes. Le besoin de cette voluptueuse et peu séante attitude est si général, qu'ils ont inventé des supports tout exprès pour pouvoir, même en se faisant coiffer, la satisfaire à leur aise. Qu'est-ce que cela prouve, après tout, sinon que les Américains ont les pieds plus légers que la tête?

Léon de Wailly.

Histoire de la semaine.

5 MARS 1859

D'Amérique, on apprend que M. Buchanan a prononcé un discours sur l'admission de l'Orégon dans l'Union. Il a ajouté que l'extension était la politique du pays, et que les poltrons seuls la craignaient et lui faisaient opposition. Le vice-président, M. Breckewridge, a prononcé aussi un discours sur l'annexion de l'île de Cuba, et a dit qu'on parlait trop et qu'on agissait trop peu; que si l'île de Cuba, au lieu d'être dans le golfe du Mexique, se trouvait dans la Manche, les Anglais la prendraient dans l'espace de dix jours. Le vice-président s'est déclaré pour l'acquisition par des moyens honorables.

Le Parc Central, à New-York.

12 JANVIER 1861

New-York n'avait jadis qu'une seule promenade qui s'appelait *la Battavie*, rendez-vous des gens du monde, dans la semaine, et du peuple, le dimanche. C'était là que le sévère quaker venait reposer ses saintes pensées sous les ormes qui ne versent plus aujourd'hui leurs ombrages que sur les bancs solitaires; là aussi que des milliers d'étrangers venaient recevoir le baptême républicain.

Mais Broad-Way a passé sur Canal street et se prolonge maintenant jusqu'au nouveau parc, nommé parc Central. Le vaste terrain, où l'arsenal montre toujours ses quatre tours de briques, est destiné à recevoir un muséum d'histoire naturelle, et il est, aujourd'hui, le promenoir de toutes les classes. Dandys en phaétons, ladies en coupé ou à cheval, hommes et femmes du peuple, jeunes filles et jeunes garçons, parcourent ces allées coupées de ruisseaux, traversées de ponts élégants jetés sur de vieux rochers qui ont vu la guerre de l'Indépendance. Le parc Central deviendra, d'ici à peu de temps, le bois de Boulogne de New-York.

P. Paget.

Types américains.

26 FÉVRIER 1859

Le costume aux Etats-Unis, comme chacun sait, offre peu de ressource à l'artiste : sauf les chapeaux de toute nature, qui affectent les formes les plus ébouriffantes et les plus *renfoncées*; les bottes que l'homme du peuple affectionne de porter en dehors, celles (il y en a qui viennent à moitié de la cuisse) que les gentlemen portent quant il pleut ou quand il neige, tout le monde est habillé comme *ces Messieurs* d'Europe. Il y a plus, les Américains pur sang, même ceux de la basse classe, ont le culte du pantalon noir. Certains personnages cependant ne manquent ni de pittoresque ni d'originalité; tels sont les *firemen*, les *carmen*, *bowdies turners*, dont je présente ici les types.

Le *carman* est un être éminemment américain; il remplace notre commissionnaire, ou le *facchin* italien qui n'existent pas à New-York. En revanche, les *carmen* y sont innombrables.

Propriétaire de son cheval et de sa voiture, comme l'Auvergnat de ses crochets, le *carman* est indépendant et n'a de compte à rendre à personne. Toujours debout sur un espèce de haquet percé de plusieurs trous dans lesquels se fichent de longs bâtons que l'on rapproche ou éloigne, suivant le besoin, et qui servent à maintenir les objets placés sur la voiture sans rebords, les *carmen*, fiers comme des empereurs romains, sillonnent New-York en tous sens; ils opèrent les déménagements, portent les effets des voyageurs, mais sont surtout employés au transport des marchandises.

Le *fireman* est un type non moins américain. Aux Etats-Unis, il n'y a point de pompiers (jusqu'à présent du moins) payés par les villes; le service des pompes est fait et organisé par des compagnies de jeunes gens qui se dévouent au salut public, moyennant quoi ils sont exempts du service de la milice. Mais, il faut l'avouer, les *firemen* y trouvent un amusement puéril incompréhensible pour nous : c'est un bonheur, une frénésie (*excitement*) pour eux que de courir au feu, ce qu'ils font avec des cris de sauvages, plus effrayants au milieu de la nuit que l'incendie qu'ils vont éteindre, et qui souvent est fort peu de chose. — C'est aussi pour boire des petits verres une occasion que le véritable young américain laisse rarement échapper.

Le *fireman* est fanatique de sa pompe, qu'il lave, qu'il soigne, qu'il enrubanne et orne de fleurs comme une maîtresse chérie; l'endroit où elle est renfermée devient une espèce de club où souvent l'on passe la nuit. Le costume est assez joli et commode; une chemise de laine

Carman.

TYPES AMERICAINS.
Bloomeriste.

Fireman.

rouge, un pantalon noir, une ceinture vernie, une espèce de casque en cuir bouilli, des bottes en caoutchouc, telle est la grande tenue du *Fireman*, avec une large capote, café au lait ou gros bleu, selon les compagnies.

Les capitaines ou *foremen* ont en outre une sorte de trompe ou porte-voix en argent avec lequel ils donnent leurs commandements.

Vous rencontrez parfois à New-York une malheureuse créature, être amphibie, moitié homme, moitié femme, ni jeune, ni jolie, sans excuse pour son excentricité, affublée d'un petit manteau ou d'un plaid, d'une robe devenue tunique à force d'être écourtée, d'un fameux pantalon noir et d'un de ces petits chapeaux que les Anglaises voyageuses ont mis à la mode, — c'est une femme libre, une *bloomériste*.

Le *vendeur of mats* (littéralement *paillassons*) ne se voit guère que pendant l'hiver. — Les peaux de mouton teintes en rouge, bleu, jaune et orange qu'il porte suspendues à son cou lui donne un aspect assez pittoresque.

Les *bonnes* aiment beaucoup la toilette, et comme à Londres portent toutes chapeaux; cependant l'été, dans la semaine elles adoptent une autre coiffure, blanche le plus souvent, qui ressemble au chapeau des quakeresses et aux capotes du temps de l'empire; leur costume alors est assez pimpant, rappelle un peu celui des Hollandaises, et leur sied beaucoup mieux que celui de *fausse lady*, qu'elles portent le dimanche.

Nous donnons enfin le costume d'un cocher de voiture de place par un jour de pluie; il est en caoutchouc de la tête aux pieds. — Quant au croquis sur l'exposition, ce n'est pas une charge : à New-York on a la déplorable habitude d'accrocher les tableaux, les petits principalement, au niveau du sol.

H. D. PROSPER.

UNE EXPOSITION DE TABLEAUX EN AMÉRIQUE.

MARCHAND DE PAILLASSONS.

CUISINIÈRE EN COSTUME D'ÉTÉ.
(D'après les croquis de M. H. Prosper.)

DRIVER, COCHER DE PLACE.

Excentricités américaines.

30 OCTOBRE 1859

A PROPOS DES FEMMES.

I.

Tout est-il pour le mieux aux États-Unis dans la condition que l'on a faite aux femmes et qu'elles-mêmes se sont faite?

La liberté illimitée dont elles jouissent, base essentielle de leur éducation actuelle, a-t-elle porté, est-elle susceptible de porter les fruits excellents que l'on semblait en espérer?

Il ne faudrait pas le croire.

La liberté illimitée accordée aux femmes, si elle a un côté incontestable de protection et de sauvegarde, devait produire à la longue et a produit, en effet, d'épouvantables résultats; et, chose regrettable, ces enseignements ne semblent pas profiter à ceux qui en sont les témoins quotidiens.

Les cas de séduction se multiplient d'une façon extraordinaire en Amérique, et, comme si le métier de don Juan était un honorable métier, les réparations deviennent plus difficiles à obtenir.

Une feuille de New-York publiait récemment les observations suivantes, dont nous pouvons attester la vérité, et que nous croyons bien de reproduire :

« Il est impossible, « dit ce journal », de dissimuler combien la démoralisation a fait de rapides progrès dans toutes les classes de la société américaine. A une époque, — il ne faut pas être bien vieux pour se la rappeler, — l'on attachait un prix réel et un légitime orgueil aux qualités essentielles des femmes mariées. En conformité avec les traditions anglaises, les plaisirs et la liberté étaient l'apanage exclusif des jeunes filles, qui n'en abusaient généralement pas, — j'entends dans la bonne compagnie. Toutes étaient élevées dans ce double but de jouir des agréments de la société avant le mariage, et de consacrer ensuite leur vie aux devoirs et aux jouissances de la famille.... On s'en plaignait alors, non sans quelque raison; mais on n'a plus lieu de s'en plaindre aujourd'hui.

« Nous donnons dans l'excès contraire, et désormais les jeunes femmes de New-York — je dis du meilleur monde — ne semblent guère comprendre de la vie que ses plaisirs et ses vanités, après comme avant le mariage.

« Il est assez de mode, parmi la société américaine, de tourner en ridicule la stricte réserve dans laquelle sont élevées et gardées les jeunes filles en France avant leur mariage. Mais, tout bien considéré, il me paraît plus que douteux que le système suivi à New-York soit en rien préférable ou produise aucun résultat meilleur.

« Un spectateur désintéressé, de quelque pays qu'il vienne pour assister à nos fêtes, ne manquera pas d'être surpris sinon choqué de l'extrême laisser-aller qui caractérise l'attitude des jeunes filles vis-à-vis des hommes, et de la familiarité équivoque avec laquelle beaucoup semblent trouver naturel qu'on les traite. Il y a en cela pis qu'un manque de distinction; il y a un manque de délicatesse, pour ne pas dire un manque de pudeur.

« Faut-il être bien sévère pour trouver du plus mauvais goût, en bonne compagnie, le pêle-mêle dans lequel danseurs et danseuses, sous prétexte de se reposer sans doute, aiment à aller s'étendre sur les marches des escaliers? J'ai vu parfois chaque degré porter son couple et produire en réalité une perspective infiniment plus pittoresque que convenable, de têtes, de bras, de jambes, de mains, de genoux. Qu'une dame dût monter à l'étage supérieur pour se préparer à quitter la fête, ne croyez pas que ces messieurs et ces demoiselles songent à se lever pour faciliter la circulation; il leur semble préférable de s'effacer et de se coucher davantage au contraire, de façon que ceux et surtout celles qui partent aient à passer beaucoup plus sur eux qu'à côté d'eux. »

Toute la société des jeunes filles américaines et des jeunes femmes est représentée sur nature dans ce croquis ressemblant. Je laisse aux contempteurs de quelques-uns de nos ridicules européens, que je n'ai garde d'excuser, le soin de juger ceux-ci.

II.

Le divorce joue un si grand rôle aujourd'hui dans la société américaine qu'on est tenté de se demander quelquefois à quoi sert le mariage aux États-Unis?

Pendant mon récent séjour en Amérique, il y a eu à Rutland, dans l'Etat de Vermont, une convention de réformistes, où toutes les idées, toutes les aspirations, toutes les extravagances s'étaient donné rendez-vous. L'assemblée comptait un millier de représentants environ : abolitionistes, spiritualistes, amoureux libres (*free-lovers*), femmes libres, etc., etc.

Dans cette réunion on a proposé de nombreuses résolutions tendant à l'abolition de l'esclavage, à la glorification du spiritualisme, à la proscription du mariage, de la Bible, de la maternité, à la révision de toutes les lois constitutionnelles et sociales du monde, en un mot. Je ne veux me préoccuper en ce moment que de ce qui a été dit concernant la condition de la femme.

Un des plus ardents orateurs féminins de l'assemblée a tenté de démontrer dans un long discours que « les plaies sociales sont dans le mariage, et que le divorce *libre* peut seul les cicatriser. » Qu'entend-on, me demanderez-vous, par « *divorce libre* » dans un pays où le divorce est si facile à obtenir? sinon que le divorce ne devrait plus même nécessiter l'intervention complaisante de la loi? C'est ce qu'exprime d'une façon très-précise la résolution suivante proposée courageusement par une dame de New-York, Mme Julia Branch, laquelle résolution fut appuyée et votée « avec enthousiasme, » dit le procès-verbal de la séance, que j'ai eu sous les yeux, savoir : « Considérant que l'esclavage est la dégradation de la femme, ayant pour cause l'institution du mariage; que le contrat de mariage lui ayant fait perdre l'administration de sa propriété, de sa personne, de son travail, le contrôle de ses affections, de ses enfants, de sa liberté et jusqu'à son nom, il est résolu que la femme doit réclamer la liberté, le droit de recevoir des gages égaux aux droits alloués aux hommes; le droit d'avoir des enfants quand cela lui plaît et avec qui bon lui semble, etc., etc. »

Je m'arrête dans ces absurdes et monstrueuses citations.

Certainement ce n'est pas à la société américaine tout entière qu'il faut faire porter le poids de ces turpitudes; mais il ne faut pas douter que ce soit le système général d'éducation des femmes et la trop grande liberté des mœurs qui permettent à ces extravagances de croître comme des parasites vénéneux sur l'arbre social.

Le divorce, puisque j'en parlais tout à l'heure, j'y reviens, est une des excentricités les plus sérieuses que l'on rencontre en Amérique, à le prendre au point de vue de l'abus qu'on en fait. Voici des remarques que j'ai extraites à ce sujet d'un journal de San-Francisco (Californie), à la fin de l'année 1858 :

« La statistique des divorces californiens touche de tout près à la moralité du pays. Nous regrettons d'être forcés de reconnaître que ce n'est pas son côté brillant...

« Abordons stoïquement la vue des chiffres foudroyants qui révèle toute l'étendue des misères matrimoniales.

« Le nombre des instances en divorce introduites à San-Francisco seulement, pendant l'année écoulée, a été de 90; 34 instances ont été jugées. Sur ce nombre 31 cas ont été décidés en faveur de la demande, 3 en faveur de la défense, ce qui prouve avec quelle indulgence la justice accueille les plaintes des parties.

« Les femmes semblent réclamer le divorce plus facilement que les maris. Sur les 90 actions en divorce, 67 ont été introduites en justice par les femmes et 23 seulement par les maris. Faut-il conclure de là que les femmes supportent moins facilement que les hommes les contrariétés du ménage en voie de dissolution? »

Ces demandes en divorce qui se multiplient d'une façon si effrayante non pas seulement en Californie mais sur toute la surface de l'Union, qui attaquent si directement la moralité publique, les instincts de la famille et le sentiment des joies de la vie domestique, reposent le plus souvent sur des causes dont la frivolité est effrayante à constater.

Le même journal que je viens de citer faisait, à quelques jours de là, l'observation suivante, qui avait lieu de surprendre après les faits qu'il avait racontés et les cas si nombreux de divorce qu'il avait signalés :

« Nous avions cru jusqu'à présent, » disait-il, « que le paradis du divorce était en Californie. Erreur : nous ne possédons ici qu'une simple succursale. Le siége principal de l'institution se trouve moitié dans l'Indiana et moitié dans l'Illinois. Ces deux États ne comptent pas, à l'heure qu'il est, moins de 2,000 étrangers des deux sexes en instance pour se faire admettre comme citoyens temporaires, et obtenir ensuite un jugement de divorce, chacun ou chacune contre un conjoint embarrassant. Morale de la chose : point! »

Ainsi donc il y a aux États-Unis des États où fonctionnent des machines à divorce, comme il y en a également où fonctionnent des machines à mariage, c'est-à-dire des *Gretna-Green* et des *anti-Gretna-Green*, où les lois votées par des législateurs, codifiées, sanctionnées par la pratique des avocats et par celle des juges, se font cette guerre immorale de lier trop facilement des êtres qu'elles délient ensuite plus aisément encore.

La législature de l'Indiana a dû cependant mettre un frein à cette multiplication des divorces en modifiant la loi, trop commode jusqu'alors; en fixant, par exemple, à *une année* la résidence dans l'Etat avant d'être admis à demander le divorce; en exigeant l'affichage pendant trente, au lieu de quatorze jours, de l'instance introduite; en stipulant enfin, entre autres conditions restrictives, qu'en cas de divorce prononcé pour cause de mauvaise conduite de la femme, le mari entrera en possession de la fortune de celle-ci, exactement comme si elle était décédée.

Je ferai observer que dans la plupart des autres Etats de l'Union, la loi du divorce est plus scrupuleuse, et oppose des conditions véritablement sérieuses à ces ruptures des liens conjugaux.

III.

Il y a quelque chose de tout aussi curieux en Amérique que la manie du divorce, c'est la rage du mariage. La facilité avec laquelle la loi prête sa sanction à des unions qui semblent monstrueuses est véritablement extraordinaires.

Le mariage en Amérique est le but auquel tendent toutes les jeunes filles, dès qu'elles peuvent y prétendre, la plupart sans consulter leur goût, ni leur penchant, ni les convenances sociales, pas plus que les rapports d'âge. Elles veulent se marier; il faut donc qu'elles se marient à tout prix, même au prix de leur bonheur, de leur repos, de leur présent, de leur avenir, sauf à recourir plus tard au divorce, à la séparation, à l'adultère, pour se dédommager des mécomptes.

Je ne blâme point le goût du mariage. C'est une mission que la femme se sent appelée à remplir et qui est dans l'ordre de ses devoirs naturels; mais ce qui frappe, en Amérique, et ce que je signale particulièrement ici, c'est l'ardeur qu'y mettent en général les femmes, en dehors de toute vocation et de tout sentiment élevé.

Je puis citer cent exemples d'accouplements qui donnent sérieusement à réfléchir :

Celui d'une dame épousant son gendre, le mari de sa propre fille, grand'mère des enfants de celui avec qui elle devient mère à son tour.

Celui d'une belle-mère épousant également son gendre divorcé avec sa fille.

Autre exemple fréquemment renouvelé : une femme obtient le divorce; son mari se remarie et obtient le divorce à son tour. Sa première femme l'épouse à nouveau, et, après deux mois d'une triste union, demande contre lui le divorce une seconde fois.

Un homme est condamné à mort pour meurtre. La veille de son exécution, il est sollicité en mariage, et, qui plus est, épousé par une jeune fille. Quel motif excitait celle-ci à cette folie? Etait-ce la seule ambition d'avoir le droit d'être veuve, ou bien la certitude de posséder, de première main, de la véritable corde de pendu?

Un journal de la Pensylvanie racontait tout récemment un fait qui pourra paraître incroyable à quiconque ne sait pas les excentricités dont sont capables les Américains quand ils se mêlent d'être excentriques :

Un nommé William Simcock, du comté de Washington, dans la Pensylvanie, se remariait le soir même du jour où il avait perdu sa femme, et le lendemain, en compagnie de sa seconde épouse, il conduisait les restes de la première au cimetière. On ne dit pas s'il pleura.

Voici une petite statistique que j'ai trouvée il y quelques mois dans un journal des Etats-Unis :

« Les femmes blanches du Nord, disait ce journal, paraissent décidément professer pour le sang nègre une prédilection que le sexe laid est loin de partager. En 1856, neuf femmes de Boston épousèrent des nègres et des hommes de couleur. Nous ne parlerions pas de ce fait, si, par une singulière coïncidence, neuf autres Bostoniennes n'avaient convolé à des noces semblables dans le courant de 1857. Empressons-nous d'ajouter que, pendant ces deux années, il n'y a pas eu un seul exemple dans l'Athènes américaine d'un blanc épousant une femme de couleur. »

L'exemple porta ses fruits, paraît-il; car l'année dernière, en 1858, l'Etat de Massachussetts a vu se contracter *soixante et douze* mariages légitimes entre femmes blanches et nègres ou hommes de couleur.

J'insisterais moins sur ces dernières unions, si l'on ne savait quelle position hors la loi sociale est faite en Amérique aux personnes de couleur, si blanche que soit d'ailleurs leur peau. Mais le préjugé du sang mêlé est indéracinable. Aussi, ou la femme qui épouse soit un homme de couleur aux Etats-Unis, soit un nègre, dans ce cas c'est la même chose, est dominée par le besoin absolu du mariage dont je parlais, ou bien, ce qui est plus admissible, elle accomplit un acte de courage héroïque en vue d'une propagande contre le préjugé.

IV.

Rien de plus commun, dans la condition de liberté absolue qui est assurée aux femmes, que de voir nombre de mariages contractés en dehors de toute participation de la famille, sans le consentement de celle-ci ou par enlèvement.

Je sais une jeune fille qui, le soir même où se devaient célébrer ses fiançailles chez son père, pendant les préparatifs du souper où se réunissaient les plus proches parents des deux futurs, disparut du toit paternel et y revint trois jours après, mariée avec un homme qu'elle préférait à celui qu'on lui destinait.

Le parti le plus simple et le plus raisonnable que les familles ont à prendre, et qu'elles prennent en général, est donc de laisser les filles se choisir leur mari; sinon on court gros risque d'avoir à accepter plus tard un fait accompli, qui s'accomplit toujours. Au surplus le stoïcisme des pères et des mères est exemplaire à cet endroit : une jeune fille disparaît, reste absente deux, trois, quatre jours, on ne s'en inquiète pas; elle revient sans honte ni remords apparent, présentant un mari que nul quelquefois ne connaissait auparavant dans la maison; chacun se serre à table, on met un couvert de plus et tout est dit!

J'ai souvent entendu vanter, maintenant même, le désintéressement qui préside aux unions en Amérique, et les gages de bonheur qu'assure aux époux l'absence de rigorisme inquisiteur et de prudence qui existent en Europe. J'avoue que j'ai vainement cherché le bonheur dans ces sortes de mariages improvisés, où le point de départ est un méconnaissement des devoirs, où l'on rencontre rarement ce que l'inexpérience d'une jeune fille peut lui garantir de trouver. Habituellement ce que les plus mauvais ménages cachent, ce sont leurs dissentiments; ce qu'ils affectent de montrer, ce sont les rares et pâles rayons de leur bonheur le plus fugitif. Je n'ai guère aperçu, aux Etats-Unis, dans les mariages contractés sous de tels auspices, que les discordes; j'en ai conclu que le bonheur était trop peu visible pour qu'il existât. Je préfère donc, jusqu'à nouvel ordre, les formalités égoïstes et même despotiques qui entourent nos mariages européens; elles offrent encore plus de gages de sécurité.

Les candidats à la présidence des Etats-Unis.

27 OCTOBRE 1860

Les pouvoirs du président des Etats-Unis vont bientôt expirer ; quatre candidats se présentent, et, d'après tout ce que l'on sait déjà, jamais élection n'aura été plus chaude ni plus vivement disputée. Nous donnons les portraits des quatre candidats qui aspirent à l'honneur de remplacer, à la Maison-Blanche, M. James Buchanan.

Honorable Abram Lincoln (de l'Illinois), candidat républicain, né le 12 février 1809, dans Haulin, où sa famille est très-respectée ; comme elle avait peu de fortune, il fut obligé de pourvoir à son propre avenir. Il dirigea son attention vers l'industrie et est appelé : « *the Blatboatman.* » Admis plus tard au barreau, il se fixa à Springfied (Illinois), où il réside encore.

Lors de la guerre des Black-Hawk-Mar, qui eut lieu au printemps de 1832, Lincoln offrit ses services et fut élu capitaine d'une compagnie de volontaires, à la tête desquels il se distingua. Elu ensuite à la législation d'Etat, il adopta le drapeau whig de Clay. En 1846, il fut membre du trentième congrès, et à la convention nationale qui nomma le général Scott pour président (juin 1852), il représenta l'Illinois dans le comité central whig.

En 1856, Lincoln prit part aux luttes politiques en qualité de membre actif du parti républicain, et c'est à ce titre qu'il a dû d'être choisi comme candidat aux fonctions de sénateur de l'Illinois, en opposition au juge Douglas. Il ne fut pas élu alors, mais il resta l'un des membres proéminents de son parti lequel a jeté les yeux sur lui comme candidat à la présidence.

Honorable Jonh Bell (du Tennessée), candidat représentant le parti de l'Union, est né près de Harlw (Tennessée), le 15 février 1797, et passa son enfance dans une famille de cultivateurs intelligents.

Il entra au collége de Cumberland, après avoir quitté l'université de Harlw, obtint ses diplômes en 1816, et, deux ans après, ayant complété ses études de droit, il prit place au barreau. Fixé à Franklin-Will, il fut choisi comme l'un des plus dignes pour la représentation populaire, et fut nommé en 1817, à l'âge de vingt ans seulement, sénateur de l'Etat. Ses débuts furent brillants, mais il refusa une réélection pour suivre les devoirs de sa profession.

En 1826 cependant M. Bell se laissa porter comme candidat au congrès, avec l'appui du général Jakson, l'un des enfants du Tennessée. La lutte fut vive ; mais Bell triompha en 1827, et il fut six fois réélu.

Le général Harrison, devenu président des Etats-Unis, offrit à M. Bell le secrétariat de la guerre. Celui-ci quitta cette position lorsque M. Tyler fut président. On lui offrit une place au sénat, mais il la déclina en faveur de M. Foster. En 1847, il fut élu, et en 1853 réélu comme sénateur. Sa conduite en faveur des mesures de compromis, des projets d'améliorations intérieures, d'accroisement de la marine à vapeur, des chemins de fer du Pacifique, des collèges agricoles, et d'autres lois, fut aussi recommandable que son opposition fut tranchée lorsqu'on s'occupa du bill du Nebraske, de la constitution Lecomplais, des dépenses publiques, et des menaces de désunion.

John Bell (du Tennessée), candidat du parti unioniste.

Depuis son éloignement des affaires publiques, M. Bell habite à Hoshiville, où il offre volontiers, avec l'aide d'une femme accomplie et de plusieurs filles très-bien élevées, l'hospitalité à de nombreux amis.

L'honorable Stephen Douglas est né le 23 avril 1812 dans l'Etat de l'Illinois. D'abord maître d'école, il parvint, par sa volonté et son intelligence, à se faire remarquer comme avocat, et il conquit bientôt la réputation d'un homme politique de premier ordre. Il occupe aujourd'hui un poste au sénat. Il représente le parti démocratique du Nord, et il est regardé comme un des candidats qui ont le plus de chance.

L'honorable John C. Brekenridge est né dans l'Etat du Kentucky en 1821. Fils et petit-fils d'hommes qui ont occupé des positions politiques importantes, il débuta dans le barreau et s'y distingua. Il entra tout jeune au sénat, et en 1856 il fut élu vice-président des Etats-Unis, position qu'il occupe aujourd'hui. Il se présente comme candidat du parti démocratique du Sud.

P. PAGET.

Abram Lincoln (de l'Illinois), candidat du parti républicain.

John C. Brekenridge (du Kentucky), cand. du parti démoc. du Sud.

Revue politique de la semaine.

16 FÉVRIER 1861

Les espérances de rapprochement entre le nord et le sud des Etats-Unis, ou plutôt désunis, se sont promptement évanouies, et la scission a fait de tels progrès que l'union peut être regardée comme irrémédiablement perdue.

Les délégations de la Géorgie et de la Floride, auxquelles s'est jointe celle de l'Alabama, nonobstant les bruits contraires, ont abdiqué leurs siéges dans le congrès pour aller suivre la fortune de leurs Etats respectifs.

Les adieux faits par les sénateurs des trois Etats à leurs collègues ont été fort touchants.

Par suite de ce dramatique incident, le Sénat s'est trouvé saisi d'une question de pure forme en apparence, mais qui avait une certaine importance en réalité. Il s'agissait de savoir si la retraite des sénateurs serait enregistrée au procès-verbal, si leurs noms seraient effacés de la liste du Sénat, et si le chiffre des votes nécessaire pour établir la majorité absolue devait être modifié. Après de vifs débats toute résolution a été ajourné. Cet atermoiement avait l'avantage de laisser la porte ouverte à un retour ; mais personne ne comptait plus sur ce retour aux dernières dates, et on annonçait que les noms des membres qui ont abdiqué allaient être simplement rayés des rôles comme démissionnaires.

La convention de la Louisiane, qui s'est réunie le 23 janvier, à Bâton-Rouge, a voté la séparation avec une ardeur fébrille. « Nos ennemis, a dit le gouverneur dans son message, verront que dans toute la Louisiane il n'y a qu'un peuple, un esprit et un cœur. »

Stephen Douglas (de l'Illinois), candidat du parti démocratique.

D'après les dessins de M. Saintin.

Les six Etats séparés et ceux qui se proposent de les suivre, devaient tenir, le 4 février, à Montgomery, une réunion ayant pour but d'organiser une confédération provisoire.

A Washington, il circulait de nouveau des bruits sur un sérieux projet d'attaque contre la capitale fédérale, où les séparatistes méditeraient d'installer leur gouvernement avant celui de M. Lincoln, Les mesures défensives que prenait activement le général Scott autorisent à penser qu'il avait des renseignements authentiques sur l'existence de ce danger.

Nous donnons sur la première page du présent numéro, un dessin représentant le vestibule d'un hôtel à Charlestown. Depuis l'acte de séparation, tout endroit public est devenu une sorte de club où l'on parle sur les affaires publiques et où on lit les journaux qui arrivent de tous les points de l'Amérique. « L'agitation est telle, nous écrit notre correspondant, que les Yankees oublient jusqu'à leurs affaires personnelles. »

Scènes de la Caroline du Sud.

9 MARS 1861

Charlestown, 5 février.

AU RÉDACTEUR.

Je vous adresse trois croquis se rattachant plus ou moins aux événements qui agitent à cette heure notre pauvre pays. Ces événements, Washington semblait les avoir prévus à son lit de mort, lorsque, dans son testament, il affranchissait tous ses esclaves, paraissant indiquer ainsi que cette question de l'esclavage était grosse d'orages dans l'avenir. Il ne se trompait pas ; le temps des orages est arrivé : Dieu sait quand le calme reviendra.

Le premier de mes croquis représente une vente d'es-

claves : partout cette triste cérémonie se passe de même; quelques affiches sont placardées dans les rues, quelques annonces sont insérées dans les journaux, puis, au jour de la vente, l'*encantor* (le crieur) arbore, à la porte de son *office*, le drapeau rouge, sinistre enseigne de ces hideux marchés. A l'heure dite, la *marchandise* est exhibée; le vendeur en fait l'éloge ; quelquefois c'est le nègre lui-même qui énumère ses propres qualités ; car l'esclavage a tellement ruiné l'être moral en lui, qu'il met tout son orgueil à être bien vendu et qu'il se targue, auprès d'autres nègres, d'avoir été acheté plus cher qu'eux. Les amateurs se présentent alors ; le nègre ou la négresse est examiné en détail ; on lui regarde les yeux, les dents, comme au cheval, puis on enchérit, et la marchandise est adjugée ! Le prix d'un nègre varie de 50 à 3,000 dollars (250 à 15,000 fr.).

La population de couleur s'est accrue d'une façon notable dans les Etats du Sud depuis dix ans; en 1850 elle était de 3 millions 500,000 personnes environ, dont 3 millions 200,000 esclaves; en 1860 elle s'élevait à 4 millions 500,000 ; c'est une augmentation d'un million d'âmes. Que cet accroissement continue dans la même proportion , si les événements n'y mettent bon ordre, et vous voyez à quel chiffre effrayant s'élèvera ce pauvre bétail humain dans un siècle d'ici.

Mon second croquis reproduit une scène à laquelle j'ai assisté. Les abolitionistes s'étaient réunis dans un cottage peu éloigné de Chicago. Messieurs les esclavagistes du voisinage en ont eu vent et sont accourus mettre à la raison ces pauvres fous. Des pierres ont été lancées dans les vitres, les portes enfoncées et le meeting expulsé, sans grands ménagements, comme bien vous pensez.

L'abolitionisme qui vient de l'emporter dans l'élection présidentielle de 1860 n'est pas une question de vieille date. C'est en 1835 seulement qu'elle commence à paraître, et qu'un imprimeur de Boston, William Garrison, fonde un journal, le *Liberator*, en faveur de la liberté des noirs.

Vestibule d'un hôtel à Charlestown (Caroline du Sud).

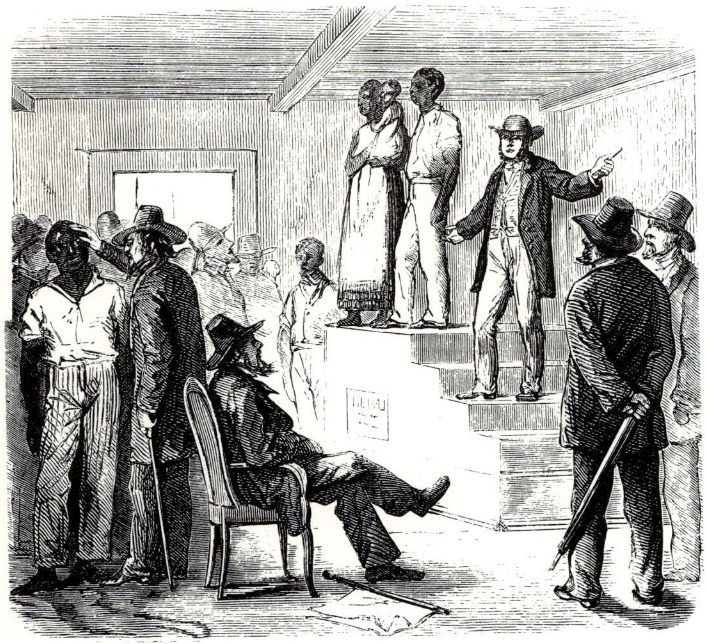

Vente d'esclaves dans le Sud des États-Unis.

Envahissement d'un meeting abolitioniste dans le Michigan. — D'après les croquis de M. W. S., à Charlestown.

Quinze ans après, cette question agitait déjà toute l'Amérique pour triompher enfin en 1860, au prix d'un grand déchirement intérieur et peut-être d'une guerre civile.

Les volontaires de Charlestown (mon troisième croquis) sont pris sur nature. Les costumes sont d'une grande exactitude. Ils sont aussi, comme vous le voyez, d'une grande variété. Il en est de même dans chaque ville des Etats-Unis. Cela tient à ce que la milice est divisée en quelque sorte en petites nationalités dans lesquelles vient se ranger chaque habitant, d'après son origine; c'est ainsi que le Français porte l'uniforme de votre soldat de la ligne avec le nom de *Lafayette's Guards;* que l'Allemand porte celui de hongrois ou de grenadier prussien; l'Ecossais celui d'highlander, et ainsi de suite. C'est, je vous assure, d'un effet assez curieux.

A bientôt, monsieur le Directeur, d'autres croquis; ne signez ceux-ci et ces quelques lignes que de mes initiales. J'éviterai ainsi toutes difficultés avec messieurs les esclavagistes.

Agréez, je vous prie, W. S.

Milices de Charlestown.

Zouaves et volontaires des États fédéraux d'Amérique.

8 JUIN 1861

Les nouvelles de New York confirment ce que nous annoncions dans notre précédent numéro, à savoir que toute chance d'un dénoûment pacifique avait disparu. Les opérations militaires sont commencées; les troupes fédérales sont entrées en campagne et ont franchi le fleuve Potomac, qui sépare le petit district de Colombia, dans lequel est situé Washington, du territoire de la Virginie. Après un premier engagement, dans lequel trois cents hommes de l'armée confédérée ont été faits prisonniers, les troupes fédérales ont occupé la ville d'Alexandrie, située sur la rive droite du fleuve. Les deux armées ennemies ne peuvent tarder à se joindre, et l'on croit à une bataille qui serait livrée près d'Harper's-Ferry. Quelques bâtiments anglais, qui ont essayé de rompre le blocus, ont été capturés par les croisières fédérales et conduits à New-York.

***

29 JUIN 1861

Une dépêche télégraphique de Londres nous transmet des nouvelles de New-York en date du 15 juin. Ces nouvelles ne sont point sans importance. Le fait principal qu'elles annoncent est l'évacuation précipitée de Harper's-Ferry par les confédérés du Sud, qui ont brûlé tout ce qui restait des anciennes propriétés fédérales dans les arsenaux, et ont essayé de détruire les ponts, sans avoir pu réussir. Les confédérés ont abandonné en même temps toute la ligne du Potomac, pour se concentrer à la jonction du pont appelé Manassas Gap et du chemin de fer qui pénètre dans l'intérieur de la Virginie. Cette retraite a été probablement déterminée par le double mouvement opéré par les généraux Patterson et Mac Clellan, de l'armée fédérale, dont l'un s'avançait de la Pensylvanie et l'autre de l'Ohio, pour menacer tout à la fois Manassas-Gap en flanc et Harper's-Ferry en arrière, dans le but de couper les communications entre ces deux positions.

La reprise de Harper's-Ferry est un avantage important pour les troupes fédérales, parce qu'elle éloigne l'insurrection des frontières du Maryland, dont les dispositions continuaient à inspirer assez d'inquiétudes pour que le gouvernement fédéral ait cru devoir prendre possession, par mesure de prudence, d'une fabrique d'armes exploitée à Baltimore. Cependant, le parti fédéral a triomphé dans les élections.

Un coup de main tenté par la garnison du fort Monroë a eu moins de succès que la marche sur Harper's-Ferry. Trois cents fédéraux avaient quitté ce fort dans la nuit pour attaquer une position occupée par les confédérés à neuf milles de là; mais ils ont tiré l'un sur l'autre dans l'obscurité, et, au point du jour, ils ont dû se replier sur le fort de Monroë, après avoir été exposés pendant une heure à un feu violent.

Un mouvement séparatiste a eu lieu dans le Missouri. Le gouverneur de cet État a publié une proclamation dans laquelle il appelle 50,000 hommes sous les armes pour résister au gouvernement fédéral. Il a, ainsi que d'autres fonctionnaires, abandonné Jefferson, la capitale nominale du Missouri, pour concentrer ses forces à Arnowrock. Le général Lyons s'était mis à sa poursuite avec un corps de troupes assez considérable.

Troupes fédérales américaines

3 AOÛT 1861

SURPRISES PAR LES SÉCESSIONISTES SUR LE CHEMIN DE FER D'ALEXANDRIA.

(Voir la page suivante.)

Nous publions, sur ce fait, le rapport officiel du brigadier général R. C. Schenck au lieutenant général Scott :

« Je quittai le camp avec 668 hommes et 29 officiers, suivant l'ordre du général Mac Dowell, de faire cette expédition avec la force disponible d'un de mes régiments. Le régiment choisi fut le 1er des volontaires de l'Ohio. Je laissai deux compagnies, la compagnie H et la compagnie J, en tout 135 hommes, à l'embranchement. J'envoyai le lieutenant colonel Parrot, avec deux compagnies de 117 hommes, à Fails-Church, pour explorer les bois dans cette direction. Je postai deux compagnies, les compagnies D et F, en tout 130 hommes, pour garder le chemin de fer et le pont entre l'embranchement et Vienna. Alors je m'avançai lentement vers Vienna avec quatre compagnies formant un total de 275 hommes. En tournant lentement la courbe, à environ un quart de mille de Vienna, nous reçûmes une décharge de boulets, de bombes et de mitraille, partie d'une batterie d'enfilade masquée, composée, je crois, de trois canons, tuant ou blessant les hommes sur la plate-forme et dans les wagons avant qu'on eût pu arrêter le train. Le convoi arrêté, la machine ne put le traîner hors du feu, le matériel roulant ayant été atteint en plusieurs endroits. La machine étant en arrière, nous quittâmes les wagons pour nous retirer dans les bois, à droite et à gauche du train. Trouvant la batterie ennemie appuyée par à peu près un régiment d'infanterie et de cavalerie, que nous avons reconnue être composée de 1,500 Caroliniens, nous longeâmes le chemin de fer, laissant des tirailleurs des deux côtés. De cette manière, nous pûmes nous retirer lentement, emportant nos blessés à cinq milles d'ici, où nous sommes arrivés à dix heures. » L. M.

18 MAI 1861

Nous donnons, dans le présent numéro, le dessin du fort Sumter, pris aux Américains du Nord par les confédérés du Sud. Le major Anderson, commandant du fort, ne se rendit, après trente-six heures de combat, dit le rapport, que lorsque le feu de l'ennemi eut détruit tout son matériel, et que sa provision de vivres eut été complétement épuisée.

« Pour échapper à la suffocation, dit un des officiers du major Anderson, nous étions obligés de nous coucher à plat ventre sur le sol, et de nous imbiber la figure de temps en temps avec nos mouchoirs trempés dans l'eau. »

Depuis quelques jours, les nouvelles qui arrivent de New-York sont plus calmes et fortifient l'opinion de ceux qui pensent que les États désunis ne sont pas encore près d'en finir par une grande bataille. Washington, gardé par 18,000 soldats, n'est sous le coup d'aucune agression imminente. Le gouverneur de la Virginie a d'ailleurs déclaré qu'il ne permettrait pas le passage des troupes du Sud, marchant contre la capitale fédérale, et le président du Sud, M. Davis, annonce qu'il résistera à toute attaque, ce qui semble indiquer qu'il n'entend pas prendre l'offensive.

Troupes fédérales américaines surprises par les sécessionistes sur le chemin de fer d'Alexandria (Virginie). (Voir la page précédente.)

Bombardement du fort Sumter. — D'après un croquis de notre correspondant, M. Saintin.

Les Etats-Unis et les Etats confédérés.

10 AOÛT 1861

I.

Si M. le baron Charles Dupin publiait aujourd'hui son ouvrage intitulé : *les Forces productives des nations*, il serait peut-être un peu embarrassé d'écrire comme il le faisait en 1858 (*voy.* vol. Ier, p. 433), en parlant des Etats-Unis de l'Amérique du Nord : « Le système fédéral offre « un modèle qui ferait le bonheur de l'Europe, si les gou- « vernements de l'ancien monde en adoptaient le principe. « Jamais il n'y a de guerre entre les Etats confédérés, di- « gnes ainsi du beau nom d'Etats-*Unis*. Leurs intérêts, « leurs différends de peuple à peuple, sont réglés pacifi- « quement par voie souveraine de congrès. »

Depuis l'époque bien récente où M. Charles Dupin écrivait ces lignes, une crise terrible s'est déclarée au sein de la Confédération américaine; des antipathies latentes et surtout des oppositions d'intérêts longtemps contenues, se sont révélées au grand jour: le mot de séparation a été prononcé, et, avec cette promptitude dans l'action qui caractérise les Américains du Nord, le mot est rapidement devenu un fait. Le parti de la sécession s'est promptement augmenté, et aujourd'hui deux Confédérations ennemies sont en face l'une de l'autre, et se sont livré déjà de sanglants combats. Comment finira ce conflit qui inquiète aujourd'hui les deux mondes? Si la guerre civile, qui est à son début, ne vient pas à se compliquer d'une guerre servile, on espère encore que l'inimitié des deux partis l'un pour l'autre se calmera enfin, et ne rendra pas impossible une solution pacifique, que les passions poussées à l'extrême ne creuseront pas un abîme infranchissable entre eux, et que les Américains, gens pratiques par excellence, reconnaîtront à temps qu'il vaut mieux continuer à faire leurs affaires, à commercer sur tous les points du globe, et à échanger leurs produits avec ceux de l'univers entier, que s'égorger sans profit, et couvrir de ruines un sol où en si peu de temps ils ont su acquérir tant de richesses et de prospérité.

Quoi qu'il en soit, que ce regrettable conflit finisse, comme on peut l'espérer encore, par un arrangement amiable, ou que l'on continue à recourir à la force des armes pour vider le différend, il n'en est pas moins vrai qu'il existe aujourd'hui deux confédérations en présence, celle du Nord et celle du Sud : la première formée des Etats du Nord et du centre oriental, et ayant conservé le nom d'Etats-Unis; la seconde formée des Etats du Sud sous le nom d'Etats confédérés.

Nous ne voulons pas ici retracer l'histoire des faits qui ont précédé la séparation qui existe actuellement, il faudrait pour cela remonter trop haut. En admettant l'existence de ces deux confédérations, notre but est uniquement d'indiquer la force de chacune d'elles, l'étendue de son territoire, sa population libre ou non, son commerce, ses moyens d'attaque ou de résistance. C'est surtout sous ce dernier point de vue que la question nous semble offrir de l'importance. Si en effet, dès le début, il était avéré que le Sud doit immédiatement succomber, et les choses rentrer dans leur état primitif après un conflit passager, il est évident qu'elle présenterait beaucoup moins d'intérêt; mais tout annonce le contraire. Chez les Américains, les intérêts finiront par dominer les passions. On ne tardera pas à voir que cette guerre, qui serait à la fois civile et sociale, est une guerre sans but, sans drapeau même, et que si les Etats du Nord trouvent dans leur population plus agglomérée de plus grandes facilités pour l'attaque, les Etats confédérés du Sud peuvent aussi présenter de grandes forces de résistance. Car il faut bien établir ici, avant tout, que du moment où il est à peu près certain qu'aucun des antagonistes ne cédera, cette guerre ne peut se terminer que de deux manières, ou par la soumission volontaire de l'un des deux partis, ou par la complète victoire de l'autre, qui réduira son rival à demander grâce et merci, et à accepter toutes ses conditions; or, ces deux hypothèses sont également inadmissibles. Si, numériquement parlant, le Nord a une population plus nombreuse, plus dense, les ressources du Sud suffisent néanmoins pour tenir ses adversaires longtemps en échec; d'un autre côté, les forces de terre de la Confédération sont, on le sait, très-incomplètes : l'armée régulière y est très-peu de chose, et y est en outre dépourvue de tout ce qu'il faut pour faire une campagne; les milices qui la composent sont peu aguerries, ne savent pas faire la guerre, en un mot, ont besoin de tout apprendre. Elles se complètent, il est vrai, par des volontaires, mais ceux-ci, liés seulement par un contrat passager qui ne les astreint qu'à un service de quelques mois, ne sont bons que pour des coups de main et des aventures, et, quoique personnellement très-braves, ne constituent pas une force armée sur laquelle on puisse compter d'une manière permanente. Engagés pour trois mois, beaucoup de ces volontaires vont quitter le drapeau et rentrer dans leurs foyers. A chaque instant des éléments nouveaux viendront ainsi modifier la composition de l'armée, et perpétuer une guerre sans but, sans gloire, et, on peut le dire, sans succès d'aucun côté. Or, un pareil état de choses ne saurait être du goût du peuple américain. Tous ces militaires improvisés ne vont pas tarder à regretter leurs affaires, leurs spéculations, et à s'apercevoir que, pendant qu'ils s'ennuient et se fatiguent dans les camps, toutes les relations sont suspendues, les échanges arrêtés, et cet immense commerce qui se faisait entre l'Europe et l'Amérique, paralysé.

Ceci posé, examinons un peu en détail les éléments dont se composent les deux Confédérations, leur superficie territoriale, leurs ressources et aussi leurs tendances réciproques, leur population d'après le dernier recensement, celui de 1850, car le plus récent qui vient d'avoir lieu n'est pas encore connu.

Les Etats fédérés, ou unionistes, comprennent ce qu'on appelait autrefois la Nouvelle-Angleterre, représentée par six Etats, le Maine, New-Hampshire, Vermont, Massachussets, Rhode-Island et Connecticut. Ils ont une superficie de 16 millions 843,792 hectares, un peu moins du tiers de la France, et 2 millions 729,473 habitants; les neuf Etats du centre oriental en font également partie : ce sont New York, New Jersey, la Pensylvanie; l'Ohio, l'Indiana, l'Illinois, le Michigan, le Wisconsin et l'Iowa; leur superficie réunie est de 101 millions 829,970 hectares, et leur population de 10 millions 615,654 habitants.

Les Etats du Sud, ou Etats confédérés, savoir la Delaware, le Maryland, la Virginie, le Kentucky, le Tennessee, les deux Carolines, la Géorgie, la Floride, l'Alabama, le Mississipi, le Missouri, l'Arkansas, la Louisiane et le Texas, offrent une étendue de 220 millions 816,206 hectares, ou de quatre fois la France, et une population totale de 9 millions 612,569 individus. Ceux-ci à leur tour se divisent en trois classes, 6 millions 183,796 personnes libres, 230,642 affranchis, et 3 millions 963,622 esclaves.

En résumé, à l'époque du dernier recensement, la grande république américaine avait une étendue de 760 millions 435,100 hectares, ce qui donnait une proportion de 32,789 hectares pour mille habitants; la population totale y était de 23 millions 191,876 habitants; mais si elle a continué à progresser seulement dans la même proportion que les années antérieures, le recensement de 1860 donnera un chiffre qui doit varier entre 31 et 32 millions. Sur ce chiffre de 23 millions 191,876, la race européenne figure pour 19 millions 553,056 personnes. Elle est dans les Etats septentrionaux de 13 millions 146,829, et dans les Etats et territoires méridionaux de 6 millions 375,774 individus.

Si on ne s'arrêtait qu'à ces chiffres, on serait aussitôt frappé de la disproportion énorme qui existerait entre les deux parties aujourd'hui divisées de la Confédération, et on se demanderait comment l'une pourrait soutenir avec avantage la lutte contre l'autre. On se demanderait aussi comment la Confédération du Sud, avec une population esclave, qui se monte à 66 p. 100 du nombre total, ne se trouve pas complétement paralysée dans ses mouvements; mais il nous semble que ce n'est pas par ces éléments d'appréciation qu'il faut uniquement se laisser diriger. La question de l'esclavage est assurément une très-grave question, mais elle ne motive pas exclusivement la scission qui s'opère aujourd'hui. Les Américains du Nord ont trop de préjugé de la peau, pour faire croire qu'ils portent un bien vif intérêt aux esclaves noirs, qui travaillent pour les planteurs du Sud. Ils ne songent que bien médiocrement à leur donner une liberté dont ils ne sauraient quoi faire. Nous n'en voulons d'autre preuve que la conduite du général Butter, qui avait pris dans une reconnaissance quelques centaines de nègres : a-t-il songé à leur rendre la liberté? nullement. Il les a déclarés contrebande de guerre, et les emploie aux travaux du camp ou à ceux des forts, de sorte qu'en passant sous le drapeau fédéral, ils n'ont fait que changer de maîtres.

Mais d'autres considérations d'une importance majeure, et qui avaient fait naître des antipathies depuis longtemps contenues, ont motivé la scission entre les deux républiques. L'antagonisme des intérêts a plus fait encore que la question de l'esclavage. Les questions de tarif, qui presque toujours ont été réglées d'après les vues protectionnistes du Nord, ont excité une opposition qui récemment s'était fait jour avec encore plus de violence quand on a voulu mettre à exécution le fameux tarif Morill.

II.

En passant en revue tous les Etats qui forment les deux Confédérations, nous verrons d'un côté, l'industrie qui veut être protégée par des tarifs contre l'étranger, et de l'autre l'agriculture qui demande la liberté la plus entière pour échanger plus facilement et avec plus d'avantage ses riches produits, contre les produits manufacturiers des autres nations.

Le Maine, dont la population est à la fois agricole et maritime, n'a pas pour cela négligé l'industrie. On y file et on y tisse le coton mécaniquement, avec une certaine perfection et à très-bon marché, puisqu'il y revient à peine à 0,46 le mètre. En 1850 il produisait déjà, par 100,000 habitants, 5 millions 151,900 mètres de tissus de coton, presque autant en proportion que l'Angleterre.

Le New-Hampshire suit la même voie : il possède plusieurs filatures de coton, dont une à Portsmouth, mue par la vapeur, n'a pas moins de 26,000 broches, et file des numéros fins. Grâce à la force motrice de l'eau qu'on emprunte, d'une manière si économique, aux chutes de la Pastaqua, du Merrimack et de la Nashua, cet Etat s'est couvert d'usines de toute nature, et l'industrie manufacturière y a pris un développement considérable. L'Etat de Vermont, quoiqu'en grande partie agricole, n'en possède pas moins une foule de fabriques de lainages, de nombreux moulins à foulons et des tanneries importantes, des forges, des verreries, des poteries, des papeteries et des carrières de marbre. Nous ne dirons qu'un mot du Massachussets. Il a fourni, en 1851, au palais de Cristal, plus du septième des exposants américains, et ceux-ci ont obtenu 17 *prize-medale* et une des médailles du premier ordre. En 1854, Lowell fabriquait déjà plus de 100 millions de mètres de tissus de coton, et, il y a plus d'une douzaine d'années, le Rhode-Island, le plus petit de tous les Etats de la Confédération, avait plus de 200 fabriques de coton, près de 100 fabriques de laine et 65 foulons. Enfin le Connecticut est devenu un centre important pour la fabrication des lainages, celle des chaussures, l'industrie du caoutchouc et celle des revolvers.

A l'égard de New-York, qui est aujourd'hui, avec Londres et Liverpool, un des trois grands centres commerciaux du monde, nous nous bornerons à dire que cet Etat, dont la population est à peine de 4 millions d'habitants, avait 195 exposants à l'exhibition de 1851. Sans parler de ses produits agricoles, de ses farines, il a pu, grâce à l'abondance et au bon emploi des forces hydrauliques, se couvrir de fabriques, telles que scieries, filatures, fabriques de lainages, foulons, qui ont pris un rapide essor. Dans le petit Etat de New-Jersey, le produit des mines et des manufactures était déjà évalué, en 1850, à 212 millions 81,000 francs. L'Etat de Pensylvanie doit à ses combustibles minéraux une richesse toute spéciale. Il demande, par suite, à la vapeur les forces motrices que les autres Etats obtiennent presque gratuitement de l'eau. En 1850 la valeur des produits manufacturés à Philadelphie seulement se montait à 61 millions 869,871 francs, tandis qu'à Pittsburg, qu'on pourrait appeler le Birmingham des Etats-Unis, ils étaient, à la même époque, de 89 millions 94,000 francs.

Ces neuf Etats en ont colonisé au nord six autres : l'Ohio, à la fois agricole et industriel, met surtout en œuvre, dans ses usines et ses manufactures, les nombreux produits de son agriculture. L'Indiana, Etat plus récent encore, et dont, en 1853, la ville la plus considérable n'avait pas plus de 14,000 habitants, avait vu en dix ans, de 1840 à 1850, se quintupler la valeur de ses produits manufacturés, qui, de 22 millions 76,000 francs s'était élevée à 101 millions 47,000 francs. L'Illinois, où une grande partie de la population se livre à l'exploitation des mines, n'a pas non plus négligé l'agriculture, et a vu Chicago devenir une ville de premier ordre et le centre du commerce des céréales. Le Michigan, où la population clair-semée n'offre pas en moyenne trois habitants par cent hectares, tire un grand parti des richesses du règne végétal. Il récolte beaucoup de sucre d'érable, et cependant son industrie manufacturière ne reste pas inactive. Beaucoup de ses usines sont consacrées à la production du fer, au travail de la laine, aux tanneries, à la mise en œuvre des cuirs, à des verreries, à des poteries. Le Wisconsin, encore trop jeune pour avoir une industrie développée, trouve cependant déjà dans ses forêts, dans ses céréales et surtout dans ses magnifiques mines de cuivre, les éléments de sa richesse future. L'Iowa, enfin, malgré l'existence de ses gisements de houille en est encore à la période purement agricole.

Parmi les Etats méridionaux, un seul, la Delaware, semble devoir devenir plus industriel qu'agricole. Il ne cultive pas la canne à sucre, et à peine le coton. Le Maryland, appelé, dans l'avenir, à être le premier Etat manufacturier de l'Union méridionale, produit déjà une assez forte quantité de coton; mais la Virginie recolte 25 millions de kilog. de tabac, 4 millions de kilog. de chanvre, et est surtout remarquable par le nombre et l'accroissement de ses animaux. On les estimait, en 1850, à 160 millions de francs, chiffre au-dessous de leur valeur réelle. Le Tennessee est placé au cinquième rang pour la culture du coton parmi les Etats méridionaux, mais son principal produit est le maïs. La Caroline du Nord a le tabac, le riz, le coton, à côté du maïs et des autres céréales. En 1840, elle donnait déjà 60 millions de kilog. de coton et plus de 8 millions de kilog. de tabac. Le coton, le tabac, le froment et surtout le maïs, forment les récoltes principales de la Caroline du Sud, qui élève en même temps un nombre considérable d'animaux domestiques. En 1853, ses exportations se sont élevées à 82 millions 238,000 francs. Les cotons de Géorgie sont célèbres. Nous en dirons autant de l'Alabama, dont la production est de 120 millions de kilog. La Floride est purement agricole, mais le Mississipi donne en abondance les plus riches produits : le maïs, le froment, le riz, le coton avant tout. Le Missouri cultive les céréales, principalement le maïs, et élève un nombre considérable d'animaux domestiques. L'Arkansas produisait, il y a dix ans, 1 million 600,000 kilog. de coton, et tout annonçait que cette culture devait y prendre une extension rapide. Le maïs, le coton, le sucre, les mélasses sont les principaux produits de la Louisiane. La récolte du coton y surpasse aujourd'hui 100 millions de kilog.; celle du sucre, 50. En 1855, les exportations se sont élevées à 293 millions 998,541 francs. Le Texas, enfin, plus grand que la France, d'une étendue de près de 62 millions d'hectares, en est encore à la première phase des Etats, à la culture pastorale.

Les Etats du Sud, qui ont en si grande abondance les produits du sol que nous avons énumérés plus haut, et qui en font un si important commerce, ont toujours vu avec peine la Confédération repousser, à l'instigation des Etats du Nord, les produits étrangers par des droits de 30 p. 100. Aussi les questions de tarif étaient-elles toujours débattues au sein du congrès américain avec une violence et une passion qui faisaient présager la scission qui s'opère actuellement. Le Nord l'a toujours emporté; le Sud veut aujourd'hui prendre sa revanche. Jusqu'où les passions surexcitées des deux côtés conduiront-elles cette guerre fratricide? Nul ne le sait, mais le congrès américain s'est réuni le 4 juillet, et on peut espérer encore, malgré l'esprit belliqueux qui a régné jusqu'à ce jour dans le sein de cette assemblée, que la voix de l'intérêt sera la plus forte, et peut-être, avant peu, verrons-nous, si ce n'est l'Union rétablie, deux républiques vivant en paix, chacune avec sa législation propre et son gouvernement séparé.

P.-A. de la Nourais.

ÉVÉNEMENTS D'AMÉRIQUE.

8 FÉVRIER 1862

New-York, 5 janvier.

Mon courrier, nous écrit notre correspondant, vous apportera, cette fois, des croquis d'un véritable intérêt. Depuis ma dernière lettre, nous avons gagné de sérieuses batailles, nous avons fait d'immenses progrès. Le Sud semble abattu et à bout de ressources.

Dranesville, en Virginie, où nous avons remporté notre dernière victoire, est un petit village du comté de Fairfax, à égale distance de Centreville, d'Alexandrie, de Leesburg et de Washington, dont il est éloigné de 17 milles. La contrée environnante est couverte de bois épais, très-propice à la guerre d'escarmouche. Dans la matinée du 20 décembre, une partie de la division du général Mac' Call, ayant été envoyée en reconnaissance, rencontra les troupes ennemies établies à la jonction de la route d'Alexandrie et de celle de Leesburg, appuyées à la forêt et protégées par quelques pièces d'artillerie.

Avis en fut donné au général en chef, qui accourut aussitôt au pas de course avec le reste de ses forces. Il prit immédiatement position et commença l'attaque.

Après une heure d'un feu incessant et d'un combat acharné, les confédérés voyaient toutes leurs positions enlevées et prenaient la fuite, en abandonnant deux de leurs canons, et après avoir essuyé des pertes sérieuses. Les forces engagées de part et d'autre étaient d'environ 5,000 hommes.

Je vous adresse également, ajoute notre correspondant, une vue actuelle de ce qu'était, il y a quelque temps, l'entrée du port de Charleston. La grande expédition navale a accompli sa mission : le port de Charleston est, actuellement, presque entièrement fermé. C'est le 19 décembre que l'on a commencé à couler les navires chargés de pierre à l'entrée du port. Cette opération a duré trois jours

LA CUISINE AU CAMP.

Quinze carcasses de navires coulées dans diverses directions, rendent, pour le moment, Charleston presque inaccessible par mer.

Cette façon de procéder a semblé en Europe, nous le savons, bien rigoureuse; quelques-uns même l'ont qualifiée de barbare; mais nous ne sommes pas, ici, partisans des demi-mesures; nous sommes convaincus que ce ne sont pas elles qui feraient rentrer dans l'union les Etats séparatistes et rétabliraient la paix dans notre malheureux pays. Nous les laissons donc de côté et allons de l'avant avec vigueur. Ce n'est pas le moment de renoncer à notre *go ahead* habituel. Il est, du reste, prouvé qu'à la fin de la guerre,

BATAILLE DE DRANESVILLE (VIRGINIE)

ÉVÉNEMENTS D'AMÉRIQUE. — NAVIRES CHARGÉS DE PIERRES COULÉS

, LIVREE LE 20 DÉCEMBRE 1861.

rien ne sera plus facile que de faire disparaître ces obstacles : c'est une question de dépense et voilà tout. Nous sommes tous persuadés, maintenant, d'un succès complet et prochain Cette idée est celle de tous nos soldats : ils ont confiance dans leurs chefs, dans leurs propres forces, et ne demandent qu'à frapper un coup décisif. Aussi rien n'est moins triste que l'aspect d'un camp fédéral : les deux croquis ci - joints viennent du camp établi sur les bords du Potomac : cuisines bien installées, mâts de Cocagne, jeux de tourniquet : vous ne voyez que cela; on dirait plutôt d'un champ de foire que d'un campement militaire.

Pour extrait :

P. PAGET.

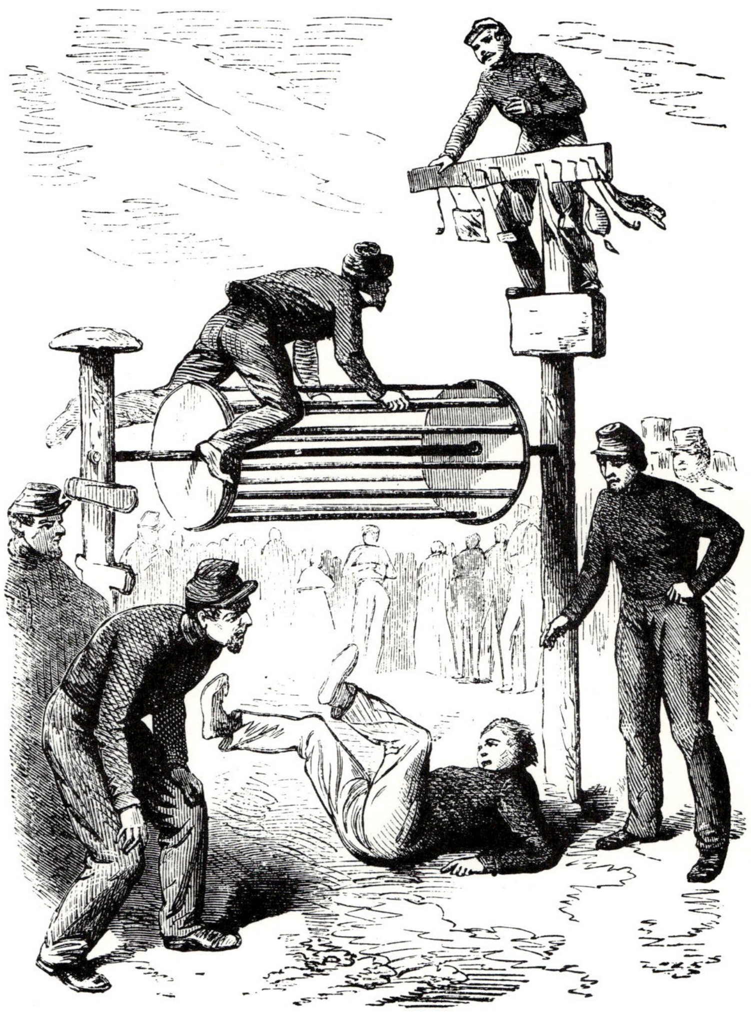

LE JEU DU TOURNIQUET.

A L'ENTRÉE DU PORT DE CHARLESTON. — D'après les croquis de M. Wm S***.

GUERRE D'AMÉRIQUE.

En Amérique, les fédéraux et les confédérés s'attribuent également le gain de la bataille de Pittsburg. Suivant une dépêche adressée à Richmond par le général de Beauregard, l'armée confédérée aurait été complétement victorieuse. Le général dit qu'il a pris aux unionistes 36 canons, leur a fait 8,000 prisonniers, et que, pour ne pas s'exposer à être tourné par les troupes du général Buell, il est rentré à Corinth, où il est sûr de pouvoir se défendre.

De son côté, le gouvernement de Washington établit, avec les pièces officielles reçues au département de la guerre, que le général Beauregard a enlevé, il est vrai, 36 canons aux troupes du général Grant, mais que ces canons lui ont été repris le lendemain, avec 40 autres de ses propres pièces, parmi lesquelles la fameuse batterie de Washington Light Artillery de la Nouvelle-Orléans; que le nombre des prisonniers fédéraux, porté à 8,000, se réduit à 2,000 au maximum, et qu'il est positif que les séparatistes ont abandonné le champ de bataille en désordre, poursuivis par les troupes nationales aussi loin que le comportaient les ordres du général Grant. « Depuis quand donc, demande-t-il avec quelque raison, est-il permis de se déclarer victorieux quand on est forcé de battre en retraite, poursuivi par l'ennemi, sans avoir le courage de lui tenir tête ? »

« Quoi qu'il en soit, dit une correspondance publiée par le *Moniteur*, la victoire de Pittsburg a été célébrée dans les États du Sud comme dans ceux du Nord, et a donné lieu à de solennelles actions de grâces, accompagnées d'oraisons funèbres en l'honneur des victimes de cette

— BATAILLE DE PITTSBURG. 3 MAI 1862

LE MAJOR GÉNÉRAL ULYSSE GRANT,
COMMANDANT DES TROUPES FÉDÉRALES AU FORT DONELSON.

lutte sanglante. La mort du général en chef Albert Sydney Johnston, tué en chargeant les fédéraux, à la tete de ses troupes, a inspiré à la presse du Sud les panégyriques les plus exaltés, et le congrès de Richmond a passé, le 7 avril, une résolution par laquelle il s'ajournait au lendemain par respect pour la mémoire du meilleur de ses officiers.

« Bien qu'on n'ait encore reçu aucun renseignement officiel sur les pertes éprouvées de chaque côté, il y a lieu de croire que les premiers rapports n'étaient pas exagérés, et que cette bataille a été aussi meurtrière à elle seule que l'ont été ensemble tous les combats engagés depuis le commencement de la guerre. »

Les nouvelles qui arrivent du fort Monroë sont dépourvues d'intérêt. Le *Merrimac* est rentré samedi soir à Norfolk et ne s'est pas montré depuis, au grand désappointement des curieux qui avaient espéré jouir du spectacle d'un combat naval. On prétend qu'il attend que le *Monitor* ait quitté sa position et s'avance en pleine eau, tandis que le *Monitor*, de son côté, attend que le *Merrimac* approche, et l'on commence à murmurer en voyant les deux adversaires si peu disposés à se mesurer. Ce qui fait penser, cependant, que le combat aura lieu, c'est que les deux navires de guerre français et le bateau anglais qui sont venus prendre la meilleure position pour bien jouir de la fete, n'ont fait aucun mouvement pour s'éloigner. On ne doute pas qu'ils ne soient bien renseignés, et chacun se tient prêt à arriver au premier signal.

Le président Lincoln a signé le bill d'émancipation des esclaves dans le district de Colombia.

Les troupes confédérées mitraillées par la flotte fédérale dans leur retraite du fort Walker.

ÉVÉNEMENTS D'AMÉRIQUE. — LE RECRUTEMENT A PHILADELPHIE. — D'après un croquis de M. Stanley.
27 SEPTEMBRE 1862

LE GÉNÉRAL CONFÉDÉRÉ LEE. ÉTATS-UNIS. LE GÉNÉRAL FÉDÉRAL ROSENCRANZ.

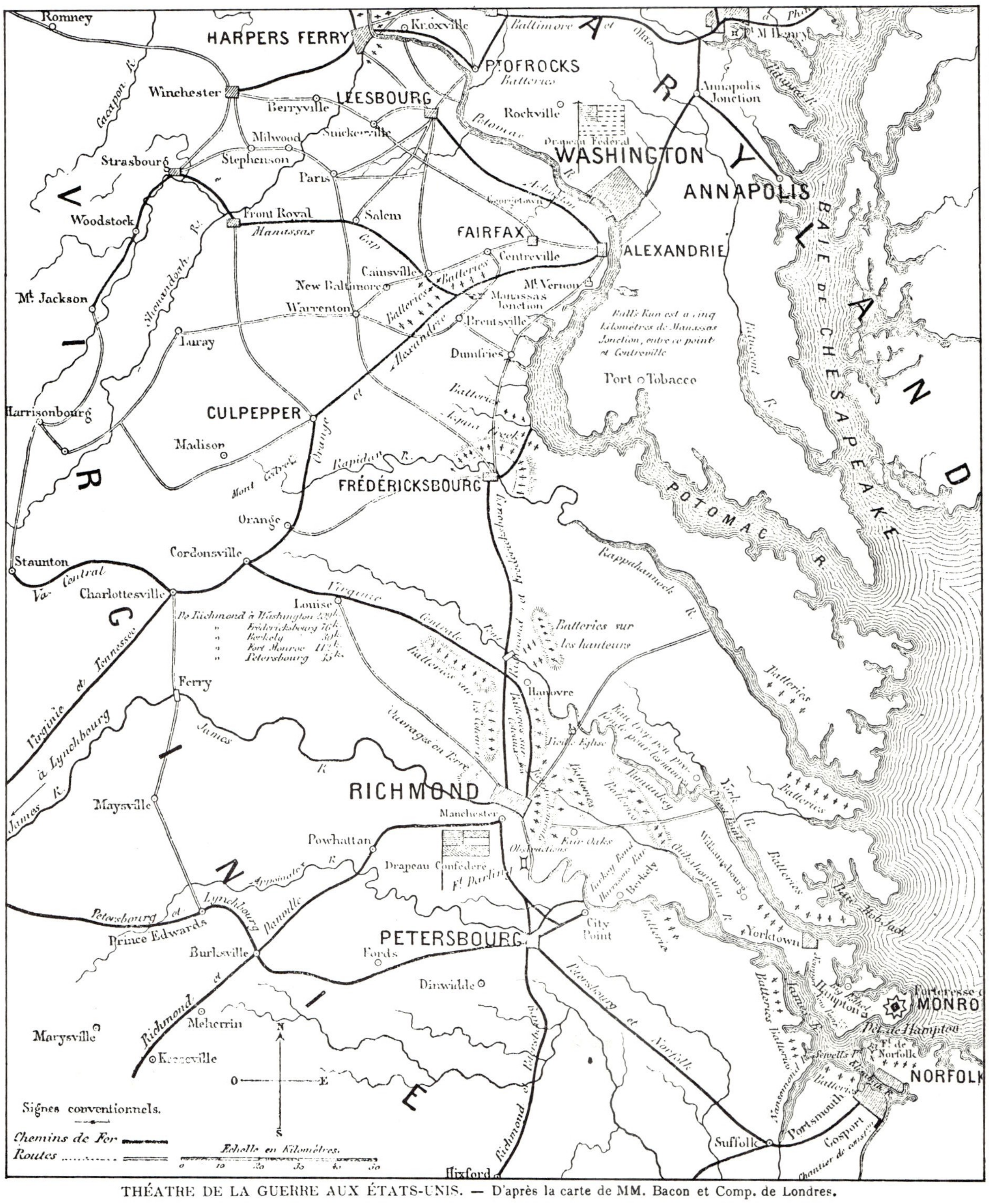

THÉATRE DE LA GUERRE AUX ÉTATS-UNIS. — D'après la carte de MM. Bacon et Comp. de Londres.

LES GÉNÉRAUX ROSENCRANZ ET LEE.
31 JANVIER 1863

AU DIRECTEUR.

New-York, 14 janvier.

Je vous envoie les portraits des deux généraux actuellement à l'ordre du jour, l'un dans les États du Nord, l'autre dans ceux du Sud. Le général Rosencranz, qui commandait les troupes fédérales à la bataille de Murfreesboro, est originaire de l'Ohio et ancien élève de l'école de West-Point, où il entra en 1838, pour en sortir lieutenant en second dans le génie; mais il resta plusieurs années attaché à cette école comme professeur, et ne rejoignit l'armée qu'en 1853.

Dès le commencement de la lutte, il mit son épée au service du gouvernement de Washington. D'abord sous les ordres du général Mac-Clellan à l'armée de Virginie, il prit le commandement en chef de cette armée lorsque Mac-Clellan fut appelé à celui de l'armée du Potomac.

Le général Robert-Edmond Lee est né en Virginie en 1808. Il appartient à une famille aristocratique et très-riche en esclaves. Son père fut le fameux Harry Lee, qui joua un rôle fort important à l'époque de l'Indépendance. Le général Lee est, comme Rosencranz, ancien élève de West-Point, d'où il sortit également dans le génie, en 1829. Il prit part à la guerre du Mexique, en qualité de chef du génie de la division Wool, se distingua dans toutes les rencontres, et fut nommé colonel après la bataille de Chepultepec, où il avait été grièvement blessé.

Nommé gouverneur de l'école de West-Point, il occupa ce poste jusqu'en 1852, et prit alors le commandement d'un régiment de cavalerie.

Au début de l'insurrection, il fut placé à la tête d'une division par le gouvernement de Richmond, et a joué un rôle important dans tous les événements militaires qui ont eu lieu dans cette triste lutte. C'est lui qui avait élevé les travaux de défense de Fredericksburg, devant lesquels l'armée de Burnside, toute formidable qu'elle fût, a dû reculer après une lutte des plus sanglantes.

Agréez, etc. W. Stanley.

CORRESPONDANCE DES ÉTATS-UNIS.
10 DÉCEMBRE 1864

AU DIRECTEUR.

New-York, 15 novembre.

Le grand événement est accompli: Lincoln est réélu. Cette heureuse réélection avance plus l'issue de la guerre que toutes les batailles que nous pourrions gagner. L'Américain est pratique, et les démocrates, découragés comme ils doivent l'être et comme ils le sont réellement, comprendront qu'ils n'ont rien à gagner à soutenir la cause de la rébellion, qui perdra ainsi son plus sérieux appui. Cet événement produit déjà ses effets: les affaires ont pris une recrudescence toute nouvelle, et la construction navale, c'est là un indice bon à signaler, semble revenue aux temps passés: nos chantiers sont pleins de navires du plus fort tonnage qui s'achèvent, et qui bientôt prendront la mer.

GUERRE D'AMÉRIQUE.

(Correspondance de l'*Illustration*)

La confédération du Sud vient d'être frappée coup sur coup d'une série de désastres qui s'enchaînent. Sa force était dans la concentration de troupes que Lee avait su opérer avec tant d'habileté autour du pivot de Richmond, tenant ainsi en échec l'armée de Grant. La marche hardie de Sherman à travers les Carolines, devait amener une suite de revers; il était impossible d'opposer des forces suffisantes aux colonnes qui s'avançaient vers la Virginie. Lee se résigna à voir ravager le pays pour sauver Richmond.

Lorsque Sherman s'approcha de Charleston, qui ne pouvait être secouru sans affaiblir la capitale de la Virginie, Lee se décida à faire évacuer la place. Les conséquences de cette décision furent immenses.

C'est à Charleston qu'avait été passé le fameux Acte de Sécession qui déclara rompus les liens qui attachaient les États du Sud à l'Union américaine. Ce souvenir produisit un certain découragement : dans l'opinion des plus timides, la perte de Charleston était la ruine de la Confédération. Ce que n'avait pu un siége régulier de quatre années, poussé avec les moyens les plus énergiques, un événement fortuit venait de l'accomplir.

L'entrée des fédéraux à Charleston a fortement ébranlé la confiance qui soutenait jusqu'ici les efforts des sécessionnistes. La perte matérielle de la ville n'est rien auprès de l'effet produit par ce désastre. En pénétrant dans ces murs, qui s'ouvraient devant eux d'une façon si inattendue, les fédéraux ont eu un spectacle navrant. Cette ville, qui fut, dans sa prospérité, le foyer d'une si grande activité commerciale, n'offre plus aujourd'hui qu'un tableau de misère. Le canon y a accumulé les ruines; il est peu de maisons et d'édifices publics qui ne portent quelque trace des boulets fédéraux; beaucoup sont complétement détruites. La population, précédemment de 50,000 âmes, est réduite au moins de moitié. Il ne reste que

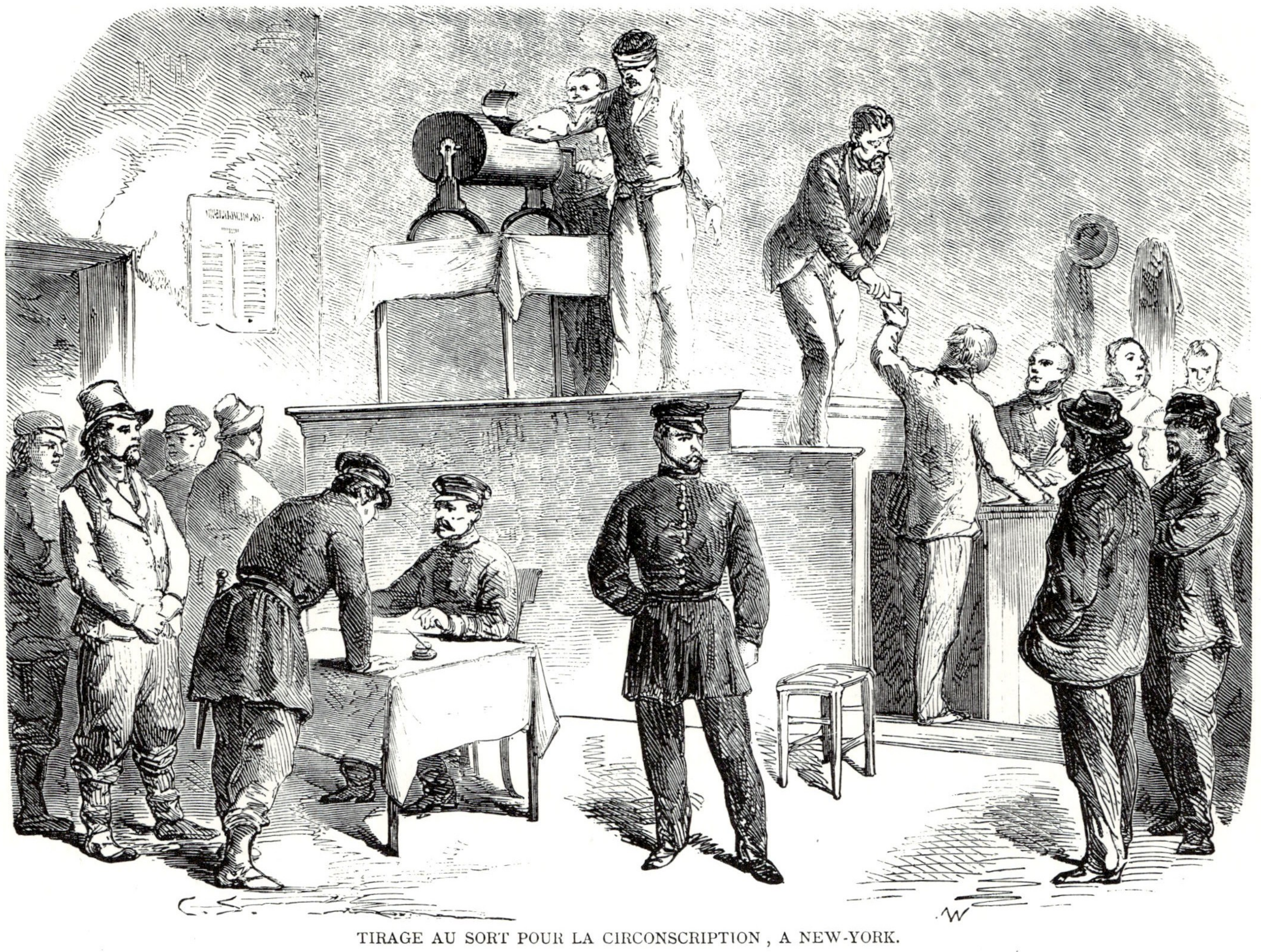

TIRAGE AU SORT POUR LA CIRCONSCRIPTION, A NEW-YORK.

INTÉRIEUR D'UN RESTAURANT, A CHARLESTON.

MAISON RUINÉE PAR LE BOMBARDEMENT, DANS MEETING-STREET, A CHARLESTON

ASPECT D'UNE RUE DE CHARLESTON, APRÈS L'ABANDON DE LA VILLE.

la classe la plus pauvre, et le dénûment de cette population, privée de toute industrie, est vraiment affreux; dans la masse se trouve un très-grand nombre d'hommes de couleur. Les rues sont couvertes de décombres provenant de maisons incendiées par le bombardement; ce sont des monceaux de briques brisées, de poutres à demi consumées, de débris de toute sorte, qui jonchent les voies publiques. Ceux qui se font un jeu de la guerre devraient venir méditer sur cet amas de ruines : la vue de tant de maux est la meilleure leçon qu'ils puissent recevoir, s'ils ont encore quelque chose d'humain dans la poitrine.

Le fort Sumter, qui était la principale défense de la place, présente le coup d'œil le plus bizarre. On a peine à concevoir qu'il pût offrir encore quelque résistance. Rien ne ressemble moins à un ouvrage de fortification que cette masse informe de décombres. Il ne reste plus une seule portion du mur primitif sur les faces battues par le canon des assiégeants. Du côté du port et du fort Wagner, on croit voir un amas de ruines anciennes. Les casemates, les arceaux, les piliers, les parapets sont entièrement démolis, pulvérisés. Du côté de Charleston et du fort

TIRAILLEURS DE SHERMAN DÉPLOYÉS DANS UN BOIS, PRÈS DE GOLDOBORO, DANS LA CAROLINE DU NORD.

Moultrie, on voit encore quelques ruines debout. Dans l'état où se trouvait la forteresse, il eût été impossible de placer des canons, si l'on n'avait eu recours à des ouvrages en terre. Les assiégés réparaient incessamment leurs brèches, et employaient à cet usage même le sable des fonds du port. Le terrain est profondément bouleversé.

Tel est l'état présent de cette forteresse, qui passait pour imprenable, et qu'un heureux hasard a fait tomber tout à coup aux mains des fédéraux. Tous les officiers de la garnison actuelle de Charleston ont voulu visiter ces ruines curieuses, et dernièrement, les généraux Gilmore, Potter et Webster, accompagnés de leurs états-majors, se sont rendus au fort Sumter pour se procurer l'émouvant plaisir de contempler de près cette scène terrible. Ils ont été reçus, à leur arrivée, par la musique militaire. Mais ce n'est pas au bruit de la musique qu'il faut visiter ces ruines d'une éloquence si grande, et probablement MM. Webster, Potter et Gilmore en auraient rapporté une idée plus juste s'ils les eussent visitées avec le recueillement d'un philosophe.

Pour extrait : P. Paget.

ASPECT ACTUEL DU FORT SUMTER, vue du côté N. E.

VISITE DES GÉNÉRAUX GILMORE, POTTER ET WEBSTER AUX RUINES DU FORT SUMTER.

ATTAQUE DE PETERSBURG PAR L'ARMÉE FÉDÉRALE,

PRISE DE RICHMOND, CAPITALE

SOUS LES ORDRES DU GÉNÉRAL GRANT.

DE LA CONFÉDÉRATION DU SUD. 29 AVRIL 1865

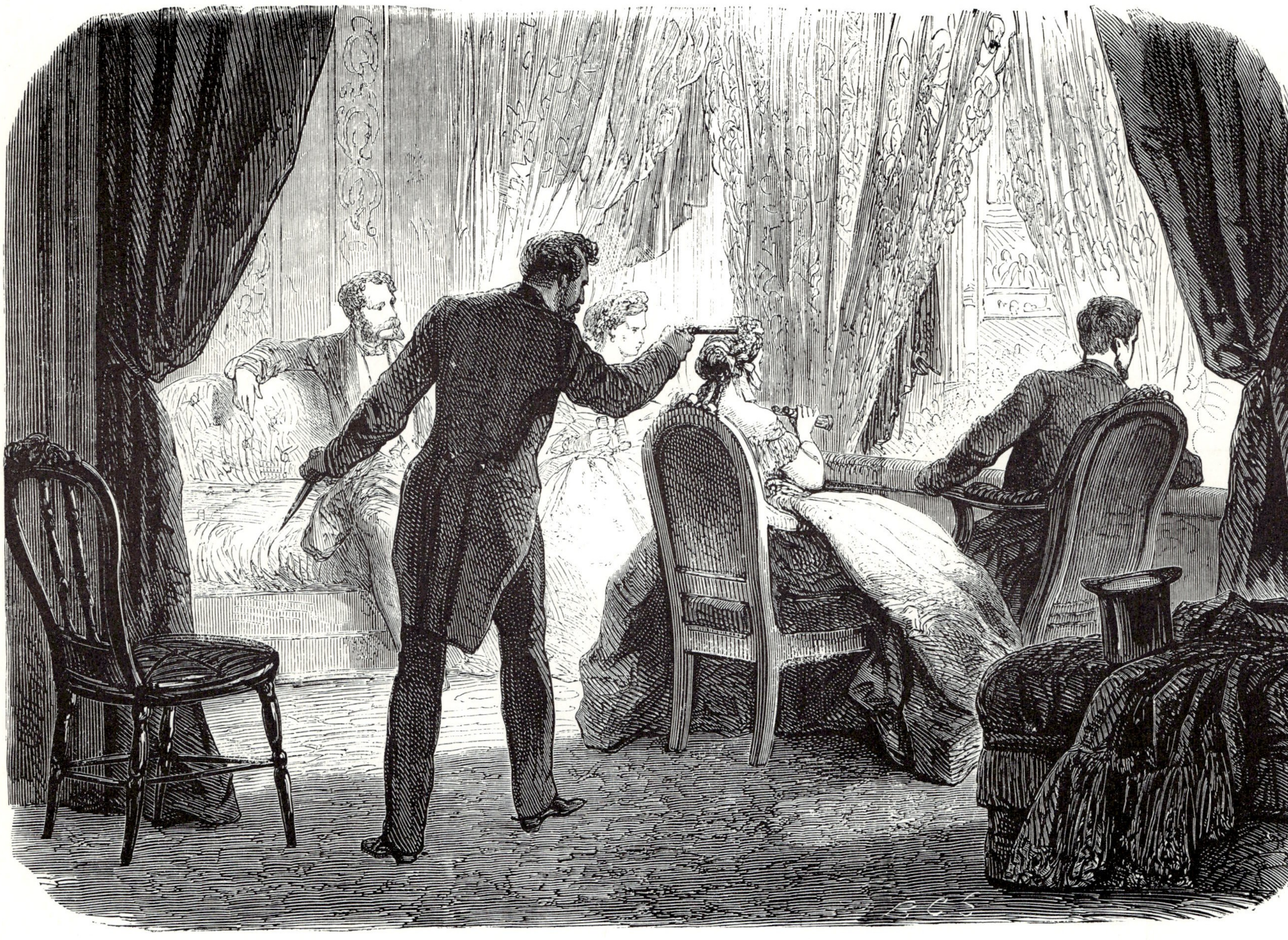

ASSASSINAT DU PRÉSIDENT LINCOLN. — D'après un croquis de M. W. Scott.

ÉVACUATION DE RICHMOND.

29 AVRIL 1865
(Correspondance de l'*Illustration*).

« Le 29 mars, le général Grant ouvrit la campagne contre Petersburg et Richmond, à la tête d'une armée disciplinée par cinq campagnes et renforcée par des troupes fraîches.

» Par ses ordres, Sheridan s'avança vers le chemin de fer du Sud. Le second et le cinquième corps, infanterie en tête, engagèrent le combat, le même jour, à Gravely-run. Le 30 (jeudi), ces forces s'avancèrent sur la route de Boydton. De nouvelles rencontres eurent lieu le 31 (vendredi), et, le samedi (1er avril), se livra le combat décisif des Cinq-Fourches, au point de jonction de la route du nord et de la route de Boydton. Dès lors, un libre passage fut ouvert à l'armée. Sheridan s'avança donc sur la route de Dinwiddie-Courthouse, comme s'il voulait aller menacer Berkesville.

» Cette feinte ayant attiré vers ce point les forces ennemies, il se retourna subitement vers l'est, s'avança jusqu'à trois milles de Petersburg, unit ses forces à celles que commandaient Warren, Parke et Wright, et leurs troupes conjointes formèrent bientôt un demi-cercle autour de la ville, qui eut à se rendre. Le 2, eut lieu un engagement général sur toute la ligne; partout le succès se déclara pour les fédérés. Le même jour, le général en chef des armées du Sud, Robert Lee, sentant l'impossibilité de soutenir la lutte, envoya, vers trois heures et demie, une dépêche à Jefferson Davis, le président de la confédération, déclarant que l'évacuation de Richmond était devenue d'une nécessité impérieuse; il demandait qu'elle fût accomplie la nuit même, et annonçait son projet de gagner Danville, de s'y fortifier et de tenter de là un dernier effort. A huit heures, Davis prit le train pour Danville, accompagné des membres du cabinet et d'un grand nombre de citoyens notables; en même temps, la Législature, qui s'était réunie en conseil, partit en corps par le canal Kanawha et la rivière James, se dirigeant sur l'État de Colombie. De son côté, le consul de la ville de Richmond décréta, en séance extraordinaire, plusieurs mesures, entre autres celle de détruire tous les alcools qui se trouvaient dans les entrepôts, magasins et maisons particulières. Dès lors, des milliers de tonneaux défoncés déversèrent leur contenu dans les rues, remplissant l'air de leurs émanations.

» Les soldats confédérés, étant parvenus à s'emparer de liqueurs fines que l'on jetait des maisons, ne tardèrent pas à oublier toute discipline; quelques-uns allèrent jusqu'à ouvrir des magasins à coups de crosse pour s'emparer d'objets précieux, tandis que d'autres mettaient le feu aux entrepôts de Shockhoe où se trouvait une énorme quantité de tabac. L'incendie gagna les maisons voisines; bientôt tout le quartier commerçant parut comme baigné dans une mer de flammes au milieu desquelles s'agitaient des ombres, des femmes fuyant avec leurs enfants, des soldats cherchant à rejoindre les débris de leur armée. Tour à tour on vit s'embraser et disparaître la Banque de Richmond, celle du Commerce, du Common-Wealth, de Virginie, des fermiers, les hôtels d'Amérique, de Colombie, la Poste, le State-Courthouse et plus de 800 maisons. Soudain une détonation effroyable fit trembler la ville jusque dans ses fondations; les vitres des fenêtres volèrent en éclats, partout le gaz s'éteignit, l'incendie lui-même perdit de ses clartés lugubres; c'étaient les magasins de poudre qui venaient de faire explosion. Une nouvelle détonation suivit la première, causée cette fois par l'explosion du fort Darling et des béliers cuirassés, à l'ancre dans la rivière. D'autres vaisseaux et le chantier maritime furent livrés aux flammes, pendant que les trois ponts menant à Richmond s'écroulaient.

» A l'aube du jour, les derniers soldats de l'armée du Sud quittaient la cité en flammes.

» Dès la veille, le major général Weitzel avait appris que l'ennemi allait évacuer la place, mais qu'une entrée nocturne serait dangereuse, parce qu'un grand nombre de torpilles avaient été ensevelies autour des redoutes. Lundi, vers cinq heures du matin, il envoya des éclaireurs. Grâce à cette précaution, on découvrit les torpilles, et elles furent signalées par de petits bâtons surmontés d'une bande de mousseline rouge. L'armée du Nord put bientôt franchir ce dernier obstacle et entrer sous les ordres du général Weitzel, dans l'ancienne capitale des confédérés. A huit heures, la bannière étoilée flottait sur le Capitole.

» Le lendemain, le président des États-Unis, Lincoln, arrivait à Richmond; il fut reçu avec enthousiasme par l'armée victorieuse et la population de couleur... »

Pour extrait : P. PAGET.

REVUE POLITIQUE DE LA SEMAINE

Les dernières nouvelles des Etats-Unis annoncent que le général Lee, ayant échoué dans sa tentative pour gagner Lynchburg, après avoir perdu ses meilleures troupes et ses généraux les plus habiles dans les combats qu'il a dû livrer dans sa retraite, avait enfin capitulé le 9 de ce mois avec l'armée. Grant se serait montré magnanime dans sa victoire, et aurait accordé aux vaincus les honneurs de la guerre.

Au moment même où l'on avait de si justes motifs d'espérer de meilleures destinées pour l'Union américaine, une nouvelle épouvantable est venue consterner les esprits en Amérique : le président Lincoln a été assassiné le 14 avril. **M. Seward a été également frappé** par un autre assassin, frère du meurtrier de Lincoln, et l'on avait peu d'espoir de conserver les jours du ministre. Ces attentats, contre lesquels se révolte la conscience de tous les honnêtes gens, sans acception de parti, paraissent se rattacher à un vaste complot contre la vie des principaux hommes d'État du Nord, qui se sont trouvés mêlés à la politique du président Lincoln. M. Johnson, vice-président, est entré en fonctions. Il est impossible de prévoir les conséquences d'un changement aussi imprévu. Tout porte à croire que le parti de la résistance, dans le Sud, profitera du trouble que doit nécessairement apporter dans les affaires intérieures de la fédération un événement aussi désastreux, et s'efforcera de prolonger la guerre.

A. MARC.

REVUE POLITIQUE DE LA SEMAINE

13 MAI 1865

Les funérailles du président Lincoln ont été célébrées le 19 avril, à Washington, avec une grande solennité. On n'a jamais mieux senti toute l'étendue de la perte que les États-Unis ont faite dans la personne de ce grand citoyen. Le deuil a été universel; partout les affaires publiques et privées ont été suspendues; partout des services religieux ont été célébrés au milieu d'un morne recueillement. S'il est permis d'associer deux idées aussi disparates, on pourrait dire que la marche de ce cercueil se rendant à sa dernière destination dans l'Illinois, a été une marche triomphale. Jamais aucun homme public ne reçut de semblables témoignages d'amour et de regret. Mourir au milieu de pareils honneurs, c'est entrer de plain-pied dans le Panthéon de l'histoire. La mémoire de Lincoln vivra par ses actes, et par ces hommages qui en sont la récompense.

« Nous reproduisons, d'après un dessin qui nous est communiqué, la scène de l'attentat auquel a succombé le président Lincoln. Nous croyons que les détails qui accompagnaient cette communication seront lus avec un vif intérêt; ils rendent, dans toute leur vivacité les impressions d'un des témoins principaux du meurtre : nous transcrivons ici un extrait de notre correspondance :

« Il pourra vous paraître assez singulier, en Europe, qu'un homme ait pu commettre un pareil attentat sans être arrêté avant d'avoir pu sortir du théâtre. M. *** en a exprimé son étonnement à miss Harris qui, comme vous le savez, était dans la loge présidentielle au moment du meurtre, et voici ce qu'elle a dit :

« Il ne s'est point écoulé certainement plus de quinze « secondes entre le moment où le coup de pistolet a été « tiré et celui où le meurtrier a disparu derrière les cou- « lisses. Ni Mme Lincoln ni moi n'avons eu même le temps « de nous lever de nos chaises. En outre, comme après « la détonation le président s'est seulement affaissé un « peu dans son fauteuil sans qu'on vît une seule goutte « de sang, personne, dans le premier moment, ne s'est « douté de ce qui s'était passé, et toute notre attention « s'est portée sur le major Bathbone, qui, ayant voulu « s'opposer au passage de Booth, saignait abondamment, « à cause des deux coups de couteau qu'il avait reçus. « Mon impression personnelle était, dans le moment, « qu'un fou venait d'entrer dans la loge et d'en sortir. « Mme Lincoln demanda alors à son mari :

« — Qu'est-ce que c'est?

« Ne recevant pas de réponse, elle s'approcha de lui et « connut alors l'affreuse vérité. Le major Bathbone et moi « nous élançâmes tout de suite sur le devant de la loge, « en criant :

« — Arrêtez cet homme !

« Mais il venait d'entrer dans la coulisse. »

« Dans la salle, il paraît que le coup de pistolet a été à peine entendu, le bruit s'en étant confondu avec des applaudissements tout américains qui éclataient à ce moment. Le public éprouva, à la vérité, un grand étonnement en voyant un homme sauter de la loge présidentielle, un large poignard à la main; mais comme on reconnut tout de suite l'acteur Booth, qui avait joué souvent à ce théâtre, que de plus il traversa la scène sans se presser, d'un pas théâtral, en prononçant quelques paroles d'une manière emphatique, qu'en outre, aucun cri ne sortit d'abord de la loge du président, l'idée que cet homme était un meurtrier qu'il fallait arrêter ne vint dans le premier moment à personne, et ce ne fut qu'aux cris de miss Harris qu'on s'élança sur la scène, mais il était trop tard. »

Nous ajouterons, pour en finir avec le souvenir de cet effroyable meurtre, que l'assassin de Lincoln a expié son crime par une mort qui aurait dû être, peut-être, plus saisissante pour l'exemple. Serré de près par un détachement qui était sur ses traces, il s'était réfugié, avec un de ses complices, dans une grange où il a été tué en se défendant.

A. MARC.

La station d'Omaha.

LE

CHEMIN DE FER du PACIFIQUE

29 FÉVRIER 1868

Le chemin de fer du Pacifique !.. Voilà, à l'heure qu'il est, le grand œuvre qui attire toute la sérieuse attention de l'Amérique du Nord. Il n'y a sur ce point ni divergence d'opinion, ni division entre les États, ni incertitude dans les esprits. D'un bout à l'autre de l'Union, une même pensée, une même ardeur pousse les populations vers le même point, et jamais les Américains n'ont dit avec une conviction plus profonde : *Go ahead!*

Vue générale de la ville d'Omaha.

Ouvrir le chemin de fer qui unira l'Atlantique au Pacifique, telle est l'entreprise nationale, grandiose, civilisatrice qui s'accomplit avec une activité qui tient du prodige, et nous sommes heureux de pouvoir mettre sous les yeux des lecteurs de l'*Illustration* tous les faits importants qui se rattachent à ce gigantesque travail, car le chemin de fer du Pacifique est une de ces conquêtes qui n'intéressent pas seulement un peuple. Sans doute, pour les raisons les plus graves, les États-Unis éprouvent le besoin de se mettre en communication directe avec le grand État de Californie, où ils ne pouvaient se rendre que par le Cap Horn ou par l'isthme de Darien. Mais indépendamment de cet intérêt national et patriotique pour les États de l'Union, le chemin de fer du Pacifique est appelé à jouer un rôle prédominant dans les relations de tous les peuples. Par l'influence qu'il est appelé à exercer sur les rapports de l'ancien et du nouveau monde, par l'immensité des régions qu'il va rattacher au mouvement de la grande république américaine, par les voies rapides qu'il va incessamment ouvrir à travers le Pacifique, vers la Polynésie, le Japon, la Chine et les Indes, on peut dire que cette percée de toute l'Amérique du nord se rattache au progrès général du monde et qu'il sera l'un des plus puissants moteurs de notre civilisation moderne. On dirait qu'il est comme le dernier corollaire de cette loi providentielle qui pousse toujours vers l'Occident les peuples civilisés. De l'Orient à la Méditerranée, de la Méditerranée à l'Occident, de l'Occident en Amérique et de l'Amérique au Pacifique pour retourner au berceau des Indes, telle a été la marche de l'humanité, et les États-Unis, en jetant un chemin de fer à travers tout un continent, ne font que lui obéir en lui ouvrant sa dernière voie.

***

Cette entreprise est donc, à tous les points de vue, attachante, curieuse, digne de fixer l'attention de l'Europe comme de l'Amérique, autant que le canal de Suez. Tout est nouveau, tout est intéressant, tout est saisissant

Le débarcadère des bateaux à vapeur, à Omaha.

LE CHEMIN DE FER DU PACIFIQUE. — Préparation des traverses.

LE CHEMIN DE FER DU PACIFIQUE. — La pose des rails.

dans ce chemin de fer qui s'exécute en dehors des conditions communes des autres lignes. Immensité de la voie, — 1,800 milles! Énormité du capital engagé, — 750 millions de francs! — Activité déployée dans les travaux, nouveaux procédés d'exécution, forêts vierges, pays inconnus, régions inhabitées, clairières occupées par les tribus sauvages, travaux d'art, tout, dans cette vaste opération, porte le cachet de ces créations hardies qui font honneur au génie de l'homme. L'Europe peut apprécier la grandeur de l'œuvre par un seul terme de comparaison : de Omaha, dans l'État de Nebraska, point extrême de la civilisation américaine, à Sacramento, en Californie, il y a, nous l'avons dit, 1,800 milles, soit environ la distance comprise entre Lisbonne et Saint-Pétersbourg.

***

Et cette trouée immense s'accomplit à travers des pays inhabités. Il y a sans doute entre Omaha et la Californie quelques points intermédiaires. On a, par exemple, la ville de Denver, située sur le territoire de Colorado, au sud de la rivière Platte. Ce territoire est peuplé d'environ 50,000 habitants, attirés par les riches mines d'or et d'argent de ces régions. Après Denver on trouve encore Salt-Lake City, capitale du territoire de l'Utah, dans le Grand-Bassin et Carson City, capitale du territoire de Nevada, à l'est de la Sierra-Nevada.

Mais ce ne sont là que des points imperceptibles dans le champ de cette vaste opération, et l'on peut dire que le chemin de fer du Pacifique s'ouvre, sur presque toute sa longueur, à travers un désert habité seulement par des sauvages et des bêtes fau-

Une station dans la Prairie: Le centième méridien.

ves. C'est justement l'opposé des chemins de fer européens. En Europe, le chemin de fer relie entre elles des capitales, des provinces riches, des populations nombreuses. Les deux rails du chemin de fer du Pacifique s'avancent, au contraire, au milieu de solitudes profondes; et voyez ce qu'il va produire. Aux stations du chemin vont s'ajouter rapidement des maisons, des exploitations agricoles, industrielles, des villages, des villes, des marchés abondants, et le chemin de fer va faire surgir ainsi, comme par enchantement, dans le pays des Peaux-Rouges, le travail, la richesse et la civilisation. C'est lui qui fait la place destinée à cette fourmillière d'hommes que la grande république abritera sous son aile; c'est lui qui prépare la terre promise à ces cent millions d'habitants que les hommes d'État, en France, promettent eux-mêmes, à la fin du siècle, aux États-Unis!

Depuis longtemps, l'Union projetait l'établissement de cette voie nationale. Une loi du 1er juillet 1862 autorisait la construction d'une grande ligne, — *grand trunck*, — s'étendant vers l'ouest jusqu'à la rencontre du chemin de fer central du Pacifique, — *Central Pacific Railroad*, — qui a pris Sacramento-City comme point de départ, et que la compagnie californienne dirige vers l'ouest. Le *Central Pacific Railway*, partant de Californie, rencontre des obstacles assez importants, mais les ingénieurs se sont mis à l'œuvre avec une grande énergie, et ils ont réussi à franchir le sommet de la Sierra-Nevada, distant de 90 milles de Sacramento-City. Il y a donc, comme on le voit, deux chemins à la fois en construction, tous deux créés pour la même destination, marchant l'un vers l'autre sur la même ligne, et la combinaison de ces deux efforts, en doublant les résultats chaque jour obtenus, hâtera le jour où l'Amérique célèbrera l'achèvement de ce grand travail.

Quant au chemin de fer du Pacifique, l'activité qu'il a déployée est vraiment extraordinaire, et les travaux accomplis sont de nature à remplir de joie les amis du progrès. La loi exigeait que les premiers 100 milles, à l'ouest du Missouri, fussent complétés le 27 juin 1866, et le tronçon qui s'étend jusqu'au 100e méridien, c'est-à-dire à 147 milles plus loin, devait être achevé au mois de décembre 1867.

Or, les premiers 100 milles étaient achevés le 2 juin 1866, et les 147 milles le 5 octobre.

Pour fêter cet heureux événement, la commission nommée par le gouvernement fut invitée à inspecter la route, accompagnée par le président de la Compagnie, le général John A. Dix. Malheureusement, le général fut en ce moment nommé ministre des États-Unis en France, et forcé de renoncer au plaisir de cette excursion. Le général Dix fut remplacé par M. Thomas C. Durant, vice-président de la Compagnie, et la commission se mit route pour faire ce premier voyage d'inauguration. Elle était composée des directeurs, des ingénieurs de la Compagnie, de quelques membres du Congrès, d'hommes de lettres, de journalistes, d'artistes, et d'un grand nombre de personnes de distinction.

Ce premier voyage fut un événement.

Le 23 octobre, on partait de Omaha, et, après s'être arrêté en plusieurs endroits pour y inspecter les ponts jetés sur les rivières Papillon et Eikhorn et les stations de Fremont et North-Bend, on passait la nuit à Columbus. Là, les agents de la compagnie avaient organisé un campement illuminé par de grands feux, et ceux des voyageurs qui en eurent la fantaisie, purent prendre du repos sous des tentes et coucher sur des peaux de buffles. Le compagnie donna à ses invités, dans cette excursion, le spectacle d'un combat de guerriers sauvages. Voilà, il faut en convenir, des inaugurations de chemin de fer comme on n'en trouve qu'en Amérique.

Nous n'avons voulu, dans ce premier article, que faire comprendre l'importance capitale de cette opération immense. Nous continuerons, dans les numéros suivants, à en donner la description complète, en présentant des explications sur les gravures si intéressantes qui accompagneront notre récit.

***

7 MARS 1868

Quand les capitaines Lewis et Clarke, explorateurs du grand Ouest, sont arrivés à Omaha en 1801, les indiens de la Prairie tenaient un grand conseil sur les collines situées sur la rive gauche du Missouri. C'est de ce côté que les premiers colons établirent une ville que l'on aperçoit dans le lointain (voir la vue générale d'Omaha, p. 132) et qui acquit rapidement une grande importance. Omaha était encore un désert que Councils Bluff avait déjà dix mille habitants. Omaha en a quinze mille aujourd'hui et Council's Bluff est resté à peu près stationnaire.

L'origine de cette prospérité, dont nous n'essaierons point de tracer les limites, doit être rapportée au décret de Lincoln, qui choisit Omaha comme point de départ du grand chemin de fer. Lorsque cet acte mémorable fut signé par le président martyr, en 1861, la ville n'avait encore que trois mille habitants; en sept ans sa population a été portée au quintuple. Cependant la disposition des maisons ne porte point la trace de précipitation ou d'imprévoyance. En Amérique, chaque bourgade prend naissance avec la prétention de devenir une métropole. Petit poisson deviendra grand, si Dieu lui prête vie, et l'on agit comme si l'on fondait une future Rome.

C'est à Julesbourg que les trains finissent leur service, qu'il faut abandonner les wagons pour prendre les diligences, dont nous aurons à parler plus tard. Julesbourg est, ou pour s'exprimer plus exactement, était le point de jonction de l'ancienne locomotion avec la nouvelle, de la route et du rail, de la diligence et de la machine à vapeur. Nous ne tardâmes point à rencontrer l'endroit où le chemin de fer arrivait dans la prairie, à l'endroit habité jusqu'à ce jour par des sauvages et des bêtes fauves! L'opération de la pose des rails venus de l'Ouest, et des traverses que nous avons vu préparer à Omaha, sur une échelle immense, a lieu sous la direction de deux frères, les deux généraux J.-S. Casement et D.-C. Casement, de l'Ohio. Ces deux officiers distingués ont fait comme tant d'autres en Amérique: ils n'ont pas cru que la patrie dût par reconnaissance nourrir tous ses sauveurs. Après avoir abattu bravement la sécession, ils ont repris leur métier; mais ils ont retrouvé sous leurs ordres toute une armée aussi disciplinée que celle qu'ils avaient guidée sur les champs de bataille!

Les soldats de leur grande armée industrielle ont été divisés en brigades, dont chacune est réservée pour un certain travail. En tête de l'avant-garde marchent les bûcherons, qui, au nombre de quinze cents, font retentir les échos des montagnes Noires, et qui, chaque nuit, se retranchent contre les Indiens et les bêtes fauves. Derrière ces sapeurs, viennent les ingénieurs, qui placent des piquets pour indiquer la route que le chemin de fer doit suivre. Derrière marchent les terrassiers et les poseurs de traverses. Ces derniers sont partagés en trois brigades. La première, composée d'ouvriers d'élite, est chargée de placer les traverses dans les endroits où la route fait des inflexions ou des détours. Elle prend des précautions spéciales pour marquer les endroits où vient tomber le rail. Les autres placent les traverses intermédiaires et font ce que l'on pourrait appeler le remplissage.

Bientôt, en tête du train de la pose, vient un wagon, vaste plate-forme roulante, chargée d'environ quarante rails et de tous les accessoires, coussinets, etc. Chaque extrémité de cette plate-forme est pourvue d'un cylindre mobile pour faciliter le chargement et le déchargement des rails.

Ce wagon se tient toujours au front de bataille, et est accompagné de dix hommes, cinq de chaque côté. Un de ces cinq hommes place le rail sur le cylindre, trois autres le font sortir du wagon, et le cinquième place les coussinets, sur lesquels on le laisse tomber au commandement du chef d'équipe. Ce mot d'ordre, *down* (en bas), est répété de chaque côté avec une vitesse moyenne de deux fois à la minute. Il indique la vitesse d'accroissement de la voie ferrée, puisque chaque rail augmente de 4 mètres la longueur du grand chemin du Pacifique.

LE CHEMIN DE FER

La station de Julesbourg.

La rivière

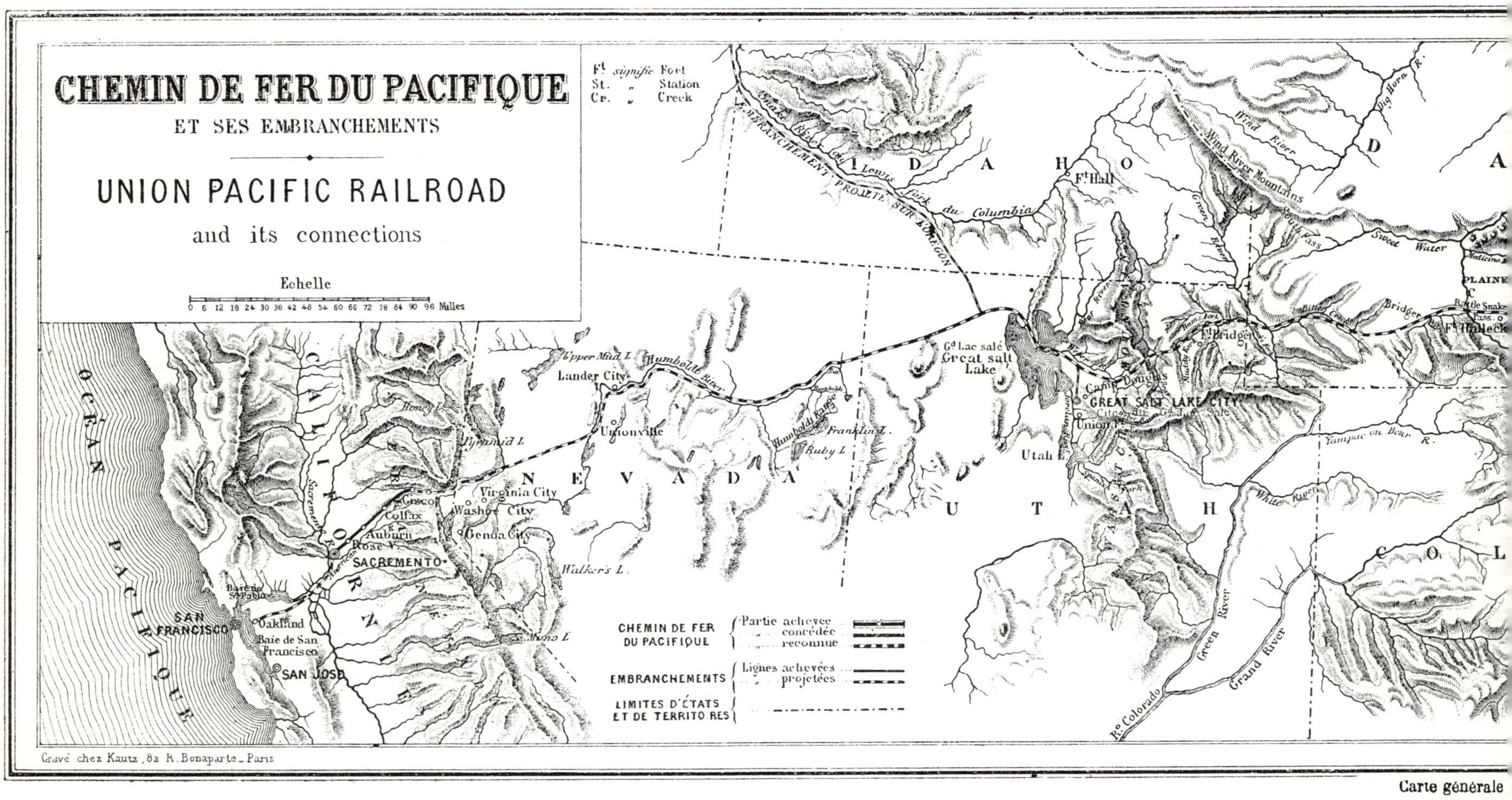

Carte générale

La tranchée des Montagnes-Noires.

Panorama de Virginia-Dale.

DU PACIFIQUE

Plate.

La tente des Ingénieurs.

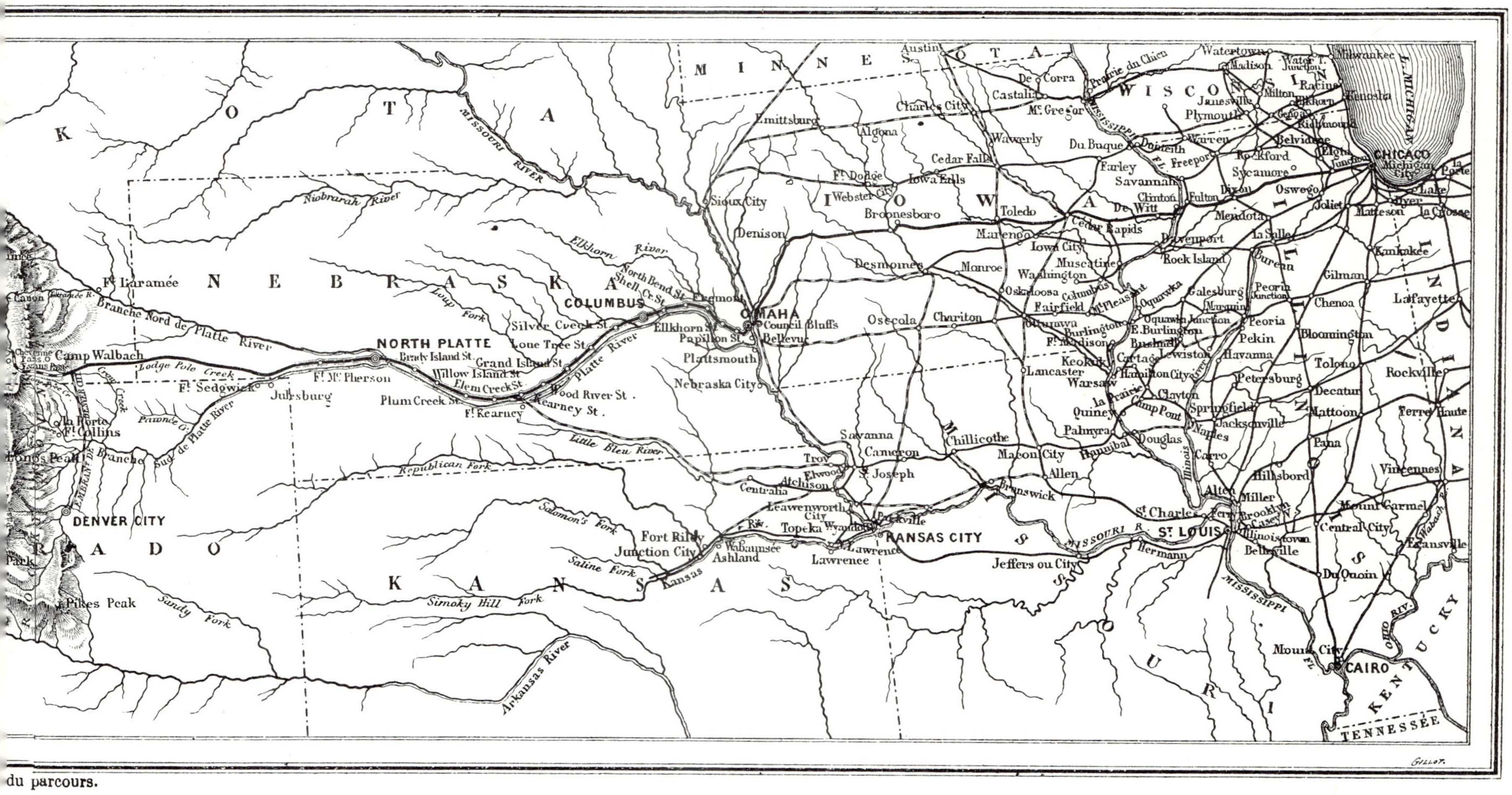

du parcours.

— Jalonnement de la ligne.

Le sommet des Montagnes-Noires, vue prise aux environs de Williamspring.

LE CHEMIN DE FER

Salt-Lake-City, ville des Mormons. Porte d'entrée de la résidence de Brigham Young.

Vue générale de Salt Lake City.

Défilé de la

Défilés de Laramie.

Un campement

DU PACIFIQUE

rivière Weber

Le grand tabernacle des Mormons, en cours de construction.

Une rue de Salt-Lake-City.

d'émigrants Mormons.

Point culminant des Montagnes Noires

Blocs de granit dans les plaines de Laramie.

LE CHEMIN DE FER

Le grand lac Salé, vue prise de l'Est.

La Sierra-Nevada, vue prise des derniers sommets (10,000 pieds d'altitude).

Le défilé

Le tunnel du sommet, vue de l'entrée prise du côté de l'Est.

Station et chantiers

DU PACIFIQUE

de Humboldt.

Le désert américain. — Rocher de la Cheminée

Vue générale de Cisco.

de Cisco.

Le Pic américain, entrée du puits au dessus dn tunnel.

Au moment où notre convoi d'inauguration est arrivé à l'extrémité des travaux, le chemin de fer allait, comme il est facile de s'en assurer en regardant la carte, s'éloigner des bords de la rivière Plate. Mais la colonisation est trop active pour se contenter de suivre les travaux. Des pionniers, allant au devant du rail, avaient déjà construit la ville de Cheyenne presque à l'entrée des passes, à moins de 50 kilomètres à l'est de la ligne de faîte, que nous avons indiquée dans notre carte.

Ce puissant rempart s'étend dans une direction rigoureusement perpendiculaire au méridien sur plus de deux cents milles entre le pic Laramie au nord et le pic Peak au sud.

Pour bien faire apprécier son importance, nous avons donné le dessin d'une des coupures qui permettent de le franchir. La vue du canyon Laramie permettra de comprendre ce que sont les autres passes. C'est par le col d'Evans que la voie ferrée arrive à son point culminant, que nous avons également cru convenable de mettre sous les yeux de nos lecteurs.

En effet, ce passage, auquel le chemin de fer s'est élevé graduellement sans qu'on s'en aperçoive, pour ainsi dire, est situé à 8,400 pieds au dessus du niveau de la mer. C'est la ligne la plus élevée du monde; elle dépasse, comme on le voit, le niveau du chemin de fer du mont Cenis lui-même! Mais revenons quelques instants à Cheyenne.

Au mois de juillet 1867, lorsque je faisais ma conférence au palais de l'Exposition universelle, les Indiens, qui ont donné leur nom à la ville, chassaient paisiblement le buffle et l'élan dans les riantes prairies où la plus jeune des villes de tout l'univers a si rapidement pris naissance.

***

Quand nous sommes arrivés au pied des montagnes rocheuses, la jeune Cheyenne avait déjà 6,000 habitants, attendant avec impatience l'arrivée de ce Messie du travail qui se nomme le rail. Pendant la durée de notre excursion, le rail a marché; quand nous sommes partis pour l'Europe le service des trains avait commencé. Ils roulent régulièrement depuis Cheyenne jusqu'à Omaha, desservant une étendue supérieure à toute la longueur de la France, depuis Bayonne jusqu'à Dunkerque, sans changer de voiture. Les habitants de Cheyenne peuvent maintenant recevoir *franco* par train de marchandises, et s'ils sont trop pressés par *train express*, les maisons qu'on leur envoie toutes fabriquées de Chicago, où existent des magasins de la *Belle jardinière* pour les propriétaires. On fabrique, sur ce marché étrange par confection, non des paletots et des blouses, mais suivant le goût des consommateurs des palais ou des chaumières!

C'est à Cheyenne que les convois quitteront les locomotives légères qui les auront traînées au milieu des plaines. On les fera remorquer par des machines plus lourdes, destinées à franchir les cols. Aussi la compagnie a-t-elle résolu d'établir de gigantesques ateliers, où l'on commencera par employer 1,500 personnes. Le gouvernement, suivant cet exemple, a résolu d'établir à Cheyenne un arsenal et un dépôt général pour les troupes fédérales stationnées dans le Colorado, l'Idaho et le Montana; mais on estime que le nombre des employés de l'État ne dépassera pas mille. Dès ses débuts, l'industrie l'emportera sur le service de la guerre, qui deviendra de moins en moins nécessaire. Quoique la superficie du district destiné à être desservi par l'arsenal de Cheyenne soit immense, quelques bataillons suffisent.

Cheyenne est un centre d'opérations, un quartier général dans cette haute stratégie du rail. Déjà une route latérale, actuellement en construction, courant au sud et se dirigeant vers Denver, la naissante et prospère capitale du Colorado, quitte le grand tronc à une très-faible distance de Cheyenne. Bientôt les ingénieurs commenceront la construction d'une seconde artère encore perpendiculaire au grand tronc, partant encore de Cheyenne, mais marchant, cette fois, vers le nord. Cette ligne, qui sera, à elle seule, plus longue que le plus grand des chemins de fer français, ira sonder les profondeurs inexplorées du Montana, où dorment inutiles tant de trésors.

Nous aurions voulu offrir aux lecteurs de l'*Illustration* une vue de cette future métropole du rail, mais un obstacle imprévu, trop caractéristique pour être passé sous silence, a fait avorter nos tentatives. Le niveau de la plaine est si parfait qu'il nous a été impossible, malgré nos efforts, de rencontrer un point de vue caractéristique. Notre photographe a dû se résoudre à construire une tour, du haut de laquelle il fera jouer ses instruments; mais ces travaux, que l'on peut appeler artistiques, ont marché avec tant de lenteur, qu'à notre retour à Washington les clichés n'étaient point encore arrivés.

On rencontre dans les environs de Cheyenne une immense couche de charbon de terre de très-bonne qualité et d'une très-grande épaisseur. Les découvreurs, plus actifs que le photogaphe, se sont empressés de prendre possession de leur mine, d'organiser une compagnie et de se procurer des débouchés. Ils ont déjà passé un marché fort avantageux avec la ville de Cheyenne pour l'éclairage au gaz pendant trente années. Le magnifique bloc de grès que nous avons représenté est teint en rouge; c'est un gigantesque témoin qui indique la présence d'une couche abondante d'oxyde de fer, excellent minerai. La Compagnie du grand chemin de fer a pris la résolution d'établir dans le voisinage un haut fourneau digne de rivaliser avec les plus grands établissements métallurgiques d'Angleterre, et qui fera des houillères de Cheyenne une mine beaucoup plus précieuse qu'une mine d'or.

Les plaines de Laramie, et non de Laramée, comme on l'a imprimé sur nos cartes par erreur, sont situées à l'ouest du premier rameau de la chaîne des Montagnes Rocheuses, auxquelles on donne le nom de collines Noires. Probablement cette plaine était autrefois le fond d'un grand lac qui s'étendait jusqu'à l'autre rameau de la chaîne. Mais les eaux creusant constamment les rochers pendant une suite incalculable de siècles ont laissé à sec le fond du lac. Les agents atmosphériques continuant leur travail sur ce sol, d'abord stérile ou envahi par des plantes aquatiques, l'ont transformé en une fertile prairie, qu'arrose la rivière Laramie, affluent remarquable de la branche nord de la rivière Plate. C'est, comme on le voit encore sur notre carte, par le canyon, ou défilé Laramie, que ce joli cours d'eau va trouver son chemin vers les grandes plaines et de là vers l'Atlantique. A partir de ce moment les courbes deviennent beaucoup plus fréquentes, sans cependant être gênantes pour l'exploitation.

Tout l'art des explorateurs a consisté à tracer habilement la route, de manière à éviter les tunnels. Grâce à un soin et à une dextérité sans exemple dans le choix des endroits où passera le chemin de fer, on n'aura pas un seul instant besoin de quitter le ciel ouvert jusqu'au défilé qui nous introduit dans le pays des Mormons en suivant le cours de la rivière Weber, un des affluents du grand lac Salé. L'entrée du territoire qu'habite ce peuple si singulier est, comme on le voit, remplie de majesté et de grandeur. On dirait bien que l'on va pénétrer dans une terre promise. C'est dans les plaines de Laramie que l'on rencontre encore de temps en temps les caravanes formées par les néophytes que les saints des derniers jours vont recruter en Europe, surtout en Suède, en Norwége et dans le pays de Galles.

Lorsque chassés par le peuple de l'Illinois, à la suite de l'assassinat de Joseph Smith junior, leur prophète, les Mormons sont entrés dans la vallée du grand lac Salé, ils ont trouvé une terre aride, inhospitalière. Ils ont failli périr de faim et de misère dans la contrée que le panorama de la nouvelle Jérusalem nous montre si prospère. Cette merveilleuse transformation du sol, effectuée par une poignée de proscrits, dont le nombre a vingtuplé en moins de vingt ans, est le fruit du travail dont les Mormons sont les énergiques apôtres. Nous avons mis devant les yeux de nos lecteurs le tableau qui fait oublier la polygamie, les sophismes des sermons de Brigham Young, et des premiers Utah de l'Étoile-du-Lac, le moniteur des saints des derniers jours.

Les rues de la ville du Lac-Salé n'offrent point un aspect qui diffère beaucoup de celui des autres cités des États-Unis. Cependant la régularité avec laquelle ont eu lieu la distribution des lots et le tracé des voies publiques, a produit une uniformité plus grande que d'ordinaire dans la construction des maisons. La rue que nous avons représentée n'offre rien qui la distingue des autres. Elle conduit au théâtre, établissement d'une construction fort élégante, digne des plus grandes villes de l'Est. Les loges en sont vastes et spacieuses, car les grands dignitaires de l'Église mormone aiment à s'entourer d'une fraction notable de leurs femmes, quand ils vont à la comédie, au drame ou à l'opéra. Quoique une fille de Brigham Young joue des rôles importants, généralement les actrices viennent du dehors, et n'appartiennent point à l'Église. On a remarqué, en effet, que la polygamie n'a guère de succès qu'auprès des beautés d'un placement difficile à titre individuel. Ceci a fait dire à un Gentil, que généralement les grands mormons n'ont que la monnaie d'une jolie femme. L'aînée possède de jolis yeux, si elle avait la taille de la seconde, elle aurait pu avoir l'ambition de fixer à elle seule l'amour du saint qui l'honore d'une portion de son cœur!

Les maisons ne sont point généralement plus hautes que dans les villes monogames des Gentils. Généralement, les grands mormons n'aiment point à garder ensemble tous leurs ménages. Les saints trouvent plus commode d'avoir plusieurs domiciles dispersés dans les différents quartiers de la ville, et de voltiger, suivant leurs révélations quotidiennes ou suivant un roulement régulier, d'une femme à l'autre. C'est seulement lorsqu'ils tombent malades ou fatigués qu'ils reviennent au chef-lieu matrimonial, où toutes les sœurs inquiètes s'empressent à l'envi d'accourir.

Ces épouses isolées travaillent presque toujours de leurs mains pour entretenir leur ménage et pour faire un bon accueil à leur seigneur et maître.

On peut voir, dans le fond de la rue que nous avons représentée, une maison dont l'aspect n'a rien de sinistre ni d'extraordinaire. C'est pourtant la demeure de M. Fitzhugh Ludlow, le chef de la légion des séraphins ou des anges exterminateurs. C'est, suivant le récit de M. Bowles, M. Fitzhugh Ludlow qui était chargé de débarrasser adroitement les saints, par un heureux coup de poignard ou autrement, des fils de perdition qui troublent le repos de l'Église.

La rumeur publique mettait sur la conscience de cet estimable fonctionnaire une cinquantaine de meurtres accomplis par ordre de ses supérieurs ecclésiastiques. On disait même que ce bourreau en chambre ne se gênait pas du tout pour travailler pour son propre compte. Aussi M. Fitzhugh Ludlow était-il salué avec un respect presque superstitieux, choyé, fêté, traité comme un grand personnage.

La porte de l'Aigle, que nous avons représentée, conduit au palais sacerdotal qu'habite Brigham Young avec ses dix-huit épouses de fait. Outre ces dix-huit *sœurs*, le chef de l'Église possède une multitude de *femmes honoraires*, qui ne lui appartiennent que suivant la loi religieuse. Ces épouses mystiques comptent sur les mérites du successeur du prophète pour parvenir plus facilement, après leur mort, dans le paradis de Joseph Smith junior. Heureusement pour le budget de l'État mormon, elles ne sont point obligées de demeurer sous le toit de leur sauveur, si elles lui restent scrupuleusement fidèles. En effet, la multitude des enfants de Brigham Young est déjà si grande qu'il a été obligé d'ouvrir une école *spéciale*, qui n'est fréquentée que par eux. La maison de Brigham Young porte le nom de Ferme communale, ce qui provient de ce qu'elle est entretenue aux frais de la communauté, au moyen du produit de la dîme que les fidèles Mormons paient volontairement, sous l'œil vigitant de l'ange exterminateur.

Mais malgré la dîme, les habitants de la ferme communale ne vivent point dans l'oisiveté, le travail étant une loi à laquelle tout bon Mormon doit obéir. Au moment d'organiser un commissariat général pour l'approvisionnement de sa famille, Brigham Young a eu une révélation qui lui a indiqué un procédé plus économique et plus sûr. Il a fait ouvrir, dans sa maison, une boutique où les membres de la famille sacerdotale ont seuls le droit d'acheter à prix réduit des objets d'habillement, de parure, etc., etc., et qui fait, à ce qu'il paraît, de fort brillantes affaires.

Nous avons également représenté le grand temple, dont la construction avait été interrompue pendant la guerre contre les Gentils. Les travaux ont repris avec une activité nouvelle depuis que les soldats Yankees se sont installés au camp Douglas. L'architecte a imité la construction d'une gare de chemin de fer, mais sur des proportions si gigantesques que l'effet de cet édifice est véritablement saisissant. Au moins pour ses dimensions, le grand tabernacle des Mormons effacera toutes les églises des États Unis et même du monde.

***

Un grand procédé, infaillible source de toute cette prospérité, est employé par les Mormons, et est, pour ainsi dire, l'alpha et l'omega de leur sagesse agricole. Les saints utilisent avec une habileté merveilleuse les eaux des torrents qui se rendent dans les mers mortes intérieures. Le grand lac salé et celui de Salinas sont les restes d'une grande mer intérieure, que les soulèvements volcaniques ont mis à sec. Ces témoins liquides d'une constitution géologique si différente de celle de nos jours, sont chargés d'une si prodigieuse quantité de sel, qu'on dirait qu'ils sont à la veille de se cristalliser brusquement pour toujours.

La densité de l'eau du grand lac est, en particulier, si énorme, qu'on prétend dans le pays qu'il est impossible de s'y noyer. Un homme qui s'y jetterait n'aurait pas besoin de faire de mouvements pour flotter à la surface, comme un morceau de bois emporté par le courant d'un fleuve ordinaire.

L'eau douce, que les rigoles vont chercher dans les montagnes, a créé toutes les luxuriantes cultures que nous avons admirées. Aussi le développement qu'acquièrent les travaux d'irrigation est-il réellement fabuleux. Le creusement incessant des canaux, l'aménagement intelligent des sources, telles sont les principales occupations des chefs du peuple mormon. L'ordre qu'ils ont établi soutiendrait la comparaison avec celui que les prêtres égyptiens ont fait régner sur les bords du Nil. Singulière analogie entre deux sacerdoces, l'un, improvisé et grossier; l'autre, raffiné et constitué savamment sur une théologie profonde, comme couronnement d'un développement séculaire.

Les chefs mormons favorisent de toutes leurs forces le développement agricole. Deux grandes villes seulement, outre la Nouvelle-Jérusalem, ont trouvé grâce devant leur politique rurale. Au sud, Fillmore, portant le nom d'un président des États-Unis, au nord, Provo, immortalisant le souvenir du cheval de Fremont, aussi heureux que celui d'Alexandre.

Le sacerdoce est également hostile aux travaux des mines : les saints craignent que le progrès de la grande industrie métallurgique ne crée des intérêts trop considérables pour le repos de l'Eglise, désireuse surtout de régner sur un vaste ensemble de petites communautés isolées les unes des autres. On peut dire que le centre de l'exploitation minière dans l'État d'Utah sera fatalement Camp-Douglas, où stationne actuellement une garnison fédérale. Du reste, par une coïncidence qui révèle peut-être un profond calcul du gouvernement de Washington, le général qui la commandait il y a quelque temps était un mineur californien, et le colonel qui lui servait de lieutenant était un des principaux pionniers de Nevada. Les officiers, faisant d'une pierre deux coups, servaient surtout l'Etat en étudiant les ressources métallurgiques du pays, en découvrant des trésors. De riches filons, déjà signalés par eux, témoignent de la sagacité de leurs patriotiques efforts.

Camp-Douglas, situé à quelques milles seulement de la Nouvelle-Jérusalem, devient insensiblement une ville, où se réfugient les Mormons dissidents. Les épouses réfractaires y affluent en grand nombre, et comme la loi fédérale ne reconnaît pas le mariage mormon, tous les soldats célibataires ont pu se pourvoir de femmes échappées à la monogamie, et contracter, devant le magistrat militaire, des unions régulières.

Grâce à l'influence du voisinage des *monogames*, le nombre des gentils établis dans la Nouvelle-Jérusalem s'accroît constamment. Une feuille indépendante a même pu se fonder. Vienne le jour où le rail reliera la cité des Mormons aux États de la Nouvelle-Angleterre, et les chefs religieux de ce peuple étrange sentiront la nécessité de courber la tête devant la morale universelle. Peut-être est-ce en prévision des changements produits par l'invasion des idées chrétiennes que Brigham Young a envoyé un détachement de saints s'établir dans les îles Sandwich. Mais il n'y a ni océans assez vastes, ni déserts assez arides pour permettre à une nation de s'isoler du reste du monde!

Le désert américain ne s'étend heureusement que sur 400 kilomètres du nord au sud, et sur 800 de l'est à l'ouest. Il sépare le pays des Mormons des parties habitables de l'État de Nevada. Loin d'offrir comme le Sahara, dont il n'a point au reste l'aspect imposant, une monotonie sublime, il est traversé par des chaînes de montagnes aux formes tourmentées et bizarres. Le rocher de la Cheminée, situé à l'entrée des plaines de Laramie, donnera une idée de la constitution de ces massifs, qui renferment les plus riches filons du monde.

Mais la soif de l'or ne peut braver celle de l'eau. Pour vivifier ces régions il faudrait la baguette de Moïse. Jamais les émigrants californiens n'ont osé s'engager dans cette région inhospitalière. Le chemin de fer fait comme eux, et voilà la raison des détours qu'on lui voit faire.

On entre dans l'Etat de Nevada par le défilé de Humboldt, immense tranchée pratiquée heureusement par la nature dans les gigantesques montagnes de la Sierra.

Qu'on se figure les difficultés du tracé au milieu de ces roches taillées à pic, dont les gigantesques assises s'étagent le long de précipices d'une profondeur vertigineuse! C'est le plus souvent suspendus entre les abîmes que les ingénieurs ont dû exécuter les opérations du nivellement et de la triangulation, et l'émouvant épisode que reproduit notre gravure donne une idée du courage qu'ont dû déployer ces hardis pionniers de la civilisation pour accomplir leur mission périlleuse.

Pour comprendre le caractère de ce beau pays, inconnu, redouté, il y a quelques années, aujourd'hui centre d'un commerce immense, il faut s'élever jusqu'au sommet où nous avons recueilli la photographie que nous mettons sous les yeux des lecteurs. Les arbres de ces montagnes ont des dimensions prodigieuses. Ils sont aux pins des Alpes ce que le Saint-Laurent et le Mississipi sont au Rhin, au Danube ou au Rhône. En général, leur diamètre varie de trois à six pieds, et leur longueur dépasse trente mètres. Rien n'est majestueux comme de les voir s'élever droits, fermes, sombres, au milieu de ces neiges étincelantes. De merveilleuses mousses richement bariolées de vert et de jaune couvrent leurs flancs du côté qui regarde le Nord.

Des chênes et des hêtres remplissent tout l'espace que les géants de la forêt laissent entre eux. Devenus nains par comparaison, ces arbres qui garderaient un bon rang dans les futaies célèbres en Europe, ne semblent destinés qu'à égayer des paysages écrasants de grandeur. De petits ruisseaux circulant le long des rochers tombent de cascade en cascade. Ils font entendre une espèce de murmure musical, invitant à admirer les chefs-d'œuvre de la nature.

A une distance de 500 milles de Sacramento, et de 200 milles de la Sierra-Nevada, est située la ville d'Austin, qui, existant à peine depuis quatre ans, compte déjà plus de dix mille habitants. C'est dans le voisinage de cette cité favorisée que se trouve un immense filon argentifère large de un mille entier, et cinq fois plus long encore! Dans l'Ouest de Nevada, près du point désigné sur la carte sous le nom de Virginia-City, se rencontre une autre veine à peine moins célèbre; c'est la fameuse *lode* de Constock. A lui seul, ce gisement a déjà donné une masse de minerai qu'on ne peut point estimer à moins de cinq cents millions de pieds cubes. Cet énorme volume a laissé entre les mains des exploitants une valeur d'au moins cinquante millions d'argent fin, en cinq années à peine de travail. Un trois mâts de 500 tonneaux suffirait à peine pour transporter, en un seul voyage, de l'autre côté de l'Atlantique, tous les lingots que l'on aurait pu fondre avec l'argent sorti de l'aînée des veines de Nevada.

Pour poursuivre activement ces travaux, le Central Pacific railway a dû prendre la résolution de fonder une ville à laquelle on a donné le nom de Cisco, et qui deviendra ce que Cheyenne est du côté de l'Orient. C'est dans ce village que demeurent les ouvriers employés au percement du tunnel, dont nous avons également représenté l'entrée et qui est construit très-péniblement, car la roche est un granit de l'espèce la plus dure.

Quoique la longueur du tunnel ne soit que de 600 pieds, on a cru devoir forer un puits d'aérage. Nous avons représenté la cabane où demeurent les ouvriers isolés employés à ce travail. Le paysage qui l'entoure nous a paru heureusement choisi pour donner une idée de cette végétation, si différente de celle du versant atlantique.

W. Heine.

Rugged mountains.

CHEMIN DE FER DU PACIFIQUE. — Aspect du Pic américain au printemps.

LE CHEMIN DE FER du PACIFIQUE

14 MARS 1868

Nous voilà enfin sur le réseau du *Central Pacific*, compagnie californienne qui marche à la rencontre de l'*Union Pacific*, dont nous avons parcouru le réseau jusqu'à ce jour. Le congrès des États-Unis n'a point cherché à tracer de frontières définitives pour renfermer chacune des deux sociétés dans son empire. Il a été décidé que chacune des deux compagnies pousserait les travaux jusqu'à ce qu'elle rencontrât ceux de sa rivale. La première qui arrivera prendra possession de la subvention fédérale et des centaines d'hectares de terre que le gouvernement accorde pour chaque kilomètre de rail. On peut donc dire que l'immense étendue de pays séparant la Californie du Colorado est un terrain contesté ouvert à une sorte de concurrence d'une nature toute particulière. Il appartenait aux législateurs d'une nation jeune et vigoureuse, réellement maîtresse de ses destinées, d'organiser cette course au clocher entre les deux plus grands chemins de fer du monde.

A partir de Cisco, les voyageurs trouvent déjà non-seulement la voie, mais encore diverses correspondances dont l'exploitation d'un chemin de fer provoque forcément l'existence, même au milieu d'un pays montagneux et désert. Nous avons essayé de donner une idée du pittoresque spectacle auquel donne lieu ce mélange des an-

LE CHEMIN DE

La vallée de l'Ours.

Trestle-Bridge.

La tranchée de Bloomer.

Le Grand-Ravin.

Viaduc du Grand-Ravin.

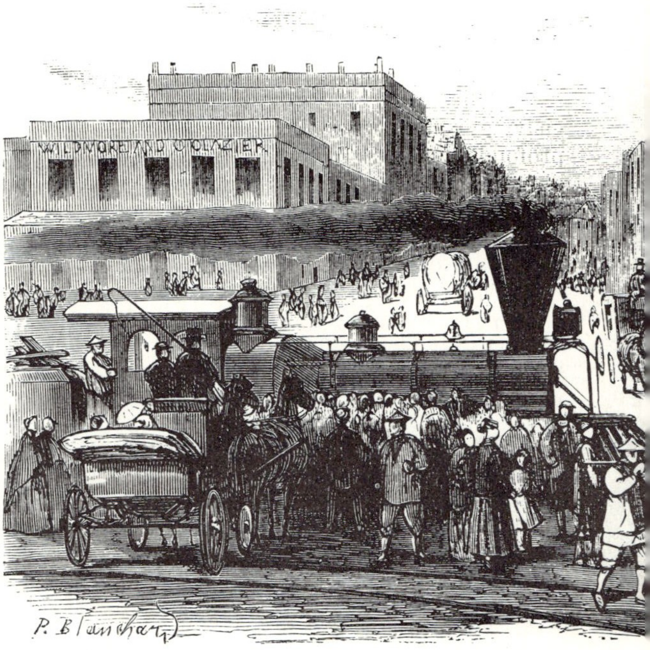

Une rue de Sacramento

FER DU PACIFIQUE

Meadow-Lake

Trestle-Bridge, vu en dessous.

Un incendie dans la forêt.

Un convoi de chariots, près de Cisco.

Les toits à neige dans la Sierra-Nevada.

ciens moyens de transport, presque barbares, et des machines à vapeur les plus perfectionnées peut-être qui aient roulé sur des rails. Ces bœufs indolents, ces lourds et pesants attelages sont là pour compléter l'œuvre de la locomotive. Quel contraste! Il faut encore plus de temps pour expédier un colis à vingt lieues de distance qu'il n'en faudra bientôt pour traverser le continent américain de part en part. Il n'est pas besoin de parcourir longtemps la ligne exploitée par la Compagnie californienne pour s'apercevoir que l'on est entré dans une région toute nouvelle. Les ouvriers chinois occupés aux travaux de la voie suffiraient à eux seuls pour indiquer que l'on se rapproche de l'Asie, dont le grand chemin de fer doit ouvrir la route directe. C'est en Chine, en effet qu'ont été recrutés les manœuvres à qui l'on doit la construction, fort pénible, de la ligne qui réunit San-Francisco au grand tunnel de Cisco. Sans les fils du Céleste-Empire, les chemins de fer californiens n'existeraient peut-être encore que sur le papier; car, malgré l'excessive élévation du salaire, les ouvriers européens ou américains désertent toujours les chantiers; il suffit de la découverte d'une pépite, d'une histoire de mineurs racontée aux feux des bivouacs pour qu'ils se répandent dans les montagnes, à la recherche d'un filon qu'ils ne rencontreront sans doute pas, mais après lequel ils ne peuvent s'empêcher de courir.

Laborieux, patients et dociles, les Chinois ne connaissent point ces entraînements irrésistibles. La fortune hypothéquée sur les nuages de la Sierra n'a point assez d'attrait sur ces prosaïques sectateurs de Confucius pour leur arracher la pioche! Ces gagne-petit du monde préféreront toujours un salaire constant et régulier, qui leur permet de retourner, au jour fixé d'avance, sur les bords du fleuve Jaune, à l'ombre d'une tour de porcelaine quelconque. Ils arrivent par bandes, placées sous la conduite d'un chef qui parle suffisamment l'anglais pour se faire comprendre des barbares, et qui sert de contre-maître pour transmettre les ordres et distribuer la tâche. Les ouvriers ordinaires roucoulent un affreux jargon connu sous le nom d'*anglais pigeon*, sans doute pour en indiquer les sons étranges. Cependant ne parlons point d'une façon trop irrévérencieuse de cet embryon de langue mixte, à l'aide duquel l'avant-garde d'une population de 400 millions d'hommes se met en rapport avec notre monde! Qui sait ce que seront un jour les destinées de l'anglais pigeon, transformé par des savants ou par des littérateurs!

Le magnifique paysage que reproduit une de nos gravures, nous distraira de ces pensées! On voit sortir de terre une végétation si vigoureuse, qu'on est mille fois tenté d'oublier le chemin de fer, quand on quitte le train, pour faire une excursion dans la montagne. On se croit au milieu d'une forêt vierge, comme si on ne venait point d'entendre le sifflement de la locomotive, comme si on ne suivait point un sentier pratiqué par de hardis mineurs.

Jamais cette nature, qui semble étonnée de la présence de l'homme, ne se montra plus brillante, plus éclatante que sur le Pic Américain. Nous avons essayé de représenter cette végétation, qui s'éveille aux pieds de la montagne avec une juvénile impétuosité. Elle monte, pour ainsi dire, à l'escalade du sommet chauve et blanchi, avant que les neiges n'aient disparu! Elle va emporter d'assaut les rochers avant que le soleil les ait débarrassés du linceul sous lequel ils ont dormi!

La neige, voilà le grand ennemi des chemins de fer, surtout dans les montagnes; aussi les compagnies californiennes ont-elles imaginé, pour la combattre, des appareils qui sont certainement une des curiosités du pays.

Ainsi, dans les passages ouverts à tout vent, lorsqu'on sort d'une vallée pour entrer dans une autre, les ingénieurs ont pris un parti héroïque, dont ils ont trouvé, à ce qu'il paraît, une espèce de modèle en miniature sur le Simplon. Au lieu d'établir une simple toiture qui abrite un trottoir, ils ont construit de véritables tunnels en planches qui ont jusqu'à près d'une lieue de longueur. Recouverte par un toit solide en charpente, la locomotive se joue de la neige, comme les voyageurs, bien chauffés dans leurs commodes *Sleeping cars*, se rient du froid! L'homme est bien véritablement fait pour dominer la nature, il lui suffit de se décider à faire ce qu'il faut : régner.

W. Heine.

LE CHEMIN DE FER DU PACIFIQUE

25 AVRIL 1868

Les paysages dont nous avons reproduit les vues photographiées, ont certainement suffi pour donner à nos lecteurs une idée des énormes difficultés que MM. Samuel S. Montague et Georges E Grey, directeurs des travaux de la Compagnie, ont eu à vaincre. Il nous reste maintenant à faire comprendre les moyens que ces habiles ingénieurs ont hardiment employés pour triompher des obstacles que la nature semble avoir pris plaisir à accumuler sur une étendue de deux cents kilomètres, pendant lesquels le chemin de fer reste constamment à une altitude variant entre seize cents ou deux mille cinq cents mètres au dessus du niveau de la mer. Mais il faudrait une barrière bien autrement difficile à traverser pour empêcher les deux fractions de la famille nord-américaine de se tendre ainsi la main à travers les rocs et les neiges.

Quoique T. D. Judah Esge, l'auteur du tracé, n'ait point reculé devant des pentes de vingt et un sur mille et des courbes de cent quatre-vingt douze mètres de rayon, la construction eût duré longtemps, si la Compagnie s'était crue obligée de livrer au public une voie définitive. Les ingénieurs ont cru mieux servir les intérêts du public et ceux de la Compagnie en *improvisant des travaux* qui ne dureront que de dix à quinze ans, il est vrai, mais qui pourront être reconstruits d'une manière monumentale en prélevant une faible portion des immenses bénéfices qu'ils auront permis de faire.

Il était évidemment impossible de songer à retarder l'exécution de tunnels pareils à ceux dont nous avons dessiné l'entrée. Les ingénieurs ont dû se résoudre à employer la sape et la mine pour creuser d'immenses ravins artificiels. C'est dans ces sables agglomérés par les feux souterrains, et aussi durs que la roche volcanique, que l'on a fait pour la première fois usage de cette poudre liquide qui s'appelle la nitro-glycérine. Bloomer-Cut, immense tranchée profonde de soixante-trois pieds, large à la base d'une trentaine, donnera une idée d'une de ces vallées artificielles par lesquelles le rail serpente et glisse d'un océan à l'autre.

On a pu se dispenser d'exécuter les remblais, en mettant pour ainsi dire le chemin de fer sur une forêt d'échasses dont chacune est formée par l'assemblage de poutres de 12 pouces carrés de section. On a montré que les ponts des chemins de fer peuvent être construits sur le modèle de ceux qu'emploient les armées à la guerre pour franchir un fleuve. Pourquoi la civilisation n'aurait-elle point ses hardiesses, ses témérités même? Est-il donc nécessaire de laisser à ceux qui pratiquent les arts de la destruction le monopole du courage?

Un régiment d'acrobates pourrait seul se servir d'un pont semblable à celui que les trains traversent à toute vapeur. La locomotive que nous avons représentée glissant sur *Trestle-Bridge* se trouve, pour ainsi dire, suspendue entre ciel et terre, sur une sorte de cage à jour. Nous avons cru nécessaire de montrer l'envers de la médaille, le dessous du chef-d'œuvre, qu'il eût été impossible d'exécuter, si à l'ombre des grands monts n'avaient poussé les arbres géants, les prodigieux conifères! Puissions-nous avoir réussi à donner l'idée de la stupéfaction que nous avons éprouvée quand nous avons vu, pour la première fois, les trains rouler au-dessus de nos têtes et le soleil à peine obscurci par leur passage, moins qu'il ne l'aurait été par un nuage!

Quelquefois, ces prodigieuses charpentes forment des courbes d'un faible rayon, ce qui ne les empêche pas d'avoir une inclinaison très-grande. La vue générale que nous donnons du « Long ravin » montrera bien, nous le pensons, la hardiesse dont les ingénieurs ont dû faire preuve pour attaquer avec des planches la construction d'un chemin de fer établi dans des conditions aussi difficiles. Cependant il nous a semblé indispensable de montrer, en outre, dans un dessin plus détaillé du même site, un convoi lancé à toute vapeur traversant impétueusement ces thermopyles artificielles où se trouvent accumulées tant de difficultés que, sans le *Go ahead*, ce diable au corps américain, une seule aurait paru certainement suffisante pour paralyser l'élan des plus intrépides ingénieurs!

Enfin nous arrivons au but de notre voyage. Nous avons aperçu les eaux bleues de la baie du Sacramento brillant entre la croupe de deux montagnes, comme un miroir d'acier réfléchissant l'azur du ciel. Nous voici arrivés au milieu des rues de la cité de Sacramento, et l'on peut dire que la locomotive est reçue en famille. Pas de garde, pas de barrière pour empêcher les hommes, les chevaux, les voitures, de franchir les passages à niveau. Un écriteau indique, aux gens qui savent lire, qu'il faut se méfier de la locomotive. Quant aux bêtes, on a pensé à elles; on fait sonner une cloche qu'elles ont appris à reconnaître et qui a sans doute un nom dans leur langue, s'il est vrai qu'elles puissent se comprendre. On dirait que les vaches ont prévenu leurs veaux, les juments leurs poulains et les brebis leurs agneaux, à voir la rapidité avec laquelle ce monde velu s'écarte quand le son d'une cloche spéciale se fait entendre.

Le danger d'être écrasé sert même de jouet aux jeunes dandys du pays, qui se lancent à toute volée sur les rails au moment où la locomotive se présente, afin de prouver, au péril de leur vie, la bonté de leurs chevaux, la légèreté de leur allure, la sûreté de leur coup d'œil. Fier mille fois est celui qui s'est dérobé sous le tampon, ou plutôt que le tampon a fini de jeter en dehors des rails.

Les chemins de fer entrent de plus en plus profondément de jour en jour dans la vie publique et privée des Américains. Celui du Grand-Ouest, dont nous venons de nous occuper, aura un jour une histoire à la fois sinistre et grandiose, dont nous devons, avant de terminer cette étude, parcourir encore quelques pages.

Le lac *Meadow*, que nous avons laissé en arrière dans la Sierra, vient d'être le théâtre d'une gigantesque avalanche, comme la Suisse n'en a jamais vu peut-être. Prenant le chemin de fer dans le sens de sa longueur, ce torrent de pierres et de neige a créé dans le rail une brèche de plus d'un mille de longueur. Des voyageurs, des cantonniers qui se trouvaient sur la route ont été entraînés dans les abîmes. La brèche n'a point tardé à être réparée; les cadavres des victimes ont été recueillis pieusement et ensevelis en terre sainte. Sur la pierre d'une tombe monumentale sont inscrits les noms des soldats de la civilisation qui sont tombés dans cette lutte contre les grandes forces de la nature frappés au champ d'honneur, au milieu des déserts alors glacés des montagnes Rocheuses. Tous les journaux américains ont appelé la sympathie publique sur ces martyrs involontaires, sur les affections qu'ils laissent sur la terre.....

Des poteaux, des semis d'arbres consolideront les pentes où la nature a commis ce crime de lèse-majesté contre le grand chemin de fer: *Go a head!* un peuple qui prend possession d'un vaste territoire doit avoir les allures d'une nation conquérante!

Les Indiens ont essayé, comme les neiges, complices peut-être des fureurs du Grand Esprit, d'arrêter les convois, d'épouvanter les voyageurs. Un immense incendie, allumé dans les forêts et propagé par un vent violent, changea celles-ci en une effrayante fournaise. Une locomotive se trouva prise avec un train de voyageurs au milieu d'un orage de flammes, allumé à la fois au Nord et au Sud. Les conjurés croyaient que les hommes blancs avaient de la poudre à leur bord!

Quoique ces misérables ennemis du progrès se fussent trompés dans leur diabolique calcul, le train était perdu, si le mécanicien eût hésité une minute, au lieu de forcer la vapeur; car déjà l'huile prenait feu dans les boîtes à graisse; on voyait se gercer la peinture des caisses. Mais l'ouragan que soulèvent les wagons quand la locomotive prend le mors aux dents a suffi pour écarter la flamme. Le train, comme jadis le prophète des Hébreux, est sorti sain et sauf de la fournaise!

Mais, toujours magnanime, le gouvernement de la grande République n'a pas voulu fermer la porte au repentir. Une nouvelle Commission de paix, présidée par le général Sherman, se trouve à Fort-Laramée, d'après les nouvelles que vient d'apporter le *N. Y. Times*. Qui douterait aujourd'hui de l'issue de cette tentative? car désormais c'est à pleins bords que la civilisation va couler sur les deux rives du grand chemin de fer.

Si l'étendue de ce chemin de fer (2,895 kilomètres) est bien extraordinaire, les capitaux dont la Compagnie dispose ne sont pas moins considérables.

Résumons les ressources, de toute nature, disponibles pour l'exécution de la ligne entière partant d'Omaha et aboutissant à Sacramento.

	Millions de dollars.
1° Capital social de la Compagnie Union du Pacifique	100 »
2° Obligations qu'elle est autorisée à émettre	50 »
3° Bons du Trésor constituant un prêt de l'État	50 »
4° Capital social de la Compagnie du chemin de fer central du Pacifique...	20 »
5° Enfin, 36,000 d'acres de terre, données par l'État en toute propriété aux Compagnies, qui les vendent aux acquéreurs qui se présentent à mesure que la voie avance, estimés à un dollar et un quart l'un	37 1/2
	257 1/2

millions de dollars, — douze cent vingt-sept millions et demi de francs.

Dans ce chiffre ne sont pas compris les dons et allocations faits par l'Etat de la Californie et par les villes, lesquels dépassent plusieurs millions de dollars.

Il faut reconnaître que si jamais entreprise plus importante ne fut tentée, jamais on ne vit aux mains des compagnies industrielles un capital aussi considérable.

L'achèvement du chemin de fer du Pacifique complètera autour de notre planète une voie sans aucune solution de continuité, dont voici très-approximativement la division allant vers l'Ouest:

	Jours.
De Paris à New-York, par chemin de fer et transatlantiques français	10
De New-York à San-Francisco, par chemin de fer	7
De San-Francisco à Hong-Kong en Chine, touchant à Yokohama (Japon), par steamer américain	20
De Hong-Kong, par la ligne française de l'Indo-Chine	32
De Suez à Paris, par le chemin de fer et les steamers de la Méditerranée	6
Jours	75

Le tour du monde en deux mois et demi!

W. Heine.

P. S. — Nous empruntons les chiffres qui précèdent aux articles publiés par M. Combier, dans *l'Économiste français*, et, en terminant, nous ne croyons pouvoir mieux faire que de renvoyer à ce remarquable travail ceux de nos lecteurs qui désireraient de plus amples renseignements.

W. H.

PILLAGE D'UN TRAIN DE MARCHANDISES

SUR LE CHEMIN DE FER DU PACIFIQUE

26 SEPTEMBRE 1868

L'Illustration a longuement parlé, il y a quelques mois, du chemin de fer du Pacifique. Cette œuvre gigantesque avance rapidement vers son terme. Mais ce n'est pas toujours sans danger que l'on pourra se hasarder sur cette voie ferrée de six cents lieues de long, jetée d'un Océan à l'autre à travers les solitudes du *désert américain*. L'Indien considère la prairie comme son domaine; il sait bien que la locomotive vient l'en déposséder, et il n'a pas tardé à la regarder comme un ennemi qu'il fallait combattre. Tantôt il attaque les ouvriers employés à la pose des rails, tantôt il allume un incendie sur le passage des convois. Il y a quelque temps, des guerriers de la tribu des Sioux firent dérailler un train portant des marchandises et des matériaux, scalpèrent les conducteurs et le mécanicien, et se livrèrent à une danse triomphale autour de la machine et des wagons renversés. Puis, ceux-ci furent mis au pillage: les pièces de coton qu'ils contenaient furent déroulées et attachées à la queue des chevaux, et les Peaux-Rouges s'éloignèrent au galop de leurs montures, traînant derrière eux, en guise de trophées, les longues bandes d'étoffes aux mille couleurs.

Les guerriers Sioux n'auront pas longtemps à se réjouir de leurs exploits. Des actes d'agression du même genre se sont produits sur plusieurs points du territoire. Le gouvernement des États-Unis s'en est ému, et une expédition, sous les ordres du général Sherman, va entreprendre contre les Indiens une guerre en règle qui mettra un terme à leurs déprédations.

P. Paget.

MASSACRE

de FEMMES ET D'ENFANTS DE LA TRIBU DES SIOUX

DANS LE TERRITOIRE D'IDAHO (ÉTATS-UNIS)

17 OCTOBRE 1868

Ainsi que nous avons eu récemment l'occasion de l'annoncer, le gouvernement des États-Unis s'occupe d'organiser une expédition militaire contre les tribus indiennes répandues dans les plaines de l'extrême ouest, dont l'hostilité apporte de sérieuses entraves au mouvement de colonisation qui tend à se porter vers ces régions depuis la construction du chemin de fer du Pacifique. Sans cesse refoulé vers l'Ouest par le mouvement civilisateur, l'Indien se voit dépossédé peu à peu d'un territoire qu'il considère, avec une certaine raison, il faut le dire, comme son domaine. De là, chez lui, une haine sourde et profonde contre les blancs, haine qui n'a d'égale que celle que nourrit à son tour contre lui le colon des frontières. Cette animosité réciproque a donné naissance, depuis quelque temps surtout, à des conflits continuels, où la cruauté et la barbarie de l'homme civilisé égale souvent celle du sauvage, comme suffirait à l'attester le fait que représente notre gravure.

Il y a quelque temps, dans le territoire d'Idaho, près du Camp Lyons, un convoi fut attaqué par un parti d'Indiens, qui mirent à mort le conducteur et les voyageurs. On résolut de ne pas laisser ce méfait sans châtiment, et, le lendemain, une troupe d'hommes bien armés partait de Camp Lyons et se mettait à la poursuite des coupables. On suivit la trace des pas imprimés sur le sol, et l'on ne tarda pas à arriver à un campement d'Indiens Sioux, où ne se trouvaient pour le moment que des femmes et des enfants. Ces malheureux, au nombre de trente-quatre, furent massacrés sans merci, puis, cette boucherie terminée, les blancs mirent le feu aux huttes et se retirèrent, satisfaits de leur vengeance.

La presse américaine s'est montrée unanime à réprouver de pareils actes de barbarie, propres seulement à envenimer encore les sentiments hostiles des Indiens. Le *Frank Leslie's illustrated Newspaper*, d'où nous extrayons ces détails, les fait suivre d'une lettre qui lui est adressée par un officier de l'armée américaine qui a fait un séjour de plusieurs années dans les contrées habitées par les sauvages Apaches. Cette lettre, si elle ne justifie pas les cruautés du genre de celle que nous venons de rapporter, montre du moins que l'animosité des colons contre les Peaux-Rouges n'est pas sans motifs.

Malheur, dit-elle, à l'infortuné qui tombe vivant entre les mains des Indiens. Pour lui, la mort est certaine, une mort atroce, car il n'est sorte de tortures qui ne soient inventées pour rendre son agonie plus longue et plus horrible. Le prisonnier est d'abord dépouillé de ses vêtements. Lorsqu'il est entièrement nu, on l'attache, la tête en bas, au tronc d'un cactus, en serrant les liens pour faire entrer les épines profondément dans les chairs. Enfin, on allume sous la tête un feu lent qui est soigneusement entretenu jusqu'à ce que le crâne vole en éclats.

ETATS-UNIS. — Pillage d'un train de marchandises, par les Indiens, sur le Chemin de fer du Pacifique.

D'autres fois, le patient est enseveli jusqu'aux aisselles dans un trou creusé en terre, de telle manière que sa tête et ses bras restent seuls au-dessus du sol, et que tout mouvement du corps et des jambes soit entièrement paralysé. Après l'avoir scalpé, on lui crève les yeux, on lui arrache les dents et les ongles, puis on entasse autour de lui un brasier autour duquel les bourreaux se livrent à une danse infernale.

Le correspondant du journal américain ajoute que ce ne sont pas là des faits rares ni isolés, qu'un pareil sort attend tous les blancs qui auraient le malheur d'être pris par les Peaux-Rouges, et qu'on compte par centaines les malheureux qui l'ont subi. Il conclut à l'urgente nécessité d'une guerre d'extermination qui aboutisse à la destruction de la race.

Espérons qu'il n'en sera pas ainsi, et que l'expédition qui se prépare aura seulement pour effet d'inspirer aux tribus hostiles une terreur salutaire. Ces tribus sont d'ailleurs en nombre relativement restreint. Il en est beaucoup d'autres qui vivent en bonne intelligence avec les blancs; plusieurs même ont conclu, avec le gouvernement américain, des traités qu'elles n'ont cessé d'observer scrupuleusement.

Sur les bateaux à vapeur du Mississipi et des lacs, dans les gares de chemin de fer, à Washington même, il n'est pas rare de voir des Indiens qui n'ont guère conservé du sauvage que le costume, et dont les allures n'ont rien que de pacifique. Les tribus indiennes, contrairement à ce qu'on croit assez généralement, sont organisées d'après des bases qui portent en elles le germe d'un état social stable et régulier. En leur concédant un territoire dont on les laisserait paisibles possesseurs, en les conviant à s'unir pour former un État qui pourrait, dans un avenir plus ou moins rapproché, être appelé à faire partie de l'Union, il serait probablement possible de leur faire accepter une colonisation qu'elles ne repoussent que parce qu'elles ne la comprennent pas, et, en tous cas, d'éviter des effusions de sang réprouvées par la civilisation au nom de laquelle elles s'accomplissent.

P. P.

ÉTATS-UNIS. — Massacre d'Indiens Sioux.

Né-sho-da-si-di-ta-ri-ku; (le chef qu'ils regardent) des Pawnees républicains.

Né-sho-ra-re-ra-hi-kuts, (le chef aux os) des Pawnees républicains.

LES INDIENS des ÉTATS-UNIS

19 DÉCEMBRE 1868

I

On peut diviser les Indiens des États-Unis en trois classes distinctes : ceux qui sont citoyens; ceux qui sont des sujets des États particuliers, sans avoir le droit de cité ; enfin, ceux qui sont restés indépendants, quant à leur administration intérieure, et dont les territoires ne relèvent que du gouvernement central.

Ces derniers forment ce qu'on appelle les *Tribal-Indians.*

Le nombre des Indiens citoyens dans tous les États et territoires, sauf le New-Hampshire, le New-Jersey, le Delaware, le Maryland, le Névada et le Colorado, est de 37 329. Les Indiens des tribus comptent 307,842 âmes. Quant au chiffre des Indiens sujets des États particuliers, il est presque insignifiant. Il ne s'élève qu'à 3,400.

Le nombre total des personnes de race rouge aux États-Unis est donc, en chiffres ronds, de 350,000.

Parmi les tribus, les plus remarquables sont celles des Ponkas, des Iowas, des Potowatomies, des Sacs, des Outagamis, des Pawnees, des Sioux et des Iroquois.

II.

La tribu des *Ponkas* compte 1,100 âmes. Elle dépend de la surintendance du Dacotah. Les derniers rapports de l'agence indienne constatent que les cultures de cette tribu sont florissantes, et que depuis longtemps elle n'a cessé de se montrer la fidèle alliée de l'Union. Les *Iowas* ont une école où enseignent un maître et une maîtresse. Beaucoup d'entre eux demandent à avoir une propriété privée et sont sur le point de devenir citoyens américains. Lors de la guerre de la sécession, ils ont fourni quarante-trois soldats aux armées du nord. Les *Potowatomies* en ont fourni soixante-douze. Comme les Iowas, ces derniers ont, pour la plupart, des propriétés particulières, et sont assez avancés en civilisation pour « assumer, dit le rapport de

Guerrier de la tribu des Pawnees Warrior.

Ja-ka-ko (le renard gris), des Sacs et Foxes

l'agent indien, les charges et aussi les droits du citoyen. » Le corps de la nation, composé de 1,874 individus, est fixé sur une réserve voisine des Osages et du territoire indien. La tribu des Potowatomies a été la dernière expulsée de ses cantonnements, situés à l'est du Missisipi, pour être transportée à l'ouest de ce fleuve, en exécution de la mesure générale prise par le gouvernement américain après l'exil des Cherokees, des Creeks et des Séminoles, dont nous parlerons plus tard. Les *Sacs* ou *Sakis* et les *Outougamis* ou *Renards*, *Foxes* des Anglais, sont deux tribus, toujours alliées, actuellement confondues. Elles ont une histoire glorieuse, remontant aux premiers établissements français sur la rivière du Détroit.

En 1701, les Sakis avaient envoyé des députés au grand conseil tenu à Montréal, et où assistaient 1,300 sauvages. C'est pendant la tenue de ce conseil que mourut notre bon allié huron Kondiaronc, qui, après avoir reçu le baptême, avait voué sa vie au rétablissement et à l'affermissement de la paix, en expiation de la sanglante trahison dont il s'était, plusieurs années auparavant, rendu coupable envers les Iroquois. En 1712, nous voyons les Outougamis, à l'instigation des Anglais, attaquer la ville de Détroit. Les Français, unis aux Hurons et aux Illinois, remportèrent sur eux de grandes victoires en 1729. Les Outougamis, vaincus, soulevèrent alors contre nous les Sakis, qui le furent à leur tour en 1733. Cette guerre coûta la vie à deux de nos plus braves officiers, MM. de Villiers et de Repentigny. Plus tard, Ponthiak, de la même tribu des Sakis, et l'un des plus grands hommes qu'ait produits la race rouge, conçut la pensée de réunir toutes les nations indiennes contre les Anglais. C'est la seule fois que ces diverses tribus se soient en quelque sorte élevées à l'idée de nationalité. Les Sakis et les Outougamis sont aujourd'hui bien déchus. Rebelles à la civilisation, pauvres et imprévoyants, ils sont allés s'amoindrissant jusqu'à ces derniers temps et ne comptent pas plus de 900 âmes. Il n'en a pas été de même des *Pawnees*, qui, à peine entrés dans les voies de la civilisation, y ont fait de grands et rapides progrès. Ils ont fourni une compagnie de quatre-vingt-sept hommes, qui ont été très-utiles à l'Union en 1864. Ils sont réunis, avec leurs ennemis les Ogallalas, dans la surintendance du nord. Ils forment une agence. Le gouvernement leur a concédé, dans le Nébraska, une réserve de 30 milles de long sur 15 de large, dans la vallée de la Fourche-du-Loup, à 105 milles à l'ouest d'Omaha. Ils sont au nombre de deux mille huit cents, cultivent la terre, et ont un missionnaire catholique payé par le gouvernement américain. Avant leur conversion, ils rendaient un culte particulier à la planète Vénus, et lui sacrifiaient tous les ans une victime humaine au commencement du printemps. La dernière qu'ils lui aient offerte, il y a une trentaine d'années, était une jeune Siouse, qui fut rudement vengée par les guerriers de sa nation, une des plus puissantes de la race rouge.

Les *Sioux* forment, en effet, une confédération de trois nations : les Janctons, les Janctonnais et les Titans. Chacune des deux premières ne forme qu'une tribu. La redoutable nation des Titans en forme sept : les Brûlés, les Pieds-noirs, les Uncpapas, les Minnecoujoux, les Sans-arcs, les Ogallalas et les Chaudières. Toutes ces tribus, excepté celle des Chaudières, se divisent en bandes. Le père de Smet donne les noms de quarante de ces bandes. Voici les plus pittoresques : les coupe-têtes, les mangeurs de corbeaux, les mauvaises figures, les médecins du diable, les mangeurs de fesses. Comme les Sioux sont disséminés dans tout le désert américain, ils n'ont pas eu jusqu'ici de surintendant des États-Unis attaché seulement à leur confédération. On les a rangés, avec d'autres nations, dans les deux surintendances du Dacotah et du Nord. La première en renferme 15,189, et la seconde 7,865, ensemble : 23,054. Dans leur langue, les Sioux s'appellent Dacotas. Au dix-septième siècle, l'enlèvement de la femme d'un chef de tribu par un autre chef puissant causa une guerre civile qui divisa les Dacotas en deux camps ennemis, celui de Siowaé, tenant pour le mari offensé, et celui de Achiniboïna, tenant pour son adversaire. Les blancs ont fait de ces deux noms ceux de Sioux et d'Assiniboins. Comme ces derniers ne comptent pas plus de 5,000 âmes, les Sioux ont conservé le nom de Dacotas. Les Assiniboins, en grande majorité, habitent sur le territoire britannique, où ils ont été rejoints par les Dacotas, vaincus par les Américains en 1862.

Terminons ce trop rapide examen par les *Iroquois*. Ils forment une confédération de six nations : les Mohawks, les Onéïdas, les Cayugas, les Sénécas, les Onondagas et les Tuscaroras.

Les Mohawks habitent tous le Canada, excepté ceux de Saint-Régis, dont le village est coupé par le degré de latitude qui marque la limite entre l'État de New-York et le Canada. Les villages de Caughnawaga et de Saint-Régis sont catholiques. Celui de Brantford, sur la grande rivière, est protestant. Les cinq autres nations sont en majorité protestantes. Toutes les tribus cantonnées dans l'État de New-York y sont restées. Les fractions des Onéïdas et des Sénécas qui habitaient l'Ohio, ont été transportées à l'Ouest dans les agences de Green-bay et du Néosho. Voici leur dénombrement approximatif : le village de Caughnawaga a 1,400 habitants, ainsi que celui de Saint-Régis. Brantford en renferme 1,200. Les cinq tribus de New-York comptent 3,989 âmes, les Onéïdas de Green-bay 1,064, enfin les Sénécas du Néosho 200; en tout 9,253 têtes. Mais comme très-vraisemblablement il se trouve encore dans le Canada quelques bandes moins civilisées, nous ne croyons pas exagérer le nombre des Iroquois en le portant à 11,000.

Le grand chef de ces six nations est le colonel Ély Parker, qui fut chef de l'état-major du général Grant, durant la guerre de la sécession. Avant cette guerre, il était ingénieur civil. Son vrai nom est Donohogava, ce qui signifie, en iroquois, Porte ouverte. Il a épousé la fille d'un général de l'armée fédérale. Le grand orateur de la nation est le docteur Peter Wilson, excellent chirurgien militaire. Son nom est Wa-o-wa-weh-no-ouk, c'est-à-dire : Ils entendent sa voix...

III.

Les Indiens ont la peau cuivrée, le visage allongé, le front plat, les pommettes proéminentes, le nez saillant. Leur bouche, bordée de lèvres épaisses, est grande. Ils ont fort peu de barbe. Ils portent longs leurs cheveux noirs, qui ne frisent pas et jamais ne grisonnent. Sveltes et élancés, ils ont la démarche élégante et un certain air de gravité théâtrale, qui vient de la tournure sévère et quelque peu emphatique de leurs idées.

Leur intelligence est à peu près aussi développée que celle des blancs, mais elle manque complétement de tendances artistiques. Ce qui nous frappe le plus dans leur caractère moral, c'est leur profonde ressemblance avec les gentilshommes européens. Comme eux, ils ne connaissent que deux occupations pour l'homme. Ils sont chasseurs et guerriers, guerriers surtout. « Ne pleurez point, mes femmes, sur moi qui vais mourir, chante le Sioux partant pour une expédition. Si un homme se regarde comme un grand guerrier, je me regarde comme lui... »

Un jour, une troupe d'Iroquois, plumes d'aigles coloriées sur la tête, couteau d'os et tomakawk à la ceinture, arc aux épaules, la figure peinte, effrayants, descendait le Missisipi. Ils allaient faire la guerre à l'un des peuples qui habitent le long des rives de ce fleuve. Une troupe de Nadouessis, qui le remontait, les rencontra. C'était près d'une petite île qui, depuis, à cause de l'événement, fut nommée *l'Ile aux rencontres*. Les deux peuples ne s'étaient jamais vus.

— Qui êtes-vous? crièrent les Iroquois.

— Nadouessis.

— Où allez-vous?

— A la chasse aux bœufs. Et vous?

— A la chasse aux hommes! répondirent fièrement les Iroquois.

— Eh bien! dirent les Nadouessis, nous sommes des hommes. N'allez pas plus loin.

Sur ce défi, les deux partis débarquèrent chacun d'un côté de l'île, et, tête baissée, donnèrent l'un contre l'autre.

Attaque des Indiens sauvages.

Non, les Indiens ne sont pas cruels. Expliquons-nous. J'entends qu'ils ne le sont pas plus, qu'ils le sont moins peut-être que certaines nations civilisées. Si l'on peut citer d'eux des actes qui font frémir, allez au fond des choses, vous y trouverez presque toujours la preuve que ce ne sont que des actes de représailles. A quelles odieuses agressions, en effet, à quelles violences sans excuses, à quelles trahisons infâmes ces malheureuses tribus n'ont-elle pas été en butte ! Un exemple entre cent autres...

Louis XIV avait besoin de rameurs pour les galères de sa flotte de Marseille. En 1685, il demanda au gouverneur du Canada, M. de la Barre, de lui envoyer des prisonniers iroquois. La paix régnant entre la confédération indienne et la France, M. de la Barre ne put obtempérer aux injonctions du roi. Son successeur, M. de Denonville, fut moins scrupuleux. En 1687, il fit prier les principaux Iroquois de prendre part à une conférence diplomatique au fort de Frontenac. Le père de Lamberville, missionnaire chez les Onondagas, fut chargé de la convocation des chefs sauvages qui, à peine arrivés au fort, furent saisis et envoyés à Marseille. Les expressions manquent pour qualifier un pareil acte, que n'eussent peut-être pas commis les peuplades les plus abruties de l'Afrique. Il était certainement de nature à provoquer et à justifier toutes les vengeances. Aussi les Iroquois s'en vengèrent-ils. Ils le firent cruellement, soit; toutefois qui oserait soutenir que le droit n'était pas de leur côté? Mais, si indigne qu'eût été la provocation qui leur avait mis les armes à la main, elle ne put cependant, même sur le premier moment, les rendre injustes.

Le père de Lamberville, ignorant la trahison dont il avait été l'instrument, était resté chez les Onondagas. Les sachems, membres du grand conseil de cette tribu, le mandèrent devant eux...

— « On ne saurait disconvenir, lui dit alors l'orateur du conseil, que toutes sortes de raisons nous autorisent à te traiter en ennemi, mais *nous ne pouvons nous y résoudre*. Nous te connaissons trop pour n'être pas persuadés que ton cœur n'a point eu de part à la trahison. Puis donc, car tout le monde ne te rendrait pas ici la même justice que nous. Quand une fois nos jeunes gens auront chanté le chant de guerre, ils ne verront plus en toi qu'un perfide qui a livré nos chefs à un rude et indigne esclavage, et ils n'écouteront plus que leur fureur... »

Aussitôt les sachems firent partir le père de Lamberville. Les guides, choisis par eux, le conduisirent par des routes détournées et ne le quittèrent que lorsqu'il fut hors de tout danger. Que dire d'une pareille conduite? Ici, où sont les plus cruels et les plus sauvages? Ce n'est pas, à coup sûr, dans le camp des Peaux-Rouges. J'ai bien peur que ce ne soit pas là non plus qu'on les trouve, en remontant aux premiers rapports des deux races, indigène et européenne, lors de la colonisation de l'Amérique du Nord...

IV

Partout, en effet, où les Anglais s'établirent sur le territoire actuel des États-Unis, ils furent accueillis avec bienveillance par les indigènes; partout aussi ils se conduisirent vis-à-vis de ces derniers avec ingratitude et cruauté.

En 1705, une loi déclarait tout Indien incapable de posséder à titre de propriétaire; d'acheter des serviteurs chrétiens; d'occuper un emploi quelconque et même de témoigner en justice. Le mélange des races était rigoureusement proscrit par la même loi. Et cependant une princesse indienne, Pocahontas, ayant sauvé la colonie anglaise de la Virginie, avait épousé le capitaine Rolfe, dont elle avait eu un fils unique, souche de la famille Randolphe, une des plus riches et des plus considérées de la colonie, et à laquelle se rattachent, par les femmes, beaucoup d'autres familles aristocratiques!

L'Angleterre est envahissante. Elle commence par prendre pied, puis doucement elle s'assied. Une fois établie, elle étend les bras autour d'elle.

Comment s'est formé l'état actuel de Rhode-Island? On le sait. Les anabaptistes de la Nouvelle-Angleterre, persécutés par les puritains des Massachussets, étaient allés se réfugier chez les Narragausets. Ceux-ci les reçurent en frères, leur cédèrent gratuitement ou à peu près le territoire qu'ils occupent. Où sont aujourd'hui les Narragausets, et combien en reste-t-il? On le sait aussi. Ils habitent les environs de Charlestown, sont au nombre de deux cents, possèdent 900 acres de terre et ont l'honneur d'avoir une mention spéciale dans la constitution, qui renferme ce passage laconique : « No Narragauset Indian can vote... » Rappelons encore l'expulsion barbare des Cherokees, tous chrétiens et civilisés, ayant une constitution écrite et un journal publié en leur langue et en anglais. Ils demeuraient dans les limites des États de Géorgie, Tennessee et Alabama. En butte aux attaques des États circonvoisins, ils réclamèrent l'intervention du pouvoir fédéral, et lui présentèrent des traités conclus avec le gouvernement par la présidence de Washington. C'était en 1835. A cette époque, le Sud était tout-puissant. Aussi le gouvernement déclara-t-il aux malheureux Indiens qu'il ne voulait pas se mêler de leurs querelles avec la Géorgie et ses alliés. Il leur offrit en dédommagement des terres qu'ils occupent actuellement à l'ouest de l'Arkansas, et qui font partie du territoire indien, dans lequel on a refoulé depuis les Creeks, les Séminoles, les Choctaws, les Chikassaws, une partie des Potowatomies, etc. Le très-petit nombre d'Indiens qui se trouvent dans la Nouvelle-Angleterre et dans l'État de New-York échappèrent seuls à cette transportation en masse.

De 1835 à 1850 à peu près, on a posé comme axiôme que les blancs avaient le droit de chasser tous les Indiens de la rive gauche du Mississipi et de les cantonner sur la rive droite, parce que la culture seule donne droit à la propriété du sol, et que nul ne peut considérer le droit de chasse comme constituant un droit de propriété. Ces théoriciens seraient mal venus de prêcher leur doctrine dans la mère-patrie, car sur les 459 pairs du royaume-uni, il n'y en a guère plus de 60 qui prennent part aux travaux de la Chambre, nous apprend la *Revue des Deux-Mondes* du 1er septembre 1868; et l'on sait que parmi ceux qui siégent rarement, un grand nombre entretient soigneusement des milliers d'acres en bruyères, pour y élever les renards nécessaires au laisser-courre de leurs foxhounds.

Depuis 1850, hâtons-nous de le dire, le gouvernement américain a changé de conduite avec les tribus indiennes. Par acte du Congrès, tout Indien appartenant à une bande ou tribu ayant traité avec les États-Unis, reçoit en toute propriété, s'il désire adopter les habitudes de la vie civilisée, une partie des terres de sa tribu, par l'agent et le surintendant de laquelle il est protégé dans ses droits de propriété. Les unions légitimes entre blancs et Indiens, autrefois proscrites, sont devenues de plus en plus fréquentes. Une chose nous choque un peu, c'est de voir les chefs les plus distingués de la race indienne prendre des noms anglais. Nous voudrions que tout Indien civilisé se fît gloire de porter le nom de sa tribu, ce que font les Indiens du Canada, qui n'imitent pas en cela ceux des États-Unis, comme en témoigne le catalogue de l'Exposition universelle de 1867.

Quoi qu'il en soit, actuellement les États particuliers et le gouvernement central rivalisent de bienveillance envers les Peaux-Rouges. Malheureusement les simples particuliers sont loin encore de professer pour eux ces sentiments si nouveaux de justice et d'humanité. Sur les frontières de l'ouest, nombre de blancs ont conservé les idées violentes et injustes de leurs ancêtres, et, par leurs méfaits, irritant sans cesse les Indiens, provoquent des représailles qui amènent continuellement de nouveaux conflits. Ainsi, en 1866, les États-Unis avaient à lutter contre les Arrapohes, les Chayennes, les Comanches, les Kayowais et les Apaches, nations du sud des prairies, d'une part, et, de l'autre, contre les Sioux et les Corbeaux, nations du nord; et les provocations des colons des frontières étaient entrées pour beaucoup dans les causes déterminantes de cette guerre. Un traité avec les cinq premières nations fut signé au fort Laramie en octobre 1867. Les Sioux et les Corbeaux avaient refusé de souscrire à cet acte de pacification. Le gouvernement demanda alors l'intervention du père de Smet, missionnaire, qui, accompagné d'un interprète nommé Gulpin, marié à une Indienne, zélée catholique, parvint à décider les Corbeaux et les Sioux à conclure à leur tour la paix au fort Sully, dans le Dacotah, le 12 juillet dernier. Depuis, de nouvelles hostilités ont eu lieu. Les détails qui nous en sont parvenus ne sont nullement clairs, et il ne nous est pas encore démontré que les injustices des blancs n'ont pas une fois de plus causé cette récente levée de boucliers. De grandes cruautés ont été commises de part et d'autre; et voilà que certains journaux américains, *horresco referens!* prêchent ouvertement l'extermination de la race rouge!..

L'extermination c'est bientôt dit. D'après le calcul de M. Hutington, surintendant des affaires indiennes dans l'Orégon, il faut dix bons soldats contre un Indien pour faire la guerre avec avantage, et chaque Indien pris ou tué coûte au moins cinquante mille dollars au gouvernement. Que d'argent et de sang dès lors coulant à flots! L'Union est assez riche et assez forte pour atteindre ce but, je le veux bien. Mais oserait-elle assumer devant l'histoire, et l'histoire du dix-neuvième siècle, la responsabilité d'une si exécrable exécution? Jamais je ne le croirai. Non, il ne peut pas être question d'exterminer la race rouge. Il y a mieux à faire, et cela ne coûterait rien. Quoi donc? C'est ce que je dirai, et ce sera la conclusion de ce travail; mais, auparavant, je dois mettre le lecteur en garde contre les idées répandues, je n'ose dire à dessein sur la rapide disparition des races rouges.

V.

Rien n'est moins vrai que cette disparition.

Que disent les adversaires des Indiens? Le *Standard*, cité par le *Galignani's* du 7 septembre 1868, prétend que les statistiques des États-Unis établissent que, dans les dix dernières années, ils ont diminué de plus de trois cent mille. Si cette assertion est vraie, comme il y a encore trois cent cinquante mille Indiens aux États-Unis, c'est qu'il y en avait sept cent cinquante mille, il y a dix ans. Or, je lis textuellement dans l'*American-Almanach* de 1860 : » Le nombre des Indiens compris dans les limites des États-Unis en 1853 était estimé par le commissaire des affaires indiennes à quatre cent mille sept cent soixante-quatre... » Le chiffre est forcé; mais, même en l'admettant, et en le rapprochant du chiffre des Indiens existant actuellement aux États-Unis, il résulterait que la diminution n'a été que de cinquante mille et que le *Standard* n'a exagéré que des cinq sixièmes! Mais l'assertion du *Standard* n'a rien d'exact. A l'époque de la découverte de l'Amérique, les indigènes répandus sur le sol des États-Unis étaient au nombre de deux millions environ. Ils ont beaucoup diminué, cela est vrai, mais non en ces derniers temps. La presque disparition de certaines tribus remonte à plus d'un siècle. Et, en ces dix dernières années, la dépopulation, loin d'augmenter, s'est au contraire arrêtée, et un mouvement contraire s'est produit.

Après le *Standard* vient M. Simonin, qui, dans sa brochure intitulée : *Une excursion chez les Peaux-Rouges*, dit que les Hurons, les Iroquois et les Natchez ont complétement disparu. Pour les Natchez, j'en conviens. Ils ont été tous massacrés. On sait comment et par qui. Mais il y a encore des Iroquois aux Etats-Unis et au Canada. Nous avons prouvé qu'il en reste environ onze mille, et l'exactitude de ce chiffre serait au besoin confirmée par ces lignes de Mgr Laverlochère, relevées par moi dans le numéro de janvier 1852 des *Annales de l'*

Propagation de la foi : « La redoutable nation des Iroquois a presque disparu à son tour. Elle compte à peine aujourd'hui cinq à six mille âmes. » Or, le savant missionnaire ne parle que des Iroquois du Canada, et comme la moitié de la nation est sur le territoire des États-Unis, il faut doubler le chiffre, qui dès lors concorde avec le mien. Les Iroquois n'ont donc pas complétement disparu, ainsi que l'affirme M. Simonnin. Loin de là. Et les Hurons pas davantage.

Il y a encore des Hurons au village de Lorette-la-Neuve, près de Québec, dans les îles Malitoulines du lac Huron et dans le Kansas, où ils portent le nom de Wiandots. Il y a peu d'analogie, je l'avoue, entre ce nom et celui de Huron, mais y en a-t-il plus entre les noms de Germain, d'Allemand et de Teutsch, donnés à nos voisins d'outre-Rhin, selon qu'ils sont désignés par les Anglais, par nous ou par eux-mêmes? Du reste, l'affirmation de M. Simonnin, en ce qui concerne les Hurons, n'est pas nouvelle. Je lis dans le *Dictionnaire de Trévoux*, année 1752 : « Le père Henrique, récollet, assure que les Iroquois ont *presque* entièrement détruit les Hurons... » Et dans les *Annales de la propagation de la foi*, numéro de janvier 1852, déjà cité : « C'est la nation des Iroquois qui a exterminé la grande famille des Hurons, dont le dernier est mort, il y a deux ans, à quelques lieues de Québec... » Il en est de ce dernier Huron comme du dernier matelot du *Vengeur*, qui, durant dix ans, tous les mois, est mort dans chacune des villes du littoral breton. Le Huron dont il s'agit habitait Lorette-la-Neuve, paroisse huronne de 400 âmes, située à trois lieues de Québec, et il était non pas le dernier, mais un des derniers Hurons *parlant la langue huronne*, ce qui est bien différent. En effet, à Lorette, village entouré de toutes parts de villages français, on ne parle plus que la langue française. Cependant ses habitants montrent encore aujourd'hui aux touristes, et avec un singulier orgueil, leur sacristain, qui sait quelques mots de huron, dont nul parmi eux n'est à même de contrôler la pureté. Ainsi les Hurons, qui soi-disant ont entièrement disparu, sont encore au nombre de 400 à Lorette. Les îles Malitoulines en renferment 400 également, et le Kansas 500, total 1,300. Et voila comment on écrit l'histoire!

Type de Dacotah Sioux

Je le répète, la dépopulation de la race rouge a été effrayante; oui, mais à une époque déjà éloignée de nous. A cette période a succédé un temps d'arrêt, puis une période sensible d'accroissement. Voilà où nous en sommes. Là est la vérité, là le point important. Je tiens de M. Rameau, auteur d'une histoire du Canada, que, à Caughnawaga, le plus célèbre des villages iroquois, qui renferme une population de 1,600 habitants, l'excédant des naissances sur les décès a été, en 1858, de 53, en 1859, de 25, et que, en 1860, année durant laquelle a sévi, dans ce village, une effroyable épidémie de variole, le chiffre des naissances a néanmoins balancé celui des décès. Je lis encore dans l'*Annual Report of Indian affairs*, publié à Washington pour l'année 1865 : « Des comparaisons que j'ai été à même de faire d'après les tableaux des recensements, pendant une période de quinze années et plus, il paraît qu'il se produit un léger accroissement dans la population indienne du Michigan... » Ainsi les races rouges, loin de diminuer en ces derniers temps dans les proportions que l'on dit, se sont accrues, au contraire, et tendent à s'accroître de plus en plus. Pour moi, pas l'ombre d'un doute. C'est un fait acquis. Et ce serait le moment que l'on choisirait pour les anéantir! Cela ne saurait être sérieux.

Qu'y a-t-il donc à faire?

VI.

Les nations cantonnées dans le territoire indien de l'ouest du

Ki-we-i-ka (Le taureau buffle, chef de la tribu des Pawnees-Warrior.

Chef de la tribu

Chefs de la tribu

es Potowatomis.

We-go-sa-pi (Le fouet), chef des Poukahs.

Kansas, Cherokees, Creeks, Choctaws, Osages, Chikasaws, Potowatomies, sont toutes plus ou moins civilisées. Les Cherokees et les Creeks ont des constitutions à peu près semblables à celles des divers États de l'Union. D'après les documents insérés dans le *National Almanach*, ces diverses nations forment une population de 65,000 âmes environ.

Pourquoi n'érigerait-on pas ce territoire en État?

Il est impossible, nous dira-t-on peut-être, de former un État unique de sept ou huit tribus parlant au moins cinq langues différentes. A cela nous répondrons qu'il ne s'agit pas de fondre ces différentes nationalités en une république indivisible, mais bien d'en faire une république fédérative, qui, multiple à l'intérieur, serait une à l'extérieur, aux yeux du congrès de l'Union, où elle enverrait tout d'abord deux sénateurs et un député.

Sa-tang-ka-ti-Ya-Kang (Le taureau qui court), chef de la tribu des Yankton Sioux.

Nous ignorons les modifications qu'a pu subir, depuis 1848, le canton suisse des Grisons, mais autrefois c'était une véritable confédération de trois républiques fédératives.

En Suisse, l'Église n'étant pas séparée de l'État, cela faisait donc une confédération de trois républiques fédératives ayant deux religions et parlant trois langues. Même une de ces trois républiques, la *ligue grise*, renfermait à elle seule les deux communions et parlait les trois langues allemande, italienne et romanche!

Le nouvel État indien aurait une constitution plus simple que celle des Grisons. Pourvu que le gouvernement soit républicain, peu importe aux États-Uuis qu'il soit unitaire ou fédéral.

Un homme est là, d'ailleurs, dont la main faciliterait singulièrement la tâche. Je veux parler du colonel Parker, dont il a été question plus haut. Puisqu'il est déjà citoyen américain; puisque, par son origine indienne, il appartient à la race du nouvel État qu'il s'agirait de constituer, sans pouvoir être accusé de tendances pour une nationalité plutôt que pour une autre, pourquoi ne serait-il pas nommé gouverneur du territoire organisé, et investi, en cette qualité, de la présidence du congrès indien, chargé de voter une constitution?

Les diverses tribus du territoire indien ont des traités d'extradition entre elles et entretiennent des ambassadeurs les unes chez les autres. Il y a donc déjà là le germe d'une organisation fédérale qu'il s'agit seulement de développer. Qu'un seul État indien enrichisse d'une étoile le pavillon américain et les détracteurs de l'Union seront réduits au silence.

René de Semallé.

P. S. — Les deux premières parties de notre travail étaient déjà publiées, lorsque les journaux américains nous ont apporté les nouvelles les plus intéressantes sur la guerre qui dure, depuis deux ans, avec des fractions de tribus qui n'ont pas accepté les conditions de la paix signée au fort Laramée, et plus tard au fort Sully.

Cette guerre peut être considérée comme terminée par la grande victoire de la Washita, remportée par le général Castar. Le 26 novembre dernier, le général Castar, à la tête d'un régiment de cavalerie et d'un détachement d'éclaireurs Osages, rencontrait la trace d'un parti d'Indiens au pont d'intersection de la frontière du Texas et de la rivière Canadienne. Le lendemain, la petite armée américaine en venait aux mains avec l'ennemi, qui fut entièrement défait. Nous reviendrons prochainement sur ce fait d'armes, qui a, pour les États-Unis, les proportions d'un événement de la plus haute importance, et nous en tirerons plus d'un enseignement venant à l'appui des considérations que nous avons présentées plus haut. R. de S.

les Dacotah Sioux.

LES INDIENS DES ÉTATS-UNIS
29 JANVIER 1868

On n'est pas plus bêtement héroïque en Europe aux beaux temps de la chevalerie. Ne dirait-on pas une page détachée d'un roman du moyen âge? Ce trait peint les Indiens.

Ils sont braves jusqu'à la folie et friands de prouesses. L'amour de la gloire sans cesse les aiguillonne, et, à un moment donné, les rend capables des faits les plus audacieux. Aussi, comme ils se drapent fièrement dans leur renommée! Et avec quel soin jaloux ils gardent les témoignages palpables de sa légitimité! Ces témoignages se comptent. Ils peuvent les montrer et les faire toucher du doigt. Car, eux aussi, ils conquèrent des drapeaux sur l'ennemi, et de même que nous suspendons ces trophées aux voûtes de nos édifices, ils les suspendent à la place la plus apparente de leurs cases. Seulement ces drapeaux, ce sont des chevelures... Le scalp! Horrible coutume, spéciale à la race rouge....

Horrible, je le veux bien; mais spéciale à la race rouge, non.

Le père de l'histoire, Hérodote, en parle dans son livre premier comme étant répandue chez une des nations les plus nombreuses de l'ancien continent, les Scythes. Et c'est bien de l'opération du scalp qu'il s'agit. « Pour écorcher une tête, dit-il, le Scythe fait d'abord une incision tout autour du crâne vers les oreilles; et, la prenant par le haut, il en arrache la peau en la secouant. Il pétrit ensuite cette peau entre ses mains, après en avoir enlevé toute la chair avec une côte de bœuf; et, quand il

La-hull-du-a-sho-du, chef des grands Pawnees.

l'a bien amollie, il s'en sert comme d'une serviette. Il la suspend à la bride de son cheval et s'en fait honneur, car plus un Scythe peut avoir de ces sortes de serviettes, *plus il est estimé vaillant et courageux...* » Mettons en regard de cette description celle de l'opération du scalp chez les Indiens des États-Unis. « Pour scalper, dit M. Duflot de Mafras, les Indiens se servent d'un couteau ou d'un os tranchant. Ils circonscrivent le front et la peau au-dessus des oreilles, puis prolongent l'incision jusqu'à la partie inféreure du cou, entre les deux omoplates. Ils saisissent alors fortement par derrière le lambeau de chair, et appuyant le pied sur les épaules de l'ennemi couché la face contre terre, ils enlèvent d'un seul morceau tout le cuir chevelu. Ils le font sécher avec soin, tannent l'intérieur, et, dans leurs fêtes, les guerriers portent avec orgueil, au bout d'une perche, ces affreux trophées... » Entre les deux opérations, où est la différence? De part et d'autre, c'est la même manière de procéder. Et chez les Scythes comme chez les Indiens, pourquoi cette opération? *Pour s'en faire honneur.* Ainsi, point de doute. L'ancien comme le nouveau monde a scalpé.

La coutume est horrible, je le répète. Mais ne nous laissons pas aller à trop d'indignation, nous autres Européens. Il y a deux cents ans à peine, beaucoup de nos congénères étaient-ils moins cruels? Voici ce que je lis dans le Dictionnaire de Moréri, à l'article Hussards: « Hussards, prononcez Houssards, milice de cavalerie hongroise, qui est habillée bizarrement et monte des chevaux petits, mais ardents

Ps-ta-ui-sho-a-du, principal chef des grands Pawnees.

et infatigables... Quand les hussards *reviennent de la guerre*, leur général leur donne autant de pièces d'argent *qu'ils apportent de têtes...* » Lequel est le plus barbare de rapporter des têtes ou seulement des chevelures?

Mais, sans aller si loin, de nos jours, nous-mêmes, ne rapportons-nous pas, je l'ai dit plus haut, les drapeaux des vaincus, tachés du sang de leurs défenseurs? Et Dieu sait avec quel bonheur et quelle fierté! Cependant, qu'on y songe! combien de scalps représente un seul drapeau arraché à un ennemi courageux, et quelle différence y a-t-il entre rapporter en triomphe vingt scalps indiquant la mort de vingt ennemis, ou un drapeau dont la défense a coûté la vie d'une centaine d'hommes et l'humiliation de deux mille? On n'est donc pas en droit de conclure de la cruauté de cette coutume du scalp à la cruauté des mœurs des peuples de la race rouge. Ils sont essentiellement guerriers; et, recherchant avant tout la gloire, ils montrent par le nombre de chevelures enlevées sur le champ de bataille qu'ils l'ont trouvée. Le scalp, pour eux, n'a pas d'autre signification.

René de Semallé.

Ma-ta-sa-bi-tch a, chef des Yaakton-Sioux.

LES INDIENS DES ÉTATS-UNIS

6 FÉVRIER 1869

Nous avons promis de donner à nos lecteurs quelques détails sur la victoire de la Washita, qui, selon nous, devait terminer la guerre indienne. Les dernières nouvelles des États-Unis ont confirmé nos appréciations, puisque, trois semaines après la victoire du général Custar, le général Sheridan faisait prisonniers deux chefs des Kayowais.

Mais reprenons notre récit.

Lorsque le général Custar rencontra les traces d'un parti indien, le 26 novembre, sur les bords de la rivière Canadienne, il s'appliqua à les rejoindre. Malheureusement pour les Américains, la neige, tombée depuis vingt-quatre heures, avait recouvert tous les vestiges. Mais les auxiliaires Osages surent retrouver la piste avec une prodigieuse sagacité. Les soldats, descendus de cheval, tenaient la bride de leur monture, un peu pour se réchauffer et aussi pour ménager les forces de ces animaux jusqu'au moment du combat.

Ce n'est que le 27 que les soldats arrivèrent à l'improviste devant le campement de *Chaudron-Noir*, composé 51 loges, 47 de Chayennes, 2 d'Arrapahoes et 2 de Sioux.

Le combat fut très-vif, mais tout au désavantage des Indiens. Surpris dans leurs loges, sortes de constructions faciles à démonter, et tenant de la tente et de la cabane, cent trois guerriers indiens furent tués, y compris *Chaudron-Noir*, dont le scalp orne maintenant la hutte d'un Osage.

A quelque distance du campement de *Chaudron-Noir* étaient situés ceux de Satanta, le chef kayowai, et de Corbeau-Noir, chef d'une bande d'Arrapahoes. Au bruit de la fusillade, les guerriers des deux bandes alliées accoururent pour prendre part au combat. Ils arrivèrent trop tard, au moment où les cavaliers américains, ayant repris leurs rangs, se retiraient en bon ordre, emmenant 53 femmes prisonnières avec leurs enfants, 875 chevaux et mulets, 253 peaux de bisons, 140 tomahawks ou haches d'armes, 47 carabines, 35 revolvers, 531 livres de poudre. Les Kayowais et Arrapahoes furent repoussés, et la petite armée américaine reçut l'ordre de se porter sur les campements des nouveaux adversaires. Pendant ce second combat, les Indiens restés dans les loges avaient arraché les piquets, roulé les peaux et les écorces, et mis tous leurs bagages sur le dos de leurs chevaux pour aller camper ailleurs.

Les Américains durent renoncer à leur poursuite, parce que leurs chevaux étaient trop fatigués, et que la garde du butin ralentissait leur marche.

Ce ne fut que partie remise pour les fuyards, car le 7e régiment de cavalerie rallia le 19e des volontaires du Kansas, sous le commandement du général Sheridan, et Satanta fut pris avec un autre chef appelé le *Loup solitaire*. Ces deux chefs sont gardés en otages jusqu'à la soumission des Kayowais, et comme ce résultat ne peut manquer d'être obtenu, nous regardons la guerre indienne comme terminée.

Revenons un peu sur l'origine de cette guerre et sur ceux qui y ont pris part.

D'une lettre de M. Leavenworth, agent indien, il résulte que, le 2 septembre 1867, un mois avant la paix conclue au fort Laramie, une partie seulement des Chayennes, sous les ordres de *Chaudron-Noir*, était en guerre avec les États-Unis. Cependant, malgré les pourparlers engagés pour arriver à un traité, les miliciens du Kansas allaient à la chasse des Indiens comme à la chasse aux loups, contrairement aux ordres du gouvernement fédéral.

M. Leavenworth ajoute que ces miliciens s'élançaient comme des chiens, *getting wipped like dogs*.

Un autre agent indien, M. Mix, nous dit à la page 18 de l'*Annual Report* de 1867, et le fait nous a été confirmé par un général américain aussi humain que courageux, M. H... : « Dans leurs procédés illégaux, ils (les Kayowais et les Comanches), sont encouragés par des blancs et des Mexicains sans principes, qui font commerce avec eux d'objets mal acquis, spécialement des bestiaux enlevés aux citoyens du Texas. »

Donc, nous pouvons affirmer que plusieurs des actes barbares commis le long de la ligne du Pacifique, et les massacres de colons isolés, sont le fait de brigands de race blanche.

Dans l'ouest, les blancs qui commettent quelque action répréhensible, savent très-bien prendre la robe de bison des Indiens, se peindre la figure, et pousser le cri de guerre de telle ou telle tribu. Les assassins de Joe Smith, le fondateur des Mormons, n'ont pas agi autrement.

En achevant cet article, tâchons de déterminer le nombre des Indiens engagés dans la guerre qui vient de finir, et contre qui il a fallu faire agir toute une armée, conduite par le fameux général Sherman.

Il n'y avait, parmi les belligérants, qu'une minime fraction des Sioux, puisque les principales tribus avaient écouté la voix du Las-Casas des États-Unis, le P. de Smets et avaient signé la paix le 3 juillet, au fort Sully, et non le 12, comme nous l'avons dit par erreur.

Il y avait de plus des Chayennes, des Kayowais et des Arrapahoes.

Supposons, ce qui n'est pas, que toutes les bandes de ces trois tribus aient pris part à la guerre, nous arrivons au dénombrement suivant :

Chayennes de la Platte.	1,800
Arrapahoes..	750
Kayowais et Comanches, ensemble 2,800, dont la moitié pour les Kayowais est de. .	1,400
Chayennes et Apaches du Sud, 4,000, dont il faut retirer les Apaches; mettons Chayennes.	3,000
Ajoutons au plus 2,000 Sioux.	2,000
Total.	8,950

Mettons 9,000 âmes, ce qui ne donne pas plus de 1,000 guerriers.

C'est donc un corps de 1,000 guerriers indiens qui, pendant près de deux ans, a tenu tête à une véritable armée américaine, et dont la défaite a coûté des sommes énormes à l'Union.

René de Semallé.

ÉTATS-UNIS : GUERRE CONTRE LES TRIBUS INDIENNES. — Combat de Washita.

ÉTATS-UNIS. — La chasse aux buffles,

sur le chemin de fer du Pacifique. 16 DÉCEMBRE 1871

LE PAYS DU PÉTROLE

21 OCTOBRE 1871

L'*Oil-Dorado*, comme on a surnommé ironiquement la région de l'huile, est devenu un centre d'attraction pour des millions d'yeux qui le fixent de loin. La marche de années, les victoires des géné raux ne sont que des choses de médiocre importance, comparées aux fluctuations des stocks en huile et aux rendements des puits. A New-York, à Philadelphie, à Boston, on n'entend parler que de pétrole, et « la fièvre de l'huile » a rapidement gagné tout le pays.

Il ne faut pas s'en étonner. Au milieu de la société fashionable, qui vit largement et dépense l'argent avec une prodigalité toute orientale, on trouve des hommes qui, il y a deux ou trois ans à peine, mouraient de faim et de misère, et dont les revenus aujourd'hui égalent au moins la fortune des plus anciens « princes du commerce. » — Puisque de tels hommes ont pu s'enrichir, dit le public, pourquoi d'autres n'y parviendraient-ils pas? » Ainsi dit, on agit, et tout le monde, présentement, est dans l'huile. »

A New-York seulement, on compte plus de deux cents compagnies de pétrole; à Philadelphie, le nombre en est encore plus considérable. Les puits de pétrole, les bénéfices sur le pétrole, les stocks en pétrole sont l'objet de toutes les conversations; et les dames elles-mêmes suspendent leur admiration devant « un amour de chapeau » ou s'abstiennent de *cancaner*, pour discuter les avantages d'une nouvelle compagnie d'huile, ou pour écouter les dernières nouvelles d'Oil-Creek.

LE PAYS DU PÉTROLE. — Forage d'un puits.

La contrée que traverse le chemin de fer est séduisante en paysages variés et pittoresques, et par sa sauvage grandeur. Après avoir quitté Salamanca, où l'Atlantic-and-Great-Western se dirige vers l'Ouest, l'influence de la nouvelle entreprise sur tout le pays environnant se fait largement sentir. Les forêts tombent sous la hache et font place à des champs cultivés. De belles fermes et de vastes greniers couvrent les terres hautes; de nouvelles villes s'élèvent sur plusieurs points, le long de la ligne de fer.

Dans l'après-midi, après une course de vingt heures, nous atteignîmes Corry, point de départ pour la région des huiles, mais qui n'est pas la route habituellement suivie par les voyageurs venant de l'Est. La proximité des vallées huileuses se faisait déjà sentir. Sur les nombreux tracks latéraux, nous voyions d'immenses trains chargés de noirs barils tous graisseux et remplis de pétrole à destination de l'Est, et d'autres trains emportant de petites machines à vapeur en route pour Oil-Creek, où elles sont destinées à éventrer la terre et à en extraire de grasses richesses. Le nombre considérable de ces engins dont je pus constater la présence sur les trains de frêt sur la route de New-York, fut pour moi un signe certain du développement futur des régions du pétrole.

LE PAYS DU PÉTROLE. — Puits jaillissant.

LE PAYS DU PÉTROLE. — *Oil-Creek*: **Transport des barils d'huile.**

L'existence des sources d'huile dans la vallée désignée aujourd'hui sous le nom d'Oil-Creek était connue des Indiens, au temps de la première visite qu'y firent les missionnaires français, au XVIIe siècle. Les Peaux-Rouges montrèrent aux jésuites l'huile surnageant au-dessus de l'eau, et leur expliquèrent ses propriétés médicinales. Dans quelques parties du fleuve, l'huile montait à la surface de l'eau et en suivait le courant; dans quelques endroits où l'eau était à l'état de flaque stagnante, l'huile se tenait à une légère couche au-dessous de la surface. Les Indiens Senecas prisaient très-fort les qualités médicinales de l'huile, et la recueillaient avec le plus grand soin.

Durant l'occupation du pays par les Français, et ensuite par les Anglais, les troupes casernées dans les forts, le long de l'Alleghany, se familiarisèrent avec l'usage de cette huile et s'en servaient comme d'un léger purgatif. Pendant la guerre de l'Indépendance, un corps d'Américains, en passant dans les environs, s'arrêta à une source près d'Oil-Creek; ils recueillirent une certaine quantité d'huile, et en firent des frictions qui les guérirent des rhumatismes dont ils avaient beaucoup souffert.

Dès que le pays commença de se peupler, les indigènes et les colons entreprirent d'extraire de l'huile en plus grande quantité, au moyen de puits dont on a retrouvé des traces. Si grande était la confiance des Indiens Senecas dans les propriétés de cette huile, que longtemps encore après que les blancs les eurent refoulés sur les territoires voisins, ils venaient tous les ans visiter l'Oil-Creek, et, pendant plusieurs jours, faisaient une ample provision du liquide. Cette visite annuelle était l'occasion d'une grande fête pour eux. Il n'y a pas plus de trois ans qu'ils ont accompli leur dernier pèlerinage. Certains médecins quakers se rendaient souvent aussi à la Creek, remplissaient bon nombre de fioles du noir liquide, qu'ils vendaient ensuite sous le nom « de huile de Senecas, » efficace contre les rhumatismes, et en tiraient de bons dollars, car le remède était en grande réputation.

Personne ne songeait à faire usage du pétrole comme luminaire, et nul ne songeait à s'aller établir dans la vallée d'Oil-Creek, lorsqu'en 1854, deux particuliers de New-York s'assurèrent la propriété d'une source dans la partie supérieure de la crique, et organisèrent une compagnie d'exportation.

Trois années après, M. Drake, en qualité d'associé et d agent d'une compagnie du Connecticut, commença à perforer le sol à quelque distance au-dessous de Titusville, à dix-huit milles environ au-dessus de l'embouchure de la crique, et, au mois d'avril 1858, il rencontra l'huile à une profondeur de 71 pieds; bientôt on pompa le précieux liquide à raison d'un rendement de 10 à 25 barils par jour.

Peu après, un second puits fut creusé et avec un succès bien plus grand encore. Depuis ce moment, l'exploitation minière du pétrole a été toujours en progressant, au point d'être aujourd'hui une source des plus considérables de richesse et un des stimulants les plus puissants à l'activité du pays.

Telle est la brève histoire des régions de l'huile dans la Pensylvanie, et le récit de l'ère nouvelle qui s'ouvre devant ce pays, grâce à une industrie dont on ne saurait prévoir le terme de l'immense développement.

X. E.

CORRESPONDANCE DE BOSTON
30 NOVEMBRE 1872

Boston, 12 novembre 1872

Je ne m'étais point trompé en vous disant que le feu a pris au milieu de la rue Summer. La maison qui s'est changée ainsi en volcan est celle qui fait le coin de la rue Kingston. MM. Tibbits, Baldwin et Davies avaient, pour le malheur de Boston, une machine à vapeur et un élévateur. C'est par les poutres de ce maudit appareil que les flammes ont grimpé sur le toit, et c'est de toit en toit qu'elles se sont propagées. Nos maisons de granit sont vulnérables par la tête. Il faudrait leur mettre des casques à la prussienne!

Tout se tient dans le monde, et les événements les plus étrangers les uns aux autres semblent avoir des liens mystérieux.

Sans le vent, comme je vous l'ai écrit, le feu n'aurait été rien, mais nous eussions triomphé du vent si nous avions pu faire marcher nos pompes à vapeur, nos magnifiques pompes qui faisaient notre orgueil. Hélas n'ayant pas de chevaux pour les traîner, nous avons dû les mener à bras d'hommes sur le théâtre du sinistre. Quand elles sont arrivées il était trop tard.

A la fin du mois d'octobre, nous avons éprouvé une série de violentes tempêtes soufflant du nord-est et nous apportant un froid prématuré. Une conséquence inattendue mais fort incommode a été la *grippe des chevaux*. On peut appliquer à nos ut les auxiliaires ce que votre la Fontaine disait des animaux malades de la peste.

> Ils ne mouraient pas tous, mais tous étaient frappés,
> On n'en voyait point d'occupés;

Car dans toute l'étendue de l'Union plus d'un demi-million de chevaux n'ont pu quitter l'écurie pendant plus d'une dizaine de jours.

Jamais, pour ma part, je ne m'étais mieux rendu compte de la manière dont le sort de la race humaine et

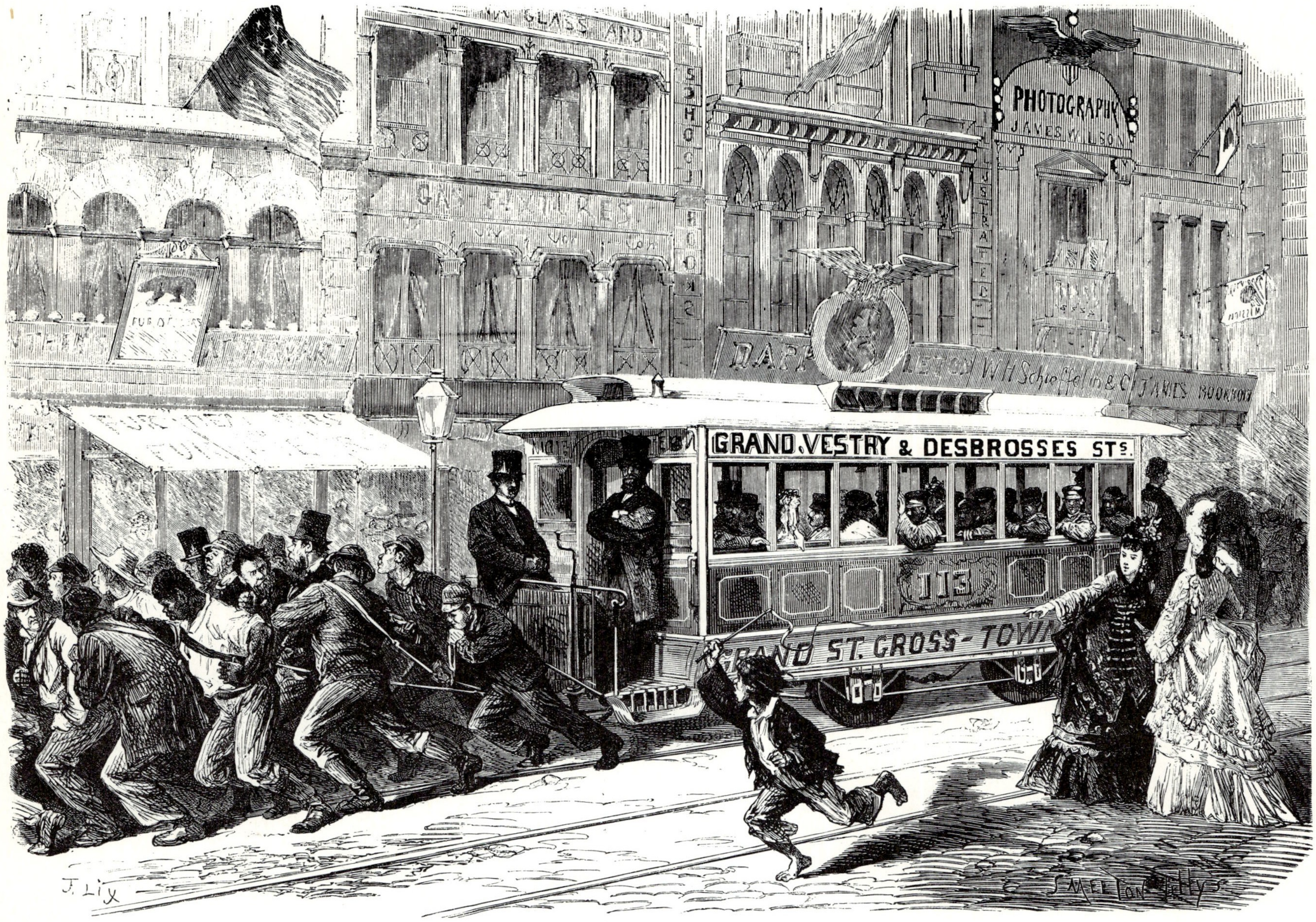

LA MALADIE DES CHEVAUX AUX ÉTATS-UNIS. — Un omnibus traîné à bras d'homme dans les rues de Boston.

celui de la race chevaline sont liés l'un avec l'autre. On dirait que cette alliance est plus intime que du temps des centaures.

A New-York et à Philadelphie on a eu recours aux bœufs. On a vu paraître sur les bords de l'Hudson et de la Delaware des bœufs marchant avec une allure digne des temps mérovingiens et se croyant encore chargés de traîner les derniers enfants de Chilpéric près du palais de Frédégonde.

Nous autres Bostoniens, nous avons remplacé nos chevaux par des commissionnaires. Il n'y a pas de sots métiers, il n'y a que de sottes gens. Tous les citoyens qui n'avaient rien de mieux à faire se sont attelés à nos *cars*. Le rail aidant on roulait dans la rue Fédérale, la rue du Congrès, à peu près aussi vite qu'en temps ordinaire. Il est vrai que les *fares* avaient été portés au quadruple du temps normal. Ce qui ne coûtait que cinq sous avant l'invasion de l'influence se payait un franc. Mais cela n'a pas empêché les *cars* (1) d'être encombrés. Heureuses les compagnies qui ont trouvé des *hands* en suffisance, les *feet* ne lui ont pas manqué (2). Il y avait des gens à qui ce régime ne déplaisait pas, ils étaient flattés d'être traînés comme le furent Kossuth et Jenny Lind, comme le sont, paraît-il, tous les princes faisant leur entrée dans la capitale de leurs pères.

Les hommes-chevaux ne se trouvaient pas mal non plus de leur métier de bêtes. Car à ce commerce on a vite gagné un dollar. Il y avait peut être dans les rues de Boston plus d'un *rowdy* espérant qu'on ne verrait plus le règne des quadrupèdes revenir.

(1) Chars, c'est ainsi qu'on nomme les omnibus américains.
(2) Dans ce jeu de mots intraduisible et d'un goût douteux, notre correspondant veut dire que les compagnies qui avaient des bras pour tirer ne manquaient point de passagers pour remplir les voitures.
(3) Philippe, en grec, veut dire ami des chevaux.

La « guerre au wiskey » aux Etats-Unis
7 MARS 1874

Il n'est bruit en ce moment, aux Etats-Unis, que de la singulière croisade entreprise par la plus belle moitié du genre humain contre l'ivrognerie, ce péché mignon du sexe fort. En Amérique, comme en Angleterre, comme en France, l'ivrognerie a fait l'objet de lois et de prohibitions de toutes sortes, mais là-bas comme de ce côté-ci de l'Atlantique, lois et règlements s'étaient montrés impuissants contre un vice qui échappe à tous les modes de répression. Ce que les législateurs n'avaient pu faire, de faibles femmes n'ont pas craint de l'entreprendre ; elle ont formé une association qui n'a pas tardé à recruter d'innombrables adhérentes dans toutes les classes de la société ; puis, lorsque l'organisation a été assez puissante pour qu'on fût de force à lutter contre l'ennemi, les hostilités ont commencé, et voici en quoi consiste le plan de campagne, qui est partout à peu près le même et qui partout a été couronné d'un plein succès. Le comite directeur formé dans la localité commence par notifier à tous les débitants de boissons la formation de la société et par inviter chacun d'eux à fermer son établissement; comme ces honorables industriels ne tiennent naturellement aucun compte de l'injonction, la guerre proprement dite commence. Des troupes de dix à vingt femmes se rendent à la porte de chaque cabaret et y chantent des cantiques, composés pour la circonstance, et vantant les avantages de la sobriété ; ces chants durent nuit et jour, la troupe se relevant d'heure en heure, exactement comme les postes d'une armée en campagne. D'abord le cabaretier ne fait que rire, mais il ne tarde pas à s'apercevoir que son établissement reste désert ; d'ailleurs, si quelque buveur déterminé force le blocus, son nom est publié le lendemain dans le journal de la localité, ou l'on fait connaître l'état dans lequel il laisse chez lui sa femme et ses enfants, tandis qu'il s'adonne à son vice ; quelques exemples de ce genre suffisent pour effrayer les plus intrépides ; alors le cabaretier se fâche, mais que faire contre de faibles femmes ? — Employer la violence serait joindre l'odieux au ridicule ; ils se résignent donc l'un après l'autre, et plus d'un prenant gaîment son parti de sa défaite finit par amener au milieu de la rue tonneaux et flacons dont il fait résolûment le sacrifice en l'honneur de sa conversion aux saines doctrines de la tempérance. Ajoutons que l'association féminine indemnise généreusement ses victimes, pourvu qu'elles renoncent à leur métier.

Commencée il y a quelques semaines à peine, la *guerre au whiskey*, comme on l'appelle, a déjà eu pour résultat de faire disparaître jusqu'au dernier cabaret dans tout l'Ohio méridional, c'est-à-dire dans un territoire grand à peu près comme la France entière ; l'exemple des femmes de l'Ohio n'a du reste pas tardé à être suivi ; de toutes parts, les sociétés s'organisent, la seule nouvelle de l'organisation d'un comité dans une ville suffit pour que les débits de boissons s'y ferment spontanément, et l'on assure que le congrès des Etats-Unis étudie déjà les moyens de remplacer le produit de l'impôt sur les spiritueux, qui ne tardera pas à disparaître entièrement, au grand profit du travail national.

Un café-concert à San Francisco
3 OCTOBRE 1874

San Francisco est peuplé de deux cent mille habitants, parmi lesquels que d'aventuriers venus de tous les coins du monde ! Pour une semblable macédoine de pionniers, de mineurs et de spéculateurs et chevaliers d'industrie, les genres de plaisirs ne peuvent être ni bien choisis ni bien relevés. Aussi de tous les lieux de réunion, le petit théâtre grossièrement installé sur quelques tréteaux, est-il le plus fréquenté. On s'y installe trop à son aise, comme on peut et comme on veut, dans une tenue aussi américaine que possible ; on s'y dispute, à coups de revolver, au besoin... on y acclame bruyamment les fantastiques écarts de quel-

MŒURS AMÉRICAINES. — La guerre au whiskey dans l'Ohio. — Les emmes chantant des cantiques à la porte d'un cabaretier pour l'obliger à fermer boutique.

ÉTATS-UNIS. — Un café-concert a San Francisco.

ÉTATS-UNIS D'AMÉRIQUE. — Congrès féminin tenu a Boston et ayant pour objet la réforme des modes.

ques danseuses parfois jolies, jamais sauvages, qui se démènent pour la gigue nationale ou se déhanchent pour le cancan, toujours chaudement accueilli en Amérique comme la danse française par excellence.

Les modes dans le nouveau monde
4 JUILLET 1874

Les lauriers de Sardou exaltant les vertus de sainte Mousseline auraient-ils troublé les nuits de ces dames de Boston ? Voilà qu'elles parlent de renoncer à la soie, à ses voluptueux froufrous, aux jupes doubles ou triples, aux fourrures, aux dentelles, aux passementeries, pour adopter les modestes lainages, voire même les simples cotonnades. Un vent de réforme somptuaire a soufflé sur la population féminine de l'Union. Des meetings ont eu lieu, meetings à huis clos d'où ces messieurs étaient soigneusement exclus, mais, cela va sans dire, où quelques-uns ont pu pénétrer pour croquer les profils, les poses et les minauderies des agitatrices aussi charmantes que peu convaincues, des quakeresses aussi laides que féroces de conviction. Au profond désappointement de ces indiscrets, on n'a pas opéré à Boston comme à San-Francisco. Au lieu de modèles vivants, soigneusement choisis et dans un appareil... enchanteur, on ne s'est servi que de vulgaires poupées pour démontrer les avantages à tous les points de vue, même celui de l'élégance, des innovations proposées... Quand nombre de *female speakers* se furent époumonnées, que la légion des vieilles délaissées eut longuement et bruyamment applaudi les propositions qui, dans leur pensée intime devaient amoindrir les avantages de leurs jeunes et jolies rivales, celles-ci ne promirent rien, si ce n'est de réfléchir. A nous de voir qui aura raison des charmes de sainte Cotonnade, préférant une sainte lecture biblique aux plus tentants atours, aux plus merveilleux chiffons, ou du diable servi par une légion de modistes parisiennes ?...

MINEURS, REVENANT D'UN MEETING.

UNE VENGEANCE,

Le Grand-Ouest américain
17 OCTOBRE 1874

Les territoires connus sous le nom de Far-West, Ouest-Lointain ou Grand-Ouest des Etats-Unis, s'étendent entre la chaîne des monts Alléghanys et celle des Andes. Forêts, prairies, savanes et marécages en occupent encore la plus grande étendue. Jadis, au temps de Fenimore Cooper, il y a un demi-siècle, le Far-West était occupé et parcouru par les tribus d'Indiens qui bataillaient entre elles, luttaient contre l'envahissement des blancs et traitaient d'égal à égal avec le président des Etats-Unis. Aujourd'hui, le campement d'Indiens a fait place à celui des caravanes de mineurs qui se rendent aux *placers* du Colorado, se réunissent en groupe sur les territoires miniers, se gouvernent par eux-mêmes, ont leurs temples et leurs bar-rooms, leurs journaux et leurs meetings. Il semble que succédant au Peau-Rouge, le blanc ait hérité des gouts et des passions vives de ses devanciers. Comme eux, il se livre avec passion à la chasse des buffles, chasse dangereuse, aux incidents dramatiques parfois, qui non-seulement répond au besoin de mouvement et de danger que recherche l'aventurier, mais surtout pourvoit le campement des vivres qui lui sont nécessaires. Comme eux aussi le coup de couteau ou la balle de fusil terminent trop souvent la querelle de jeu, la soirée d'ivresse, ou satisfont un désir de vengeance longtemps dissimulé.

Monument commémoratif du centième anniversaire de l'Indépendance des Etats-Unis
9 OCTOBRE 1875

A l'occasion du centième anniversaire de l'indépendance des Etats-Unis, une grande idée a surgi, et nous sommes heureux d'en donner la primeur à nos lecteurs.

Un groupe d'amis de l'Amérique, connu et apprécié aux Etats-Unis et en France, a conçu la pensée d'associer les deux peuples dans une commune manifestation d'amitié.

Il s'agit d'élever, à l'occasion du glorieux anniversaire, un monument exceptionnel. Au milieu de la rade de New-York, sur un îlot qui appartient à l'union des Etats, en face de Long-Island, où fut versé le premier sang pour l'indépendance, se dressera une statue colossale, se dessinant sur l'espace, encadrée à l'horizon par les grandes cités américaines de New-York, Jersey-City et Brooklyn. Au seuil de ce vaste continent, plein d'une vie nouvelle, où arrivent tous les navires de l'univers, elle surgira du sein des flots; elle représentera : « La Liberté éclairant le Monde. » La nuit, une auréole lumineuse, partant de son front, rayonnera au loin sur la mer immense.

Le monument doit être exécuté en commun par les deux peuples, associés dans cette union fraternelle comme ils le furent jadis pour fonder l'indépendance.

La statue, dont le modèle a été adopté, est l'œuvre de M. Bartholdi. D'une main elle porte haut le flambeau de la liberté, de l'autre elle serre contre elle les tables de la loi et foule aux pieds la chaîne brisée de l'esclavage. Cette statue, haute de 25 mètres, sera en cuivre repoussé ; le piédestal aura environ 25 mètres.

L'emplacement est admirablement choisi pour une œuvre colossale de ce genre ; les Etats-Unis devront ainsi à la France la plus grande statue qui ait jamais été faite.

Cette œuvre éminemment patriotique appelle l'intérêt de tous ceux qui veulent que la France tienne le premier rang dans les souvenirs et l'affection des Etats-Unis.

Nos villes, nos sociétés, nos établissements de tous genres tiendront à honneur de figurer sur les listes envoyées en Amérique.

Nous sommes heureux de contribuer à faire connaître cette grande entreprise, bien digne du génie de la France et des traditions de son passé.

PROJET DE MONUMENT COMMÉMORATIF A ÉLEVER A L'ENTRÉE DE LA BAIE DE NEW-YORK, A L'OCCASION DU CENTENAIRE DE L'INDÉPENDANCE DES ÉTATS-UNIS.
D'après le dessin original de M. Bartholdi, statuaire.

NOTES SUR LES ÉTATS-UNIS

Notes sur les États-Unis. — Vue du mont Holyoke sur la rivière Connecticut (Massachusetts).

NOTES SUR LES ÉTATS-UNIS

13 MAI 1876

COMMENT ON MANGE

Dans les hôtels où nous sommes, la table est toujours servie, depuis cinq heures du matin jusqu'à minuit. Vous pouvez faire par jour cinq repas, demander tout ce qu'il y a sur la carte, et vous n'en payez pas plus cher.

De cinq heures à midi, c'est le déjeuner; de midi à deux heures, le lunch ou goûter; de deux heures à sept heures, le dîner; de sept à neuf, le thé; de neuf à minuit, le souper. Tout cela est calculé, servi dans un mode prévu, avec des formes consacrées, dans des salles spéciales, et il ne faudrait pas, comme le font quelques Français prépotents qui viennent s'égarer dans ces caravansérails, lesquels ne sont pas faits pour eux, demander qu'il y fût changé quelque chose. On ne vous répondrait même pas, et l'on vous regarderait comme un homme ignorant des bonnes manières et des usages établis.

Il faut manger et avoir faim de telle façon, de telle à telle heure, et personne n'oserait faire autrement.

Un jour, nous arrivons à l'hôtel à midi, affamés. Nous venions d'Europe, et le steamer avait jeté l'ancre le matin. Tout entier à ses malles et aux préoccupations du débarquement, chacun s'était empressé de descendre. Quelques-uns, mieux avisés, avaient pris à la hâte un peu de café.

En arrivant à l'hôtel on demande tout d'abord à déjeuner.

Messieurs, dit le garçon, midi vient de sonner, l'heure du déjeuner est passée; mais on va servir le lunch; si vous voulez attendre un moment, vous serez les premiers servis.

— C'est bien de lunch qu'il s'agit, du thé et des sandwiches, merci, dit un Français; nous voulons déjeuner.

— Pas possible, l'heure est passée, la règle de la maison est qu'on serve le lunch.

Et le Français de maugréer, et de s'en aller déjeuner ailleurs, dans un hôtel à l'européenne, tandis que les Américains qui étaient là ne soufflaient mot, et cependant ils étaient chez eux. Ils étaient chez eux, c'est vrai; mais ils acceptent partout aux Etats-Unis, sans un mot de plainte, les règles établies, n'ouvrent jamais la bouche sur quoi que ce soit. On me dit qu'il n'en est pas ainsi ailleurs, et que, lorsqu'ils ont quitté l'Amérique, ils font bien aussi leurs petites scènes. Il faut le croire, car ils seraient parfaits autrement.

Voyez ce monsieur attablé seul, le nègre à ses côtés, qui lui demande s'il veut encore quelque chose. Il a bien une douzaine de plats devant lui, et le verre d'eau glacée, et le *pitcher* ou vase d'eau fraîche, et tout un petit laboratoire portatif pour pimenter, poivrer, assaisonner ses plats, préparer des sauces brûlantes. Il lit premièrement le journal, et va tout à l'heure, en continant à lire, avaler tout en même temps, en un clin d'œil, dans la même assiette, ou piquant de ci de là de la fourchette et du couteau.

Pas de nappe, pas de serviette, pas de vin. Le matin ces choses sont inconnues et n'apparaissent qu'au dîner. On vous servira du thé, du café, du lait, voilà tout.

Un plat de rigueur est le maïs national, cuit à l'eau. On mordille l'épi à belles dents, en le tenant à la main. Voyez ce couple qui ne se gêne guère pour vous donner une leçon sur cette façon de manger. Le maïs, le blé indien, *Indian corn*, comme l'appellent les Yankees, est indigène de l'Amérique du Nord, et courir à l'automne ou au printemps, au lever du soleil, dans les champs de maïs, prendre un épi sur la tige, blanc, laiteux, et y mordre, c'est un vrai régal de gourmet.

Quelle est cette salle tout éclairée, ornée de glaces, de lustres, de tentures soyeuses, pleine de monde, les dames en toilette de bal, décolletées, des fleurs dans les cheveux? C'est la salle à manger, la table d'hôte. Le nègre vous appelle et vous indique une place. Cette fois, vous pourrez boire du vin et vous aurez une serviette. Le champagne est le vin qu'on préfère. On le paye, à part, 30 francs la bouteille, quand la dépense à l'hôtel n'est que de 25 francs par jour, tout compris. Le suprême bon ton est de ne boire au dîner que de l'eau glacée en toute saison, même en plein hiver.

Le repas est pantagruélique, tout est sur la carte : dix potages, cinquante entrées, dix rôtis, vingt entremets sucrés, trente desserts. On vous donnera tout si vous voulez, mais tout à la fois autant que possible, pour changer d'assiette le moins souvent. Tout cela est froid, mal présenté. L'étranger reste écœuré. S'il me dit qu'il sort de table avec la faim, je n'en serai point étonné; mais le Yankee est triomphant. Selon lui, on ne mange pas aussi bien à Paris, même au café Anglais ou à la Maison-d'Or.

Après dîner, tout le monde se promène dans les couloirs et les salons de l'hôtel, somptueusement illuminés, partout ornés de tapis moelleux. C'est une fête de parvenus; c'est la foire à la vanité dans son étalage le plus cru et le plus naïf.

Le capitaine BÉRARD.

LE DÉJEUNER A L HOTEL.

LE MAÏS NATIONAL.

Notes sur les Etats-Unis. — LA SALLE A MANGER D'UN HÔTEL : LE DÎNER.

Notes sur les Etats-Unis. — UNE CARAVANE D'ÉMIGRANTS TRAVERSANT LES MONTAGNES ROCHEUSES.

Notes sur les États-Unis
20 MAI 1876

COMMENT ON BOIT

Nous avons vu comment on mange en Amérique, voulez-vous savoir comment on boit?

A dîner, on ne boit généralement que de l'eau glacée, et de l'eau glacée en toute saison, nous l'avons dit. Si l'on veut faire fête à un ami, on lui fait boire du champagne. Au déjeuner le thé, le café, le lait apparaissent, et c'est la coutume anglaise; mais tout cela ne s'appelle point boire.

Le *drink* se prend au *bar-room*, à la buvette, devant le comptoir. Un échanson habile et diligent mêle la glace en menus morceaux à des liqueurs fermentées, au rhum, au cognac, au *whisky* ou eau-de-vie de maïs, au *sherry* ou vin de Xérès, au *port* ou vin de Porto; il ajoute à cela une tranche de citron, un peu de sucre, une feuille de menthe, d'autres ingrédients, fait passer prestement la boisson d'un gobelet de métal dans un autre, à grande distance et sans en perdre une seule goutte, puis la verse dans votre verre, en vous offrant une paille au besoin. Paris connaît depuis quelque temps cette façon délicieuse de pomper la boisson avec un chalumeau en comprimant les lèvres; mais le vrai buveur yankee n'use guère de cette paille et boit debout et vite.

Toutes sortes de mélanges sont en faveur: les *sherry-cobblers*, les *portwine-sangries*, les *cocktails*, les *mint-juleps*, les punchs au *claret* ou vin de Bordeaux, les punchs au champagne, au rhum, au *brandy* (c'est ainsi qu'on nomme le cognac).

Si tous ces vins, si toutes ces liqueurs étaient naturels, tout irait bien; mais le plus souvent ce sont d'affreux mélanges, artificiellement fabriqués, et qui provoquent immédiatement l'ivresse pour ne pas dire l'empoisonnement.

A New-York, des commerçants éhontés imitent les bouteilles, les bouchons, les étiquettes, la marque des négociants en vins les plus renommés de France, et toutes ces falsifications se vendent au prix de la marchandise vraie et légitime. On vole, on empoisonne son prochain; mais on réalise de très-gros bénéfices. Le public hausse les épaules et donne volontiers raison au voleur : c'est un *smart*, un homme habile et qui sait gagner de l'argent.

Will you take a drink, voulez-vous prendre un verre? Il ne faut pas répondre non, ce serait de l'impolitesse. Il y a ainsi des Américains qui boivent toute la journée, depuis l'heure précise où ils se lèvent jusqu'au moment où ils se couchent. Il n'est pas rare de rencontrer plus d'une personne honorable rentrant chez elle battant les murs.

On cite des hommes capables de quatre bouteilles dans leur journée. Quand on dit de quelqu'un : *A four bottle man*, c'est le plus bel éloge qu'on en puisse faire.

Il y a des *bars* ou buvettes partout, dans tous les hôtels, sur tous les bateaux à vapeur, dans toutes les gares de chemins de fer, à chaque coin de rue, dans les plus petites villes. On n'en a pas encore établi dans les églises, mais cela viendra. Et l'on boit, et l'on boit toujours. La fin de tout cela c'est le *delirium tremens*, le tremblement général des membres, la folie, l'épilepsie, la vieillesse précoce, l'hébétement du cerveau, le foudroiement par les insolations, qui fait ici tant de victimes. Et rien n'y fait, ni les prédications religieuses, ni les croisades féminines, ni les sociétés de tempérance, ni l'intervention de la loi, ni les asiles pour les ivrognes, tous ces moyens par lesquels on a essayé de parer au mal toujours grandissant et qui n'ont guère corrigé que quelques individus isolés.

La tentation est si grande et si habilement présentée! Le climat est très-sec, il faut boire. Dans tous les *bars* une galette, un morceau de chester sont gratuitement offerts à chacun, cela altère encore davantage. Il y a même des endroits où l'on vous donne pour rien tout un goûter, à condition que vous preniez un petit verre à la fin. Le petit verre se paye de 25 à 50 *cents* (le *cent* vaut à peu près un de nos sous); le patron se rattrape là-dessus. La salle est décorée de glaces, de tableaux, d'affiches de théâtre; elle est fraîche en été, chaude en hiver; on peut s'y asseoir, y fumer, causer, jouer aux cartes, lire un journal : c'est tout ce que demande l'Américain.

Dans quelques quartiers mal famés les *bars* sont de véritables coupe-gorge, et ce qu'il y a de mieux à faire, c'est de ne jamais y entrer. Ce qui serait mieux encore, ce serait qu'une pression de l'opinion publique arrivât un jour à faire fermer tous les *bars* sur toute l'étendue des Etats-Unis; mais ce jour ne luira jamais.

***

LA BOUTIQUE DU BARBIER

On peut dire que la boutique du barbier, aux Etats-Unis, fait partie des institutions nationales. On la retrouve partout, jusque dans les centres d'habitation les plus modestes, et on la reconnaît à un gros piquet fiché en terre sur le trottoir et peint des mêmes bandes tricolores qui se retrouvent sur le drapeau français.

Les archéologues de l'Union prétendent que le blanc indique ici la mousse de savon, le bleu le sang

Notes sur les États-Unis. — Le *bar-room* ou la buvette.

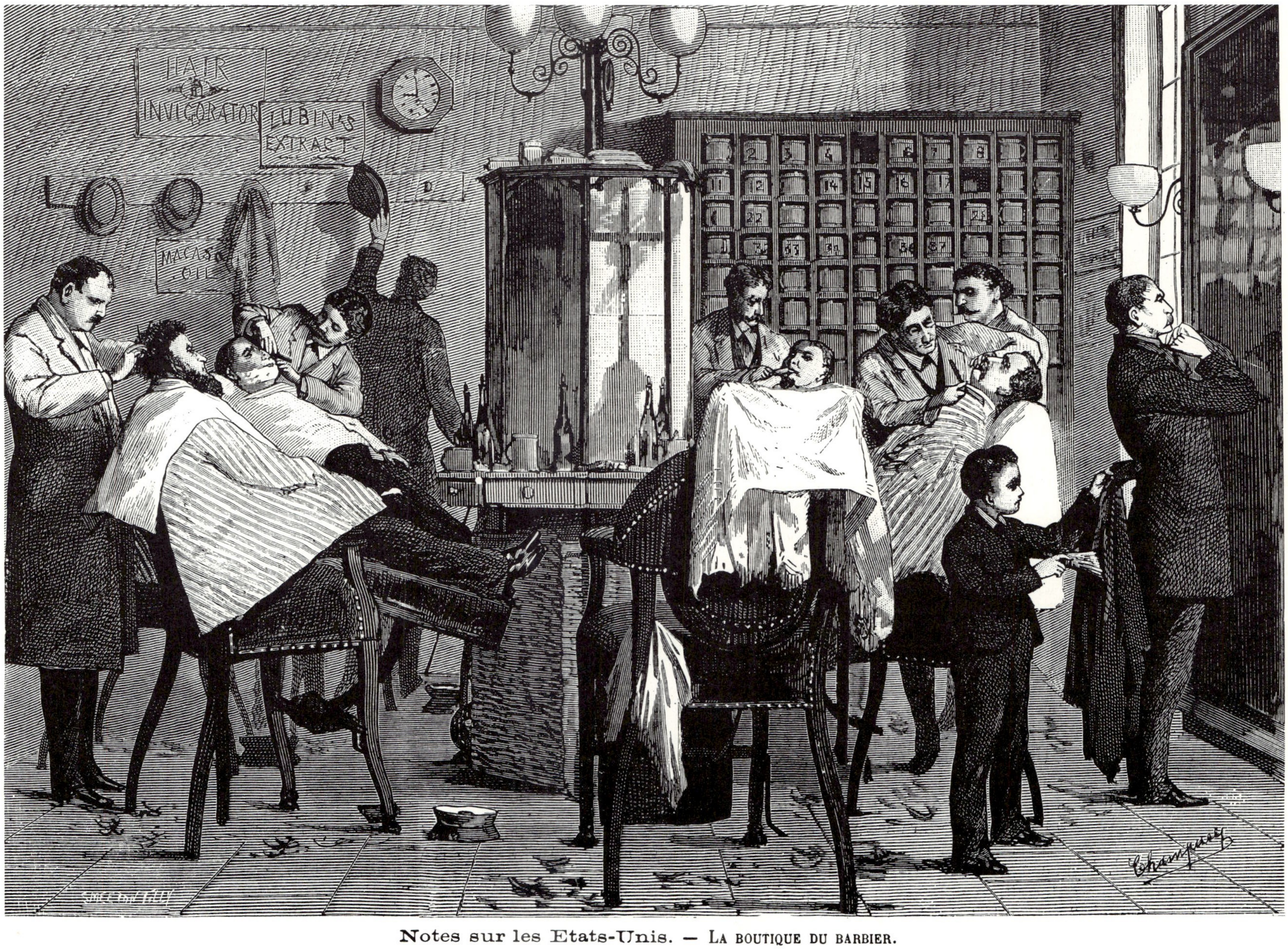

Notes sur les États-Unis. — La boutique du barbier.

des veines, *el sangre azul*, comme l'appellent les Hispano-Américains, le rouge enfin le sang qui jaillit sous la lancette, ou, si vous voulez, sous la coupure du rasoir, sinon le sang artériel; mais tranquillisez-vous, vous ne serez jamais coupé, les Américains sont les premiers barbiers du monde, ce sont eux du moins qui le disent.

Partout vous rencontrez un barbier, dans tous les hôtels, sur tous les bateaux à vapeur, même ceux qui traversent l'Atlantique. Le *barber-shop* comme le *bar-room* fait partie des choses indispensables au Yankee.

La boutique est élégante, on y trouve tous les parfums et des lavabos admirablement installés. On vous rase avec une surprenante légèreté de main, et avec des rasoirs dont le fil ferait pâlir ceux mêmes du célèbre Mappin, de Sheffield.

Les fauteuils sont des plus confortables, vous pouvez vous y étendre à l'aise et y prendre librement une de ces poses nonchalantes familières aux hommes de ce pays.

Toute une armée de *clerks* savonne, rase, peigne, taille, frise sous l'œil vigilant du patron et la boutique ne désemplit pas. Nous nous sommes servi d un mot peut-être irrévérencieux, nous aurions dû dire le salon ou même l'*étude*, comme dit le grand Galabert de Paris, l'illustre maître coiffeur qui a eu l'avantage d'être chanté par Balzac, et qui, du plus loin qu'il aperçoit quelqu'un entrer chez lui, lui décoche invariablement ce salut : « Monsieur mon client, votre serviteur! »

L'Amérique fourmille de Galaberts, si la France n'en possède qu'un, et leur *étude* est tenue avec non moins de soin que celle du célèbre Figaro parisien. Elle est munie de tout, de l'*invigorator* qui donne de la force aux cheveux et fait pousser une forêt touffue sur les têtes les plus chauves, de l'huile de Macassar qui donne à la chevelure le poli et l'ébène, de celle

LE SHAMPOOING CHEZ LE BARBIER.

de l'Hindou, de l'extrait de Lubin, fabriqué sur place et qui fait disparaître comme par enchantement le feu du rasoir. Rien n'est épargné, ni les parfums, ni les serviettes, pour la plus grande satisfaction du client et le plus grand bénéfice du patron.

Le *shampooing*, qu'on a essayé d'introduire à Paris, n'est bien pratiqué qu'ici. On vous savonne vigoureusement la tête, puis on vous la met sous un robinet et l'on vous donne une forte douche d'eau tiède d'abord, d'eau froide ensuite. Enveloppé d'un long peignoir, vous êtes comme un patient livré à l'homme qui vous traite, et dirige à la fin une pomme d'arrosoir d'eau glacée sur votre occiput. Vous sortez de là frais et immaculé, et bénissez l'inventeur du *shampooing*.

Croyez-vous que tout se borne là? Dans certaines maisons, on vous brosse la tête avec des rouleaux mis en jeu par un petit treuil. On ne s'arrêtera point en si bonne voie, et bientôt sans doute on rasera et coiffera à la vapeur.

Quand la toilette est finie, un *boy* empressé, gracieux, époussette vos habits et votre chapeau avec le petit balai traditionnel, et vous sortez de chez le Figaro américain rasé de frais, paré, pommadé, frisé, parfumé, pomponné, comme pour un premier rendez-vous.

J'oubliais de mentionner les lotions d'eau de Cologne aux tempes et au front, qui sont invariablement pratiquées dans tous les salons de coiffure. On facilite la dessication et l'évaporation de l'eau spiritueuse avec un tampon très-doux, et tout cela procure un bien-être inexprimable. Sur un pareil sujet on ne saurait tout dire. Le mieux est d'aller y voir. Les visiteurs français à l'exposition de Philadelphie (et il y en aura) feront bien de ne pas oublier dans leurs visites de rigueur la boutique du barbier américain.

LES GARES. — LES BUFFETS
5 AOÛT 1876

Ranger les gares américaines parmi les travaux d'art, c'est presque se permettre une plaisanterie. Alors qu'en Europe, en France surtout, on édifie volontiers des gares monumentales, les Américains affectent de ne donner à ce genre de constructions que des dimensions très-restreintes et un style des plus modestes. Le long des voies, les gares sont en bois. Celles de départ, même dans les grandes villes, on ne les fait pas de matériaux plus choisis. Cependant quelques gares, comme à Chicago, à Pittsburg, sont en pierre, et de style architectural; mais c'est l'exception. Ce qui est la règle, c'est que les gares sont accessibles en tout temps; y entre qui veut, et l'on a la faculté d'accompagner les voyageurs qui partent jusque sur les marchepieds, jusque dans l'intérieur des wagons. On n'en descend que lorsque le train se met en marche, ce qu'il fait très-lentement, et au son de l'énorme cloche que chaque locomotive porte avec elle.

Il est des villes, même des plus peuplées, que le chemin de fer traverse librement. La locomotive, les trains courent par les rues comme chez nous les voitures. C'est à chacun de se garer. Un écriteau en vue, juché au bout d'un poteau, porte ce simple avis: « *Look out for the locomotive*, faites attention à la locomotive. » On sait ce que cela veut dire. Il survient bien quelques désastres.

Pour l'alimentation des locomotives, on a établi le long des voies, sur les principales gares, des châteaux d'eau, des grues hydrauliques comme chez nous, et aussi, sur quelques lignes, telles que la *Pensylvania*, des rigoles ingénieusement imaginées. On les nomme *track-tanks*. Un réservoir longitudinal plein d'eau est disposé à la place que devrait occuper le ballast entre les deux rails parallèles. La locomotive puise sans s'arrêter dans ce réservoir au-dessous d'elle. Pour cela une poche s'abaisse, où l'eau est refoulée par la vitesse du train et portée dans la chaudière au moyen de la pompe d'injection.

Ne quittons pas ce qui a trait aux gares sans dire un mot des buffets.

Ils sont nombreux, assez bien fournis, pas trop chers, et l'on y est servi par d'accortes jeunes filles. On reconnaît les Irlandaises à ce qu'elles ont les bras nus.

En été, les jeunes Américaines, même de bonne famille, se louent aussi très-volontiers pour servir dans les buffets de chemins de fer et dans les hôtels des villes d eaux et des stations de montagnes. Il va sans dire qu'on ne leur donne aucun pourboire (le pourboire est d'ailleurs à peu près inconnu en Amérique), et qu'elles se contentent de leur salaire. Cela leur permet de faire un peu de villégiature et leur sert à aider de vieux parents, et quelquefois à continuer leurs études pendant l'hiver, ou encore à amasser une petite dot. Des jeunes gens se louent aussi de la sorte. On ne peut qu'applaudir à ces habitudes que le régime démocratique égalitaire des Etats-Unis explique et autorise à la fois.

Dans le Sud, ce ne sont plus de belles et avenantes jeunes filles, mais de joyeuses négresses qu'on rencontre le plus souvent dans les buffets de chemins de fer. Voyez celle-ci, sur son siége, agitant le *ponka* ou large éventail de toile suspendu au plafond. C'est pour chasser les mouches et vous donner un peu d'air frais.

Ne perdez pas votre temps avant d'aller vous asseoir à table. Vous pourriez trouver toutes les places prises et vous en aller sans dîner, car la cloche inexorable ne tardera pas à vous inviter à remonter en wagon.

LES WAGONS A VOYAGEURS
2 SEPTEMBRE 1876

Les wagons a voyageurs, sur tous les chemins de fer des Etats-Unis, ont la forme de longues caisses à huit roues, portées sur deux châssis indépendants, comme pour les locomotives. Cela permet de franchir aisément les courbes de petit rayon.

Il n'y a qu'une seule classe, l'égalité démocratique l'exige ainsi; mais on peut, pour son argent, se procurer beaucoup de confort, comme nous verrons tout à l'heure. Commençons par décrire le wagon ordinaire à voyageurs, le *passengers-car*, comme on le nomme.

La voiture a la forme d'une caisse allongée, d'une longueur totale de 15 mètres, y compris deux paliers extérieurs qui ont chacun 75 centimètres.

La hauteur intérieure maximum de la caisse est de 3 mètres entre le plancher et le plafond, qui est légèrement cintré; la largeur est aussi d'environ 3 mètres.

Une voiture de ce genre contient de quarante-huit à cinquante-six places. Les siéges sont disposés par paires de chaque côté du *car*; un couloir est ménagé au milieu. Chacun peut s'y promener librement.

Aux extrémités est un cabinet retiré, dont l'emploi se devine; une fontaine toujours remplie d'eau glacée été comme hiver, avec un verre pour boire; enfin un poêle chauffé par du charbon de terre qu'on allume par les temps froids.

Ce mode élémentaire de chauffage occasionne quelquefois de terribles incendies, et a fait songer à d'autres systèmes à la fois plus complets, plus scientifiques et moins dangereux, tels que le chauffage à air chaud ou à circulation d'eau chaude. On a imaginé aussi de mettre le foyer du poêle au-dessous du plancher de la voiture.

La plate-forme extérieure qui règne à l'avant et à l'arrière est protégée par une balustrade et un auvent. Là se tient le fumeur et le touriste ami du paysage; là sont aussi les garde-freins. On y est debout et l'on est fortement secoué. Par là, on peut passer d'une voiture à l'autre, pendant que le train est en marche, et les règlements n'y mettent pas obstacle.

Les siéges sont à claire-voie, ou plus généralement garnis de velours ou de peau. Ils peuvent basculer autour d'une charnière latérale, de sorte que l'on va en avant ou en arrière à volonté, et que, si l'on est trois ou quatre ensemble, on peut se mettre dans une sorte d'isolement relatif.

La voiture est bien ventilée et éclairée la nuit par des lampes à pétrole ou à gaz, ou bien par des bougies. Un globe de verre isole les lumières.

Dans le couloir circulent le conducteur qui contrôle les billets, un enfant qui apporte aux délicats qui ne veulent pas user de la fontaine commune de l'eau glacée dans des verres de cristal, un homme qui vend des journaux, des livres, du tabac, des fruits, des douceurs, tout ce qu'on veut.

Une corde qui traverse la partie supérieure du couloir de chaque *car*, portée sur des anneaux de fer, règne sur toute la longueur du train, et met chacun en communication instantanée avec le mécanicien en cas d'urgence.

Le maintien dans les *cars* est bon dans les Etats de l'Est. Dans l'Ouest, on use de beaucoup de sans-façon, on porte en route sa bouteille de whisky, et plus d'un que son habit ou ses bottes gênent, les enlève devant tout le monde. Ceci pour les wagons où il n'y a que des hommes. Dans les wagons réservés aux dames, et où les hommes qui les accompagnent peuvent entrer, on est beaucoup plus réservé et la tenue est correcte.

Les wagons à fumeurs sont intolérables. Non-seulement on y fume, mais on y boit, on y mâche du tabac, on y souille le parquet de toute manière : c'est pour un Européen une hideuse prison qu'il ne regarde que du dehors.

Une journée passée dans une des voitures que nous avons décrite n'est pas fatigante, parce que l'on peut aller et venir à son aise, se promener, admirer librement le pays, examiner en tous sens la voie. Le soir, la fatigue commence, car les siéges sur lesquels on est assis ne soutiennent ni les épaules ni la tête. C'est pourquoi on a imaginé les wagons-dortoirs, *Pullman's sleeping-cars*, du nom de l'Américain qui s'est principalement distingué dans l'invention et la fabrication de ce genre de voitures.

Qu'on se figure la voiture que nous avons décrite, mais beaucoup plus élégante dans ses formes architecturales, dans sa décoration extérieure et intérieure. Le soir, l'espace entre chaque double siége se trans-

Notes sur les États-Unis. — INTÉRIEUR D'UN WAGON ORDINAIRE A VOYAGEURS.

forme en une couchette, au moyen des dossiers mobiles qu'on enlève et qu'on rapproche horizontalement au niveau des deux places qui se font vis-à-vis. Sur cette couchette on étend un matelas, on jette dessus un drap, un traversin, un oreiller, des couvertures, et voilà un lit improvisé.

La couchette au-dessus est formée par la paroi latérale interne et supérieure du *car*, laquelle est mobile autour de deux charnières, et soutenue dans une position horizontale par deux petits câbles en fil de fer qui font fonction de haubans. On étend sur cette couchette, comme sur l'inférieure, la literie nécessaire. Un rideau, courant sur une tringle, isole les lits, qui rappellent un peu par leur disposition les cabines superposées des bateaux à vapeur, mais sont beaucoup plus larges.

Le couloir du milieu reste libre, et il est éclairé toute la nuit. Le matin, la literie disparaît; elle est remisée dans l'espace resté vide contre la paroi supérieure du *car*, à l'endroit où couchait le voyageur d'en haut.

Les compagnies de *sleeping-cars* sont indépendantes de la compagnie du *railroad* où elles font courir leurs voitures. Elles payent pour le parcours de celles-ci une somme de tant par mille, et réclament des voyageurs de un à deux dollars par nuit et par couchette. Ce prix est loin d'être exagéré, car le jour, le lit démoli, on garde sa place, et l'on occupe par conséquent deux siéges.

Il y a quelques compartiments entièrement séparés, à deux ou à quatre places, et quelquefois un salon fermé où une famille tout entière peut s'isoler.

Un nègre veille à la bonne tenue des *sleeping-cars*. Le matin, il bat les habits, cire les bottes, pendant que les voyageurs se rendent à un lavabo commun, ou ils trouvent tout ce qu'il faut pour la toilette, jusqu'à du savon et un peigne.

Non content de tout ce confort, que l'on est loin de rencontrer sur les chemins de fer européens, même avec les perfectionnements que l'on a récemment introduits, notamment en Angleterre, en Allemagne, en Suisse, le voyageur américain a demandé encore davantage. Alors sont venus les wagons-salons ou *parlor-cars*.

Ce sont des compartiments spéciaux, avec de grandes glaces aux fenêtres qui permettent d'embrasser d'un coup d'œil tout le pays traversé, et des fauteuils entièrement isolés, pivotant sur un axe vertical, de manière à ce que le voyageur puisse faire un tour d'horizon ou regarder du côté de la rose des vents qui lui plaît. Le chemin de fer Pensylvania, celui de l'Hudson, celui de l'Erié, se sont principalement distingués dans ce nouveau genre de confort. Ces wagons de luxe leur appartiennent, et le voyageur qui les prend ne paye qu'un léger supplément de prix, calculé suivant la distance parcourue et par suite le temps qu'il occupe son siége.

Des tabourets élégants sont à portée de chacun, des tapis moelleux recouvrent le parquet, un luxe exagéré règne dans ces *parlors*, et, si de temps en temps un Yankee qui mâche du tabac ne venait brutalement vous rappeler à la réalité, l'on se croirait au milieu d'un monde choisi, distingué, ce qui est par infortune l'exception dans cette bienheureuse Amérique.

Sur quelques parcours très-longs, par exemple, de New-York à San-Francisco, les Compagnies se sont ingéniées à faire encore davantage, et elles ont établi, à la suite des trains, de véritables restaurants roulants. Une cuisine, une dépense, sont attachées à l'arrière des wagons de luxe. On vous sert à déjeuner, à dîner, à votre heure, sur une carte dressée chaque jour. On peut ainsi faire le trajet d'une semaine entre New-York et San-Francisco sans même descendre de voiture.

Notes sur les États-Unis. — INTÉRIEUR D'UN WAGON ORDINAIRE A VOYAGEURS.

Faut-il maintenant dire un mot des bagages, cet éternel souci du voyageur en route, souci que l'Américain rend le plus léger possible en emportant le moins de bagage qu'il peut? Plus d'un se contente de son *duster*, le long paletot de coutil, que l'on jette sur son habit pour se préserver de la poussière souvent trop abondante sur les chemins américains. Mais les dames ne se contentent pas de cet accoutrement, qui vous donne un air si étrange; elles emportent beaucoup, beaucoup de malles, surtout quand elles vont à Saratoga, à Newport, à Long-Branch. Les Compagnies sont généreuses, ne pèsent pas les bagages, les prennent tous pour rien. On passe à la courroie de votre malle une rondelle ou jéton de cuivre qui porte un numéro d'ordre, le nom de la ligne que vous prenez et le lieu de destination. On vous donne une rondelle pareille, et autant de rondelles que vous avez de colis. On dit alors que votre bagage est *chéqué*, car ces rondelles s'appellent des *chèques*.

Vers le moment de l'arrivée, un homme monte dans le train, vous demande vos chèques; vous les lui remettez. Il vous rend en échange un petit papier détaché d'un registre à souche. Sur ce papier est indiqué le nombre et le numéro de vos colis. Vous payez en retour autant de fois 25 *cents* (1 fr. 25) que vous avez de pièces. Si vous désirez une place d'omnibus pour descendre dans un hôtel ou chez vous, le même agent vous la fournit.

Peu après votre arrivée à l'hôtel ou à domicile, vos bagages vous sont remis. Pas une minute d'attente, pas d'ennui d'aucune sorte, pas de pourboire à donner à personne. Si un bagage se perd ou suit une fausse direction, on met le télégraphe en jeu, on le retrouve vite.

Nous avons déjà dit cela à propos de notre tournée au Canada, où nous avons même dessiné un wagon à bagages, pour montrer les facilités qu'ont les voyageurs à la frontière, soit pour faire visiter leurs malles dans les wagons mêmes, soit pour y chercher ce dont ils ont besoin.

En somme, beaucoup de confort, grande simplicité et netteté en tout, et le moins d'entraves possibles pour les voyageurs, car les chemins de fer sont faits pour eux, voilà ce que l'étranger impartial est forcé de reconnaître dans tous les *railroads* américains.

Le capitaine Bérard.

États-Unis : la guerre des Sioux

4 NOVEMBRE 1876

Si la civilisation américaine repousse sans cesse devant elle ce qui reste des anciennes tribus indiennes, ce n'est pas toujours par la force, mais plus souvent aujourd'hui par des traités librement acceptés.

C'est ainsi qu'en 1865 et en 1868, les Sioux consentirent à l'abandon de leurs incursions sur les territoires cultivés moyennant des prestations de vivres allouées à époques fixes et la possession exclusive et paisible, d'un territoire connu sous le nom de Colline-Noire, à l'extrême ouest de la contrée appelée par les Américains le Far-West.

Au lieu de remplir honnêtement les stipulations convenues, les employés de l'Etat, représentant des créatures du président Grant, affirment les journaux démocrates, jugèrent plus profitable d'enivrer les Sioux afin de mieux les voler sur la qualité comme sur la quantité des vivres à leur fournir.

Tout sauvages qu'ils sont, les Sioux voulurent en appeler à la justice du gouvernement de Washington. Une commission écouta leurs plaintes et même les trouva justes, mais les agents du pouvoir n'en continuèrent pas moins à tromper les malheureux, pendant que des bandes d'aventuriers envahirent leurs terres de la Colline-Noire, sous prétexte d'y rechercher des mines.

C'est alors que poussés à bout par la mauvaise foi des blancs, les Sioux surprirent, massacrèrent et scalpèrent pendant une nuit de mai dernier un détachement de cavalerie.

Un ou deux individus avaient pu s'échapper pour venir annoncer le désastre.

Sans perdre de temps, le gouvernement américain donna au général Crook mission de poursuivre et d'exterminer la tribu meurtrière.

Quand ils partent pour une expédition de ce genre, les Américains se font généralement accompagner d'un certain nombre d'Indiens alliés, mieux au fait que leurs soldats des habitudes et des ruses guerrières de l'ennemi. Ces Indiens servent d'éclaireurs et de vedettes.

Cent cinquante Indiens de la tribu des Corbeaux, sous la conduite de leur chef, la Blanche-Fleur, vénérable guerrier que l'on croit centenaire, se réunirent au camp américain, et quand la Blanche-Fleur leur eut expliqué le mécanisme du *Snider*, chacun vint recevoir une arme et des munitions en jurant de rester fidèle aux Américains. Mais avant de commencer les hostilités, le vieux chef alla vers les Sioux.

Il s'avança seul à cheval, leur fit, en levant les bras, signe qu'il venait en parlementaire, et les engagea à se soumettre et à rendre les armes enlevées aux troupes massacrées.

C'est à la suite du refus des Sioux, peu confiants dans la parole si souvent trompeuse des blancs, que la petite armée américaine, accompagnée des Corbeaux, se mit en marche, laissa derrière elle ses équipages, traversa à gué l'anse de l'Oie, et le 16 juin infligea aux Indiens révoltés une sanglante défaite à la bataille de Rosebud. Après cette première affaire et la remise de leurs armes par les Corbeaux, dont les chants de guerre des Sioux avaient ébranlé la fidélité, mais qui avaient été rappelés au devoir par les sages paroles de *Blanche-Fleur*, les Américains firent à leurs ennemis une guerre d'extermination, brûlant et dévastant leurs villages, détruisant leurs réserves de vivres, si bien que traqués sans trêve ni repos, les Sioux périrent en grand nombre.

On peut désormais considérer leur tribu comme anéantie.

ÉTATS-UNIS : LA GUERRE DES SIOUX

Le chef de la tribu des Corbeaux sommant les Sioux de rendre les armes du gouvernement.

Distribution d'armes et de munitions faite dans le camp du général Crook aux Indiens alliés des États-Unis.

LA STATUE DE LA LIBERTÉ A NEW-YORK. — LA FIN DU MONTAGE

LA STATUE DE LA LIBERTÉ
A NEW-YORK
23 OCTOBRE 1886

L'inauguration de la statue de la Liberté, par M. Bartholdi, doit avoir lieu à New-York le 28 octobre. Le dernier courrier des Etats-Unis nous apporte à ce sujet le curieux dessin reproduit à notre première page et représentant le montage des dernières plaques de cuivre restant à poser pour terminer la tête et le bras droit du colosse. Assis sur d'étroites sellettes suspendues à des cordages, les ouvriers employés à ce travail ont, par rapport à la statue, la proportion de fourmis humaines et évoquent inévitablement l'image des Lilliputiens essayant d'enchaîner Gulliver. Rappelons, à ce propos, que la torche surmontant la main droite sera élevée de cent dix mètres au-dessus du niveau des eaux qui entourent la base du monument.

Un de nos collaborateurs est parti pour assister à la cérémonie d'inauguration, pour laquelle il n'a pas été fait moins de dix mille invitations et qui paraît devoir se passer avec tout l'éclat et toute la cordialité désirables, en dépit de certaines difficultés aujourd'hui aplanies.

Le congrès des Etats-Unis a voté un crédit spécial pour cette fête, mais, détail typique, en y mettant pour condition expresse que pas un dollar de cet argent ne serait employé à l'achat de cigares ni de spiritueux. Le journal américain, auquel nous empruntons ce renseignement, ajoute gravement que les invités n'ont rien à craindre de cette restriction et que, grâce à l'initiative privée, qui fera bien les choses, ils pourront fumer et se *rafraîchir* à discrétion.

L'ÉLEVAGE DU BÉTAIL EN AMÉRIQUE

25 AOÛT 1888

Il arrive à Paris, à l époque des grandes foires urbaines ou suburbaines, d'étranges caravanes de

La demeure d'un Cowboy.

« blancs » et de « Peaux-Rouges sang mêlé » sur des chevaux amaigris; ils choisissent, sur une place quelconque, un vaste espace pour y établir leur tente; d'immenses affiches polychromes, de style américain, sont collées aux murs du voisinage et annoncent, avec force points d'exclamation, de curieuses révélations sur la vie dans le *Far-West.* Tout récemment, à la foire de Neuilly, nous avons vu s'installer ces étranges industriels. Ils ont su même intéresser l'attention publique, par l'enlèvement, en Angleterre, d'une jeune fille romanesque, que sa mère est venue réclamer. Puis, un jour, ils sont montés sur leurs haridelles. Leur cortège a été aperçu le long des grands boulevards où d'innombrables gamins le suivaient.

C'était, ce cortège, un mélange extravagant de races. Une jeune *Yankee*, aux cheveux blonds, vêtue d'une immense robe rouge, ancienne déjà, venait en tête, derrière un carosse démodé, dont les roues furent autrefois dorées. Puis des cavaliers pseudo-mexicains suivaient. Au milieu de la cavalcade, sur un cheval plus vigoureux que les autres, caracolait le capitaine de la troupe : un homme d'environ quarante ans, de haute taille, à la figure glabre, osseuse et longue, qui présentait les caractères énergiques de la race indienne.

Pour ceux qui sont demeurés sous l'impression des héroïques récits de Fenimore Cooper, de Mayne-Reed, de Gabriel Ferry et de tant d'autres, ce spectacle était certes déconcertant. Etaient-ce là, en effet, les héritiers des Sioux, des Apaches et des Comanches, de ces Indiens audacieux et taciturnes, qui suivaient, jadis, si glorieusement les « sentiers de la guerre » et qui, le soir, près de leurs skaws endormies, fumaient en cercle le « calumet de la paix? » Etaient-ce les descendants de ces preux Américains qui, réduits aujourd'hui à un héroïsme d'opéra-comique, se livraient, en pleine foire de Neuilly, à des exercices acrobatiques? Hélas! plus d'un, comme moi, se remémorant les beaux récits qu'il lisait passionnément autrefois, aura eu d'amères réflexions en voyant défiler, sur les boulevards, ce cortège hétéroclite d'Indiens et de saltimbanques. Mais que seraient ces réflexions, s'il savait le métier que font maintenant ces Indiens déchus, dans leurs immenses prairies nationales? Et, d'abord, a-t-il quelque notion réelle de la vie économique en Amérique? Il y a lieu de supposer, au contraire, que, chez nous, l'opinion publique en est demeurée un peu aux récits fabuleux.

On ne se doute généralement pas que le temps est passé où d'immenses territoires étaient sans propriétaire, et où l'on pouvait presque librement s'installer quelque part et y cultiver un sol qui désormais vous appartenait. Ces territoires sont maintenant en de bonnes mains. Les prix des terrains vierges qui,

En campagne : La levée du camp des Cowboys.

lorsqu'ils étaient concédés par l'Etat, coûtaient un dollar et quart six francs vingt-cinq centimes) les douze mille mètres carrés, coûtent maintenant près de quinze fois plus cher. On pense, non moins généralement, que la plupart des colons américains cultivent leurs propres biens. C'est une autre erreur. Sur sept millions sept cent mille personnes qui, en 1880, s'adonnaient à la culture dans les Etats-Unis d'Amérique, trois millions seulement possédaient le sol sur lequel elles étaient installées. Les autres, s'élevant au chiffre de près de cinq millions, étaient fermiers à bail ou ouvriers. Ce n'est pas tout. Les vastes territoires libres de l'ouest et du sud des Etats-Unis ont attiré l'attention de divers membres de l'aristocratie anglaise et ceux-ci possèdent aujourd'hui, dans cette region, soixante mille kilomètres carrés de terrains. Naturellement, en leur qualité d'étrangers, ces landlords qui ne résident pas en Amérique, ne prennent aucune part aux charges des citoyens des Etats-Unis...

C'est dans cette région, indûment appelée le « désert américain » et qui s'étend dès le 99e degré de longitude ouest du méridien de Greenwitch, entre la frontière du Canada et celle du Mexique, que se trouvent le « rauchman », c'est-à-dire l'éleveur de bestiaux, et son collaborateur le *Cowboy*, c'est-à-dire en français, littéralement, le garçon à vache ou gardien de troupeau. Cette région, parsemée de bouquets d'arbres et coupée d'abondantes rivières, est particulièrement favorable à l'élève du bétail. Aussi d'innombrables troupeaux comptant de mille à cinq mille têtes à cornes, y paissent-ils durant toute l'année. Là, dans des constructions appelées *Cattle-ranges* et formées d'arbres décortiqués, mais à peine ébranchés, vit la population flottante et quasi-sauvage des *Cowboys.* Le soin des troupeaux incombe à ceux-ci durant six mois de l'année. Ils commencent à s'en occuper dès l'apparition de l'herbe nouvelle, au printemps, c'est-à-dire suivant la latitude, entre les mois de mars et de mai. Leur fonction la plus importante est celle du marquage au feu des jeunes bêtes et, en général, de toutes les bêtes qui, dans le troupeau confié à leurs soins, ne seraient pas marquées au chiffre du propriétaire. Mais cette opération ne laisse pas que d'être compliquée. L'habitude contractée par le bétail d'errer en liberté l'a rendu sauvage et il faut, pour s'en emparer, lui faire une véritable chasse. Pour cette chasse les *Cowboys* qui sont, d'ailleurs, constamment à cheval, se servent du *lasso*, cette arme fameuse que les récits, dont nous parlions tout à l'heure, ont popularisée. Le *lasso*, on le sait, se compose d'une longue lanière de cuir, dont une extrémité est enroulée autour du bras du chasseur,et dont l'autre extrémité, dédoublée et terminée par deux petites boules en plomb, doit, lancée avec adresse, s'enrouler autour du cou ou de l'un des membres de l'animal que l'on veut saisir.

Le *Cowboy*, après avoir lancé son *lasso* qui, généralement, s'enroule autour du cou de la bête qu'il poursuit, arrête brusquement son cheval ; à moitié étranglé par la lanière, le pauvre bœuf ainsi captivé, tombe sur le flanc. Le *Cowboy* s'approche alors. Il exa-

Le lasso.

Le marquage du bétail.

Cowboy s'approchant d'une bête prise au lasso, pour voir si elle est marquée.

mine le pelage du bœuf. Si celui-ci porte déjà la marque du propriétaire, on le délivre du lasso et on lui rend la liberté. Sinon, les compagnons du *Cowboy* arrivent avec une forge portative où des fers sont constamment tenus chauds ; on applique un de ces fers pendant une ou deux secondes sur le flanc de l'animal, après quoi, on le rend à son pâturage. Parfois, aussi, les bestiaux sont chassés en troupeau dans une vaste enceinte formée de planches et terminée par un étroit couloir où ils ne peuvent passer que les uns derrière les autres. Sur un point quelconque de ce couloir, les bœufs sont mis dans l'impossibilité d'avancer ou de reculer. On les examine alors et on marque ceux qui n'ont pas encore reçu le chiffre de leur propriétaire.

Presque tous ces troupeaux sont destinés à l'exportation. Comme ils se trouvent quelquefois à une grande distance de la gare ou du port les plus voisins, ceux qui sont désignés partent aussitôt après qu'ils ont brouté la première pousse de l'herbe. C'est là une autre fonction, non moins importante que la première, des *Cowboys* qui quittent leurs habitations en bois et qui, durant plusieurs mois quelquefois, conduisent leur troupeau à la gare ou au port d'embarquement. Leur petite troupe ne se compose guère que d'une douzaine d'individus, commandés par un « foreman » ; un cuisinier, qui est en même temps le cocher du véhicule contenant leurs approvisionnements de voyage, les accompagne.

Cowboys examinant la marque d'une bête prise au lasso.

Prise au lasso !

Le « foreman » conduit le troupeau, recherche les bons pâturages, choisit les campements où la petite troupe doit passer la nuit. Il veille aussi à ce que le bétail n'engraisse pas en route et qu'il ne devienne pas inapte à fournir les étapes réglementaires. Ce n'est qu'en s'approchant du lieu de destination qu'on donne licence à ces bêtes de manger à discrétion. En temps ordinaire, l'étape n'est que de treize kilomètres ; parfois on la porte presque au double, soit à vingt-quatre kilomètres.

La nuit, tandis que bêtes et *cowboys* dorment, quelques-uns de ceux-ci veillent sur le troupeau, jusqu'au moment où le « foreman » donne, au point du jour, le signal du départ.

Au premier coup d'œil, on reconnait les *cowboys* des steppes américains. Ils portent, en effet, un accoutrement étrange même pour ces contrées lointaines. Vêtus d'une culotte de peau, chaussés de bottes armées de longs éperons mexicains, ils ont à leur ceinture une sorte de navaja et un revolver constamment chargé. Quant à leur caractère, c'est un mélange d'impudence et d'insouciance ; leur ivrognerie habituelle les rend quelquefois dangereux. Dans les prairies pourtant où on les compte par milliers occupés à conduire leurs troupeaux, on n'a rien à redouter d'eux. D'autant moins que la plupart du temps ils sont à jeun. Mais dans les villes et dans les villages, étant durant les mois d'hiver sans occupation et sans argent, ils sont souvent à craindre. D'ailleurs, peu scrupuleux de leur nature, ils se servent volontiers de leurs revolvers. On les voit, dans cette saison, hanter les cabarets et on y entend leur horrible idiome, composé, en majeure partie, de jurons empruntés à toutes les langues.

Il arrive parfois, à ces Indiens et à ces « sang-mêlé », de se réunir par bandes et de mettre complètement à sac un village entier. D'autres fois, — durant la morte-saison, naturellement — par troupes de cinquante ou cent, ils entreprennent une expédition du côté du Mexique.

Cette étrange et pittoresque population est, en somme, un mélange bizarre de bandits et de rudes serviteurs, qui rendent de grands services à l'élève du bétail. Telle est la misérable fin des héritiers des nobles Indiens. Où les carabines anglaises et américaines avaient échoué, l'eau-de-vie a réussi. Sans doute, les *Cowboys* ne sont encore civilisés qu'à moitié : et, d'ailleurs, nombre de « blancs » se trouvent parmi eux. Néanmoins, ils ont cessé d'être des héros pour devenir plus utiles, en somme, que nuisibles à la société.

Un diner en plein air.

LA TROUPE DU COLONEL CODY (BUFFALO BILL)

1. Le relai de poste. — 2. La chasse aux buffles dans le Far-West. — 3. Capture de chevaux sauvages au lasso. — 4. Danses guerrières des Peaux Rouges. 5. Reed-Shirt (la Chemise-Rouge), chef des Peaux-Rouges. — 6. Domptage d'un cheval sauvage par un cow-boy. — 7. Le colonel Cody (Buffalo Bill).

BUFFALO-BILL
8 JUIN 1889

J'admire sincèrement ces hommes du Far-West, pionniers de la civilisation américaine, qui dans leur continuelle marche en avant ont assuré à leurs compatriotes la tranquille possession de terres qu'ils ont souvent arrosées de leur sang.

Fenimore Cooper et Gustave Aymard sont eux-mêmes restés bien loin de la réalité en essayant de nous faire connaitre, dans leurs romans, l'existence accidentée, les rudes labeurs, l'adresse et l'héroïsme de ces cow-boys qui nous sont venus d'Amérique pour l'Exposition.

Nous aurons donc pu voir cette race d'hommes de la frontière américaine avant qu'elle n'ait complètement disparu, car il ne reste déjà plus que quelques rares parties du Far-West servant encore de refuge à l'homme sauvage et au flibustier, cet homme blanc nomade, plus redoutable que le Peau-Rouge.

Le colonel Cody, dont notre dessinateur a esquissé la silhouette, est le plus merveilleux type de ces hommes solidement bâtis, rompus aux privations et aux fatigues, chasseurs intrépides, initiés aux habitudes et aux idiomes des Indiens. Seuls, des hommes de cette trempe et de ce savoir pouvaient fournir aux armées américaines les éclaireurs sans lesquels la conquête de ce vaste territoire qu'on désignait autrefois du nom de grand désert américain eût été impossible. De tous ces éclaireurs, dont quelques-uns sont restés célèbres en Amérique, le plus fameux et le plus admiré est certainement l'honorable colonel Cody, surnommé Buffalo-Bill, c'est-à-dire Guillaume le Buffle, à cause du nombre considérable de buffles qu'il tua pendant son existence accidentée de chasseur et de chef des éclaireurs.

D'une stature plus élevée que celle du commun des mortels, droit comme une flèche, sans la moindre chair inutile sur des muscles d'acier, aussi fermes que les tandons du cerf, l'œil franc, le visage ouvert et bienveillant, de long cheveux flottant sur les épaules, à la fois gracieux et élégant, Buffalo-Bill est un gentilhomme accompli.

Après avoir acquis une richesse considérable et rendu d'éminents services à ses compatriotes dont les suffaages le désignèrent pour les représenter au parlement américain, le colonel Cody eut l'idée heureuse de reproduire avec la plus scrupuleuse exactitude, sous ses différents aspects, l'existence originale et périlleuse de ses compatriotes dans le Far-West et les luttes qu'ils eurent à soutenir contre leurs implacables ennemis les Peaux-Rouges. Avec le concours de M. Note Salsbury, un éminent acteur américain, et M. Crawfort, un journaliste de talent, écrivain de renom en Amérique et qui se fit connaitre en Angleterre avec son livre : la *Vie anglaise jugée par un Américain*, Buffalo-Bill a pu mettre à exécution ce projet. Et voilà comment les Parisiens et les étrangers qui sont en ce moment nos hôtes peuvent voir dans un immense terrain située à Neuilly, près de la porte des Ternes, un véritable campement de Peaux-Rouges et de cows-boys américains, avec leurs troupeaux de buffles et d'élans, leurs chevaux des prairies.

Nous avons représenté quelques-uns des exercices de la troupe de Buffalo-Bill.

Avant que les locomotives aient sillonné les immenses plaines américaines, la poste s'y faisait par des cavaliers, à franc étrier, ne quittant un cheval que pour en reprendre un autre, tenu tout prêt au relai. La capture des chevaux sauvages et des buffles au lasso est un des exercices journaliers de ces cow-boys pour qui le lasso est une arme aussi terrible que le riffle. Dans leurs danses, les Peaux-Rouges simulent des chasses à l'arc et des combats acharnés, faisant retentir les échos d'alentour de leurs cris stridents.

La reproduction de ces scènes constitue un spectacle étrange, qui surprend et intéresse le spectateur. Avec de tels éléments et leur admirable façon de faire leur publicité, les Américains de Buffalo-Bill devaient naturellement obtenir le succès immense que tout monde a constaté.

A. R.

LA RÉVOLTE DES INDIENS SIOUX

L'Amérique du Nord avait jusqu'ici le privilège de compter nombre de religions de toute nature, quantité de races hétérogènes, vivant de leur vie propre en pleine liberté, sous la protection ou la tolérance du gouvernement le plus accommodant qui fut jamais. Cette originalité tend de plus en plus à disparaitre. Le gouvernement des Etats-Unis a engagé la lutte contre les Mormons et décidé que les lois de l'Etat leur seraient appliquées. C'est leur fin prochaine. Il part maintenant en guerre contre les Indiens : c'est dire que, dans un temps peu éloigné, ceux-ci n'existeront plus.

Comment les Peaux-Rouges ont-ils eu l'idée de se révolter ? Voilà ce que l'on saura difficilement. Jusqu'ici ils avaient plié sans résistance devant la volonté des blancs, acceptant tous les traités qu'on voulait bien leur faire signer, pourvu qu'on leur laissât quelques parcelles de territoire où ils pussent conserver leurs coutumes et leur religion. Tout d'un coup on apprend qu'ils ont commencé leurs grandes cérémonies de la danse du serpent, qui indiquent chez eux le réveil des sentiments belliqueux. On apprend aussi qu'un certain nombre de colons ont été assassinés, que les Indiens armés en guerre ont franchi le Missouri ; enfin que le gouvernement des Etats-Unis se met en mesure de réprimer cette révolte. Elle sera réprimée, il n'en faut pas douter, ce qui fait que dans un avenir plus ou moins lointain les Indiens de l'Amérique du Nord ne seront plus qu'un souvenir historique.

Mais ils ne disparaîtront pas sans résistance, s'ils doivent disparaître, car ils ont travaillé activement à fortifier leur position dans les Badlands, où ils ont concentré des approvisionnements considérables qui, dans ce pays inaccessible, leur permettraient de tenir tête, pendant de longs mois peut-être, aux troupes fédérales.

Le gouvernement fédéral, de son côté, a chargé d'une mission de reconnaissance militaire le colonel Cody, le même que nous avons vu à Paris l'année dernière sous le nom de Buffalo-Bill. Le fait est qu'en dégageant ce personnage de toute la bruyante réclame dont il s'était entouré, le colonel Cody est un homme que sa grande connaissance des affaires indiennes peut rendre très précieux dans un service d'éclaireurs.

En outre, plusieurs régiments de cavalerie et d'infanterie ont été placés sous le commandement du général Miles et envoyés sur les territoires révoltés.

Jusqu'à présent il n'y a pas eu d'engagements importants, le contact ne s'étant pas encore établi partout. On dit cependant que le chef Sioux *Sitting-Bull* (le taureau assis), voulant se rendre à son camp, dans les Mauvaises-Terres, a été arrêté en route par les agents fédéraux et que, les guerriers de son escorte ayant tenté de s'y opposer, il en est résulté une mêlée des plus vives dans laquelle Sitting-Bull et ses fils ont été tués ; du côté des Americains, cinq hommes auraient également péri et l'on craint que cette échauffourée n'entraine le soulèvement des quelques tribus restées encore indécises.

Quoi qu'il en soit, les dessins que nous donnons aussi bien des révoltés que des troupes chargées de la répression sont des plus intéressants, et nous montrent les débuts de cette petite guerre.

La danse de guerre des Indiens. — Notre grande gravure représente cette danse qui n'est exécutée que dans les grandes occasions et qui, ainsi que nous l'avons dit plus haut, précède toujours les guerres. Comme toutes les danses indiennes, elle n'est exécutée que par les hommes, et, au contraire des danses africaines, son caractère dominant est la gravité. Du reste, la plupart de nos lecteurs ont pu se faire une idée de ces sortes de pyrrhiques indiennes lors des représentations données l'année dernière à Neuilly par la troupe de Buffalo-Bill.

Le général Miles et son escorte. — Le général Miles, auquel le gouvernement des Etats-Unis a confié le commandement de l'expédition, est, quoique jeune encore, un des officiers qui connaissent le mieux le pays et la guerre indienne. C'est sur ce même territoire, à Lorme Deer Creek, qu'il battit si complètement les tribus cheyennes dans la dernière campagne dite des « Nez-Percés ». Le général est resté très actif ; cavalier de premier ordre, toujours en tête de son escorte, qu'il met sur les dents, il accomplit des raids de 60 milles par jour, soit près de 90 kilomètres.

Nul, mieux que le général Miles, n'était désigné pour mener à bien une expédition qui, toutes proportions gardées, est, aux Etats-Unis, quelque chose d'analogue à nos anciennes expéditions algériennes ou à nos « colonnes » actuelles du Haut-Fleuve, au Sénégal.

L'infanterie américaine. — L'infanterie attachée à l'expédition est, en partie, composée de volontaires, encadrés de vieilles troupes. L'uniforme américain est très simple, mais en même temps très pratique et débarrassé autant que possible de tous *impédimenta*. Les cartouches sont portées dans une ceinture qui peut en contenir une assez grande quantité, et qui nous semble préférable à la giberne que l'on continue à conserver chez nous, alors qu'en Angleterre, tout au moins pour les troupes coloniales, on parait vouloir adopter la ceinture.

Les ambulances. — Dans une guerre contre des sauvages qui se piquent fort peu d'observer les règles de la convention de Genève, on conçoit l'intérêt de haute humanité qui s'attache à soustraire, le plus rapidement possible, les blessés aux conséquences affreuses de l'abandon sur le champ de bataille ; aussi, pour cette campagne, a-t-on réquisitionné de légères diligences, qu'on attèle de six mules et qui doivent emmener rapidement les hommes mis hors de combat. On sait, d'ailleurs, que les Américains ont beaucoup exercé leur esprit inventif sur les questions d'ambulances et qu'ils y ont amené un certain nombre de très heureuses améliorations.

Chefs sioux. — Nous donnons ici deux portraits de chefs sioux, qui nous amènent à faire une remarque curieuse : c'est que ces hommes si foncièrement énergiques, si virils en un mot, ont des figures de femmes, figures un peu grossières à cause de leurs traits trop accusés, mais féminisées par les cheveux longs, séparés sur le front, et surtout par l'absence complète de barbe. Chez l'Indien, en effet, la barbe ne pousse que vers la quarantième année, et si rare, si clairsemée, qu'ils n'ont pas de peine à l'arracher au fur et à mesure de son apparition.

LA RÉVOLTE DES INDIENS SIOUX, DANS L'AMÉRIQUE DU NORD. — La danse des Esprits par les Ogallala Sioux au « Pine Ridge Agency », territoire de Dakota.

Un chef indien.

Les ambulances.

Le « cheval américain ».

Le général Miles et son escorte.

LA RÉVOLTE DES SIOUX, DANS L'AMÉRIQUE DU NORD. — Troupe des Etats-Unis en marche contre les rebelles.

LES HAUTES MAISONS DE CHICAGO

11 FÉVRIER 1893

Une véritable révolution architecturale s'est accomplie à Chicago, à la suite du grand incendie qui a détruit tous les quartiers commerciaux de cette ville.

A la place des maisons brûlées, qui n'offraient rien de particulier, avec leurs cinq, six ou sept étages d'élévation au maximum, on a construit de véritables monuments, de dimensions colossales, dont quelques-uns ont jusqu'à vingt-deux étages.

Décrivons quelques-uns de ces édifices.

C'est d'abord le *Temple maçonnique*, qui est considéré par les gens du métier comme une merveille du genre. Il a 22 étages d'une symétrie parfaite et, lorsque les lanternes électriques, ornant les pignons qui surmontent sa toiture, sont allumées, d'en bas on aperçoit, paraît-il, leur lumières comme des points perdus parmi les étoiles du ciel.

Voici maintenant *le bâtiment de tempérance de l'Union des femmes chrétiennes*, plus connu sous le nom de *Temple de la femme*. Il a été construit grâce à des cotisations particulières infimes, mais innombrables, venues de tous les côtés des Etats-Unis. Il a 14 étages, et est si proportionné dans son ensemble, qu'on s'aperçoit à peine de son énormité.

L'Opéra allemand, ou *Théâtre de Schiller*, mérite aussi d'être cité avec ses 18 étages, ainsi que *l'Hôtel du Nord*. Signalons encore dans la rue Adams la maison Owing à 14 étages et une série de maisons qui en ont 18, appelées le *Manhattan Block*. Elles appartiennent à une compagnie immobilière qui a entrepris de généraliser ce genre de construction.

Chose bien curieuse à signaler : au fur et à mesure que les maisons du *Manhattan Block* s'élevaient, leurs étages se louaient, et étaient immédiatement occupés par des locataires, pour la plupart commerçants, au-dessus desquels on travaillait jour et nuit.

L'intérieur de la chambre de commerce nous montre la disposition et la structure des maisons dont nous venons de parler.

Un vaste hall autour duquel courent des galeries. Sur ces galeries s'ouvrent les appartements. Le tout en fer et pierre, en fer surtout, éclairé à l'électricité.

Des ascenseurs, bien entendu, placés aux quatre angles de la bâtisse, donnent accès aux étages; et, à ce propos, coupons court à une légende d'après laquelle ces ascenseurs transporteraient les voitures tout attelées qui, après avoir déposé leurs voyageurs à la porte même de leur appartement, continueraient leur ascension vers l'écurie située au dernier étage, sous les toits. Nous n'en sommes pas encore là, même à Chicago.

LES HAUTES MAISONS DE CHICAGO

1. Le temple maçonnique. — 2. La Chambre de commerce : vue intérieure. — 3. L'Opéra allemand ou théâtre de Schiller. — 4. La maison Owing. — 5. Le « Manathan Block ». 5. Le Grand-Hôtel du Nord. — 7. Le bâtiment de tempérance de l'Union des femmes chrétiennes.

LE CENTENAIRE DU DOLLAR AMERICAIN

20 OCTOBRE 1894

C'est le 15 octobre 1894 qu'est tombé le centenaire du dollar, de *l'almighty dollar*, si cher à tout bon Américain. En effet, ce fut le 18 juillet 1794, que la Banque de Maryland déposa à la Monnaie de Philadelphie des pièces d'argent françaises, d'une valeur totale d'environ un demi-million de francs, être frappées en dollars d'argent, en conformité de la loi récemment votée sur les monnaies nouvelles de la jeune République. Le 15 octobre suivant, le premier lot de ces dollars fut livré à la Banque de Maryland qui les mit en circulation de suite. Ces 1,758 dollars (tout ce que contenait le lot) constituent donc la première vague de ce torrent d'argent qui, depuis, a roulé sur les Etats-Unis. Dans les cent années écoulées, les Etats-Unis ont frappé en dollars, 1/2, 1/4, et 1/10 de dollars, pour une valeur d'environ trois milliards et demi de francs. La frappe de l'or a été d'environ huit milliards. Le premier dollar frappé n'est pas beau : l'aigle du revers, au milieu d'une branche de feuillage

maigriotte, a l'air d'un serin qui se balance dans sa cage sur un cercle de laiton; quant à la tête de la Liberté, entourée d'étoiles, elle est inénarrable : le front et le nez ne font qu'une ligne, et elle regarde au ciel d'un œil qui veut être inspiré, et qui n'est qu'étrange.

Le dollar de 1795 est différent : l'aigle a moins l'air d'un poulet étique : au lieu de reposer sur un bout de branche, il plane sur les nuages. La tête de la

Liberté est mieux dessinée ; le buste est drapé, et la chevelure, mieux comprise, est retenue par un large ruban.

En 1804, nouvelle modification : la tête est changée : l'artiste essaie de lui donner un ensemble plus dégagé, moins conventionnel : les cheveux flottent librement, terminés par des boucles du plus étrange effet; le ruban est conservé. Quant au revers, il est entièrement modifié. L'aigle a les ailes

éployées : il tient en son bec une banderole sur laquelle apparait, pour la première fois la devise : *E pluribus unum*. Dans ses griffes de droite, des foudres; dans celles de gauche une branche de laurier; sur sa poitrine, un bouclier aux bandes alternées; les nuages ont passé de ses pieds sur sa tête, et les étoiles représentant les Etats sont disséminées entre la tête de l'aigle et les nuages. L'ensemble est lourd et disgracieux, sorte de dessin de rébus.

Les deux dollars de 1840 et 1870 sont à peu près semblables : sur la face une femme assise, ayant près d'elle un écusson qui porte le mot « Liberty » en

exergue; au bout d'un sceptre qu'elle tient dans la main gauche et qui a l'air d'une canne, est accroché un bonnet phrygien d'un dessin si étrange qu'on dirait un bonnet de coton. Le revers présente l'aigle avec les foudres dans les serres, un écusson à bandes sur la poitrine; la pièce de 1870 porte en plus une banderole portant ces mots : *In God we trust.*

Enfin, en 1878, eut lieu le dernier changement, et l'émission du dollar actuel. Sur la face, une large tête de la République, avec un diadème au front portant le mot *Liberty* : de son bonnet phrygien, qui a pris une forme plus coquette que sur la pièce de 1870, s'échappent des fleurs et des épis; entourant la tête, les 13 étoiles des 13 premiers Etats de l'Union et la devise *E pluribus unum*. Au revers l'aigle héraldique aux ailes levées; l'écusson a disparu, ainsi que la banderole qui portait l'inscription *In God we trust*; mais l'ins-

cription elle-même est restée. Une double couronne de laurier entoure l'aigle, et l'ensemble est assez artistique.

Je ne parle pas du trade dollar, créé en 1873 pour le commerce seul et non pour la circulation. Il porte sur la face une femme assise sur des ballots et des gerbes de blé, les pieds sur une plage au bord de la mer et offrant aux peuple une branche d'olivier qu'elle tient à la main; au revers au-dessous de l'aigle : *420 grains, 900 fine, trade dollar*. Cette monnaie ne sert qu'aux transactions internationales et à l'étranger.

Le 1/2 dollar de ce trade dollar pèse exactement 12 gr. 1/2; de façon que deux pièces de 50 cents représentent exactement la pièce de 5 francs de l'union latine.

Les monnaies (mints) des Etats-Unis sont au nombre de cinq : deux au centre des pays de mines d'argent, à Carson City (Nevada) et Deuver (Colorado), et les trois autres à Philadelphie, la Nouvelle-Orléans et San-Francisco. Ajoutons que les Etats-Unis ne viennent qu'au quatrième rang des Etats pour la quantité de monnaie d'argent en circulation : cette circulation est d'environ d'une valeur de deux milliards et demi de francs, inférieure à celle de l'Inde, de la France et de la Chine. La question de la frappe libre ou illimitée de l'argent a une extrême importance pour les Etats-Unis; dans cette courte notice, ce n'est pas le lieu d'y faire allusion. Mais il m'a paru utile de signaler aux lecteurs ce curieux centenaire du tout-puissant dollar!

L. V.

New-Yorkaise.
D'après l'*Illustrated American.*

AMÉRICAINE ET FRANÇAISE
23 FÉVRIER 1895

Au moment où Paul Bourget burine les mœurs américaines de sa pointe aiguë et subtile, non sans soulever les protestations de ses modèles trop ressemblants — et cependant flattés, chuchotent quelques voyageurs — il n'est pas sans intérêt de voir les filles du Nouveau Monde jugées par un de leurs concitoyens, qui établit entre elles et celles de la vieille Europe un parallèle tout à notre avantage.

L'argument de la très curieuse étude publiée récemment par un *magazine* de New-York est qu'en aucun pays la femme ne reçoit autant de l'homme et ne lui donne moins en échange. Qu'est donc la légendaire — et très exagérée — galanterie française, en regard de la formule yankee du rapport des sexes : l'élément mâle réduit à l'état de machine de production intensive d'argent à l'usage à peu près exclusif de la population féminine, laquelle lui en témoigne sa gratitude en le méprisant pour son sordide labeur ?

M. Cleveland Moffett définit ainsi les idiosyncrasies de l'Américaine : abstention absolue de toute participation aux charges de la vie conjugale ; sentiment de sa supériorité sur son mari ; mécontentement de ses conditions d'existence.

En ce qui concerne le premier point, ce n'est pas incapacité, car il les déclare les femmes les plus richement douées de l'univers. (S'il ne leur ménage pas certaines vérités, il sait, on le voit, leur dorer la pilule.) Mais précisément, à force de s'entendre louer, ont-elles conçu de leurs mérites en tous genres une si haute opinion, que l'autre sexe leur semble créé pour les adorer et les servir.

L'Américaine offre cette particularité toute nationale qu'elle n'a aucune répugnance à travailler pour elle seule. Nous savons qu'outre-Atlantique les métiers même réputés masculins sont largement exercés par les femmes : le journalisme, le barreau, la médecine, les affaires commerciales, industrielles et financières, les emplois de bureau, voire les fonctions publiques. Puis, aussitôt qu'elle a trouvé un compagnon de harnais, la plus active et la plus énergique de ces professionnelles non seulement cesse de traîner la charrette, mais s'installe dedans, et c'est à lui de tirer à double collier.

Le collaborateur de l'*Illustrated American* ajoute que le mari s'en fait un point d'honneur, tellement qu'il préfère la faillite — là-bas, il est vrai, cela est de peu de conséquence — à l'humiliation de voir la mère de ses enfants non pas même travailler, mais épargner pour eux. Aussi n'est-il pas, du petit au grand, pire ménagère que l'Américaine. Selon les « glorieux principes républicains » — le mot est de notre auteur, qui semble médiocrement enthousiaste de la chose — la femme du plus petit employé se sent digne de tenir la place d'une Vanderbilt ou d'une Astor. Et au pays des fortunes hâtives, les changements de position pécuniaire — laquelle constitue uniquement la position sociale — sont si phénoménalement brusques et imprévus, que, s'attendant à trôner quelque jour en un palais de la Cinquième Avenue, elle se prépare à ses grandeurs futures en négligeant les humbles soins de son modeste intérieur. Tant pis pour le mari : qu'il s'enrichisse comme les autres. Le mari sent son tort et ne se plaint pas.

Dans les milieux riches, légion sont les Américaines qui vivent à l'hôtel afin de s'épargner le souci de tenir une maison. Paresse et non économie, comme le croient chez nous des naïfs peu versés dans les arcanes de la science domestique. Cependant, si onéreux que ce soit, cela se balance presque avec le gaspillage qui règne chez les autres. Pourquoi les en blâmer, puisque le mari en tire vanité ? La cause de cette singulière aberration ne serait-elle pas dans l'excès de démocratie, qui chez les Yankees ne laisse subsister qu'une distinction de classes, la pire de toutes : celle de l'argent ? Ils mettent leur orgueil à en avoir assez — ou à le paraître — pour ne jamais sembler compter. Ce sentiment se trouve chez nous dans le peuple où, tout en vitupérant contre la richesse, on n'a de respect que pour la prodigalité.

« Faire de l'argent » est le but unique, la passion absorbante, la raison d'être du Yankee ; le jeter par les fenêtres constitue la mission sociale de l'Américaine, comme si la noblesse du faste de la femme relevait la bassesse des besognes mercenaires du mari. Cela est figuré graphiquement : lui avalant au bar voisin de ses affaires une tranche de n'importe quoi, moyennant vingt-cinq *cents*, par une affectation de frugalité populaire

Le mari au bar.

aux heures du *business*, tandis que, pour l'honneur de la raison sociale, elle va sans nécessité faire un fin déjeuner de dix dollars dans un restaurant de grande marque.

La femme au restaurant.

Le bon ton commande une séparation de la vie professionnelle du mari et de la vie mondaine de la femme aussi rigoureuse qu'en Orient celle du harem et du sélamlik. Elle sait vaguement qu'il trafique de farine, de locomotive ou de porc salé, qu'il est médecin ou homme de loi, financier ou dentiste ; elle connaît l'adresse de ses bureaux et a une notion approximative de ce qu'il gagne, d'après le chiffre de ce qu'il lui donne à dépenser. Et jusqu'au jour de la débâcle il ne songera jamais à lui donner moins parce qu'il gagne moins. Aussi M. Cleveland Moffett est-il peut-être injuste en cherchant querelle à ses belles compatriotes pour une incurie encouragée et partagée par leurs époux. C'est l'imprévoyance d'une race.

Rapprochant cette attitude des Américaines de celle des Européennes, il déclare que ces dernières, à Paris en particulier, « ne craignent pas, par surcroît à leurs occupations de mère de famille, d'entrer dans le détail de celles de leur mari, d'être son auxiliaire, son conseiller, son guide, de prendre place auprès de lui à son bureau ». Flatteuse erreur, sauf en ce qui concerne les boutiquiers. Il est même permis de croire que nos hommes ne se prêteraient guère à cette immixtion conjugale dans leurs affaires. Le domaine d'une femme est autre. Si exceptionnellement elle se livre à des travaux professionnels, c'est pour son compte, et, toute intelligente soit-elle, ce serait beaucoup lui demander, en outre des attributions de son sexe, que de s'assimiler le métier d'un homme qui s'y consacre exclusivement, après en avoir fait un laborieux apprentissage.

Non pas qu'en effet la femme française ne soit habituellement mieux renseignée sur l'état du bien commun que celle d'Amérique. Mais cela tient à ce qu'ici, plus que là-bas, les revenus sont fixes ou à peu près, donnés

Parisienne.
D'après l'*Illustrated American.*

par des placements de tout repos, par des emplois du gouvernement, par ces professions libérales presque administratives quant à la régularité de leur rendement. Cela ne veut pas dire que les femmes d'avocats, de médecins ou d'architectes s'occupent des clients de leurs maris, que celles des écrivains ou des artistes collaborent à leurs œuvres, que celles des ingénieurs les assistent dans leurs calculs, que celles des fonctionnaires les suppléent dans leur service.

Quant aux maris qui, rentrés chez eux, parlent boutique, ils sont, non sans raison, jugés aussi insupportables que les femmes qui font de leurs occupations domestiques le sujet des entretiens intimes.

Pour les Américains d'ailleurs, l'argent c'est presque toujours « les affaires » proprement dites, c'est-à-dire la spéculation. Et ces fortunes-là, chez nous comme chez eux, celui qui les brasse est seul à en connaître les fluctuations, les traquenards, les émotions et les surprises.

M. Cleveland Moffet loue également les Françaises de « tenir à apporter dans le mariage un capital leur permettant de contribuer aux charges communes, alors que l'Américaine a ses attraits pour toute dot ». Ne fait-il pas honneur à leur bon vouloir de ce qui est une nécessité imposée par les exigences masculines ? Leurs familles, sinon elles-mêmes, ne demanderaient pas mieux qu'il en fût autrement. Cela est plutôt à l'éloge du désintéressement volontaire des hommes d'Amérique que de la générosité obligatoire des femmes de France.

Quant à la supériorité dont dans le Nouveau Monde se targue le sexe qui n'y est pas dit faible sur celui appelé chez nous fort, ce juge, pas trop sévère en somme, la proclame hautement. Physiquement il nous peint la femme gracieuse et robuste, élégante et superbe, en forme irréprochable, à côté du mâle prématurément chauve

Couple yankee.

et voûté, les traits tirés et durcis, le teint dyspeptique ou apoplectique, mal bâti, mal habillé, mal embouché. Pas moindre la différence intellectuelle. Pour qui connaît le vide ou le désordre de ces cervelles de jolies poupées, cette assertion place l'homme bien bas. Abruti en effet par sa rude et vile chasse à l'argent, âpre, opiniâtre, sans relâche et sans mesure, il ne sait rien en de hors de ses affaires, ne lit que les journaux, a pour tout esprit les facéties de fumoir et le dieu Dollar pour unique idéal. Celle au contraire qu'il associe à sa vie trouve l'occasion et le loisir de se policer par la culture des lettres et des arts, par ces séjours en Europe surtout, qui semblent être pour les Yankees ce que seraient pour nous des visions sur le pays du divin. Il y a même cruauté, dit M. Cleveland Moffett, à faire vivre ensemble des êtres aussi mal appareillés, particulièrement quand c'est dans une médiocrité relative qui, sur cette terre suant l'or, où le luxe seul a sa place au soleil, est aussi lamentable que chez nous la misère. Plus heureuses étaient-elles, ajoute-t-il, à l'époque pas bien lointaine où les femmes de Chicago mâchaient de la gomme, — horrible détail — et se divertissaient à chanter les bamboulas.

Il les rend bien un peu responsables de cet état de choses à cause de leurs insatiables exigences de luxe, auxquelles il oppose, avec trop de partialité peut-être, la simplicité de goûts de la Parisienne. Il cite sur ce mal qui les ronge une affligeante confidence reçue par lui :

— J'aime un jeune artiste qui est pauvre (en Amérique c'est le mot brutal pour ce que nous mettons en ces termes plus délicats : « avoir peu de fortune » ou « une position modeste »). Mais je suis recherchée par un vieux banquier qui « vaut » (autre yankisme) trois millions (multipliez par cinq). Si j'épouse celui-ci, je serai malheureuse, parce que je le haïrai. Si j'épouse l'autre, je le serai également, parce que je le mépriserai de n'avoir pas d'argent. D'autre part, je succombe à l'ennui de la vie de famille et j'ai des goûts de dépense dépassant de beaucoup ce que je puis gagner par moi-même. Que faire?

Irréductible en effet. Cette dissatisfaction nous est représentée comme générale chez les Américaines, depuis les bonnes à tout faire jusqu'aux *professional beauties*. Accablées par le poids de leur oisiveté, les plus favorisées de la fortune n'en sont pas plus heureuses, ne sachant où trouver assez de plaisir à y mettre. La maternité ne les distrait pas, car ne point abandonner l'élevage et l'éducation de ses enfants à des mercenaires serait donner à croire qu'on n'a pas de quoi les payer. C'est une forme de l'ostentation qui leur fait porter des diamants à toute heure : il faut bien montrer qu'on en a. Sortir en toilette simple serait faire supposer qu'on veut ménager ses beaux atours, et il serait jugé mesquin de relever sa jupe comme le font les Parisiennes afin de la préserver de la boue ou de la poussière, car on a de quoi la remplacer.

« L'Européenne s'étudie à plaire; l'Américaine ne cherche qu'à briller », dit notre auteur. Autant est actif l'un des deux rôles, autant l'autre est passif, c'est-à-dire dénué d'intérêt. Aussi l'inutilisation de ses énergies latentes détraque-t-elle l'Américaine. Les extravagances féminines ne lui suffisant plus, elle s'efforce de donner de l'intensité à sa vie en se désexualisant. Entre femmes on joue le poker avec autant de frénésie qu'au club; on s'en va en bande boire des cocktails incendiaires en guise de tasses de thé. On monte dans les

Le cocktail de 5 heures.

wagons de fumeurs et on y grille sa cigarette. M. Cleveland Moffett parle d'une respectable dame qui y a allumé sa pipe. Il raconte *de visu* la mésaventure d'un voyageur qui, ayant prétendu faire expulser une fumeuse, d'ailleurs jeune et charmante, en reçut comme riposte un coup droit de boxe accompagné d'une passe de savate. Tout bon Yankee s'inclinant devant la force, il se le tint pour dit.

Les aspirations féminines ne se traduisent pas toujours de façon aussi agressive. Ainsi parle-t-il d'une femme à la mode s'amusant, par pur désœuvrement, à visiter le nauséabond quartier chinois de New-York, goûtant les cuisines infâmes des Célestes, et étudiant la hideuse ivresse de l'opium. Il est des distractions plus louables, par exemple cette jolie personne qui, à la suite d'un pari, s'est mise aux arides études de droit et a en peu de temps conquis son diplôme, pour n'en rien faire d'ailleurs, et retomber ensuite dans son indolence.

La moralité de tout cela ne serait-elle pas que cette démocratie à l'état aigu, aggravée de ploutocratie, éprouvant le besoin de s'anoblir, a voulu faire du féminin une sorte de caste de luxe ? Mais c'est un patriciat fort mal compris, car la tradition manque, et, à forcer son talent, on ne fait rien avec grâce.

MARIE ANNE DE BOVET.

LES PRÉPARATIFS
DE L'INVASION DE CUBA.

LA GUERRE HISPANO-AMÉRICAINE

7 MAI 1898

DANS LA BAIE DE MANILLE

Tandis que dans l'Atlantique, l'Espagne et les Etats-Unis n'en étaient qu'aux escarmouches navales, à l'autre extrémité du monde, presque aux antipodes de l'île de Cuba, les navires de guerre des deux nations se sont livré un combat décisif qui a eu pour premier résultat l'anéantissement de la plus faible des deux escadres, celle que commandait l'amiral espagnol Montojo.

C'est dans la nuit du 30 avril que l'escadre américaine du Pacifique, partie de Hong-Kong, arriva devant l'entrée de la baie de Manille. Elle était forte de six navires et accompagnée de plusieurs transports chargés de charbon et d'obus. Avec une audace que les événements ont justifiée, le commodore Geo. Dewey avait décidé qu'il tenterait de forcer le passage avant le lever du jour. Ainsi fit-il, et il réussit son coup de main d'autant plus aisément que pas une torpille, pas une mine sous-marine ne défendaient la passe, large de 20 kilomètres, et que le premier coup de canon des batteries de l'île du Corregidor ne fut tiré qu'après que le dernier croiseur americain fut hors de portée.

A 5 heures du matin, l'escadre du commodore Dewey se déployait devant Cavite et ouvrait le feu sur les navires espagnols. On trouvera plus loin une carte de la baie de Manille permettant de suivre ces diverses opérations, et un tableau comparatif des deux groupes d'unités de combat en présence, montrant que l'issue de cette lutte inégale ne pouvait être douteuse. A 8 heures, en effet, le vaisseau amiral *Reina-Cristina* et la *Castilla* étaient complètement incendiés et l'amiral Montojo avait transporté son pavillon sur l'*Isla-de-Cuba*. Avant midi, après un second et rapide engagement, tous les navires espagnols étaient réduits au silence, et il ne restait plus à leurs vaillants équipages qu'à les couler pour les empêcher de tomber entre les mains de l'ennemi.

Que s'est-il passé ensuite? A l'heure où s'impriment ces lignes on l'ignore encore : le câble qui relie les Philippines à Hong-Kong a en effet été coupé. Les dernières dépêches annonçaient que le commodore Dewey avait demandé au gouverneur espagnol la reddition de la ville, sous menace de bombardement.

L'amiral américain n'ayant pas à sa disposition de troupes de débarquement, tandis que Manille est défendue par une forte garnison espagnole (25,000 hommes d'après certains renseignements, 10,000 hommes selon d'autres), ne peut songer dans tous les cas ni à s'emparer de la capitale des Philippines, ni surtout à l'occuper; la bombarder dans ces conditions n'aboutirait qu'à la livrer à l'insurrection indigène, à peine réprimée et prête à éclater de nouveau.

Manille est bâtie au fond de la baie de ce nom, à l'embouchure du fleuve Pasig qui constitue jusqu'au pont d'Espagne un excellent port de commerce. La *Ciudad*, la vieille cité de pierre, n'est plus aujourd'hui qu'une ville morte qu'entourent d'immenses faubourgs.

Les lourds édifices de la Ciudad, occupés par les administrations civiles et militaires et par un innombrable clergé, donnent à cette partie de la ville un aspect de grandeur triste, bien surprenant sous ce ciel tropical. Un grand nombre de monuments ont été détruits par les tremblements de terre, et leurs ruines jonchent le sol à deux pas d'églises dont l'ornementation intérieure est d'une richesse inouïe.

Sur la rive droite du Pasig s'étendent les faubourgs

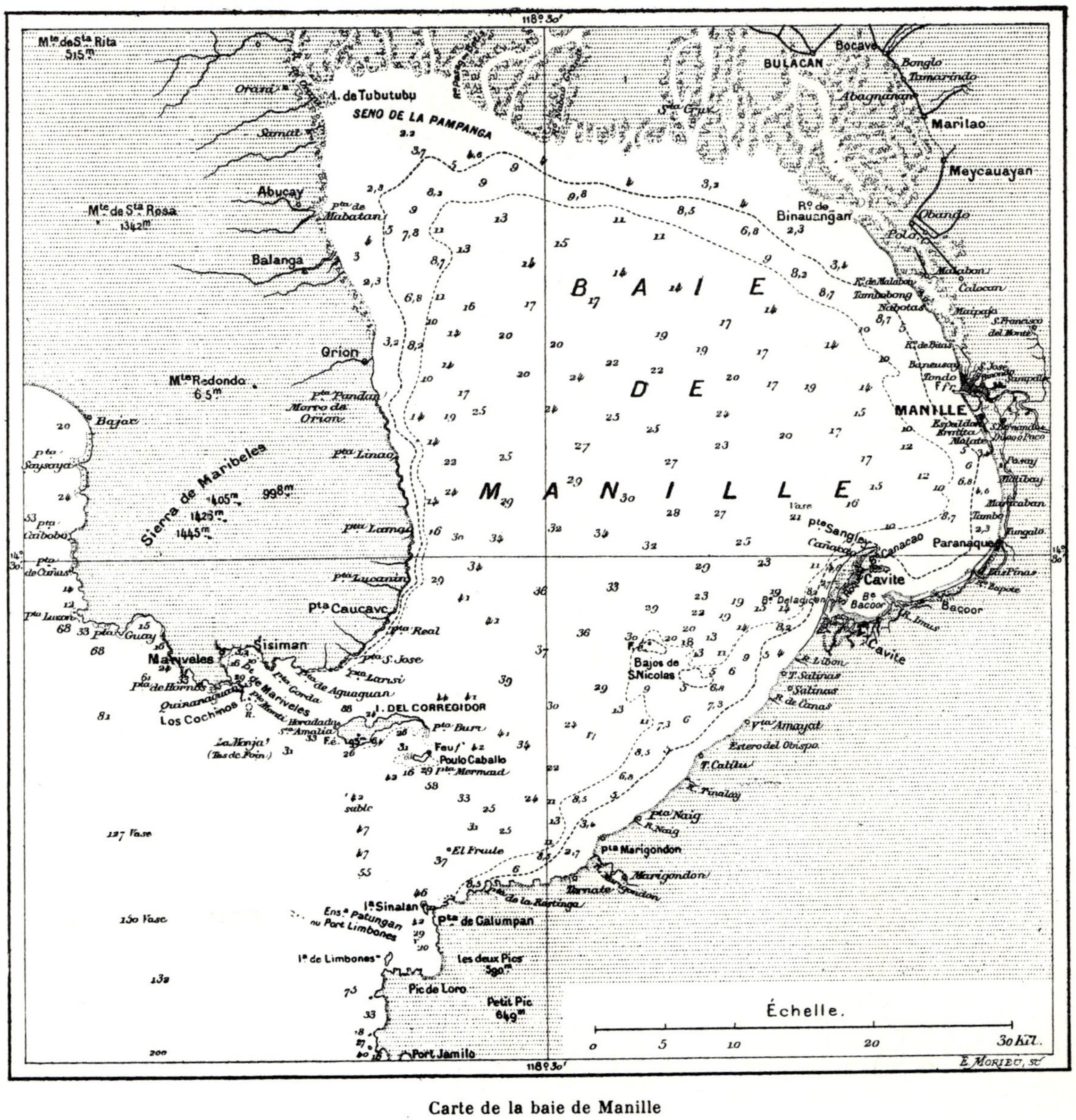

Carte de la baie de Manille

de Bimondo, de Tondo, de Santa-Cruz, de San-Miguel et de San-Sebastien. San-Sebastien est la ville marchande. Une des vues que nous publions en montre la rue principale. Dans ces petites maisons basses, sans apparence, des fortunes immenses se sont faites par le négoce, et se feront encore quand reviendront, pour ces îles opulentes, des temps moins troublés. L'église de San-Sebastien est une église de fer, apportée d'Europe et montée sur place.

Les quartiers aristocratiques de la Ermita et de Paco occupent la rive droite du fleuve.

L'agglomération totale de la Ciudad et des faubourgs ne compte pas moins de 300,000 habitants, dont 45,000 Chinois et 5,000 à 6,000 Européens. La population des 1,200 îles qui composent l'Archipel des Philippines s'élève à environ 12,000,000 d'indigènes auxquels il faut ajouter 25,000 Européens et 700,000 Chinois

L'amiral espagnol Patricio Montojo y Pasaron ne pouvait se faire aucune illusion sur l'issue du combat qu'il a accepté dimanche dernier dans la baie de Manille. Il a du moins lutté avec acharnement ; il a fait preuve du plus grand courage personnel et a eu, pour ainsi dire, son vaisseau amiral coulé sous lui ; il a tout perdu, hors l'honneur espagnol et le sien propre.

L'amiral Montojo, né au Ferrol en 1839, navigue depuis 1855. De 1860 à 1864, il servit aux Philippines sous les ordres du célèbre Mendez-Nunez, et prit part au combat de Pagalugan contre les Maures de Mindanao. Il fut nommé capitaine de frégate en 1893.

Le commodore George Dewey, qui vient de passer au premier rang des gloires navales des Etats-Unis, n'avait jusqu'ici pas d'histoire. Le mois dernier, une publication américaine disait simplement de lui : « Il détient le record de plus de quarante ans de service effectif sur mer et sur les côtes. »

LA GUERRE HISPANO-AMÉRICAINE
27 AOÛT 1898

Bien que les hostilités soient terminées et les négociations de paix en bonne voie, la guerre continue ses ravages. Les deux grandes villes de Cuba et des Philippines tombées aux mains des Américains, Santiago et Manille, sont le théâtre d'affreuses misères. La mortalité y est effrayante, tant dans la population civile que dans les deux armées, la victorieuse et la vaincue. Heureusement les rapatriements sont commencés, les troupes espagnoles de Cuba ont commencé l'évacuation de l'île et les autorités militaires américaines vont procéder à une relève.

Nos gravures nous reportent assez loin en arrière. La principale nous fait assister à la prise de possession de Santiago, le 17 juillet, par le général Schafter. Les Américains arborent leur drapeau sur l'hôtel du gouverneur civil. Au-dessous des couleurs américaines, par un ironique contraste, on distingue la rampe de gaz qui, les soirs d'illumination, traçait en lettres flamboyantes au fronton du palais ces mots : « Vive Alphonse XIII. » Un escadron de cavalerie et un régiment d'infanterie rendent les honneurs.

Le même jour, les régiments espagnols, réguliers et volontaires ou *guerillas*, ont déposé leurs armes, conformément aux termes de la capitulation, entre les mains de leurs vainqueurs.

Au moment de la capitulation de Santiago, vingt mille habitants de la ville, dénués de tout, étaient réfugiés dans les camps américains. Malgré les difficultés du ravitaillement on put leur distribuer quelques vivres.

REDDITION DE SANTIAGO. Le drapeau américain hissé sur le palais du gouverneur, en présence du général Schafter.

ÉCHECS ANIMÉS
30 JUILLET 1904

Ils sont souverainement injustes envers les Américains richissimes, ceux qui leur dénient, en bloc, toute espèce de goûts artistiques et les croient exclusivement occupés à supputer des chances de gains ou de pertes, à combiner des opérations financières compliquées — et désastreuses... pour d'autres. Il est, chez eux comme chez nous, un temps pour tout, selon la parole de l'Ecclésiaste, et on en rencontre d'accessibles à des idées de grâce ou même de beauté.

L'un d'eux, et non des moins notoires, M. George J. Gould, le propre fils et l'héritier du « Roi des chemins de fer », vient d'en donner une preuve quand il offrait, récemment, à une foule d'invités, le spectacle original et pittoresque d'une partie d'échecs animés.

C'était au château de Lakewood, à Long Island, dont M. Jules Huret, dans son récent volume, nous détaillait, d'une plume extasiée, les splendeurs un peu insolentes tout de même.

Là, au beau milieu d'un parc louis-quatorzième, tout naturellement, et qui rappelle de son mieux Versailles, mais un Versailles sans noblesse, malgré ses marbres, ses bancs, ses vases acquis à prix d'or et ornés d'étiquettes indiquant leur provenance, presque leur prix, un Versailles sans ombrages, trop jeune, M. George J. Gould a aménagé un « palais des sports », le Georgian court, qui paraît être la partie de son domaine qu'il affectionne entre toutes. Son bureau y est installé, son bureau rempli d'appels de téléphone, aux murs sillonnés de fils électriques, et, tout autour, une vraie cité sportive avec tennis de chambre, piscine, bains turcs, jeu de paume, garage pour automobiles, bien entendu, et pourtant un manège immense, où deux ou trois attelages de coaches peuvent rouler de front.

Ce manège était le champ clos de l'extraordinaire partie d'échecs que notre dessin montre à son début.

On y avait dressé un vaste plancher bariolé des soixante-quatre cases alternativement blanches et noires de l'échiquier. A chaque extrémité, sur une estrade très surélevée, drapée aux couleurs américaines, se tenaient les deux partenaires, le docteur Charles L. Lindley et le professeur T.-M. Roser. Et trente-deux jeunes gens splendidement costumés, à la mode du quinzième siècle, les rois et les reines couronnes en tête, en de longs manteaux drapés, les autres pions en chevaliers armés de pied en cap, avec le bouclier au bras, la lance ou la hallebarde au poing, ou encore portant les emblèmes de leurs figures, se mouvaient à leurs ordres sur le champ de l'échiquier monstre.

Deux hérauts d'armes sonnant de la trompette annonçaient chaque coup. Et le joueur, alors, commandait le mouvement à exécuter. Sans doute, pour quelques-uns de ces figurants en brillants atours, l'immobilité dut être longue, le jeu peu récréatif. Mais peut-être aussi étaient-ils abondamment dédommagés en dollars sonnants de ces moments d'ennui, à moins qu'ils ne goûtassent, à figurer ainsi, les joies que procure aux acteurs mondains un rôle même effacé dans une comédie de société.

Enfin, la partie s'acheva et les pièces du vaincu allèrent se prosterner devant le vainqueur, qui, du geste même d'Auguste, leur fit signe de se relever.

La mise en scène était fort bien réglée, les atours somptueux, et ce long tableau vivant obtint, auprès des invités de M. George Gould un succès énorme, un succès tel que le Club des femmes joueuses d'échecs à New-York va organiser bientôt une fête pareille.

UNE PARTIE
CHEZ LE MILLIARDAIRE

D'ÉCHECS
AMERICAIN GEORGE J. GOULD.

FLEGME AMÉRICAIN. — A San-Francisco : trois associés délibérant devant l'emplacement de leur maison de commerce. — *Photo copyright by «Collier's Weekly».*

19 MAI 1906

L'étendue, la soudaineté du désastre où vient de disparaître la ville de San-Francisco a, certes, profondément impressionné notre vieille Europe. Mais la tranquille impassibilité dont, les heures de danger passées, ont fait preuve les habitants de la ville anéantie, la belle confiance en l'avenir qu'ils ont montrée, nous ont frappés d'étonnement et d'admiration.

Notre gravure, d'après une photographie du *Collier's Weekly*, résume à merveille la situation des habitants de San-Francisco après que le tremblement de terre, puis l'incendie, eurent détruit leurs biens; elle caractérise leur attitude.

Au bord de la rue, animée comme aux plus beaux jours, devant le décor tragique que leur font les hautes murailles brûlantes encore, demeurées debout après l'assaut des flammes, trois hommes, qui l'avant-veille étaient des commerçants notables, considérés, ayant pignon sur rue et crédit dans les banques, se sont assis, las sans doute de tant d'émotions, mais nullement découragés. Près d'eux, des malles enfermant ce qu'on a pu arracher au désastre, les livres de comptabilité par exemple ; une caisse enregistreuse, un de ces bizarres engins mécaniques dont l'usage commence à se répandre parmi nous.

On cause, indifférents au va-et-vient des passants ; les figures sont calmes, point abattues ; les yeux pensent. On fait des projets, on suppute, déjà, des chances de gain, on songe aux moyens de reconquérir la situation momentanément évanouie, — et de l'accroître ; à la maison nouvelle qu'on va réédifier, solide, indestructible, au *store* ou à l'*office* qu'on rouvrira, plus luxueux, plus productif. Le passé est le passé. Il faut vivre, jouir, amasser, et cela seul importe, cette préoccupation seule est digne d'un homme raisonnable et fort...

COWBOYS ET ROUGH-RIDERS

12 JANVIER 1907

Récemment, dans les journaux de New-York, on pouvait lire le fait divers pittoresque dont voici la traduction littérale :

« Un certain Jack Joyce, débarqué depuis deux ou trois jours du North-Dakota, se promenait hier à cheval dans le Central Park (vaste jardin qui s'allonge au cœur même de New-York), quand l'automobile de M. John Shelvin, le courtier bien connu, effleura le flanc de sa monture.

» Comme le véhicule poursuivait sa route malgré les menaces du cowboy, celui-ci sortait un lasso de ses fontes, et le nœud coulant s'abattait sur les épaules de M. Shelvin, qui, arraché violemment de son siège, roulait à terre.

» Des agents conduisirent « lasseur » et « lassé » au poste voisin. L'inspecteur en chef fit bientôt remettre en liberté l'irascible cowboy, non sans lui faire remarquer que les mœurs du Far-West sont déplacées à New-York. »

Assurément, le brave garçon s'était trompé et d'époque et de lieu. Mais il est certain que l'incident s'est produit au bon moment, quand on commençait à croire, en Amérique comme en Europe, qu'il n'existait plus de cowboys que dans les coulisses des grands cirques.

En dépit des progrès de la civilisation, et malgré l'invention de la ronce métallique qui, en permettant d'élever des clôtures rapidement et à peu de frais, a rendu possible le morcellement des immenses savanes du Far-West, le cowboy continue à régner sur une région plus grande que la moitié de l'Europe : l'Arizona, le Nouveau-Mexique, le Colorado, le Montana, les deux Dakotas et les trois quarts du Texas.

Avec cette louable exception qu'il y regarde maintenant à deux fois avant de prendre un Indien pour cible — le Peau-Rouge se faisant rare et la police s'étant décidée à le protéger — les mœurs du cowboy ont peu changé depuis les temps héroïques chantés par Mayne-Reid et Gustave Aimard. Chacun pourra s'en rendre compte en assistant, au printemps prochain, à la fête qui est devenue si populaire dans le Far-West sous son nom expressif de Frontier-Day. C'est le jour — une journée qui s'allonge généralement en une semaine — où cowboys et Peaux-Rouges, *cowgirls* et *squaws*, célèbrent à leur façon l'arrivée des premiers blancs dans une région qui était encore inexplorée il y a un demi-siècle.

Et *leur* façon est aussi bruyante que pittoresque.

Denver servit longtemps de théâtre annuel au *great cowboy carnival*. Mais Denver, vieille de vingt ou trente ans, est devenue une cité populeuse et ambitieuse, et les ébats des cowboys porteraient atteinte à sa *respectability*. C'est à Cheyenne, une des villes naissantes du Wyoming, que se célèbre, depuis quelques années, le grand événement.

Bien avant le jour fixé, la population double son chiffre : des centaines, des milliers de cowboys, venus parfois de districts très éloignés, se sont donné rendez-vous à Cheyenne. Les maisons sont rares, et l'on campe dans les rues, sous la tente, ou encore à l'intérieur des énormes chariots qui ont amené des familles entières, avec leurs ustensiles de cuisine et leurs provisions. Et les curieux de New-York, de Chicago, de San-Francisco, mêlent leurs complets de coupe élégante aux chemises de soie colorée et aux larges pantalons en peau de mouton des cowboys.

Ces touristes n'ont pas toujours à se féliciter de leur déplacement. Le *competition day*, la journée des concours, est généralement précédée de manifestations où le badaud ne prend pas le meilleur rôle. Par bandes compactes, les turbulents enfants de la Prairie s'engouffrent au grand galop dans les rues gaiement décorées, et tant pis pour les imprudents qui auront voulu voir la cavalcade de trop près ! Ils auront beau se jeter de côté ; le *lariat*, lancé par une main aux gestes rapides, les décoiffera sans égards, à la grande joie des spectateurs en sûreté sur les balcons.

Mais voici que s'ouvre le *great show*. Autour du parc, que des clôtures de bois transforment en arène, s'écrase la foule bigarrée où tous les Etats situés entre le Mississipi et les Rocheuses ont versé leur contingent. Et cette multitude se passionne, entre en délire, dès les premières épreuves qui, cependant, ne sortent pas de la banalité des sports communs.

Ce sont des courses de vitesse et des courses d'obstacles, entre cowboys d'abord, puis entre Peaux-Rouges, enfin entre représentants des deux races. L'épreuve qui suit est plus intéressante : huit jeunes filles, d'authentiques *cowgirls*, se disputent, en une course de 800 mètres, le glorieux titre de *Champion Lady Rider of the World* (le championnat d'équitation du monde entre femmes). Et c'est au tour des *squaws*, des Indiennes, de montrer leur habileté d'écuyères sur de fougueux coursiers qui n'ont d'autres harnais qu'une couverture sanglée et une bride.

Mais voici une autre épreuve qui sent déjà son Far-West : la *cowboy's stake race*, où les concurrents courent au galop autour d'un poteau dans le plus petit rayon possible. La *hat race* ne manque pas non plus de couleur locale : lancé à un galop fou, le cavalier doit ramasser cinq chapeaux échelonnés sur le sol et les jeter successivement par-dessus l'encolure du cheval.

Le *man-roping contest* ouvre la série des grands championnats. Trois cowboys, qui ont consenti à jouer un rôle aussi passif que dangereux, partent à fond de train dans la direction de la tribune officielle. Quand ils ont pris une avance de 30 mètres, les concurrents se lancent à leur poursuite en faisant tournoyer dans l'air leurs longs lariats de cuir. Il s'agit de prendre les fuyards au lasso avant qu'ils aient atteint le stand. Ceux-ci, le buste collé sur le cou de la monture afin d'offrir moins de prise au nœud coulant, n'ont d'autre ressource que d'activer, de leurs longs éperons d'argent, l'allure de leurs bêtes. Que la boucle se noue à leurs épaules, et un geste mal calculé du « lasseur » peut les jeter tout meurtris sur le sol.

Si brutal que soit ce sport, ce n'est qu'un jeu d'enfants auprès du *steer roping contest*, dont la description nous entraînerait trop loin et qui a l'inconvénient de provoquer des chutes, trop souvent mortelles. Il suffira de dire qu'à tour de rôle, les concurrents doivent capturer au lasso un taureau sauvage en l'attrapant par la jambe que désigne le jury.

Mais le « clou » de la fête est assurément le *wild horse race*. Sommairement exposée, voici en quoi cette épreuve consiste. Des chevaux indomptés, poussés dans un enclos, sont tirés au sort. Et le prix appartient à celui des concurrents qui aura mis le moins de temps à seller son *broncho* et à lui faire faire le tour de l'arène. La foule qui se presse sur le parc de Cheyenne sait deviner, aux regards qui brillent dans les yeux des *bronchos*, ceux dont les révoltes lui fourniront des émotions prolongées. Tirant sur le lasso qui les étrangle, ruant, se cabrant, cherchant à mordre, les chevaux sont entraînés hors du *corral*. Aux cowboys à user maintenant de ruse et d'agilité. Il faut, avant tout, aveugler la bête affolée et furieuse en lui couvrant les yeux avec un mouchoir ou un morceau de toile à sac. Et cette première opération n'est pas d'une exécution facile.

Privé de la lumière, le cheval semble dompté. Mais le contact de la selle remet tout en question. Comme frappé de folie furieuse, l'animal bondit en l'air, retombe, se redresse, lance des ruades terribles dans toutes les directions. Mais ce sont là autant de vains efforts. La sangle bouclée, le cowboy a bondi en selle, et, qu'il le veuille ou non, le rebelle devra faire son tour de piste, même en l'accompagnant des plus folles contorsions. Il pourra, en un accès de rage, se rouler à terre : en se redressant sur ses jarrets, il sentira de nouveau sur ses reins indomptés le poids de l'homme.

La fête se termine, enfin, par un concours des plus pittoresques, le *bucking contest*, où ne figurent que les casse-cou, d'une part, les chevaux réputés indomptables, de l'autre. Car il est des *bronchos* qui ne s'accommodent jamais de l'esclavage, véritables bêtes féroces que les cowboys appellent assez justement des « cyclones ».

En cette circonstance, les concurrents sont secondés par des camarades. Le candidat au titre envié de *Champion Rough Rider of the World* se tient au milieu de l'arène, sa selle près de lui. On amène l'obstiné rebelle, qui lutte pied à pied contre la grappe humaine qui le traîne. A gestes lents, un homme remonte sa main le long de la corde, atteint la crinière, réussit, non sans s'y reprendre à plusieurs fois, à brider la bête aveuglée sous le mouchoir. Et la pose de la selle et de la sangle exige encore de longues minutes de patience.

Debout près de la tête, le cowboy tourne l'étrier gauche de façon à pouvoir y introduire son pied rapidement. Tout est prêt. Les deux aides se jettent en arrière, tandis que, de sa main gauche, le cowboy s'accroche à l'oreille du cheval qui, déjà, tournait la tête, les dents menaçantes. Il peut ruer, maintenant : d'un bond, l'homme s'est mis en selle.

Et la foule amusée confondra, dans un même sentiment d'admiration, l'indomptable poney et l'intrépide cavalier, applaudira aux bonds désordonnés du cheval et au parfait équilibre que garde le cowboy. Et des fanatiques hurleront :

— *Thumb him ! Thumb him !*

« Mets-lui le pouce ! » Un ordre qui rappelle au *broncho-breaker* — au briseur de chevaux — qu'en appuyant du doigt sur l'épaule de la bête, en un point précis, il exaltera sa fureur jusqu'au paroxysme.

Mais malheur au cowboy dont la main, en une seconde critique, s'accrochera au pommeau de la selle ! « Tirer sur le cuir » (*to pull leather*) est un acte qui, en le disqualifiant, vaut au champion le plus populaire l'humiliation des sifflets.

Et celui-là n'oserait jamais revenir à Cheyenne, pendant la glorieuse semaine du Frontier-Day.

VICTOR FORBIN.

Le champion du monde des rough-riders en 1906.

Phot. Greiser.

LA FÊTE DES COWBOYS A CHEYENNE
Phot. W. C. Walke

DANS LE FAR-WEST. — **La course des chevaux sauvages.**
Cheyenne (État de Wyoming).

From Copyright Photograph by E. S. Curtis.

Apaches montés sur leurs mustangs.

LES DERNIERS PEAUX-ROUGES

17 AVRIL 1909

Les planches uniques de M. Edward S. Curtis, éditées aux Etats-Unis en une série de volumes et d'albums dont le prix total est fixé à 3.000 dollars (15.000 francs), sont reproduites ici pour la première fois par permission spéciale de leur auteur, désireux de faire connaître en France ses travaux photographiques et ethnographiques. Nos reproductions sont forcément réduites, mais l'une au moins, celle qui paraît en double page, donne une idée exacte de la beauté des épreuves originales.

Bien qu'ignoré du grand public, puisque aucune publication française ou même européenne n'avait été autorisée jusqu'ici à puiser dans l'album de l'auteur, le nom de M. Edward S. Curtis était déjà familier à tous ceux qui s'occupent d'ethnographie. Publiés dans des revues spéciales, ses articles sur les mœurs des Indiens de l'Amérique du Nord, sur leurs religions, sur leurs dialectes, avaient procuré à la science une précieuse mine de documents. On admirait en M. Curtis l'observateur sagace et sincère. Grâce à la primeur que *L'Illustration* offre à ses lecteurs, on découvrira en ce modeste savant, déjà doublé d'un explorateur intrépide, un remarquable artiste : ses épreuves photographiques valent des toiles.

A nos yeux de Français, ces belles compositions — nous reculons ici devant la brutalité du mot *instantanés* — évoquent tout un passé à la fois attendrissant et héroïque. Elles nous font revivre les heures passionnantes de notre enfance, quand nous dévorions les récits de Fenimore Cooper et de Gustave Aimard, quand nous vivions la vie de la prairie aux côtés d'Aigle-Noir, d'Œil-de-Lynx et autres héros des implacables guérillas du Far-West. Et nous constatons, avec une satisfaction naïve, que nos quinze ans ne s'étaient pas enthousiasmés à faux.

Ils existent donc ailleurs que dans les grands cirques forains, ces Peaux-Rouges dont l'existence finissait par nous apparaître comme un mythe, depuis que les Etats-Unis n'imposent plus à notre attention que leurs immeubles à trente ou quarante étages et leurs millionnaires

From Copyright Photograph by E. S. Curtis.

Guerrier apache traversant la Rivière Noire.

aux fantaisies maladives ! En nous les présentant dans leur milieu, au pied des falaises inaccessibles où se heurta si souvent l'impuissante colère des conquérants, ou encore à l'orée des déserts qui furent les suprêmes refuges des tribus irréductibles, Curtis nous rappelle qu'ils ne sont pas tous tombés sous les balles des blancs et que le Far-West chanté par les conteurs qui charmèrent notre enfance n'est pas encore une chose du passé.

Mais il est destiné à disparaître. Ses années sont comptées. Sa couleur locale a déjà perdu de son énergique beauté. Nous pouvons coudoyer encore des héros de Cooper et d'Aimard à trois ou quatre journées de New-York : la génération qui nous suivra en sera réduite à feuilleter l'album de Curtis, quand elle cherchera à se représenter ce que fut un Sioux ou un Apache. A en juger par les compositions reproduites ici on peut conclure qu'elle ne sera pas déçue.

***

Ce fut en 1898 que M. Curtis, qui jouissait déjà d'une brillante réputation comme photographe-naturaliste — c'est en cette qualité qu'il avait pris part à l'expédition arctique organisée par M. Harriman, le « roi des chemins de fer » — s'attela à la tâche gigantesque d'étudier par la plume et par l'objectif les mœurs de toutes les tribus de l'Amérique septentrionale. Un de ses amis intimes, M. Julian E. Itter, le peintre des Montagnes-Rocheuses, par l'intermédiaire de qui nous avons pu nous procurer quelques-unes des meilleures épreuves

ALCHISÉ, CHEF APACHE DE LA MONTAGNE BLANCHE

From Copyright Photograph 1903 by E. S. Curtis.

de l'artiste, nous a conté maintes anecdotes qui montrent ce qu'il en coûta de patience, d'endurance physique, de sacrifices matériels, à M. Curtis, pour mener à bien sa mission.

Il s'exposa souvent aux plus graves dangers pour atteindre son but. A force de diplomatie, il avait pu dresser sa tente parmi les farouches Pimas de l'Arizona, mais sans triompher de leur répugnance à s'exposer au regard mystérieux de l'appareil. Il comprit qu'il perdrait son temps s'il n'affrontait pas les terribles épreuves que les prêtres de la tribu imposent aux jeunes gens avant de les initier à leurs mystères religieux. Et il sollicita son initiation.

Or, voici en quoi consiste l'une de ces épreuves. Après un jeûne de plusieurs jours, les néophytes s'en vont chasser dans le désert le serpent à sonnette, reptile consacré à leurs dieux. Complètement nus, sans armes pour se défendre contre les terribles crocs à venin, les chasseurs ne doivent rentrer au village qu'en rapportant trois reptiles vivants, un dans chaque main, le troisième retenu entre les dents! Pour qui connaît la crainte qu'inspire, à juste titre, le dangereux reptile, l'épreuve apparaît comme un exploit extraordinaire.

Et, cependant, Curtis l'accomplit avec un brio qui lui valut l'admiration des Indiens les mieux aguerris. Il devenait, du coup, membre de la tribu. N'était-il pas le premier blanc qui avait eu le courage de courir pendant une heure à travers la plaine aride qui brûlait la plante de ses pieds nus, en tenant dans sa bouche et dans ses mains des serpents à la morsure mortelle?

Pour prendre des photographies dans de pareilles conditions, convenez qu'il faut aimer son art jusqu'à la folie, — jusqu'au sacrifice de sa vie!

From Copyright Photograph by E. S. Curtis.

Indiens Navaho accroupis dans la plaine et regardant l'horizon.

M. Julian Itter me contait encore sur Curtis une anecdote non moins caractéristique que la précédente :

C'était chez les Sioux du Dakota. Là encore, l'artiste avait réussi à se faire initier aux mystères de la tribu en se soumettant à des tortures corporelles. Il touchait enfin à son but : les Indiens consentaient à célébrer en sa présence une de leurs cérémonies les plus secrètes.

Comme il commençait à opérer, un sauvage crut plaisant de le bombarder à pleines poignées de sable et de gravier. Comprenant qu'il passerait pour un poltron s'il acceptait patiemment l'outrage, et que les Sioux n'auraient plus aucune considération pour lui, il s'élança, le couteau en main, sur son agresseur, sans se laisser intimider par sa stature gigantesque.

Cet acte pouvait lui coûter la vie. Seul en présence de ces centaines de Sioux, c'était peut-être provoquer leur colère que de courir sus à l'un d'eux. Mais l'insulteur avait un cœur de lièvre, pour emprunter ici une expression au vocabulaire des Peaux-Rouges. Quand on le vit s'enfuir devant le couteau de ce blanc qu'il eût pu assommer d'un coup de poing, la tribu tout entière acclama le valeureux photographe. Et, cette fois encore, son courage lui permit d'ajouter à sa collection quelques magnifiques clichés.

Durant ses dix années de pérégrinations à travers les régions les plus désolées de l'Amérique du Nord, il vit souvent la mort de près. Dans les montagnes de l'Arizona, un Indien ivre jura d'avoir son *scalp*, le blessa grièvement d'un coup de fusil, et, quand il gisait à terre, voulut le faire écraser par les sabots de son cheval à demi sauvage. Dans une autre circonstance, il dut quitter en pleine nuit son campement et se réfugier dans le désert, au risque d'y mourir de soif, parce que la mort subite d'un bébé, qu'il avait photographié le matin, avait ameuté contre lui toute la population.

Son courage lui suffisait pour affronter ce genre d'obstacles. Mais il eut à faire face à des difficultés d'un autre ordre, plus graves puisque leur solution ne dépendait plus d'un effort personnel. Je fais allusion aux dépenses considérables qu'entraînait nécessairement l'organisation de ses expéditions dans des contrées d'accès difficile. Et n'allez pas croire que nous abordions ici le chapitre le plus prosaïque de l'existence de notre artiste. Qu'on en juge par l'anecdote que voici :

Il avait préparé de longue main son séjour chez les Sioux du *Wounded-Knee* (du Genou-Blessé, nom d'un territoire indien du Dakota du Sud). Lié d'une vieille amitié avec d'autres rameaux de la nation sioux, qui l'avaient baptisé du nom indien de « Ba-zahola Wash-ti », il s'était assuré les services du chef Faucon-Rouge, le conviant, lui et vingt chefs de moindre importance, à une fête dont il prenait tous les frais à sa charge.

From Copyright Photograph by E. S. Curtis.

Prêtre Navaho personnifiant un dieu.

From Copyright Photograph 1904 by E. S. Curtis.

Un campement d'Indiens Jicarillas.

From Copyright Photograph 1906 by E. S. Curtis.

Cavaliers apaches surpris par l'orage.

LES DERNIERS PEAUX-ROUGES.

From Copyright Photo

Cavaliers Navaho au fond du Cañon del Muerto.
raph by E. S. Curtis.

A la date fixée, il arrivait au Genou-Blessé, après avoir chevauché cinq jours à travers les *Bad-Lands*, tout en poussant devant lui les dix bœufs destinés au festin. Mais Faucon-Rouge avait fait trop largement les choses : au lieu de vingt invités qu'il attendait, c'était trois cents guerriers qui avaient planté leurs tentes sur le lieu de rendez-vous. Et, parmi eux, se trouvaient des chefs aussi importants que Faucon-Rouge, tels Slow-Bull (Taureau-Lent), fils du fameux Sitting-Bull, et Corbeau-de-Fer. Tous voulaient recevoir les mêmes égards que Faucon-Rouge. Entendez par là qu'ils comptaient bien recevoir autant de bœufs que leur camarade.

Les Indiens cultivent avec passion l'art oratoire. Après un échange d'interminables discours entre Curtis et les chefs mécontents, ceux-ci consentirent à lui faire crédit des bœufs manquants : il les leur expédierait dès son retour à la civilisation. Mais, le lendemain matin, comme les Sioux se rangeaient en ligne de combat devant l'appareil du photographe, Taureau-Lent arrêtait le défilé pour réclamer, au cours d'une harangue qui durait une heure, une augmentation de cinq bœufs ! Puis, c'était Corbeau-de-Fer qui se prétendait lésé dans ses intérêts parce qu'un des muletiers de Curtis avait laissé tomber un peu d'avoine dans le sac de sucre qui lui était destiné !

From Copyright Photograph by E. S. Curtis.

Masque de fourrure que portent les sorciers.

La journée se gaspillait en d'interminables palabres. Désespéré, Curtis voyait déjà le moment où il lui faudrait rempaqueter ses appareils et s'en retourner bredouille. Mais il cachait son découragement, passait la nuit à rendre visite aux principaux chefs, sous leurs tentes, et, finalement, les gagnait tous à sa cause.

From Copyright Photograph by E. S. Curtis.

Le cactus géant qui fournit aux Pimas des fruits, une eau limpide et du combustible.

***

Il est temps d'abandonner le domaine de l'anecdote et de parler de l'œuvre de l'artiste et de l'écrivain, non sans rendre tout d'abord hommage au plus sympathique des « rois » américains, à M. J. Pierpont Morgan, qui tint à honneur d'aider E. S. Curtis dans l'accomplissement de sa tâche colossale, et qui voulut être le premier souscripteur de *The North American Indian.* Ce titre couvre vingt volumes édités avec un luxe inouï, et vingt portefeuilles contenant 720 photographies grand format, imprimées sur papier tissu japonais.

Dans ces vingt volumes copieusement illustrés, M. Curtis consacre à toutes les tribus des Etats-Unis et de l'Alaska des monographies qui sont autant de chefs-d'œuvre d'observation. Comme le dit M. Théodore Roosevelt, dans la préface vibrante d'enthousiasme qu'il a écrite pour l'*Indien Nord-Américain*, Curtis ne s'est pas contenté « de vivre l'existence vigoureuse du Peau-Rouge, mais il a pénétré, plus profondément que tous les blancs qui le précédèrent, dans la vie spirituelle et mentale de l'Indien ».

En cette œuvre grandiose, véritable monument élevé à la mémoire d'une race qui ne sera plus demain qu'un souvenir, le laborieux écrivain nous initie aux mœurs de l'Apache, à son passé héroïque et farouche. Et nous sommes tout surpris d'apprendre que ces *Apatieh*, qui terrorisèrent pendant des siècles une région grande comme la moitié de l'Europe, avant de défendre leur indépendance pendant cinquante ans contre les forces combinées de deux grandes républiques, les Etats-Unis et le Mexique, ne dépassèrent jamais le nombre de 10.000 âmes.

Pouvons-nous encore nous étonner qu'il n'en reste qu'un peu moins de 5.000 après les guerres d'extermination entreprises contre leur tribu ? Quelques bandes ont accepté le nouveau régime : ces incorrigibles nomades sont devenus de paisibles fermiers. Mais les autres sont encore hantés par la promesse d'un Messie, qui viendra tôt ou tard libérer la race rouge.

V. FORBIN.

From Copyright Photograph by E. S. Curtis.

Guerrier Mohave sur la rive du Colorado.

UN FORMIDABLE ENGIN DE LABOUR. — La charrue américaine à huit socs.
Phot. W. H. Ballou.
15 AVRIL 1911

De tous les spectacles imprévus que l'Amérique peut offrir à l'Européen, celui des immenses exploitations agricoles de l'Ouest ou du Nord-Ouest doit être l'un des plus saisissants, tant les méthodes de mise en valeur de la terre diffèrent de ce que nous avons accoutumé de voir. Par exemple, s'imagine-t-on quelle serait la stupéfaction d'un paysan breton ou morvandiau, habitué à tenir tout le jour, derrière ses bœufs ou son cheval, pour défricher un champ de quelques mètres, le mancheron de sa petite charrue, œuvre du forgeron de son village, — et même d'un cultivateur de la Beauce ou de la Brie, pourtant si bien cultivées, dotées d'instruments plus perfectionnés, en présence de l'engin représenté ici ? C'est une charrue à huit socs, creusant à la fois autant de sillons d'un bout à l'autre de l'horizon, fouillant le sol à une profondeur de 40 centimètres, déchirant irrésistiblement le terrain le plus rebelle, travaillant sans répit nuit et jour, et arrivant à labourer pour un prix de revient de 3 francs à 7 fr. 50, maximum, un hectare de terrain. Le titanesque engin et son moteur à gazoline désormais font corps, constituent un organisme autonome qui se déplace en tous sens au gré des laboureurs. Un homme au volant de direction, un autre aux leviers actionnant, à l'arrière, les socs, c'est tout le personnel qu'il y faut.

NOIR ET BLANC. — La récolte du coton par

Des enfants noirs cueillent de la lumière dans un champ de soleil !... Et cela n'est point, comme il pourrait sembler, une vision fabuleuse de quelque légende enchantée. Il s'agit bien — la vérité photographique en témoigne — d'une scène de la vie réelle, de la vie rustique américaine, saisie par l'objectif dans quelque plantation de la Louisiane, aux heures étincelantes de la cueillette du coton. La récolte blanche est chaque année, là-bas, dans ces immenses exploitations, un événement considérable. On voit les nègres s'empresser d'abandonner les villes, pour participer au cotton picking *et aux réjouissances qui l'accompagnent. Les écoles elles-mêmes se vident, car la*

des nègres dans une plantation de la Louisiane. (25 MARS 1911)

cueillette, facile et rémunératrice, est par excellence un travail de femmes et d'enfants... Il continuera d'en être ainsi, pour la joie de la population noire, exceptionnellement cajolée par les planteurs, jusqu'au jour, prochain hélas ! où, là aussi, l'automatisme se sera substitué à la main-d'œuvre. Un inventeur ne vient-il pas en effet d'imaginer une machine qui, de ses doigts d'acier, enlève les cocons mûrs tout en respectant les tiges des arbustes et les cocons à peine éclos ?... Alors, ce sera la fin de tout ce pittoresque blanc et noir dont peut-être il était urgent de fixer, par le cliché, la vie ardente et la violente lumière.

LES CHANTIERS AÉRIENS DE NEW-YORK. — Comment les monteurs de char

Voici par quelle voie les « monteurs » qui édifient les charpentes en fer des gigantesques gratte-ciel américains gagnent, le matin, leur poste de travail, au dixième, au vingtième au quarantième étage ; par quelle voie ils en redescendent, la journée terminée : une double chaîne, munie de crochets, la même qui sert à monter les matériaux, actionnée par une grue électrique, les hisse, les pieds posés sur les crochets, agrippés des mains aux maillons, à des hauteurs vertigineuses. Le vent, chemin faisant, les balance, amplifie les oscillations de la chaîne. Il leur faut, par des contractions, rétablir à tout instant leur équilibre compromis. Arrivés là-haut, une corde les tire jusqu'à la poutre où ils vont

pentes métalliques des " gratte-ciel " gagnent leur poste de travail par la voie des airs.

reprendre leur labeur. Cette photographie fut prise de la Batterie, devant une maison en construction dans West Street, qui ne sera pas, d'ailleurs, l'une des plus hautes de New-York. En bas, c'est le port, l'Hudson, avec les grands paquebots amarrés à quai, les docks et le va-et-vient de leurs travailleurs innombrables. Et de voir cet homme suspendu, à la merci d'une défaillance des nerfs ou des muscles qui le précipiterait à terre, fracassé, le vertige étreint les plus intrépides des profanes. Lui, cependant, paraît plus calme qu'un enfant sur une escarpolette de fête foraine.

LE QUARTIER DES IMMEUBLES GÉANTS DE NEW-YORK VU

On travaille actuellement, à New-York, à la construction d'un skyscraper auprès duquel, selon l'expression du magazine américain Harper's Weekly, *« tous les autres gratte-ciel cesseront d'être impressionnants ». Le* Woolworth building *aura en effet 228 mètres de hauteur au-dessus de la chaussée. Ce sera le monument le plus élevé qu'ait jamais érigé l'homme, après, bien entendu, notre tour Eiffel, qui bat encore tous les records. Il présentera cinquante-cinq étages, alors que le premier des édifices de ce genre.*

)ES ÉCHAFAUDAGES DE CELUI QUI LES SURPASSERA TOUS. 3 AOÛT 1912

celui de la Home insurance Cy, *qui nous semblait pourtant gigantesque, n'en avait qu'une dizaine. On se fait idée, par la photographie reproduite ici, de la façon dont il domine tous les géants jaillis avant lui du sol de l'île de Manhattan. Et pourtant, il est inachevé, et ce cliché fut pris des echafaudages. Ces monstrueux édifices ont pu d'abord nous étonner, et, déroutant nos habitudes d'œil, nous sembler inesthétiques. Maintenant que nous y sommes accoutumés, nous arrivons à concevoir que l'énorme, le démesuré a sa beauté, et même, avec leurs fenêtres innombrables, ces façades monotones mais claires, où la lumière semble passer comme à travers une dentelle, ont leur élégance, leur style.*

Devant l'*Armory*, à New-York : soldats du 71e régiment mobilisés pour le service actif.

L'ENTRÉE EN GUERRE DES ÉTATS-UNIS

(NOTES D'UN TEMOIN)

5 MAI 1917

New-York, avril 1917.

Le drame — ce drame qui se déroule depuis trois mois dans la conscience américaine — touche à sa fin. Torpillage du *Laconia*, torpillage du *Vigilancia*, torpillage de tous les navires américains, qu'ils aillent en Angleterre ou qu'ils en reviennent, torpillage des cargos chargés et des cargos vides, tout cela précipite le dénouement. Il faut ou s'humilier ou se battre. Là-dessus pas de doute possible : l'Amérique se battra.

Du fond de son bureau de Maison-Blanche, le Président fait le geste attendu : il convoque les milices et il convoque le Parlement.

Ce sont les deux derniers actes qui vont se jouer. Voyons les deux derniers actes...

***

New-York : l'arrivée des premières troupes.

New-York, en tout et pour tout, a une grande caserne: c'est l'Armory, vieux donjon situé sur la quatrième avenue. Généralement, l'Armory sert de local pour ventes de charité, ou pour expositions, ou pour conférences scientifiques. Des flots paisibles de passants battent ces vieilles murailles derrière lesquelles on ne vit jamais de troupes.

Mais, aujourd'hui, l'Armory a revêtu un aspect guerrier. Une sentinelle croise devant sa façade et des autos militaires stationnent devant son portail. L'Armory attend les seuls visiteurs qu'elle ne reçoit jamais, — des soldats.

Sur le coup de 7 heures du soir, ces soldats apparaissent. Ils arrivent, musique et drapeaux en tête, par la quatrième avenue, sortant à flots pressés de la gare du Grand Central. Ils forment la valeur d'un régiment, le 71e d'infanterie. Ce sont des *militiamen*, c'est-à-dire des hommes de la milice. Nous dirions, nous autres, des hommes de la garde nationale. Ils marchent en ordre parfait, dans le même ordre que marcherait un régiment de métier. Ils ont un équipement irréprochable et battant neuf. Dans leur tenue khaki et avec leurs feutres mous, ils ressemblent à s'y méprendre aux premiers régiments australiens qui, en 1914, débarquèrent en France.

Une foule énorme fait la haie. Elle est étrange, cette foule. Elle est cordiale mais silencieuse, fière mais muette. Pas un cri, pas un vivat. Aucun chapeau d'homme ne se lève, aucun mouchoir de femme ne s'agite. Le pas cadencé des

« Quelque part dans le Massachusetts » : la garde d'un pont.
La censure instituée aux Etats-Unis n'a pas permis une légende plus précise.

soldats résonne sur le bitume dans la nuit. Quand la dernière escouade s'est engouffrée sous l'Armory, la foule se disperse sans un bruit, sans un heurt, sans un mot d'impression. On se croirait dans le royaume des ombres, au pays des fantômes.

Dès le lendemain, l'aspect de New-York est pourtant modifié. Il y a des officiers en khaki aux tables des restaurants, des soldats en khaki au coin des carrefours, des étoffes de khaki aux vitrines des tailleurs. L'aspect des voies ferrées est également changé: sur la ligne de Washington et sur celle de Boston, des petites tentes se dressent en bordure de la voie et on voit des factionnaires monter la garde près des tunnels, sous les ponts, à l'entrée des gares.

Ce n'est pas encore la guerre. mais c'est l'annonce lointaine de la guerre.

***

Washington: la salle de la Chambre des représentants où va se réunir le Congrès.

Une salle qui rappelle, sous certains rapports, celle de notre Sénat.

Quatre cents fauteuils y sont disposés en demi-cercle et c'est de ces fauteuils que parlent les députés. La tribune, placée sous l'estrade du speaker, est ordinairement occupée par un vieux *clerk* à lunettes qui, d'une voix chevrotante

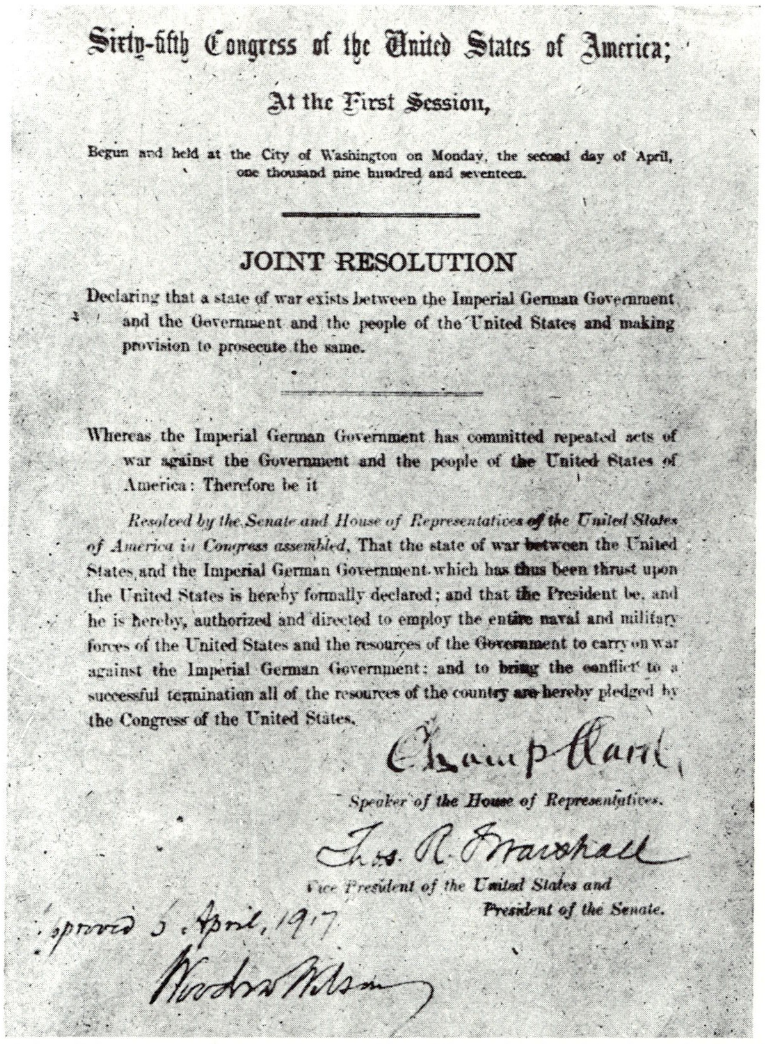

Sixty-fifth Congress of the United States of America;

At the First Session,

Begun and held at the City of Washington on Monday, the second day of April, one thousand nine hundred and seventeen.

JOINT RESOLUTION

Declaring that a state of war exists between the Imperial German Government and the Government and the people of the United States and making provision to prosecute the same.

Whereas the Imperial German Government has committed repeated acts of war against the Government and the people of the United States of America: Therefore be it

Resolved by the Senate and House of Representatives of the United States of America in Congress assembled, That the state of war between the United States and the Imperial German Government which has thus been thrust upon the United States is hereby formally declared; and that the President be, and he is hereby, authorized and directed to employ the entire naval and military forces of the United States and the resources of the Government to carry on war against the Imperial German Government; and to bring the conflict to a successful termination all of the resources of the country are hereby pledged by the Congress of the United States.

Champ Clark,
Speaker of the House of Representatives.

Thos. R. Marshall
Vice President of the United States and
President of the Senate.

Approved 6 April, 1917
Woodrow Wilson

Fac-similé de la Résolution conjointe de la Chambre et du Sénat américains datée du 6 avril et déclarant « l'Etat de Guerre entre le Gouvernement Impérial Allemand d'une part et d'autre part le Gouvernement et le Peuple des Etats-Unis » et prévoyant les mesures à prendre pour mener cette guerre à bonne fin.

quoique déclamatoire, donne lecture des projets de loi et des ordres du jour.

Quand le Président vient « s'adresser » au Congrès, on ajoute des chaises derrière les sièges habituels des représentants pour permettre aux sénateurs de prendre place. Et le vieux clerk disparaît, abandonnant son pupitre surélevé au chef de l'Etat qui parle de là comme d'une tribune.

Ce soir-là — 2 avril 1917: une date de plus dans l'Histoire — la salle est, selon la locution habituelle, pleine à craquer. On s'écrase dans les tribunes du public, galamment abandonnées aux dames qui y montrent les unes des corsages roses, les autres des épaules nues émergeant de toilettes de soir. On s'étouffe dans la galerie de la presse, où des journalistes du Texas et de l'Alaska sont venus être témoins de la grande scène. On se presse jusque dans les fauteuils sénatoriaux où des *congressmen* ont obtenu l'autorisation de tenir dans leurs bras ou sur leurs genoux leurs plus jeunes enfants afin que, serrés sur la poitrine de leurs pères, ils assistent à l'acte historique.

A 8 h. 39, chacun est en place et la voix de l'huissier jette l'annonce attendue:

— Le Président des Etats-Unis!

Comme mue par un ressort, la salle se dresse. Une acclamation s'élève, une de ces étranges acclamations américaines faites pour une part de bravos, de miaulements et de sifflets, — car le sifflet qui, chez nous, est le comble du mépris, est ici le comble de l'honneur. Lentement le Président fait son entrée et gagne la tribune. Sa figure est de marbre, son œil clair se pose droit devant lui, sa main n'a pas un tremblement; mais c'est dans la démarche, dans d'imperceptibles mouvements du corps qu'on sent l'émotion. Il plonge sa main dans la poche intérieure de sa jaquette et en tire de minuscules feuilles de papier sur lesquelles, du haut des galeries, avec une lorgnette, on distingue d'imperceptibles signes d'écriture. Il prend une attitude militaire dont, pendant trente-cinq minutes, il ne se départira pas, le buste très droit, les genoux et

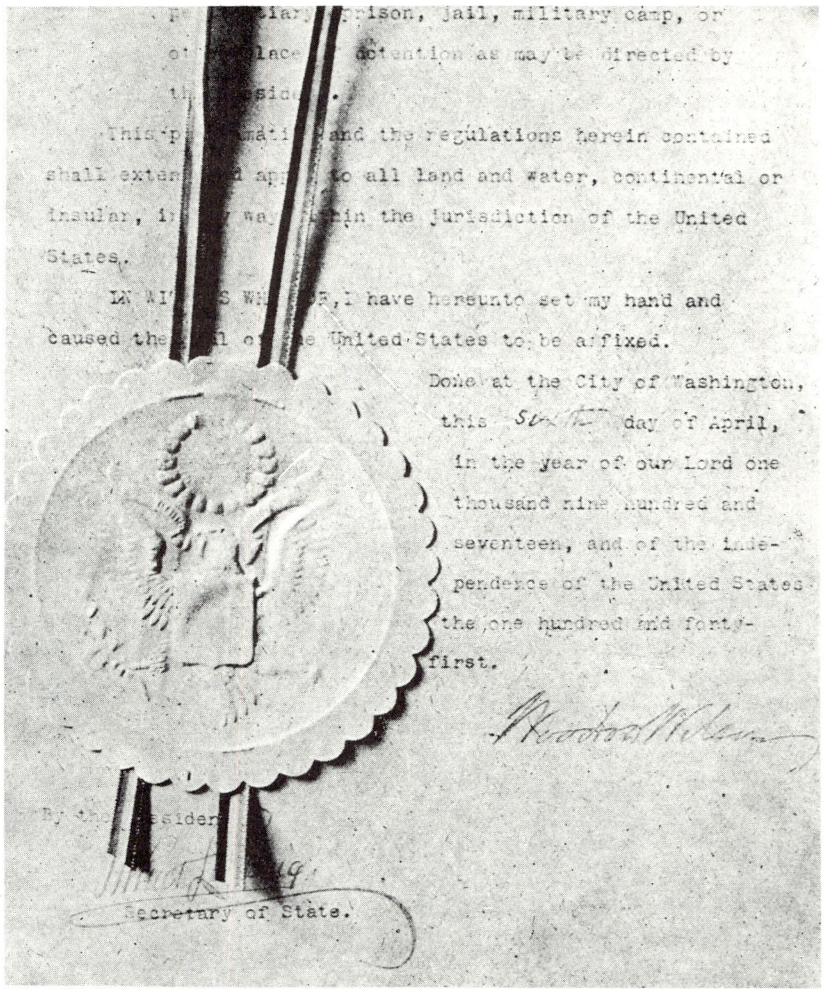
p[...]iary, prison, jail, military camp, or
o[...]lace [...] detention as may be directed by
th[...]esid[...].
This p[...]amati[...] and the regulations herein contained
shall exten[...] app[...] to all land and water, continental or
insular, i[...] wa[...]in the jurisdiction of the United
States.
IN WIT[...]S WH[...]F, I have hereunto set my hand and
caused the [...]l o[...]e United States to be affixed.
Done at the City of Washington,
this Sixth day of April,
in the year of our Lord one
thousand nine hundred and
seventeen, and of the inde-
pendence of the United States
the one hundred and forty-
first.
B[...] th[...]sident[...]
Secretary of State.

Fac-similé de la dernière page de la Proclamation de Guerre avec l'Allemagne, signée par le Président Wilson et le Secrétaire d'Etat Lansing.

les talons joints, les bras au corps, les coudes appuyés sur le pupitre surélevé de la tribune, les mains tenant les minuscules feuillets. Puis, il commence à lire...

La voix, quoique remarquablement claire et nette, est froide. On sent qu'elle est volontairement froide. Elle est surtout uniforme. Il n'y a pas ce changement de diapason qui remue la foule et fait jaillir les applaudissements. Les mots seuls ici parlent au cœur et à la pensée. Si on applaudit, ce sont les mots et les idées qu'ils expriment qu'on applaudira, pas la façon dont ils ont été jetés dans le public.

Pour le moment, on écoute religieusement, silencieusement. Les trois mille êtres humains, qui sont enfermés dans cette étroite salle, retiennent leur respiration. Pas un mouvement, pas un souffle. Les enfants eux-mêmes dont je parlais tout à l'heure, accrochés au cou de leurs pères, semblent de petites statues hypnotisées par cet homme pâle qui, de sa voix implacable, lit et énumère tous les méfaits allemands...

L'exposé est terminé et le Président arrive au grand problème. Quel choix fera la nation américaine ?... La voix ne hausse pas le ton, mais elle se fait encore plus nette, encore plus précise et elle articule :

— Il y a un choix que nous ne ferons pas, que nous sommes incapables de faire : nous ne choisirons pas le chemin de la soumission. (*We will not choose the path of submission!*)

La phrase n'a pas été prononcée qu'une clameur énorme, invraisemblable, est partie de l'assemblée silencieuse et figée. Cette clameur ébranle les voûtes du palais. Elle grandit. Elle se prolonge. Il y a de tout dans cette clameur : de la délivrance, de la joie, de la fierté, de la force, — et même l'annonce des victoires futures.

Mais l'homme pâle, dont pas un muscle de la figure n'a tressailli dans cette tempête d'ovation, continue la lecture de ses petits feuillets :

— *Avec le profond sentiment de l'heure tragique que nous passons et des responsabilités qu'elle comporte, je conseille au Congrès de déclarer que les récents actes du gouvernement impérial allemand ne constituent rien moins que la guerre...*

Le mot est prononcé. Et il est à peine prononcé que là, à quelques mètres du Président, on voit un homme debout qui dresse sa tête blanche et l'incline pour approuver. C'est le High Chief Justice de la Cour suprême. C'est le plus haut magistrat de la République. C'est un vieillard respecté à l'égal de la Loi qu'il incarne. Le premier, lui, la personnification du Droit, il acclame la guerre faite pour le Droit.

Derrière lui, l'assemblée tout entière s'est dressée. Elle jette un cri grave et profond, — le même cri que jetait le 3 août 1914 la Chambre française quand elle saluait l'entrée en lutte de la nation. Minutes solennelles et inoubliables où ce qu'il y a de factice dans les assemblées parlementaires s'évanouit et disparaît et où on sent par delà l'auditoire présent passer le frémissement lointain de toute une race humaine !...

Chaque phrase du message est ensuite coupée d'applaudissements. Et la péroraison, qui, par l'élévation de la pensée et l'harmonie de la forme, est peut-être un des plus beaux morceaux d'éloquence qu'on ait entendus dans cette guerre, a les honneurs de la triple salve. Pourtant, pour dire ces paroles admirables : « *Le droit est plus précieux que la paix... L'Amérique est privilégiée de pouvoir donner son sang pour le principe à qui elle doit sa naissance...* » Pour dire tout cela, la voix n'a pas changé : elle n'est devenue ni plus emphatique, ni plus déclamatoire; elle est restée sévère et sereine. C'était bien la voix de l'immanente et austère Justice qui parlait.

Et maintenant c'est fini... Le président Wilson descend lentement les quatre degrés de marbre de la tribune, sort de la salle et gagne le salon qui sert de bureau de travail au speaker de la Chambre des représentants.

Un homme est là sur le pas de la porte qui s'avance vers le chef de l'Etat, la main tendue. Cet homme est M. Lodge, leader au Sénat du parti républicain, principal adversaire politique de M. Wilson avec lequel, depuis quatre ans, il n'a pas échangé une parole.

— Monsieur le Président, dit le sénateur Lodge, vous avez su vous élever à la hauteur de la plus grande décision qu'ait eu à prendre un chef d'Etat américain.

Cette fois, M. Wilson n'est plus de marbre. L'hommage ainsi rendu par un adversaire lui va droit au cœur et une émotion, laquelle n'est pas feinte, se lit dans son regard. Il saisit la main qui lui est tendue et la serre avec effusion. Ici en Amérique, après trois ans de guerre, même geste d'union sacrée que là-bas en France, au début du terrible conflit...

Puis le Président prend congé des personnes présentes, descend le grand escalier de marbre, s'engouffre dans sa voiture et s'éloigne enveloppé d'un escadron de gardes. En route, dans Pennsylvania Avenue, le cortège croise une batterie d'artillerie qui gagne la gare d'embarquement. C'est un symbole...

Le dernier acte de la rupture des Etats-Unis avec l'Allemagne est joué. Le premier acte de la guerre des Etats-Unis contre l'Allemagne commence.

La Maison-Blanche, résidence du Président des États-Unis, vue d'une galerie du bâtiment de la Guerre.

UNE VIVANTE STATUE DE LA LIBERTÉ. — Reconstitution de la célèbre statue de Bartholdi par une agglomération de 8.000 officiers et soldats, sur le terrain de manœuvre d'un camp d'instruction américain.

Copyright by Mole and Thomas (Chicago) from Underwood and Underwood (New-York).

12 OCTOBRE 1918

Nos amis américains ont un goût très développé pour les représentations symboliques; leur esprit, à la fois positif et idéaliste, se complaît à réaliser, en vivantes allégories, les idées abstraites. Voici comment ils ont vivifié, au moyen de dix-huit mille défenseurs de l'indépendance des peuples, la célèbre et gigantesque figure de la Liberté éclairant le monde.

C'est dans la vallée de la rivière des Moines, sur le terrain de manœuvre du camp Dodge, que fut bâtie, en matière humaine, cette originale construction. On fixa à terre, suivant les contours du dessin, des milliers de yards de ruban blanc et dix-huit mille officiers et soldats prirent les places qui leur avaient été assignées. Les lignes des doigts, de la coiffure, de la torche, les plis de la tunique furent accentuées par des files de soldats vêtus de blanc, les uns en chapeau, les autres nu tête. Tout cela était conçu pour être vu d'une tour sur laquelle furent placés des appareils photographiques et, bien entendu, cinématographiques. Pour satisfaire aux exigences de la perspective et obtenir les proportions normales entre les diverses parties de la colossale statue humaine, on fut obligé d'augmenter progressivement, de la base au sommet, les longueurs et les superficies. Sur les 376 mètres de hauteur totale, le corps, de la base à l'épaule, ne mesurait que 45 mètres, tandis que la longueur couverte sur le terrain par le bras droit était de 42 mètres, par le pouce droit de 10 m. 60, par la flamme de la torche de 182 mètres, par la torche et la flamme réunies de 298 mètres. Aussi le nombre d'hommes qui s'entassaient dans le flambeau emblématique était-il de 13.800 sur l'effectif total de 18.000.

L'AMÉRIQUE « SÈCHE »
20 SEPTEMBRE 1919

LES RÉSULTATS DE LA PROHIBITION NATIONALE

Depuis le 1er juillet, la prohibition des boissons enivrantes est en application aux Etats-Unis. Qu'on y songe bien, voici deux mois et demi qu'une population supérieure à cent millions d'habitants accepte d'être au régime des *soft drinks,* c'est-à-dire des boissons ne contenant aucun alcool ou, jusqu'à nouvel ordre, de la bière légère titrant 2 degrés ¾, pourcentage que les brasseurs prétendent insuffisant pour provoquer l'ivresse.

Comme la loi n'a pas déterminé le degré d'alcool au delà duquel une boisson est présumée enivrante, les tribunaux ont été saisis du cas de cette bière à 2.75, qu'on appelle *near beer,* ce que je traduirai, après en avoir bu sans enthousiasme, par « bière à peu près ».

Il ne faut évidemment pas prendre la prohibition au pied de la lettre et croire qu'à dater du 1er juillet un coup de baguette magique a rendu tous les Américains à l'abstinence et leur a ôté toutes les possibilités de s'en écarter.

Des particuliers riches ont pris la précaution de remplir leurs caves. De moins fortunés trouvent encore des établissements qui ont fait pour eux leurs provisions et mettent celles-ci à leur disposition contre un bon prix, plus ou moins ouvertement, selon les villes.

D'autre part, bien des familles se construiraient, dit-on, leur petit alambic domestique, et, à la campagne, les bouilleurs de cru feraient de grands projets. Bien des droguistes, qui vont être seuls détenteurs avoués de vin et d'alcool à titre médicinal, n'auraient peut-être pas, pour justifier tant de confiance, la conscience garnie de la triple cuirasse d'airain dont parle le poète. Mais qui s'attendait à voir se résigner, du jour au lendemain, à l'ordre nouveau toute la génération actuelle de ces buveurs, qui ont fait à la race anglo-saxonne une réputation qu'elle confesse d'ailleurs avec une belle franchise?

Seulement les stocks ne seront tout de même pas éternels, tout le monde ne se fera pas fraudeur, ni toutes les autorités aveugles et muettes, et si le président Wilson a suggéré au Congrès de retarder ou d'adoucir la prohibition, il n'en a pas moins, lorsque celui-ci a refusé de le suivre, signé le brevet de trois cents officiers de police spéciale de renfort. Du reste, la redoutable organisation des prohibitionnistes veille. Les femmes de buveurs aussi, et elles dénoncent ceux qui ont abreuvé leur mari de boissons interdites. Et comme la fabrication du whisky est arrêtée depuis le 8 septembre 1917, celle de la bière depuis le 1er décembre 1918, que l'importation est interdite et que distilleries et brasseries ont fermé ou se transforment avantageusement en fabriques de boissons sans alcool, de glace alimentaire, dont il y a pénurie, et de conserves de toutes sortes, dont l'Europe est avide, il est probable que le nombre des récalcitrants ne demeurera pas, il s'en faut, ce qu'il est aujourd'hui.

⁂

La loi américaine n'est pas une de ces lois comme il s'en escamote aux Chambres françaises par les tours de passe-passe d'une poignée de parlementaires: voyez le monopole de l'alcool, discuté et voté chez nous par 22 députés. Le Congrès, lui, fut présent aux séances et prit ses responsabilités.

Ce n'est pas non plus une loi de guerre, imposée par surprise au pays dont l'attention était détournée, et en l'absence du corps électoral mobilisé. Car voici quatre ans et demi que la prohibition fédérale est en discussion publique et a fait l'objet de votes successifs devant le Congrès et devant les Parlements respectifs des 48 Etats de l'Union, dont la moitié avaient une législation prohibitionniste et où elle a souvent rencontré unanimité des votes.

Lorsqu'enfin, le 1er juillet 1919, « jour de la grande soif », — comme l'intitulaient à la devanture des marchands de boissons des banderoles de calicot imprimé invitant à profiter des soldes pour cessation de commerce, — la prohibition fut étendue aux 48 Etats, le nombre de ceux qui s'étaient déjà placés eux-mêmes sous ce régime, par la volonté de leurs législatures indépendantes, atteignait 32. Certains étaient prohibitionnistes depuis plus d'un demi-siècle.

D'ailleurs, c'est deux fois de suite que le Congrès a eu à se prononcer pour adopter la prohibition fédérale. Il ne s'est pas déjugé: deux fois il a voté dans le même sens. En effet, il y a deux prohibitions: la première, celle en vigueur depuis le 1er juillet 1919 et destinée à ne durer que jusqu'à la fin de l'état de guerre et de la période de démobilisation, fait partie d'un ensemble de dispositions votées en 1918 pour sauvegarder au profit de l'Europe affamée les ressources du ravitaillement américain; la seconde est la prohibition définitive qui entrera en vigueur le 16 janvier prochain.

Celle-ci ne date pas d'hier. Elle remonte à la résolution déposée en décembre 1914 devant la Chambre par le capitaine Richmond P. Hobson, alors membre de la Chambre des représentants, le héros de la marine américaine qui coula à Santiago, pour obstruer la passe, le *Merrimac* qu'il commandait ; devant le Sénat par Morris Sheppard, sénateur du Texas, Etat qui pratique la prohibition depuis trente-sept ans et où l'on compte, m'a-t-on dit, une automobile par cinq habitants.

La pompe du village.
Elle tend à l'ivrogne devenu abstinent une main secourable.

Ni alcool, ni bière, — pas de travail.
L'agent de police et le juge, qui n'ont plus de délinquants à arrêter ou à condamner depuis la prohibition.

CARICATURES AMÉRICAINES

Cette résolution, destinée à incorporer à la Constitution américaine une loi de prohibition qui, de cette façon, deviendra obligatoire pour l'Union tout entière et dominera les législations d'Etat, a été votée en 1917 par le Congrès; elle est aujourd'hui l'amendement 18, que voici, à la grande Constitution :

Un an après ratification de cet amendement seront interdites la fabrication, la vente, la circulation, l'importation et l'exportation de toutes boissons enivrantes, aussi bien en ce qui concerne les Etats-Unis que les territoires soumis à leur juridiction.

Le Congrès et les législatures d'Etat ont concurremment le pouvoir de renforcer cette disposition par toute législation appropriée.

Le présent texte demeurera inopérant tant qu'il n'aura pas été ratifié comme amendement à la Constitution par les Parlements des Etats suivant la procédure prévue à la Constitution, et cela dans un délai de sept années.

La majorité constitutionnelle de ratification est de 36 Etats sur 48. Or 45 ratifications furent obtenues, Rhode-Island, Connecticut et New-Jersey refusant seuls la leur. Sept années, on vient de le lire, avaient été prévues comme délai de ratification : un an s'était à peine écoulé, le 16 janvier 1919, que la majorité requise des 36 ratifications était déjà réunie. La mise en application devant survenir douze mois après l'obtention de cette majorité, c'est le 16 janvier 1920 que la prohibition fédérale définitive entrera en vigueur.

Il est possible que la démobilisation prenne fin avant cette dernière date, et par conséquent avec elle la prohibition provisoire du 1er juillet. Qu'adviendra-t-il alors? Une mesure transitoire qui interdira pour la courte période de transition la reprise de la liberté du commerce des boissons enivrantes? Ou la reconstitution temporaire de l'état de choses antérieur au 1er juillet? A l'heure où j'écris, la démobilisation est suffisamment avancée pour qu'au moment où paraîtront ces lignes la question ait reçu sa solution.

Les prohibitionnistes, que j'ai interrogés sur ce retour possible à l'état de liberté, me disent qu'ils ne le craignent pas, depuis qu'en ces quelques dernières semaines la prohibition a fait ses preuves pour le mieux-être social et économique de la nation. Ils ajoutent que le contraste passager des deux régimes sera plutôt une réclame pour la grande prohibition du 16 janvier prochain. Et celle-ci, répétons-le, fera partie de la Constitution : nul citoyen ne pourra la transgresser sans violer cette Constitution même, à laquelle il a prêté serment et qu'il vénère avec un respect où entre pour beaucoup l'admiration justifiée que l'Ancien et le Nouveau Monde professent pour elle.

Les prohibitionnistes comptent vivement sur cet argument civique. Et ils m'ont raconté que l'ex-président Taft, un adversaire de la réforme, et qui usa même en 1913 de son droit de veto pour tenter d'empêcher la loi Webb-Kenyon interdisant tout commerce de boissons enivrantes d'un Etat à licences à un Etat prohibitionniste, avait déclaré: « Lorsque la prohibition fera partie de la Constitution, elle ne devra rencontrer que respect, obéissance et stricte surveillance... », ce qu'on appelle là-bas *enforcement.*

Dès à présent, du reste, le Congrès travaille à cet *enforcement,* c'est-à-dire à l'établissement d'une loi de police. Cette loi sera-t-elle sévère, efficace, sans être vexatoire? C'est l'enjeu de la prohibition qui se joue là. Dans le camp prohibitionniste, on se préoccupe de faire élire des fonctionnaires décidés à l'appliquer sans faiblesse et un président de la République qui lui soit favorable.

Persuadés que les résultats de la réforme ne décevront pas leurs espérances, ses partisans réclament de notre part une attention moins distraite pour un événement qu'ils qualifient, en ce siècle où tous les peuples gémissent littéralement sous la tyrannie de l'alcoolisme, de « seconde Indépendance des Etats-Unis ». Leurs adversaires protestent que la loi fait tout au contraire violence à la liberté individuelle, et que les troupes américaines de retour d'Europe ne s'y prêteront pas. Ils espèrent que la Cour suprême déclarera la loi inconstitutionnelle et prétendent que, par un moyen quelconque, ils sauveront au moins le vin et la bière. On leur répond qu'ils ont eu le temps voulu pour se débattre, qu'ils s'y prennent trop tard et que s'il y a des démobilisés qui rentrent furieux, c'est vrai, il arrive qu'ils écrivent quelques semaines plus tard aux amis qu'ils ont laissés en France : « La réforme fait tant de bien au pays ! »

⁂

Dans la première semaine où la prohibition a été en vigueur à Cincinnati, la consommation de l'eau dépassa de 22 millions de gallons (1 gallon = 4 litres 54) celle de la semaine précédente. Mais toute cette eau n'est pas bue pure : les Américains sont gens trop gourmands pour cela. Aux repas, certes, l'eau frappée fait sur toutes les tables et dans tous les milieux figure de boisson nationale : je reviens des Etats-Unis et la constatation m'en a surpris. Même avant le 1er juillet. Même dans des Etats qui n'étaient pas alors soumis à la prohibition.

Seulement, il se fait une consommation considérable, dans la journée, de *soft drinks,* ces boissons sans alcool, mais à base de jus de fruits, de café, de thé ou de lait, ces limonades, ces *ginger ale* bien connus. Avec un mélange de glace pilée ou en blocs. dans un bouillonnement d'eau gazeuse, avec du sucre et des aromates, de la crème fouettée, un jaune d'œuf, ou de la crème glacée. elles constituent des breuvages délectables, sains et nourrissants: une belle réplique à la thèse de l'*alcool-aliment.* Quant aux boissons sans alcool toutes préparées, il en existe déjà tellement que le laboratoire municipal de Boston en a en ce moment 1.040 variétés à examiner. Dans tous ces breuvages, préparés ou non, le sucre est en abondance. L'Américain consomme également beaucoup de confiseries. La prohibition en a augmenté le commerce. Ne comptons donc pas trop sur le sucre américain pour conjurer la crise du nôtre.

On sait aussi que l'Amérique est le pays de l'*ice-cream,* c'est-à-dire des glaces, le mot ayant à peine besoin d'être traduit depuis que le corps expéditionnaire l'a popularisé en France. Sans fausse honte, des ouvriers, des soldats, « des hommes » en un mot, viennent en déguster sur le haut comptoir des bars d'antan. Je l'ai vu partout, et jusqu'au Canada.

Car beaucoup de débits de boissons alcooliques se sont adaptés à la situation nouvelle. A Chicago, sur les 7.000 qu'il y avait, on évalue à 4.500 le nombre de ceux qui se transforment ainsi. Les autres ferment boutique, sans indemnité, et nul ne m'a paru songer à les plaindre. Le *saloon,* nom que portent ces établissements, est peut-être encore plus décrié que le « bistro » français. On sait bien qu'il a grassement monnayé la misère populaire, et comme, au surplus, il exploitait rarement pour son compte, mais comme gérant pour celui du brasseur ou du distillateur, son sort n'émeut pas.

C'est d'ailleurs le nom de « Ligue contre les cabarets », *Anti-Saloon-League,* qu'avait pris à l'origine et qu'a conservé la formidable association d'abstinents américains qui, à la fin de l'année 1913, de compagnie avec la W. C. T. U., l' « Union chrétienne des femmes pour la tempérance », *Women Christian Temperance Union,* très puissante et très bienfaisante dans le monde entier, a entrepris une campagne nationale en faveur de la prohibition fédérale.

L'organisation rationnelle de cette ligue, fortement ramifiée en 48 ligues à son image dans les 48 Etats, est complète jusqu'au point de comprendre une immense imprimerie pour ses publications, lesquelles comptent un journal confédéral sur huit pages et vingt-six éditions d'état, représentant un tirage total de plus de deux millions d'exemplaires. Ses ressources en hommes d'action infatigables, en fonds qui se chiffrent par millions de dollars, et en habileté tactique déroutent toutes les idées que nous pouvons nous faire en Europe sur les moyens d'action d'une œuvre de réforme sociale.

D'efforts en efforts, de campagne en campagne, de conversions en conversions, d'élections en élections surtout, et, dans les divers Parlements d'Etat, de vote en vote, le grand drainage s'est accompli et « la grande sécheresse » a gagné la nation entière.

⁂

Sécher, sécheresse, c'est le vocabulaire paradoxal de la prohibition que j'évoque ici. Les Américains adorent l'argot, on le sait, — celui qui fait image, surtout, plus que le mot canaille.

Si la prohibition totale, c'est-à-dire boissons fermentées comprises, déconcerte un Français, habitué à considérer la bière et le vin comme « tabous » et à charger les distillées de tous les péchés d'Israël, que dire de l'argot de la prohibition, qui déroute de façon amusante la logique courante?

Je vous en fais juge. Vous prenez par exemple un Américain dans un bar parisien, établissement d'ailleurs dénommé souvent « American bar », appellation aujourd'hui sujette à disparaître, évidemment. Que fait-il? Il boit, le lieu le veut ainsi. Et même, pour nous, il boit *sec*... Eh bien, dans le langage de la prohibition, moins il y aura d'eau dans ce qu'il boit et plus cet homme sera dit *wet,* « humide ». Même s'il commande du champagne *extra dry,* « goût américain! » Parfaitement. Les *dry,* les « secs », ce sont les abstinents.

De retour dans son pays, si notre buveur ne paraît pas disposé à s'amender, il sera la proie du *blind tiger,* du « tigre aveugle » qui le guette, ou, moins sauvage de nom mais tout aussi mal intentionné, du *blind pig,* « cochon aveugle ». Deux appellations pittoresques par lesquelles on désigne les bars de contrebande. Mais pourquoi aveugle, alors que le patron y doit au contraire ouvrir l'œil et même les deux à cause de la police ? Le surnom, m'a-t-on dit, fait

L'Amérique lave son blason de la tache qu'y faisait le cabaret (*the Saloon*).

John Bull : « Je ne vois vraiment pas quel agrément trouve l'oncle Sam en cette compagnie. »

Le retour à la terre : « N'auriez-vous pas besoin d'un coup de main pour ce travail ? »
Citadins revenant aux champs, où le paysan reste libre de faire son cidre... et de le boire.

CARICATURES AMÉRICAINES

allusion aux devantures baissées comme des paupières, donnant à la boutique l'apparence innocente d'être fermée et vide.

A la campagne, le fraudeur porte le sobriquet plus poétique de *moonshiner,* celui « qui opère au clair de lune ». C'est pour désigner le bouilleur de cru occulte: nous avons l'équivalent en France sans avoir la prohibition. Mais, ici comme là-bas, c'est par les nuits sans lune qu'il travaille. Quand ce n'est pas chez nous au grand soleil de l'impunité électorale. Lorsqu'il est pourchassé, ici comme là-bas, il n'hésite pas à sortir son fusil.

Ce n'est pas la seule arme dont les prohibitionnistes se voient menacés. Certains milieux ouvriers arborant au revers du veston le bouton *no beer, no work,* « pas de bière, pas de travail », distribué par les brasseurs, ont agité la menace de la grève générale. Est-ce à la survivance actuelle de la bière à 2.75 que le mouvement doit de n'avoir été qu'esquissé? Je ne sais. Mais ce que je sais pour avoir interrogé de nombreux ouvriers et secrétaires de syndicats, c'est que si j'en ai rencontré qui se plaignaient de l'interdit sur la bière (il n'est pas question du vin, considéré comme aristocratique, sauf parmi les ouvriers italiens), par contre, nul ne m'a plaidé la cause de l'*open saloon,* qui veut dire le « bar libre » et signifie la liberté du whisky.

La réduction générale de la criminalité, qui a coïncidé partout avec l'avènement de la prohibition, a donné aux caricaturistes l'idée d'interpréter autrement le *no beer, no work.* Pour eux, il est devenu le mot des agents de police : « Pas de bière, pas d'alcool, et pas de travail pour nous! » Et la caricature nous montre dans un prétoire vide, désormais désœuvrés, le juge qui sommeille et l'agent qui bâille.

⁂

Faisons la part de la charge. De même que les boissons enivrantes sont loin d'avoir disparu, de même la prohibition n'a malheureusement pas en quelques semaines mis fin à la criminalité. D'ailleurs il y a des crimes et des délits qui n'ont aucun rapport avec l'alcoolisme. Et d'autres un rapport indirect seulement : le cambrioleur, par exemple, n'agit pas précisément sous l'influence immédiate de la boisson. Au contraire, il s'en abstiendra souvent pour opérer plus sûrement. Mais sait-on le rôle que, par l'hérédité, ou l'habitude de boire, l'alcool a pu jouer dans les délibérations préparatoires et l'exécution sans scrupules?

Aussi tous les criminalistes considèrent-ils cet alcool comme un des grands facteurs de la criminalité en général. En ce qui concerne son action directe sur le criminel, les fonctionnaires français estiment qu'elle est la cause de 14 % de tous les crimes et délits, d'un tiers des actes de rébellion et d'outrages, d'un cinquième des faits de brutalité envers les personnes, et des outrages aux bonnes mœurs. (Rapport Barthou, 1907.)

On comprendra, par conséquent, comment la prohibition a pu, dès les premières heures, apporter une amélioration notable dans les localités où son application a été assez sérieuse. C'est ainsi que le district de police de South Clark Street, à Chicago, enregistra une seule arrestation pour la nuit du 1er au 2 juillet au lieu de 200 à 300, chiffre habituel qui comprenait les cas d'ivresse.

A Philadelphie, la nuit suivante, les chambres d'arrêt des postes des 6e et 8e districts, généralement bondées, n'avaient pas un pensionnaire.

Pendant la nuit ordinairement plus qu'animée du 4 juillet, fête de l'Indépendance américaine, la police n'eut à procéder à San Francisco à aucune arrestation. Record jamais atteint.

A Baltimore, la nuit du premier dimanche « sec » fut marquée par 50 arrestations, dont 3 pour ivresse, au lieu de 337 le dimanche précédent.

On est tenté de s'écrier: « Pourvu que ça dure! » Eh bien, « ça dure »! Je m'en suis rendu compte sur place auprès des autorités administratives et judiciaires des Etats ou des villes où la prohibition était en vigueur antérieurement au 1er juillet. Et c'était là une prohibition fatalement incomplète à cause de la contrebande environnante des Etats et villes voisins non prohibitionnistes: elle a cependant porté sur bien des points des fruits appréciables.

Dans l'Orégon où fonctionne la prohibition depuis janvier 1916 le total des entrées passe, au pénitencier d'Etat, de 261 en 1915 à 136 en 1917 et 94 en 1918. Cependant, la population de l'Etat s'accroissait de 25 % environ. Et dans la ville de Reading les agents de police ont invoqué le peu d'ouvrage que leur donnaient les malfaiteurs pour demander la réduction à huit heures de leur temps de garde. Voilà qui est bien dans la note de notre caricature.

Je ne parlerai pas des observations faites dans les Etats agricoles, où les facilités furent évidemment plus grandes que dans les régions industrielles, mais je rapporterai le troublant exemple de Detroit, dans le Michigan, dont les usines d'automobiles Ford ont fait la renommée chez nous.

La prohibition est en vigueur depuis le 30 avril 1918. Du fait des fabrications de guerre, la population y a passé de 700.000 à 900.000 aujourd'hui, m'ont dit les uns, un million, m'ont dit les autres. Elle compte 45 % d'éléments d'origine étrangère, — les plus réfractaires à la réforme. C'est la ville des hauts salaires et 1.337 débits s'en disputaient la prébende. Longtemps elle a résisté à l'adoption de la prohibition, et en avril 1919 elle était revenue au vin et à la bière. L'Etat humide de l'Ohio la fournissait largement en contrebande.

Et cependant la première année d'application de la prohibition, d'avril 1918 à avril 1919, a montré sur l'année précédente les progrès suivants: le chiffre total des arrestations, exception faite de celles auxquelles il a été procédé pour infractions à la prohibition et à la loi militaire, est tombé de 59.030 à 26.812, soit une décroissance de 54 %.

Dans ce nombre les meurtres sont compris respectivement pour 138 et 78, soit une réduction de 43 %.

Les outrages à la pudeur passent de 531 à 22 (96 %).

Le vagabondage de 11.024 à 5.451 (50 %).

Le fait d'abandonner sa famille sans ressources a donné lieu respectivement à 693 arrestations et 353 (diminution: 49 %).

L'ivresse enfin a 16.302 arrestations en 1917-1918, contre seulement 4.032 en 1918-1919, soit une décroissance de 75 %.

J'ai recueilli aussi, au cours de mon voyage, d'excellentes impressions personnelles de surface qui m'ont agréablement surpris. Le moins que j'en dirai ici, c'est qu'une ville sans cabarets produit le meilleur effet, à un Français plus qu'à aucun autre. Et il faut bien que les Américains et les Canadiens, gens pratiques s'il en est et constamment en quête de progrès, aient trouvé des avantages réels à une action énergique contre l'alcoolisme pour l'avoir ainsi généralisée et portée à un tel degré d'intransigeance, en n'hésitant pas à bouleverser non seulement les habitudes d'une population immense, mais la production, le commerce, le marché du travail et les échanges internationaux.

⁂

Aux Etats-Unis et au Canada, dont toutes les provinces sont prohibitionnistes totales, à l'exception de celle de Québec qui ne prohibe que les distillées, il faut joindre également la Finlande qui a adopté la prohibition il y a quelques mois, et l'Islande depuis 1915.

Aucun de ces pays n'est ce qu'on peut appeler un pays vinicole. En outre l'alcoolisme y revêt plus généralement qu'en France la forme tumultueuse de l'ivrognerie, et les mentalités y sont toutes différentes. Il y a enfin une question religieuse qui a joué un grand rôle: on peut dire que ce sont les églises qui ont fait la prohibition, les églises protestantes principalement, bien que les catholiques y aient également contribué mais avec de retentissantes abstentions, telles que celle du cardinal Gibbon dont l'ardeur antiprohibitionniste semble croître avec l'âge. Aussi ces pays ne sauraient-ils être comparés au nôtre pour ce qui est du problème à résoudre et des méthodes.

Est-ce à dire que nous devons nous abriter derrière cette considération pour regarder impassiblement périr notre race dans le grand péril d'un alcoolisme insidieux et terriblement envahisseur? Devons-nous aussi ne considérer la prodigieuse expérience américaine qu'au point de vue de la perte malheureusement très sensible qu'elle cause à notre commerce d'exportation? Et faut-il nous contenter plus longtemps de gestes sans lendemain tels que celui des jurés de la Seine pour la deuxième quinzaine de juillet, par exemple, qui, au moment même où la criminalité baissait dans les bouges de San Francisco, se sont étonnés que dix des quatorze affaires qu'ils venaient de juger dans leur session aient été des crimes d'alcooliques?...

JEAN LINIÈRES.

AUX ÉTATS-UNIS
LA BIÈRE SAISIE ET NOYÉE
13 DÉCEMBRE 1919

Depuis le 1er juillet dernier, on n'a plus le droit de boire de bière aux Etats-Unis, non plus que d'autres boissons titrant même de faibles degrés d'alcool. Il y a trois mois, dans son numéro du 20 septembre, *L'Illustration* a, sous la signature de M. Jean Linières, publié un commentaire instructif — et illustré par de curieuses caricatures américaines — de l'événement que constitue cette prohibition. Depuis le jour où, avec le concours d'une nombreuse police de contrôle et de répression, s'est organisé le régime des *soft drinks* ou boissons sans alcool aux Etats-Unis, les cabarets ont fermé leurs portes en même temps que, par une inévitable conséquence, la contrebande a multiplié ses ingéniosités. La photographie que nous reproduisons aujourd'hui témoigne d'une victoire de ceux qui sont chargés de faire respecter contre la fraude la loi d'hygiène sociale votée deux fois par le Congrès. Nous sommes à Zion City, dans l'Illinois. Trois personnes de la localité : le maire (à gauche), le chef de la police et un ardent prohibitionniste, représentant ces associations qui mènent campagne contre le tabac et l'alcool, vident dans une auge qui conduit aux égouts de la ville des bouteilles de bière saisies, — de la vraie bière titrant plus de 2 degrés 3/4, brassée par les brasseurs du Wisconsin et qu'on tenta de passer en contrebande dans la région. La note qui accompagnait ce document pittoresque nous dit que l'opération dura trois heures, car on ne vida pas moins de 84.124 bouteilles.

L'interdiction de la bière aux Etats-Unis : des bouteilles de bière, saisies à Zion City (Illinois) en vertu de la prohibition des boissons alcooliques, sont vidées dans une auge qui conduit aux égouts de la ville.

COMMENT UN NAVIRE « SEC » SE MOUILLE EN TRAVERSANT L'ATLANTIQUE

Un bon dîner arrosé de vins clandestins à bord du grand paquebot américain le *Léviathan* : eau minérale sur la nappe, champagne sous la table.

Dessin de C. E. Turner, d'après « The Illustrated London News ».

25 AOÛT 1923

Le mois dernier, le paquebot américain le *Léviathan*, qui est le plus grand du monde, a, pour la première fois, fait, de New-York à Cherbourg, la traversée de l'Atlantique, du moins sous le pavillon étoilé : car le *Léviathan* était, à la veille de la guerre, l'orgueil de la flotte commerciale allemande et il s'appelait alors le *Vaterland*. Interné à New-York au mois d'août 1914, puis saisi par les Américains lors de leur entrée dans la guerre, en 1917, il fut employé au transport des troupes. Depuis la paix, les Etats-Unis l'ont affecté au service des passagers et ils en ont fait un véritable palace flottant. Bien entendu, sur ce navire américain, la loi de la prohibition est en vigueur, non pas seulement dans la limite des trois milles, imposée aux navires étrangers, mais de façon permanente. Il paraît, toutefois, que des accommodements sont assez facilement trouvés, car, jusqu'à présent, l'on ne visite pas les bagages des voyageurs qui s'embarquent dans un port américain, où l'on n'est pas censé pouvoir s'approvisionner de boissons alcoolisées. Aussi, lors du premier voyage les cabines furent-elles transformées comme par enchantement en celliers et si, sur les tables, une vertueuse eau minérale était seule en vue, des caves complaisantes s'étaient improvisées, à portée de la main, sous les nappes complices. C'est une de ces scènes de mœurs que le crayon amusé d'un artiste a notée.

Fac-similé du titre du *Negro World* hebdomadaire, fondé par Marcus Garvey.

LE MONDE NOIR AMÉRICAIN
26 MARS 1921

MARCUS GARVEY, PROPHÈTE

New-York.

Tandis que nous dégustions subrepticement d'excellents cocktails que la Prohibition américaine rend plus savoureux encore, un de mes amis new-yorkais me dit :

— Voulez-vous venir ce soir dans la ville nègre? J'apprends que 5.000 gentlemen de couleur se réuniront au Liberty Hall, du côté de la 138e rue... Ce meeting monstre est organisé par les augures du parti, en l'honneur de Marcus Garvey. Ce sera très intéressant.

— Marcus Garvey ? fis-je. Quel est cet illustre inconnu?

— Taisez-vous, malheureux! Vous n'avez jamais entendu parler en France du Moïse de la race noire, du prophète de la race opprimée, du président de la Ligue des Communautés africaines et de l'Association pour l'amélioration de la race nègre, de Son Excellence Marcus Garvey, président de la future République nègre en Afrique, directeur du *Negro World* (le Monde noir), le plus puissant journal nègre du monde?...

Et, comme je donnais les signes de la plus vive curiosité, mon ami voulut bien m'initier. J'appris ainsi qu'un nouveau Booker Washington est né parmi les noirs, un homme extraordinaire qui synthétise en sa forte personnalité le désir d'émancipation de ses frères et qui nourrit en son esprit fertile les plus vastes desseins.

***

Marcus Garvey est né à la Jamaïque. D'abord typographe, il s'en fut à Londres où il fréquenta Mohamed Effendi, le défenseur de l'indépendance égyptienne; il voyagea en Allemagne, en France, en Orient et se consacra surtout à l'étude de l'ethnographie.

En 1912, il alla à New-York et confia ses projets colossaux à un nègre notoire qui le dissuada de se livrer plus longtemps à une propagande inutile. Garvey ne fut point découragé; il modifia son programme et allait recommencer son apostolat quand la guerre européenne survint. La part prise par les noirs au grand conflit l'incita à penser que les nègres démobilisés rentreraient dans leurs foyers avec des idées nouvelles sur le droit des peuples à choisir leur destinée. Mais, averti par sa première expérience, Garvey résolut d'étudier de près le statut et les conditions des nègres américains avant de prêcher en public son nouvel évangile. Il se rendait compte qu'il se trouvait à New-York dans la plus riche et la plus prospère ville nègre du monde; il se souvenait des révélations du ministre de l'Intérieur américain qui déclarait en 1917 :

« Nulle race ne s'est mieux adaptée aux blancs que la race noire, qui compte plus de 10 millions de représentants aux Etats-Unis. Depuis 50 ans qu'ils sont affranchis, le nombre des illettrés est descendu de 90 à 30 %. Un million de nègres sont à présent fermiers et 250.000 noirs sont propriétaires de plus de 20.000.000 d'acres de terres cultivées. Il y a dans le Sud 50.000 nègres qui exercent les professions les plus variées, telles que notaires, médecins, banquiers, etc. On compte 500 écoles et collèges nègres qui sont fréquentés par 1.800.000 petits noirs et 45.000 temples où prient 4.500.000 nègres. Pendant la guerre, les noirs ont enfin acheté pour 225 millions de dollars de bons de la défense nationale. »

Naturellement, les idées de Garvey avaient suscité, dès l'abord, parmi les leaders du monde noir américain, la plus vive opposition. Ses principaux adversaires furent et sont encore le Dr Moton, directeur de l'Institut nègre de Tuskegee, et les membres du clergé noir. Le Dr Moton préconise une entente étroite entre les blancs et les noirs, cimentée par la communauté des intérêts moraux et économiques. Il souligne l'existence aux Etats-Unis de plus de 50.000 entreprises dirigées exclusivement par des nègres et, par conséquent, l'utilité pour les noirs de vivre en harmonie avec les blancs, leurs éducateurs. D'autre part, le Dr du Bois, un leader nègre, adversaire de Marcus Garvey, voit le progrès de sa race dans le bulletin de vote et dans l'accession des noirs aux assemblées législatives.

Quoi qu'il en fût, Marcus Garvey préparait sa campagne. Il avait contre lui la répugnance des noirs à suivre un nouveau chef. Il savait qu'avant tout il importait qu'il se fît connaître et qu'il s'imposât dans l'esprit de ses congénères. Il intrigua dans ce sens. Il commença par convertir une douzaine de nègres influents; il fonda le *Negro World*, l'organe de la défense des intérêts de la race noire; il s'efforça de prouver à ses frères qu'ils représentaient dans le monde une population de 400 millions d'hommes et qu'ils avaient tout autant droit à leur indépendance que les blancs ou les jaunes; il fonda aussi la compagnie de navigation de la *Black Star* (l'Etoile noire) qui dessert les principaux ports nègres d'Amérique, d'Afrique et des Indes occidentales; bref, il défia ouvertement les autres leaders noirs en déclarant publiquement qu'ils représentaient les temps périmés d'un demi-esclavage « où le noir lèche encore les bottes du blanc... ».

Marcus Garvey est un puissant visionnaire, comme tous les apôtres, et sa version des événements historiques ne manque pas de saveur! Vous allez en juger... D'après lui, les Egyptiens, les Grecs et les Phéniciens ont emprunté leur civilisation aux noirs. « Il est prouvé maintenant, dit-il, que Jésus-Christ était un nègre... Depuis la guerre de Sécession, les noirs ont été élevés dans la croyance qu'ils sont et doivent rester inférieurs aux blancs... Malgré toutes les protestations hypocrites des nations européennes, le nègre sera toujours le « bamboula » aux yeux du blanc, c'est-à-dire le souffre-douleur, la victime, la bête de somme qu'on exploite sans merci, le pestiféré qu'on relègue dans des wagons spéciaux et qu'on parque dans les quartiers malsains des cités civilisées... »

Marcus Garvey.

Ce fut le clergé noir qui offrit la plus vive résistance aux idées de Garvey. Et la chose n'est point surprenante, si l'on considère les opinions du prophète sur le christianisme. D'après lui, la religion des hommes blancs ne convient pas aux noirs, parce qu'il faut être aussi bête qu'un nègre *(sic)* pour croire en un dieu blanc, en un messie blanc et en des anges blancs, dans un paradis blanc!... La thèse de Garvey est d'offrir aux noirs une religion noire, avec un créateur modelé à leur image... c'est-à-dire un dieu noir. Il part aussi en guerre contre les missionnaires des blancs qui ne furent jamais que « les émissaires des négriers et les empoisonneurs de la race noire ».

Comme on le pense, ces théories ne sont pas du goût des pasteurs nègres qui voient dans le garveyisme une concurrence terrible pour le christianisme, d'autant plus que le nouveau prophète compte aujourd'hui plusieurs millions de fidèles.

Cependant l'apostolat de Garvey continuait. Il fut un moment surveillé par les autorités fédérales qui s'inquiétaient de ses théories; mais ces persécutions anodines lui prêtèrent l'auréole du martyre et lui valurent de nouveaux adhérents. C'est alors qu'il réussit à lancer la *Black Star Line*, au capital de 10 millions de dollars, entièrement souscrit par les noirs. Un jour, un fanatique nègre fit irruption dans son bureau et lui envoya quatre balles de revolver dans le corps. Bien que sérieusement blessé, le prophète parut, ce soir-là, devant les auditeurs d'un meeting politique et fut acclamé comme un demi-dieu. Son programme était maintenant sanctifié de son sang. Les nègres des Etats-Unis allaient s'enthousiasmer pour son futur empire en Afrique et pour son projet de Constitution des libertés noires.

***

Mon ami me donnait ces détails tandis que nous nous rendions vers la 138e rue, c'est-à-dire en pleine ville nègre.

Il ne faut point d'ailleurs, quand on parle de la ville nègre de New-York, s'imaginer un quartier sordide où les noirs vivent dans des paillotes couvertes de chaume. Le quartier nègre ferait, au contraire, honneur à n'importe quelle cité européenne, avec ses hautes maisons semblables à celles de la 6e Avenue et ses larges rues sillonnées de tramways et de taxis. La seule chose qui différencie ce district des autres, c'est qu'on n'y rencontre que des noirs. Commerçants, boutiquiers, garçons de bar, camelots, bourgeois modestes ou riches, ils sont tous noirs. Car il y a parmi eux des millionnaires qui possèdent des autos de luxe, qui sont propriétaires de belles maisons de rapport, qui s'habillent à la dernière mode et qui ont une nombreuse domesticité.

— Voici Liberty Hall, me dit mon ami en me montrant une grande salle basse construite en bois sur le terrain vague d'une rue obscure. C'est là qu'ils tiennent leurs réunions politiques.

Devant les portes, deux ou trois agents de police nègres faisaient les cent pas. Les *policemen* sont tous nègres dans la ville nègre. Ils font d'ailleurs leur service avec une grande conscience et, quand ils assomment leurs congénères avec leur *club*, l'orgueil des noirs en est moins mortifié.

Nous entrâmes dans Liberty Hall. Un spectacle étonnant s'offrit à nos yeux. Cinq mille noirs au moins étaient entassés dans cette vaste salle basse et la noirceur de ces cinq mille têtes s'affirmait davantage sous la lumière blafarde des lampes à arc. Au fond, sur une estrade, les sommités nègres étaient assises. Il y avait d'ailleurs, parmi ces électeurs conscients, au moins deux mille « dames de couleur », comme on dit ici, deux mille négresses vêtues de leurs plus belles robes. C'était un kaléidoscope d'organdis écarlates, de soieries smaragdines et de cotonnades orangées. Les plus âgées portaient des lunettes d'or, les plus jeunes souriaient de leurs dents éblouissantes et lançaient vers l'orateur la flamme de leurs prunelles sombres.

Mon ami échangea quelques paroles mystérieuses avec l'un des organisateurs du meeting et fort courtoisement on nous présenta à Marcus Garvey qui trônait, imposant, sur l'estrade.

Il me remercia d'être venu de France pour suivre ses efforts et me fit asseoir à sa droite, tandis que l'orateur haranguait la foule avec une conviction à nulle autre seconde.

Son discours achevé, le *jazz-band* exécuta quelques airs composés par un musicien noir, et cette cacophonie, trompetée avec vigueur par douze instrumentistes de bonne volonté, mit dans la joie les cinq mille auditeurs. Mon ami et moi, assis sur l'estrade, bien en évidence, nous sentions braqués sur nous les yeux de tous ces nègres et, comme nous étions les seuls blancs admis par faveur très spéciale dans cette réunion politique, nous avions la sensation d'être deux phénomènes exposés sous la tente de quelque musée Dupuytren.

Bientôt l'orchestre se tut et le président se leva pour donner la parole à « Son Excellence Marcus Garvey, président provisoire de l'Empire noir en Afrique... ». Tout le monde se leva, des hurlements suraigus, des you-you enthousiastes, des sifflements assourdissants retentirent. La musique joua l'hymne national de l'Empire africain; chacun se rassit et Garvey parla.

Garvey est un gros homme, au crâne pointu, aux cheveux crépus, aux lèvres énormes, au regard extraordinairement vif et perçant. Il parle un anglais très académique et m'a convaincu par son discours qu'il n'ignore aucune des ficelles de la rhétorique. C'est en vérité un très grand orateur qui sait, avec un art consommé, gagner le cœur de ses auditeurs.

J'ai noté certains passages de son improvisation. Ils valent d'être cités, ne fût-ce que pour nous édifier sur la crédulité des noirs et sur le rôle qu'un tel apôtre peut jouer dans un prochain avenir :

« Nous sommes 400 millions d'opprimés qui demandons notre liberté, dit-il dans son exorde... Or, mes amis, si nos frères blancs nous aiment, nous les aimerons; mais s'ils nous haïssent, nous les haïrons aussi. Nous dénions aux Anglais le droit de nous exploiter; nous nous indignons que les Belges brutalisent nos frères africains... Quant aux Français... Nous avons justement, ce soir, parmi nous, un noble représentant de ce pays et nous lui dirons en toute franchise : Que la France nous prouve son libéralisme! Et qu'il fasse savoir aux tirailleurs sénégalais qu'ils ont, en Amérique, des frères assez civilisés pour les initier à la politique européenne. (*Acclamations.*) Car, en somme, qui a gagné la guerre? C'est le sang des nègres sur les champs de bataille des blancs. Messieurs Clemenceau (il prononçait Klemenko) et Lloyd George auraient été bien embarrassés pour finir la guerre s'ils ne nous avaient pas eus. (*Hourras.*) Oui, mes amis, si les noirs n'avaient pas été là, le kaiser serait aujourd'hui dans le palais de Buckingham. (*Vociférations, trépignements, cris*

Police noire.

d'animaux variés.) Or, vous savez quelle fut la reconnaissance des blancs, comment ils surent gré aux noirs d'avoir combattu pour leur cause? Ils ne nous donnèrent même pas un siège à la Conférence de la paix! *(Grognements désapprobateurs.)* Mais ils furent punis par le ciel et expièrent bientôt leur ingratitude... Messieurs Klemenko, Lloyd George et Wilson s'arrachèrent les cheveux autour du tapis vert... *(Hilarité.)* M. Wilson tomba malade et dut rentrer précipitamment aux Etats-Unis. M. Lloyd George fut

Un orateur à Liberty Hall.

rappelé en Angleterre par ses bons amis d'Irlande, et M. Klemenko, pour passer sa mauvaise humeur, alla tuer des singes en Afrique... *(Ouragan de clameurs joyeuses et de huées d'allégresse.)* Voulez-vous que je vous dise ce que nous en pensons, nous les pauvres noirs, nous les fils de singes, nous qui portons encore la queue du quadrumane, notre ancêtre? Nous rions de ces blancs infatués et nous leur déclarons que puisque nous, les gorilles, nous, les crânes pointus, nous étions assez bons pour nous faire tuer sur les champs de bataille européens et pour aider nos... éducateurs!... à gagner leur guerre, ils auraient au moins pu nous accorder cette liberté au nom de laquelle ils s'entre-tuaient... Mais nous avons appris à tuer aussi et je vous le demande, mes amis : que

Le Jazz de Liberty Hall.

sera-ce quand nous nous battrons pour notre propre cause? Veuillez donc, monsieur le Français, dire à vos compatriotes qu'ils feront mieux, dans les guerres futures, de nous considérer comme des alliés (1)... »

Quand le tumulte se fut calmé, Marcus Garvey cessa de gesticuler et, d'emphatique, il devint persuasif. Après l'apostrophe véhémente, il recourut à la manière douce. Et, tandis qu'il tenait sous le charme de son improvisation ses cinq mille auditeurs, je ne pouvais m'empêcher d'admirer l'habileté de ce grand acteur, digne des meilleures traditions classiques de la Comédie-Française. Quand il termina enfin son discours en clamant dans un crescendo impressionnant qu'il ne demandait que l'Afrique pour les noirs, ce fut une ovation indescriptible ; les nègres présents et leurs épouses enthousiasmées s'agitèrent, debout, sur les chaises, sur les tables, dans un élan juvénile de conviction et de sincérité.

Après que l'orchestre se fut tu, des nègres innombrables vinrent me serrer la main avec la plus grande cordialité et me remercier d'avoir franchi l'Océan pour entendre leurs revendications. Garvey me précisa son désir de fonder en Ethiopie son futur empire où les nègres civilisés des cinq parties du monde viendraient bâtir l'Eldorado du monde noir...

« Nous n'avons besoin de l'aide de personne, fit-il. Nous avons parmi nous tous les techniciens requis pour poser les fondations de l'empire nègre; nous avons des ingénieurs, des savants, des médecins; nous avons les moyens financiers; j'ai déjà fondé la compagnie de navigation qui formera le trait d'union entre notre patrie et les autres nations blanches ou jaunes. J'ai convaincu des millions de mes frères à mes idées ; mon programme fait son chemin ; mon flambeau chaque jour brûle un peu plus haut. »

Je promis à tous ces noirs de faire connaître leurs aspirations à mes frères blancs de France et remerciai le prophète d'avoir bien voulu nous admettre ce soir-là parmi les siens.

⁂

Tandis que nous rentrions à pied, nous assistâmes à la sortie d'un très luxueux cinéma fréquenté seulement par les noirs de la ville nègre. Des dames de couleur emmitouflées de fourrures coûteuses, parées de brillants qui scintillaient sur le lobe noir de leurs grandes oreilles, des *gentlemen* vêtus de complets fort bien coupés, coiffés de feutres qu'un dandy eût approuvés, se répandaient, en groupes joyeux, sur le trottoir. Je vis un boyard jus de réglisse, le cigare aux lèvres, monter dans une superbe limousine, de lignes parfaites. Son chauffeur, noir comme lui, aida respectueusement sa maîtresse à monter dans la voiture.

Mon ami, qui les regardait aussi, me posa alors la question que j'allais lui adresser :

— Voici les gens que Marcus Garvey veut entraîner à fonder avec lui son empire africain... Voici des gens qui depuis des années jouissent, parmi nous, des agréments d'une vie confortable, qui, avec leurs salles de bains, leur électricité, leur chauffage central, leurs maisons modernes, sont mieux partagés que vos braves paysans français et qui pourtant devraient abandonner tout cela pour aller vivre dans les régions désertiques africaines, sous la tente, en attendant que le mirage de Garvey fût devenu une réalité... Ne croyez-vous pas que leur bel enthousiasme se calmera et qu'ils réfléchiront dès qu'il leur faudra s'embarquer sur les galères de l'Etoile noire?...

MAURICE DEKOBRA.

Croquis de l'auteur.

Elégances de la ville nègre, à New-York.

(1) On peut lire dans le *Public Ledger*, de Philadelphie, du 1er décembre, l'information suivante :

« La nuit dernière, Maurice Dekobra, l'écrivain français, et l'auteur de ces lignes avaient pris place sur l'estrade de Liberty Hall. Ils étaient les premiers blancs admis dans un meeting secret organisé par des noirs. Les orateurs furent moins durs dans leurs remarques pour les Etats-Unis que pour les nations européennes. L'Angleterre et la Belgique furent sérieusement anathématisées. La France fut grondée gentiment, ce qui incita M. Dekobra à se lever et à offrir à ses auditeurs noirs autant de terres sahariennes qu'ils en pouvaient désirer.

LE « KU-KLUX-KLAN »

20 JANVIER 1923

MŒURS AMÉRICAINES

Dès mon arrivée à New-York, au mois de novembre dernier, je fus éberlué par l'importance que prenaient dans toute la presse deux histoires, toujours les mêmes : la « Prohibition » et le « Ku-Klux-Klan ».

Bien que le journaliste américain, auquel la place n'est pas mesurée, ne sache pas se borner et développe sans fin, les histoires du Ku-Klux ne m'ont jamais lassé. Elles sont divertissantes comme des histoires de cinéma. Elles éclairent, par certains côtés, les mœurs, les habitudes américaines et rattachent sous nos yeux le présent à l'histoire passée des Etats.

Un soir, à Boston, au commencement de ma tournée, me promenant avec André Morize, professeur français à Harvard University, mon attention fut attirée par un cortège d'une douzaine d'étudiants, portant, par-dessus leurs vêtements, de longues chemises blanches au devant historié de singuliers emblèmes, coiffés d'une espèce de cagoule, les uns brandissant des pinces ou des casseroles, les autres chevauchant des balais :

— Qu'est cela? demandai-je.

— Ils s'amusent, répondit mon compagnon. Ils parodient le Ku-Klux-Klan.

— Ah ! dis-je ; c'est bon signe. A lire les journaux, j'aurais cru l'affaire plus sérieuse.

— Elle l'est, fit mon ami. N'oubliez pas que les Etats-Unis couvrent d'immenses étendues. Ce qui prête ici à raillerie est pris au sérieux dans l'Orégon ou dans le Tennessee! Il y a plusieurs « Amériques » dans l'Union.

L'extraordinaire persistance que mettait la presse à reprendre le sujet, l'émotion qu'elle manifestait eussent suffi à me prouver, si j'en avais douté, que, sans être très grave, l'affaire était sérieuse, en effet.

HARO SUR LE KU-KLUX !

Un quart de la première colonne d'un article est toujours réservé, en Amérique, à des titres et des sous-titres qui sautent à l'œil du lecteur.

J'en ai ramassé quelques-uns.

MASKED KLANSMAN IN BROOKLYN PULPIT DEFIES POLICE BAN. — CLOTHED IN FULL REGALIA, HE DEFENDS « INVISIBLE EMPIRE » IN CROWDED CHURCH. (Du haut de la chaire, dans une église de Brooklyn, un klansman masqué défie la police. — Sous l'uniforme et les insignes du Ku-Klux, il défend l' « Invisible Empire » devant la foule qui a envahi le temple.)

SHADOW OF KU-KLUX-KLAN GROWS LARGER IN CONGRESS AND NATION. (L'ombre du Ku-Klux grandit au-dessus du Congrès et de la Nation.)

KLAN'S HUGE GRAFT TOLD BY GOVERNOR ALLEN (KANSAS). (Le gouverneur Allen, de l'Etat de Kansas, dénonce la corruption scandaleuse du Klan.)

SOUTHERN TRADE IS NOW UNSETTLED BY KLANNISHMEN. — KLAN BOYCOTTS MERCHANTS. (Dans le Sud, le travail est maintenant suspendu par le Klan qui boycotte les négociants.)

IN CHICAGO KLAN'S ALDERMEN MOVE TO OUST EMPLOYES LISTED AS MEMBERS. (A Chicago, la municipalité propose de congédier les employés inscrits comme membres du Klan.)

TROOPS USED AGAINST KLAN. (Envoi de troupes contre le Klan.)

METHODIST MINISTER PREACHES KU-KLUKISM TO HIS BIBLE CLASSES. (Un pasteur méthodiste prêche le « Ku-Klukisme » en enseignant la Bible.)

NEW-YORK KLUXERS DEFY MAYOR TO PUT AND END TO ORGANIZATION. (A New-York, le Klan met le maire au défi de poursuivre et de dissoudre l'organisation.)

KLUX SPIRIT WILL RULE NATION, BOASTS IMPERIAL WIZARD. (L' « Imperial Wizard » se flatte que l'esprit du Ku-Klux gouvernera bientôt la nation.)

Les uns rient, les autres s'alarment.

Au commencement de décembre, le secrétaire de l'*American Unity League* déclare qu'il connaît le nom de 10.000 Ku-Kluxers new-yorkais!

Un transfuge du Klan écrit : « Le peuple américain regarde toute cette histoire de Ku-Klux comme un *joke*! Qu'il y prenne garde! Plutôt il s'apercevra que les progrès du Klan annoncent une guerre civile, et mieux cela vaudra! »

Ainsi parcourais-je jour par jour ces nouvelles, qui s'amplifiaient sans paraître se répéter. Cependant, le fond de l'affaire m'échappait. J'interrogeais les uns et les autres; mais les confrères américains avec lesquels je voyageais s'amusaient plutôt de ma curiosité qu'ils ne s'empressaient de la satisfaire.

Un des grands journaux de New-York, le *New York World*, avait cependant publié quelque temps auparavant les résultats d'une enquête sur le Ku-Klux. C'est aux renseignements fournis à cette occasion par un ancien membre du Klan, M. Henry P. Fry, que j'emprunte les détails suivants.

LE PREMIER ET LE SECOND KU-KLUX

Ku-Klux vient du grec Κύκλος, qui signifie cercle.

Le premier Ku-Klux remonte à 1866. On était au lendemain de la guerre de Sécession. Les Etats du Sud, par endroits en pleine anarchie, étaient agités par des mercantis avides, par les anciens esclaves noirs qui tentaient, ici et là, d'exercer des représailles. Le premier Ku-Klux se donna pour mission de maintenir la suprématie des blancs et,

La croix de feu du Ku-Klux-Klan.

Copyright Underwood, N. Y.

sous prétexte de défendre l'ordre, s'attribua des pouvoirs de coercition. Composé en grande partie d'hommes que n'effrayaient plus ni le coup de main, ni le coup de feu, il usa de la manière forte, emprisonnant les uns, fouettant les autres et parfois fusillant ou envoyant à la potence ceux qu'il disait ne pas pouvoir être convaincus. Une imagination, qui nous semble puérile, avait procédé à son organisation. Costumes étranges, masques impénétrables, charte mystérieuse, cérémonies nocturnes, rites impressionnants et hiérarchie extravagante.

Le premier Ku-Klux se surnomme *Invisible Empire*. Son chef est le *Grand Wizard*, au-dessous duquel on voit, à la tête des subdivisions principales, un *Grand Dragon*, un *Grand Giant*, un *Grand Cyclope*, un *Grand Magi*, un *Grand Scribe*, un *Grand Exchequer*, et même un *Grand Turk* et un *Grand Sentinel*.

Le Ku-Klux a sa constitution, mais non écrite. Par contre, on possède le répertoire des questions auxquelles devait alors répondre, sous serment, tout aspirant à l'admission. Deux de ces questions sont significatives, la quatrième ainsi conçue : « *Avez-vous fait partie de l'armée fédérale et combattu contre le Sud pendant la dernière guerre?* »; et la cinquième : « *Etes-vous opposé au principe d'égalité, autant sociale que politique, des hommes blancs et des noirs?* »

Enfin, le secret était imposé, sous menace des peines les plus graves.

Trois ou quatre ans après que l'organisation eut commencé à se faire connaître, l'Etat fédéral dut décréter et mettre en vigueur toute une série de lois pour s'en débarrasser.

Le second Ku-Klux, qui met à nouveau les Etats-Unis en émoi, a beaucoup emprunté au premier. Quand il a voulu se distinguer, il ne s'est guère mis en frais d'imagination. Il a déformé un peu plus son vocabulaire : en langage de Klan, on ne dit pas « Cavern », mais « *Klavern* ». « Coran » devient « *Kloran* »; « Concilium » est « *Klonci-lium* » ; « Kaliff » fait « *Klaliff* », etc. ; et son fondateur a pris du galon : le « Grand Wizard » se qualifie lui-même « *Emperor* ». On lui donne à tout coup du « *His Majesty* ». Il s'est fait nommer pour la vie (1).

Williams I. Simmons, « Imperial Wizard », empereur de l' « Invisible Empire », est un ancien pasteur. Il enseignait l'histoire dans une petite Université protestante. Quand et comment lui vint l'idée de faire renaître l'ancien Ku-Klux? Il ne l'a pas révélé. On sait seulement que le second Ku-Klux fut déclaré en 1916 à Atlanta (Géorgie).

Les débuts durent être pénibles. Mais l'après-guerre facilita la propagande. En 1919 et en 1920, le Klan grandit rapidement. En 1921, il s'affirme comme le montrent quelques-uns des exploits qu'il mit à son actif pendant cette année-là.

LA MANIÈRE FORTE

Le 5 février 1921, un homme de loi nommé B. I. Hobbes, demeurant à Houston (Texas), est saisi. On lui rase les cheveux. On l'oblige à quitter la ville. Il a, dit le Klan, « fraternisé avec les nègres ».

Le 3 et le 7 mars, dans la même ville, deux nègres, l'un négociant, l'autre dentiste, sont mutilés par des hommes du Klan. Tous deux sont accusés d'avoir entretenu des relations avec des femmes blanches. Le mois suivant, deux autres noirs, auxquels on impute la même faute, sont fouettés et marqués au front des trois initiales K. K. K., toujours par ordre du Klan.

L'ancien supplice du goudron et des plumes est remis en vigueur. Le 17 juillet, à Miami (Floride), huit hommes du Klan, masqués, enlèvent le Révérend Philipp S. Irwin, archidiacre de l'Eglise anglicane, et l'entraînent dans les bois. Le pasteur est déshabillé et fouetté. Puis son corps est enduit de goudron dans lequel on enfonce des plumes. Le Klan l'a déclaré coupable d'avoir prêché l'égalité des races!

Le Ku-Klux-Klan, censeur des mœurs, empiète résolument sur les pouvoirs des magistrats réguliers. Une femme est-elle accusée de bigamie : le Klan la fait saisir, lui rase la tête et passe tout le corps au goudron. Un médecin est-il soupçonné de pratiquer certaines opérations : le Klan l'amène de force à sa barre, l'accusé est fouetté, marqué, passé au goudron; après quoi, on le contraint à quitter l'Etat.

Tantôt le Klan couvre les murs d'une ville d'avertissements annonçant qu'il va débarrasser la cité de la présence des marchands d'alcool, des voleurs et des femmes de mauvaise vie. Ailleurs, il oblige les médecins, hommes de couleur, à inscrire sur leur porte le mot *colored*. Ou bien il menace les hommes mariés de châtiments sévères s'ils ne montrent pas un plus grand empressement à l'égard de leurs épouses!

Le 20 mai, à la nuit tombante, mille cavaliers, portant l'uniforme du Klan, défilent dans les rues de Dallas (Texas). En tête, un peloton entoure la croix de feu. Puis viennent des porteurs de bannières sur lesquelles on peut lire diverses inscriptions : *The Invisible Empire* ; *White Supremacy* (Suprématie blanche) ; *Pure Womanhood* (Pureté de la Femme) ; *Dallas must be clean* (Il faut nettoyer Dallas) ; *All native Born* (Tous indigènes), etc.

Pendant mon séjour aux Etats-Unis, la presse fit grand bruit autour d'un autre incident. Un étudiant d'Harvard University, qui avait fait partie du Klan, puis en était sorti, et qui n'avait pas gardé le secret sur les usages et les rites du Ku-Klux, reçut un jour un avis ainsi conçu : « *You are too indiscret, decidedly. Remain in Cambridge at your peril. (Signed) K. K. K.* » (Vous êtes trop indiscret décidément. Si vous restez à Cambridge, c'est à vos risques et périls.) Et le jeune étudiant s'enfuit, après avoir informé la police!

Mais la police de l'Etat de Massachusetts ne peut

(1) Aux dernières nouvelles, Williams I. Simmons, empereur du Ku-Klux, aurait cédé la place à un nouveau venu, le Dr W. H. Evans.

LES « MISES EN SCÈNE » DU KU-KLUX-KLAN AUX ÉTATS-UNIS. — Récipiendaires en cagoule prêtant serment devant la croix et le drapeau étoilé, près de Baltimore (Etat de Maryland). — *Phot. Keystone New C°*

20 JANVIER 1923

Rassemblement après une initiation, dans l'Etat de Géorgie : un groupe de chefs, dont l' « Impérial Sorcier » et le « Grand Cyclope », sont alignés face à la croix flamboyante. — *Phot. Rahma.*

LES MANIFESTATIONS PUBLIQUES DU KU-KLUX-KLAN AUX ÉTATS-UNIS. — Parade équestre à visages découverts, la nuit, près d'Annapolis (Etat de Maryland). — *Phot. Keystone New C°.*

pas aller mettre le nez dans les affaires de l'Etat du Texas! Quant à la police des Etats du Sud, il semble qu'elle ne soit pas toujours insensible aux arguments des propagandistes du Ku-Klux.

Dans le dossier, déjà considérable, constitué par les adversaires du « Klan », par des contre-ligues qui se sont formées pour dénoncer et combattre les « K. K. K. », on trouve toute une correspondance, surprise, ou dérobée ici et là. Voici quelques extraits d'une lettre adressée par un Klansman de Norfolk (Virginie) à son chef hiérarchique, auquel l'agent rend compte de son activité :

10 juin 1921. — Nous venons d'enrôler le chef de la police... Nous avons eu beaucoup de difficultés avant de pouvoir nous assurer qu'il était éligible (1). Enfin, il se montre heureux d'avoir été initié, heureux d'apprendre qu'il peut compter sur nous pour maintenir l'ordre, heureux de voir que nous pouvons mettre éventuellement à sa disposition notre organisation militaire (*our military organization*). Il nous confirme que la question des noirs, les différends et les conflits qu'elle a fait naître ont mis la ville sur un véritable volcan. Il nous a promis de mettre à la disposition de nos hommes 260 fusils à répétition et s'est engagé à reconnaître tout chef désigné par nous comme sous-chef de la sûreté (*assistant director of public safety*) (2).

LE RECRUTEMENT

A pénétrer ainsi dans le détail des faits, on voit paraître les raisons de la renaissance du Ku-Klux-Klan. On les aperçoit plus clairement encore quand on observe les conditions dans lesquelles s'opère le recrutement.

Un transfuge du Ku-Klux raconte que, étant membre du Klan, il fut convié à Chattanooga, à un meeting au cours duquel un autre Klansman, médecin, prononça un discours incendiaire, attaquant violemment juifs, nègres et catholiques, annonçant que les Chevaliers de Colomb (association catholique) cachaient plusieurs milliers de fusils dans leur église, qu'ils prendraient les armes sous peu, qu'ils descendraient dans la rue, que le Ku-Klux-Klan devait s'armer en conséquence, et s'apprêter à répondre à la force par la force.

C'est réveiller les anciennes passions en Amérique.

Toutefois, les chefs du Klan, dont les convictions religieuses et morales semblent très relatives, n'ont rien des vieux apôtres ou des anciens réformateurs. Le mouvement déclenché, ils suivent. La guerre ayant développé un certain sentiment nationaliste et le Klan ne pouvant subsister qu'autant qu'il exaspère tout sentiment, on le voit favoriser par endroit un mouvement xénophobe et prêcher à la fois la haine des juifs, des nègres, des catholiques et de l'étranger.

Voici la traduction de la formule de demande que doit signer tout homme désirant entrer dans le Klan :

A Sa Majesté, l'Impérial Sorcier, Empereur de l'Invisible Empire.

Je soussigné, natif des Etats-Unis d'Amérique, dont je suis un vrai et loyal citoyen blanc, gentil, d'habitudes tempérantes, sain d'esprit, attaché aux articles de la Christian religion, *au maintien de la suprématie des blancs, à ceux d'un esprit de classe honorable, aux principes du « pur Américanisme », vous supplie, volontairement, respectueusement et en tout esprit de renoncement, de m'admettre comme citoyen dans l'Invisible Empire... et de m'inscrire au Klan de... (Etat de...), etc.*

Tout ceci suppose une certaine mise en scène. Elle est aussi indispensable pour frapper l'imagination de ceux que l'on veut gagner que pour impressionner ceux que l'on veut combattre. Cette société « secrète » ne redoute pas une certaine publicité. Tout le monde n'est pas admis aux cérémonies d'initiation, de prestation du serment; mais si l'on organise une parade nocturne, ou si les chefs du Klan local doivent se rendre en corps et en uniforme aux funérailles d'un des leurs, ils ne manqueront pas d'en aviser la population.

De temps à autre, on laisse passer des comptes rendus de cérémonies que le code du Klan déclare cependant devoir être tenues secrètes. Le 26 août 1921, *The Searchlight*, le journal du Ku-Klux, publie les détails suivants sur un meeting organisé par le Klan, aux environs de Philadelphie, une ou deux nuits auparavant :

... Un étroit sentier, menant à une clairière dans une forêt. Tous les vingt mètres, une sentinelle en robe blanche et masquée. Au centre de la clairière, un petit autel. A côté de l'autel, l'étendard de la nation qu'agite le vent de la nuit. Les hommes du Klan, spectres masqués, forment le cercle.

Une voix puissante résonne quelque part dans l'ombre: « Empereur! Voici ceux qui demandent à être admis dans nos légions! »

Alors, défilent les candidats conduits par un géant masqué qui porte haut la croix de feu. Ils passent sous les regards des hommes muets du Klan, aux visages invisibles.

Le défilé terminé, tous s'inclinent en se tournant du côté du drapeau, tandis que la même voix, sortant de l'ombre, tonitrue : « Tous les hommes de l'Amérique doivent honorer son drapeau. Au besoin, nous le leur ferons saluer à genoux! »

Alors, dans un flamboiement de feux brusquement allumés, surgit au bord de la clairière, du côté du Nord, le « Grand Korrigan du royaume », vêtu de blanc et d'écarlate, et masqué, qui s'écrie :

« L'Amérique aux vrais Américains! Protection contre l'étranger, l'anarchiste. Le Ku-Klux est injurié. Les Américains ne voient pas qu'ils dorment sur un volcan! Ils laissent de mauvais politiciens diriger les affaires. Ils ne voient pas venir le péril. Ils ne se rendent pas compte que les ennemis des vrais principes américains (*of true American principles*) sont myriades! C'est la tâche du Klan d'éveiller l'esprit des vrais Américains!... Nous, le Ku-Klux-Klan ; nous, l'Invisible Empire, nous formons faisceau pour prêter main-forte aux bras vacillants de la Loi, pour protéger nos foyers, nos existences, notre peuple et l'avenir de notre nation contre les assauts de l'enfer! »

Ici, cela semble pathos! Mais qui s'est joint une fois en Amérique à la foule entourant brusquement n'importe quel prédicant de carrefour sent bien quels résultats on peut obtenir au Texas ou dans le Mississipi, et même en Virginie, avec ces propos-là.

On voit, par ailleurs, comment ceux qui mènent l'affaire savent mêler patriotisme, religion et « business »!

LES RESSOURCES DU KU-KLUX

Car, s'il faut en croire des Américains informés, le Ku-Klux est une affaire, et même une assez bonne affaire!

L' « Invisible Empire », clan politique, a ses organismes économiques. Ses trois principaux promoteurs, et notamment Williams I. Simmons, *Imperial Wizard, Emperor*, sont engagés et, semble-t-il, intéressés tout particulièrement dans plusieurs entreprises rattachées au Klan : la *Gate City Manufacturing Company*, qui fabrique les robes, les cagoules, les insignes ; la *Searchlight Publishing Company*, qui publie un journal hebdomadaire et qui édite les tracts et les brochures de propagande ; la *Lanier University*, où l'on se propose, j'imagine, de recueillir et d'instruire les enfants du Klan ; la *Clarke Realty Company*, société d'achats d'immeubles, par l'intermédiaire de laquelle le Klan acquit en 1921, au prix de 75.000 dollars, une grande propriété à cinq milles environ de la ville d'Atlanta (Géorgie), pour en faire le quartier général du Ku-Klux et la résidence de ses chefs.

A noter qu'un des trois chefs de l'entreprise, M. Edward Young Clarke, est un spécialiste de ces sortes d'affaires, s'étant signalé antérieurement comme collecteur financier et propagandiste pour le compte de l'*Anti-Saloon League*, l'organisation des prohibitionnistes, et pour l'Armée du Salut!

Les sources de revenus de l' « Invisible Empire » sont assez nombreuses.

Chaque nouveau *Knight*, une fois intronisé, paie d'abord un droit d'entrée de 10 dollars. Partie de cette somme revient à l'organisation locale, partie au chef à l'instigation duquel le nouveau venu s'est présenté.

Tout Klan régulièrement constitué doit verser chaque année un droit de $ 1,85 par tête au siège du gouvernement, en fait à l'*Imperial Wizard*. Le Ku-Klux dit avoir à présent plus de 600.000 membres. A 1 dollar 85 par tête, cela fait plus d'un million de dollars! C'est déjà un joli denier!

Le bénéfice prélevé sur les fournitures semble plus important encore.

Tout nouveau Klansman doit acheter son uniforme : robe, cagoule, insignes, au Ku-Klux lui-même, dont une annexe fabrique ce matériel. Le Klansman paie 6 dollars 50 une robe qui revient à peu près à 2 dollars au fabricant! Si le Ku-Klux imprimeur, éditeur, marchand d'insignes prélève sur ses brochures, ses tracts, ses petits boutons un « pour cent » équivalent à celui qu'il prélève sur la fourniture de ses robes, on peut évaluer à plusieurs millions de dollars le montant de ses recettes annuelles.

Tout cela sent le scandale!

On rendra cette justice aux Américains qu'ils ne cherchent point à le cacher. S'ils rencontrent quelques difficultés pour en venir à bout, cela vient de ce que les lois respectives des différents Etats ne permettent pas de guérir le mal d'un seul coup.

Il faut d'ailleurs se garder de porter sur de telles manifestations un jugement qui s'appliquerait à la nation tout entière. Les Etats-Unis, par leurs origines, par leur constitution, par leur étendue, par leur puissance économique, par leur constante transformation, forment une nation d'espèce unique dans le monde.

M. James Bryce, auteur d'un ouvrage intitulé *American Commonwealth*, et d'autres après lui, notamment Emile Boutmy, dont on relit avec intérêt les *Eléments d'une psychologie politique du peuple américain*, au retour d'un voyage outre-Atlantique, ont fait successivement l'observation suivante:

« Il y a là, dit Boutmy d'après M. Bryce, il y a là un tempérament jeune, chaud et sain qui fait mentir les pronostics qu'on tirerait d'après nos tempéraments appauvris. Des maladies qui semblent mortelles à la description ne sont que bénignes pour une constitution de cette vigueur. Elle les supporte, elle en éliminera d'elle-même le virus à la longue. La vigne américaine n'est pas exempte du phylloxéra, mais elle le nourrit sans dépérir. C'est l'image de l'Américain... Ce qui ne ferait qu'une plaie de tout notre corps le démange à peine. »

C'est la réserve qu'il faut faire à la fin d'un article au long duquel on a dû s'étendre sur les excès du Ku-Klux-Klan.

François Crucy.

Une délégation du Ku-Klux-Klan allant aux obsèques de l'un des siens. (Etat d'Ohio.)
Phot. Keystone View C°

(1) Aux Etats-Unis, les corps de police se recrutent principalement parmi les Irlandais, presque tous catholiques. Un Irlandais catholique ne peut pas faire partie du Ku-Klux.

(2) Une fois lancé sur cette pente, il n'est pas facile de s'arrêter. De punitions en châtiments, on est arrivé aux exécutions meurtrières, et la presse américaine a longuement parlé, ces temps-ci, du double meurtre commis en Louisiane par des bandes masquées portant l'uniforme du Ku-Klux.

Sur la côte de Floride : Miami, station de repos et de plaisir qui, en vingt-cinq ans, est passée de 1.000 à plus de 100.000 habitants.
(Fairchild aerial surveys.)

UNE RIVIERA AMÉRICAINE

LE « FLORIDA BOOM »

15 MAI 1926

Pendant que le Vieux Monde, haletant, écrasé sous le poids de ses dettes, recherche les moyens de satisfaire ses créanciers américains, ceux-ci, insouciants, comblés de richesses et fort peu au courant d'ailleurs de la situation réelle de l'Europe, s'offrent les plus aventureuses fantaisies. Ce qui se passe actuellement en Floride en témoigne. Nous ne récriminons pas, mais, parents indigents, nous ouvrons de grands yeux en constatant quels coûteux passe-temps on s'accorde au pays des milliardaires...

Bien qu'il se déroule présentement, dans l'univers, toutes sortes d'événements extraordinaires et que notre attention soit retenue par les sujets les plus impressionnants, on peut dire que le *Florida Boom* doit être compté au nombre des faits susceptibles de donner une cause nouvelle à nos étonnements.

Mais, d'abord, qu'est-ce qu'un *boom* ? C'est l'ascension vertigineuse d'une valeur mobilière ou immobilière sous la stimulation d'un engouement qui, momentanément, a surexcité l'imagination de tous ceux qui ont de l'argent à placer. Ce mot d'argot a pris rang aujourd'hui, chez les Anglo-Américains, dans le vocabulaire des affaires.

Le prodigieux *boom* de Floride peut se comparer aux spéculations les plus enfiévrées qui ont, à diverses époques, fait vibrer les capitalistes américains. On va jusqu'à le comparer au fameux *gold rush* californien de 1859. Qu'y a-t-il donc à l'origine de ce mouvement? Il y a une idée, à la fois très simple et un peu naïve, suivant laquelle certains sites du Sud des Etats-Unis jouissent d'un climat qui leur permettrait de rivaliser avec la Riviera méditerranéenne, s'ils étaient convenablement aménagés et révélés à la curiosité des touristes.

Jusqu'en ces temps derniers, un riche habitant de l'Est américain, s'il était désireux d'aller passer les mois d'hiver sous un climat ensoleillé, devait ou bien traverser l'Atlantique et se rendre à Nice, à Cannes ou à Menton, ou bien voyager durant cinq longues journées de sleeping-car pour gagner, de New-York, la Californie. Dés hommes d'affaires audacieux ont résolu de changer tout cela.

Fermant le golfe du Mexique, la presqu'île de Floride, grande comme un cinquième environ de la France ne possède-t-elle pas un climat délicieusement tiède ? Est-ce que le railway de 600 kilomètres, récemment construit par Henry Flagler, ne met pas désormais la côte Est de la Floride à quarante heures seulement de New-York ?

Les premiers efforts de ceux qui, il y a une dizaine d'années, se vouèrent au lancement de la Floride se heurtèrent, tout d'abord, à bien des préventions. La Floride était jusqu'alors un pays presque inconnu et de réputation suspecte. Ceux qui s'y étaient aventurés parlaient surtout de ses moustiques et de ses mauvaises fièvres. Mais des travaux d'assainissement, entrepris avec une vigueur tout américaine, ont fait disparaître les miasmes, pendant que les promoteurs du mouvement accroissaient leur propagande. La grande guerre leur fournit l'opportunité si recherchée. Ils firent valoir, à grand renfort de publicité, que l'Europe se trouvant à feu et à sang, l'Atlantique étant à la merci des sous-marins et des mines, il était vraiment ridicule, pour les Américains fortunés, de risquer leur vie pour se rendre sur la Riviera quand ils possédaient, dans leur propre pays, un lieu prédestiné, féerique, d'un climat incomparable. Tel fut, incontestablement, le point de départ du Florida Boom, et, aujourd'hui, chacun essaie de gagner de l'argent en exploitant cet engouement.

L'humble bourgade de Miami, qui comptait seulement un millier d'habitants en 1900 et 10.000 en 1911, est devenue le centre opulent de la Floride. Elle accusa 111.000 âmes au recensement de 1925, et l'on entend couramment des gens sérieux vous affirmer que la ville dépassera le million avant dix ans. Dans la seule année de 1924, trente millions de dollars y furent dépensés en constructions nouvelles. L'année 1925 battit ce record et doubla cette somme. Rien qu'à Coral Gables, le Cimiez de Miami, des centaines de maisons neuves, d'un style espagnol ou mauresque, ont été achevées durant ces derniers mois, pendant que d'autres, en grand nombre, sont en voie d'être bâties. Le port de Miami est devenu un vaste havre dont les bassins et la rade sont encombrés de navires.

La presqu'île de Floride.

Aujourd'hui, l'ardeur des spéculateurs de Floride est telle que le terrain se vend plus cher à Miami qu'à New-York. Dans cette dernière ville, un emplacement d'une importance exceptionnelle, au coin de la cinquième avenue, a été adjugé récemment au taux de 212 dollars le pied carré, tandis qu'on paie 300 dollars pour un pied carré à Miami. Un magasin qu'on peut louer 25.000 dollars à New-York en coûte au moins 30.000 à Miami.

C'est une Riviera américaine qu'on improvise là ; on élève des villes entières ; on édifie des hôtels, des *sky scrapers,* des palaces fastueux. La ville de Hollywood est allée jusqu'à mobiliser le colonel Goethals, le constructeur du canal de Panama, et c'est cet homme célèbre qui dirigera les travaux de son nouveau port, travaux auxquels elle entend consacrer jusqu'à 15 millions de dollars.

Disposant de capitaux illimités, et stimulée par la vogue et la convoitise, l'imagination américaine s'est lancée dans l'extraordinaire, dans le fantastique. Profitant du peu de profondeur de la mer, au voisinage de ces côtes, on est allé jusqu'à y créer un groupe d'îlots artificiels en béton armé.

La méthode employée pour créer ces îlots est assez curieuse. On commence par construire des murs en béton ou en pierres dont la hauteur, au moment de la marée, excède d'environ 1 m. 80 le niveau des eaux. De puissantes pompes aspirent ensuite le limon de la baie qui est déposé à l'intérieur des assises. On draine l'eau, on laisse le limon sécher naturellement et les assises ainsi comblées sont transformées en des sortes de plates-formes qu'on pourrait prendre pour des emplacements de fort préparés spécialement pour des pièces à longue portée. Une couche de terre végétale est déposée sur cet assemblage, des jardins sont hâtivement plantés et l'on s'est finalement donné beaucoup de mal pour aboutir à ne produire qu'une caricature de la nature.

Le voyageur admire certes, sincèrement, l'énergie américaine, mais il ne peut s'empêcher de penser que tout se ressent ici de l'improvisation, tout révèle l'effort et l'industrialisme ; rien ne suggère une idée de charme et de délassement. Quoi qu'il en soit, les îles succèdent aux îles ; on les entreprend en séries. De grandes fortunes sont gagnées par ceux qui les construisent et les revendent.

La Riviera française pourra-t-elle avoir à souffrir de cette improvisation fantastique ? Notre correspondant d'Amérique, après une enquête approfondie, nous répond : « Temporairement, oui. Définitivement, non. »

Tout d'abord, considérons les sites : à Palm Beach, à Miami, à Hollywood, sur toute la côte, on chercherait vainement une perspective digne de captiver l'attention. Non seulement les Alpes sont absentes, mais nulle colline, même chétive, ne donne un peu de relief au paysage. Rien qui rappelle les splendeurs panoramiques de Cannes, de Nice, de Beaulieu, de Monte-Carlo ou de Menton. Tout est plat et sablonneux. La Floride n'a pas d'altitude dépassant 100 mètres, et ce maximum lui-même ne s'étend qu'à une région très restreinte. Quant aux divins parterres qui

Pont en ciment armé, long de 6 milles, reliant Tampa à Saint-Petersburg par-dessus la baie de Tampa.

embaument et réjouissent notre Côte d'Azur, vous n'en avez le souvenir que sur les tables des restaurants à la mode, et ce sont les produits artificiels de serres lointaines. Les seuls arbres qui croissent en cette contrée sont les pins, les palmiers et les cocotiers. Les cocotiers dominent. Au premier abord, la nouveauté de leur aspect impressionne le touriste, mais il les trouve vite monotones.

Ce qui semble être la réelle supériorité de cette nouvelle Riviera sur l'autre, c'est son climat. Sans aucun doute, il fait plus chaud ici — et beaucoup plus chaud — qu'au cap Martin en hiver. La moyenne de la température en décembre, janvier, février et mars est de 72 degrés Fahrenheit, ce qui fait 22 degrés centigrades. Cette chaleur permet, bien entendu, des bains de mer quotidiens. Et ce ne sont pas les plages qui manquent. Miami, dans sa publicité qui s'étale impérieusement dans tous les grands journaux, affirme que sa plage a une longueur de 40 milles. Saint-Petersburg, plus timide, se contente d'une plage de 33 milles.

Un inconvénient de cette nature tropicale de Floride, c'est qu'elle reçoit, à l'improviste, des pluies torrentielles, dont la violence est inconnue sous d'autres latitudes.

Deux heures de pluie suffisent à transformer les rues en véritables lacs, et il devient alors à peu près impossible de circuler à pied dans les villes floridiennes. Quant aux voitures, elles y glissent comme des canots automobiles en déplaçant des trombes d'eau.

« Ces désagréments, nous écrit notre correspondant, ajoutés à la monotonie des sites et de la flore, à l'attitude turbulente des marchands de terrains, à l'impression pénible que l'on éprouve devant le hâtif et l'inachevé, à l'impossibilité de déguster un verre de chartreuse sans craindre une poursuite me font penser que l'élite de la société américaine ne consentira pas à accepter la Floride, dans l'avenir, comme son jardin de repos. »

Il est d'ailleurs bien connu que les Américains riches, quand ils voyagent, recherchent, avant tout, une diversion au souci de leurs affaires. Cette diversion, ils la trouvent principalement dans un voyage en Europe. Quand ils franchissent l'Atlantique, ce n'est point uniquement pour se rendre à la Riviera. Ce qui les attire, c'est l'antiquité des villes du Vieux Monde, c'est le charme de nos mœurs, c'est l'infinie variété de nos paysages, c'est le raffinement de notre civilisation. Toutes ces choses subtiles, constituées par les siècles, ne seront point aisément remplacées par quelques îles en béton armé, hâtivement ornées de quelques cocotiers.

Quel sera donc, finalement, le sort de la Floride ? On prévoit déjà que le Florida Boom aboutira quelque jour à une débâcle. Les profits formidables qui sont réalisés actuellement par les spéculateurs dans ce pays seront payés, cela va de soi, par les derniers acquéreurs. Un jour devra venir où des malchanceux ne rencontreront plus des acheteurs ayant conservé assez de confiance pour croire à la possibilité de se procurer eux-mêmes un bénéfice par une revente éventuelle.

En attendant, le flot des aventuriers et des trafiquants de tout acabit continue à déferler sur la Floride : les biens passent de main en main, des fortunes s'édifient en quelques semaines. Pendant le seul mois de septembre 1925, les frontières du nouvel Eldorado ont été franchies par cinquante mille automobiles. Tous les navires, tous les trains arrivent chargés de courtiers, de mercantis, de troqueurs, d'entrepreneurs, de banquiers et de touristes attirés par la curiosité en même temps que par le désir d'examiner sur place s'ils ne pourraient pas, tout en s'amusant, réaliser une bonne affaire.

Tel est, semble-t-il, pour le moment, le principal attrait de la Floride. Cette villégiature offre à tous la possibilité d'une spéculation intensive dont les émotions l'emportent infiniment sur celles que procurent les salles de jeu de n'importe quel casino.

Quand cet engouement sera passé, la dernière vague des acheteurs aura subi des pertes, rien n'est plus certain, mais alors un Etat entier aura été miraculeusement développé à coups de milliards. La formidable marée humaine qui inonde présentement la péninsule aura fécondé son sol. La Floride possède les mines de phosphate les plus importantes des Etats-Unis. La Floride peut développer ses plantations d'orangers, de pamplemousses, de coton, de tabac, de maïs, et même de caoutchouc. On peut donc prédire que cette région deviendra l'une des plus prospères du continent américain, avec Miami comme grand port, reliant le pays aux républiques latines.

S'il en est ainsi, l'évolution soudaine de la Floride sera tout à fait conforme à ce que fut celle d'autres régions des Etats-Unis. L'histoire de l'Amérique du Nord témoigne que ses progrès économiques les plus marqués se sont presque tous produits en des poussées subites et sous l'influence d'une sorte de foi s'attachant, momentanément, à l'avenir d'une contrée. Ce qui survient aujourd'hui en Floride a eu, en des époques antérieures, des précédents dans le Kansas, le Nébraska, le Minnesota et en Californie. Quand le flot des spéculateurs se sera retiré, quand l'effervescence et l'avidité du lucre se seront portées vers d'autres objets, l'aventure se soldera par de grands bénéfices et par de grandes pertes, mais les villes nouvelles, les ports immenses, les railways, les lignes de navigation et les banques subsisteront et continueront à prospérer

L. N.

Chapelet d'îles artificielles en béton, pierres de taille et limon, sur la côte de Miami. — *Phot. Ewing Galloway.*

Le port de Miami, dont les quais sont artificiellement élargis sur la mer.

Appontement en pleine activité.

Le quartier des affaires.

Miami, « ville de repos », sur la côte Est.

La « potinière » de Saint-Petersburg, sur la côte Ouest.

UNE RIVIERA BIEN AMÉRICAINE EN FLORIDE

Photographies Ewing Galloway.

A New-York, après la mort de Rudolph Valentino : la police maintenant la foule aux abords de la chapelle funéraire

Enfants agenouillés devant le portrait de R. Valentino, encadré par un drapeau américain fleuri.

FRÉNÉSIE AMÉRICAINE

11 SEPTEMBRE 1926

Un cordon d'agents de police s'essaye vainement à contenir une foule forcenée. On joue, de part et d'autre, des poings et des pieds. Tout à l'heure, il faudra faire intervenir la cavalerie. Il y a des blessés. Des femmes, évanouies, sont transportées à l'ambulance la plus proche. De quoi s'agit-il? Un acteur de cinéma est mort d'une pleurésie consécutive à une opération chirurgicale et toute la population de New-York prétend défiler dans la chapelle ardente où son corps est exposé...

Autre scène, ou plutôt la même scène. Voici la même

Jeune femme évanouie au cours des bousculades qui ont suivi la mort de R. Valentino.

ruée brutale et les mêmes policemen. Sur le sol, des débris de toutes sortes attestent la vigueur de la lutte. Cette fois, c'est une Américaine qui a traversé la Manche à la nage, première femme accomplissant une telle prouesse sportive et battant du même coup les meilleurs « temps » des quelques nageurs masculins qui l'ont précédée. Elle rentre aux Etats-Unis se faire acclamer par ses compatriotes. Hurrah pour miss Ederlé ! Les rues sont noires de monde, des grappes humaines garnissent la façade des immeubles, les fenêtres, les balcons, les toits, recouvrent les monuments publics, grimpent sur les automobiles et les tramways, se suspendent aux candélabres électriques pour tâcher d'entrevoir l'héroïne. Il y a des fanfares, des drapeaux avec toutes les étoiles de l'Union, des appareils photographiques et cinématographiques, des haut-parleurs, des pancartes qui sont des proclamations triomphales et qui qualifient d'ailleurs le pas de Calais d' « english channel », comme s'il n'avait qu'une seule rive.

L'âme des foules, c'est, dans une grande mesure, l'âme des peuples. Le peuple américain est là tout entier, avec sa facilité d'admiration ingénue, ses engouements collectifs et dociles pour tout ce qui peut se targuer d'un record. Car Rudolph Valentino était un recordman du cinéma comme miss Ederlé est une recordwoman de la nage. C'était le jeune premier qui touchait les plus gros appointements et qui recevait quotidiennement le plus grand nombre de lettres d'amour. Qu'il eût abandonné à un autre ce double avantage : ses obsèques seraient passées inaperçues, sans scènes de désordre ni scandale.

La semaine dernière, François Porché consacrait ici même un judicieux article à la « légèreté française ». Comme il serait naturel que le peuple « le plus léger du monde » donnât ces témoignages de frénésie déréglée pour un acteur ou une ondine! Nous entendons d'ici les jugements sévères et sans doute mérités que l'on ne nous eût pas épargnés : ce n'est pas la mémoire d'un Pasteur, ce n'est pas une découverte scientifique de Mme Curie qui nous inciterait à nous passionner ainsi ! Malheureusement, la légèreté n'est point, en l'occurrence, notre fait : ne serait-elle donc pas l'apanage exclusif des Français?

Puisque le sport est devenu aujourd'hui une des formes de la compétition internationale, on excuserait, à la rigueur, l'enthousiasme un peu puéril dans ses manifestations que peut provoquer l'homme ou la femme qui a fait triompher dans une épreuve les couleurs de son pays. Encore ne faudrait-il rien exagérer ni prendre, par exemple, pour une humiliation nationale le jour où notre champion de boxe a été mis *knock out* par Jack Dempsey ! Mais on souhaite pour le bon renom de l'Amérique que certaines descriptions qui nous ont été câblées ces jours-ci ne soient qu'imagination de journalistes. Que le prix des fleurs sous lesquelles disparaissait le catafalque de Rudolph Valentino se chiffre par dizaines de milliers de dollars, que les lettres et les télégrammes de condoléances reçues aient dépassé cent mille, que trois cents automobiles aient suivi le convoi, voilà qui est suffisant : faut-il croire encore qu'à l'annonce de la fatale nouvelle les femmes tombaient en pamoison dans les rues et qu'en plusieurs grandes villes le service des téléphones faillit être compromis parce que les demoiselles du standard, aveuglées par les larmes, ne pouvaient plus donner des communications ? Il est malheureusement des témoignages qu'il est impossible de récuser : ce sont ceux de l'objectif photographique. Regardez ces enfants agenouillés devant le portrait de la « célèbre vedette de l'écran », comme devant une icone. L'image est encadrée par un drapeau américain entièrement

Maisons de l'avenue Amsterdam, à New-York, pavoisées pour fêter le retour de miss Ederlé.

Miss Ederlé remerciant la foule, du balcon de sa chambre, avenue Amsterdam.

Le retour de miss Ederlé à New-York : barrages de police frayant un chemin au cortège.

confectionné avec les fleurs du catafalque. Peut-être prient-ils tout simplement pour le repos de l'âme du défunt. Mais cet appareil théâtral, la présence de la bannière étoilée sur laquelle se détache l'idole, tout cela ne risque-t-il pas d'égarer leurs jeunes imaginations et de leur faire adresser leur supplique religieuse et patriotique à saint Valentino lui-même, ainsi béatifié pour avoir incarné, au temps de son terrestre séjour, *l'Aigle noir* ou *le Cheik* ?

Les détracteurs du cinéma l'accuseront, une fois de plus, de pervertir les esprits. Ils auront tort. Le cinéma n'est pas responsable des abus de ceux qui l'exploitent. Ce n'est pas sa faute si les firmes américaines, pour la propagande de leurs films, dépensent chaque année cinq millions de dollars à « lancer » leurs stars. Comment résister à une telle publicité? Mais craignons la contagion de cette mentalité américaine, que la diffusion du cinéma américain peut, en effet, développer, comme elle est, d'ailleurs, encouragée par les habitudes du sport. Qu'il s'agisse d'art, de lettres, de sciences ou de politique, le talent et la compétence ne se jaugent point par la grosseur d'une vedette, pas plus que les œuvres utiles ou durables ne se présentent sous la forme d'un record à battre. Il n'y a pas de plus fallacieux critérium de valeur que celui du *greatest in the world*. Il est devenu celui du Nouveau Monde. Lorsqu'un journaliste de là-bas traverse l'Atlantique pour un reportage sensationnel, c'est pour interviewer le plus grand savant, le plus grand peintre, le plus grand ministre, pour découvrir le site le plus pittoresque de la vieille Europe, ou la ville la plus sale, ou telle autre particularité exceptionnelle ; et cette actrice de music-hall connaissait bien le public qu'elle allait affronter qui, n'ayant pas d'autre titre à revendiquer, se fit afficher comme « l'actrice la plus laide du monde ». A défaut d'un autre avantage, que la France, dans sa « légèreté », sache du moins maintenir la tradition tant compromise de la mesure, du goût, du tact...

ROBERT DE BEAUPLAN.

Un toit de tramway utilisé comme observatoire.

La foule réunie dans City hall Park, à New-York, pour acclamer miss Ederlé ; à droite, sur l'entablement du balcon, une rangée de haut-parleurs

Drapeau arboré pour la première fois, le 3 décembre 1775, à l'avant de l'*Alfred*, vaisseau de l'amiral Hopkins.

Un des nombreux drapeaux proposés comme symbole de l'Union en 1776.

Le « Grand Union Flag » ou drapeau de Cambridge (1776).

Drapeau adopté par les troupes de Rhode Island en 1776.

LE DRAPEAU DES ÉTATS-UNIS

par Georges Benoît-Lévy

24 SEPTEMBRE 1927

Le Drapeau national, la Constitution, la Capitale fédérale : trois choses également sacrées pour les citoyens des Etats-Unis, qui revendiquent le privilège d'être la nation la plus jeune ayant le plus ancien Drapeau, la plus ancienne Constitution et la plus ancienne capitale créée de toutes pièces.

LA NAISSANCE D'UN EMBLÈME

C'est le 14 juin 1777 que les représentants des 13 Etats fédérés décidaient que le drapeau des 13 Etats Unis serait formé de 13 bandes alternées rouges et blanches, que l'Union serait symbolisée par 13 étoiles blanches sur fond bleu représentant une nouvelle constellation et que Washington, commandant en chef, avec Robert Morris et George Ross, tous les trois signataires de la déclaration d'indépendance, constitueraient le « comité » chargé d'assurer l'exécution de cette décision.

On a souvent conté l'anecdote des trois commissaires au drapeau se rendant chez Betsy Ross dont la boutique, située 239, Arch Street, à Philadelphie, était voisine de la salle des séances du Congrès.

Suivant les uns, Betsy Ross était couturière, suivant d'autres, tapissière. Toujours est-il qu'elle était une femme de décision ; au vu du croquis, elle découpa d'un coup de ciseaux un modèle d'étoile à cinq pointes dont la présentation convint aux commissaires. De ses mains expertes, elle eut tôt fait de confectionner le premier emblème national des Etats-Unis d'Amérique dont la réplique devait être remise, cent cinquante ans après, par Lindbergh, au président de la République française.

Certains auteurs mettent en doute l'authenticité de cette anecdote. On raconte même que le président Wilson s'écria un jour, en levant les mains au ciel : « Je voudrais que ce soit vrai ! » Il n'est pas sans intérêt de remonter plus haut pour découvrir les origines du drapeau américain et en mieux discerner ainsi le symbolisme.

Ses deux parrains furent : d'une part, le drapeau de l'Etat de Rhode Island, qui avait été arboré par le schoner *Lee* et par les troupes coloniales du Rhode Island après la bataille de Concord (l'étoffe en était blanche, portait au centre une ancre avec le mot *Hope*, « Espérance », et, dans l'angle supérieur de gauche, 13 étoiles en quinconce sur fond bleu) ; et, d'autre part, le drapeau qu'on appela le « Grand Union », adopté par l'« armée continentale » à Cambridge (Massachusetts) le 2 janvier 1776, après avoir été arboré le 3 décembre 1775 par la nouvelle flotte à Philadelphie ; son étamine se composait de 13 bandes alternées rouges et blanches, mais il portait

La création du drapeau américain en 1777 : Betsy Ross confectionnant dans sa boutique, à Philadelphie, le premier drapeau des « Etats-Unis ».

Peinture d'Elisabeth Moore Hallowell.

Le drapeau national
suggéré par le vote du Congrès du 14 juin 1777.

Une variante du drapeau national,
les étoiles constituant une « nouvelle constellation ».

Le drapeau actuel avec ses 48 étoiles
représentant les 48 Etats.

Le drapeau personnel
du président des Etats-Unis.

encore l'écusson anglais, c'est-à-dire la croix de Saint-George entre-croisée avec celle de Saint-André. Un certain mystère flotte d'ailleurs à l'origine de ce drapeau aux 13 bandes. Certains y voient une réminiscence du pavillon de la Compagnie des Indes orientales aux 13 bandes rouges et blanches. L'explication la plus curieuse en a été donnée par un membre de l'Université théosophique de Point Loma :

« A l'époque la plus sombre de la Révolution, une réunion se tint le 13 décembre 1775, chez le colonel John Ross, à laquelle assistaient sa femme, Elisabeth Ross, confectionneuse de drapeaux, les délégués du premier Congrès continental, Washington, Franklin, Harrisson, Lynch et un septième personnage nommé « le Professeur ». Ce dernier ouvrit la séance en ces termes : « Invitons notre hôtesse » à participer à nos discussions de façon à nous » constituer en un comité de sept, nombre plus pro- » pice que six, et à bénéficier des conseils féminins » toujours précieux. »

» Nous sommes actuellement des colonies dépendantes de la Grande-Bretagne et nous nous adressons à son gouvernement pour demander justice, en sujets loyaux. Mais, avant longtemps, nous deviendrons une nation qui aura proclamé son indépendance, nous accordant à nous-mêmes la justice que nous réclamons en vain.

» Le général Washington ici présent est un soldat britannique, mais il se trouvera bientôt délié de son serment envers qui que ce soit d'étranger; et, avant que beaucoup de mois se soient écoulés, il apparaitra devant les populations de ces colonies et devant le monde entier comme général commandant en chef les armées d'un peuple libre et uni, organisé en une nation nouvelle et indépendante.

» Le drapeau dont nous recommandons maintenant l'adoption doit être dessiné de façon à pouvoir être adapté aux circonstances, lorsque nous serons délivrés de notre serment de fidélité au roi d'Angleterre.

» Nous conservons donc encore l'Union Jack, mais les 13 bandes représentent dès maintenant les 13 colonies, et l'égale largeur de ces bandes symbolise l'égalité de rang, de droits et de responsabilité des colonies. L'union des bandes dans l'étamine de notre drapeau annoncera la conformité des intérêts et l'union des efforts des colonies associées. Les bandes blanches signifieront que nous considérons nos demandes comme justes et raisonnables et les bandes rouges du haut et du bas seront une déclaration que nous avons la détermination, l'enthousiasme et le pouvoir d'user de la force chaque fois que la nécessité s'en fera sentir. »

Le comité de Cambridge, en établissant le drapeau « The Grand Union », avait donc prévu sa transformation au cours des événements qui devaient se dérouler. Cet emblème fut celui sous lequel « les continentaux en haillons » marchèrent durant toute la campagne de 1776, à Long Island, à White Plains, dans la retraite de New Jersey et aussi lors des victoires de Trenton et de Princeton.

Presque contemporain du « Grand Union », le « rattlesmake » eut des faveurs des marins. L'amiral Hopkins l'arbora le 3 décembre 1775 sur l'*Alfred*, à l'avant du navire, alors que le Grand Union flottait à l'arrière. Ce drapeau avait aussi les bandes alternées rouges et blanches, mais sans écusson dans l'angle de gauche; il portait, au milieu, un serpent à sonnettes (rattlesmake) courant sur la devise : « Ne marchez pas sur moi. »

Pourquoi un serpent à sonnettes? Franklin, dans une page célèbre, explique que ce reptile représente la sagesse, le courage et de nombreuses autres vertus propres aux colons d'Amérique. Concurremment avec le sapin, arbre de liberté, le serpent à sonnettes avait été choisi par plusieurs colonies pour décorer leur drapeau.

LA BANNIÈRE CONSTELLÉE

Retracer l'évolution du drapeau américain serait évoquer toute l'histoire des Etats-Unis. Nous en choisirons les épisodes les plus marquants.

Quand Fort Stanwix fut assiégé, en 1777, le colonel Peter Gansevoort improvisa un drapeau conforme au nouveau modèle en utilisant des chemises de soldat et des pièces de drap rouge pour les bandes, tandis qu'il cousait des étoiles rapidement fabriquées sur un fond découpé dans une vareuse bleue d'officier. Trois jours après, la garnison faisait une sortie victorieuse. Ce fut là le premier succès auquel présida le drapeau national.

Et nous voici devant le fort Mc Henry, dans la nuit du 16 septembre 1814. Les Anglais assiègent Baltimore. Leur flotte est ancrée dans le Cheasapeake. Francis Scott Key, avocat et poète à ses heures, s'est offert comme parlementaire pour aller négocier la mise en liberté d'un de ses concitoyens. Sa vedette, le *Minden*, est retenue en arrière des lignes anglaises jusqu'à ce que l'attaque ait pris une allure décisive.

Toute la nuit, il assista au bombardement du fort Mc Henry. Chaque coup déchire son cœur de patriote. Mais aussi quel hymne de triomphe s'échappe de ses lèvres lorsqu'au petit jour il aperçoit le drapeau du fort criblé d'obus, mais flottant toujours. Sur un bout de papier, au dos d'une lettre, il griffonne quelques vers. Aussitôt à terre, il les porte au *Baltimore American* qui les fait imprimer sous forme de prospectus et distribuer dans la rue avant même que la flotte anglaise, battue et en retraite, soit sortie du Cheasapeake.

Chantée sur la scène du Holliday Street Theatre de Baltimore, *The Star Spangled* était répétée avec frénésie dans toute l'Amérique.

L'hymne national était créé ; il s'identifiait au drapeau par son titre même : « la Bannière parsemée d'étoiles », *The Star Spangled Banner*.

D'autres compositions furent en honneur à ce titre et rencontrèrent la même faveur patriotique, jusqu'en 1914 où, pour la première fois, il fut prescrit de chanter *The Star Spangled* dans les cérémonies militaires.

Pourtant, en une circonstance au moins, on put se rendre compte combien les paroles de cet hymne tenaient aux fibres les plus sensibles du patriotisme américain. C'était le soir de l'élection de Lincoln. Un silence pesant comme celui qui précède les orages régnait dans tout Washington. On n'osait s'aborder de peur de déclencher un conflit, tellement les partisans et les adversaires du nouveau président nourrissaient de ressentiments les uns contre les autres. Tout à coup, d'un hôtel où se tenaient les journalistes, un chanteur sort en criant à pleine voix *The Star Spangled Banner*. Ce fut un enchantement : ces masses de citoyens, prêts, un moment auparavant, à s'entre-déchirer, entonnèrent en même temps, d'un bout de la ville à l'autre, l'hymne de la bannière constellée. Elle venait de recevoir son second baptême. Sa consécration définitive eut lieu en France, pendant la grande guerre.

Et la bannière constellée elle-même qui avait inspiré l'hymne, sous quels aspects se présentait-elle? Sous ceux d'un drapeau de 12 mètres de haut aux bandes de 60 centimètres de large et aux étoiles de 60 centimètres de diamètre de pointe à pointe.

La précieuse relique peut être vue maintenant au musée national de Washington. Quant au manuscrit de l'hymne, les amateurs d'autographes pourront le contempler dans la Walter's Art Galery où l'a placé son fondateur, M. Henry Walter.

La loi d'avril 1818 décida qu'il ne serait plus ajouté une bande par l'Etat nouveau, mais qu'on conserverait les 13 bandes primitives, chaque Etat nouveau devant être représenté par une nouvelle étoile placée dans la partie bleue, en rangées successives et non plus en cercle.

Washington a dit : « Nous avons pris les étoiles au ciel, le rouge à notre pays d'origine en l'entremêlant de bandes blanches montrant ainsi que nous nous sommes séparés de lui : les bandes blanches seront donc à jamais représentatives de notre liberté. »

M. Raymond Poincaré caractérise ainsi l'emblème américain : « Le drapeau des Etats-Unis est le seul drapeau qui ne s'incline devant aucune personnalité, fût-ce même un chef d'Etat. Le seul cas où le drapeau américain doit le salut est en réponse au salut d'un autre drapeau, mais c'est à la nation même représentée par ce drapeau qu'il rend alors hommage. »

Lorsque le drapeau est présenté, au cours d'une revue ou d'un défilé, les civils doivent s'arrêter s'ils marchent, se lever s'ils sont assis, prendre l'attitude du garde-à-vous, avec le chapeau dans la main droite tenue contre le cœur.

Le drapeau des Etats-Unis a précédé de douze ans le drapeau tricolore français.

Le drapeau américain fut salué la première fois en France à bord du *Ranger*, commandé par le capitaine Paul Jones, dans la baie de Quiberon, le 14 février 1778. C'est en 1871 que Stanley porta un drapeau américain au centre de l'Afrique, lors de sa recherche du Dr Livingstone. En 1809, le commandant Peary le planta au pôle Nord.

Cent quarante et un ans après la remise au général Washington du message de remontrance de S. M. le roi d'Angleterre aux colonies infidèles, — cent quarante et un ans après la déclaration d'indépendance, — les treize « colonies révoltées », devenues quarante-huit puissants Etats fédérés, entraient en guerre comme alliés non seulement de la France, mais de leur ancien adversaire, de leur ancienne mère patrie. A cette occasion, le 20 avril 1917, le drapeau américain flottait sur la tour du Parlement de Grande-Bretagne et était suspendu dans la cathédrale de Saint-Paul où le roi George V chantait *The Star Spangled Banner* pour célébrer l'entrée en guerre des Etats-Unis.

Cette même année, le vainqueur de la Marne était reçu triomphalement par le peuple américain. On l'invita à Philadelphie, où on lui montra les demeures historiques, contemporaines de la guerre d'Indépendance. Il en est une où le maréchal Joffre ne pénétra pas sans une émotion poignante : ce fut la petite boutique du numéro 239 d'Arch Street, où Betsy Ross avait confectionné le drapeau aux 13 bandes et aux 13 étoiles.

And The Star Spangled Banner in triumph shall wave
O'er the land of the free and the home of the brave

Et la Bannière étoilée flottera triomphante
Sur la patrie des hommes libres et le foyer des braves.

Dans une prairie du Montana : troupeaux de bœufs destinés aux usines de Chicago.

A Chicago : la grande artère des marchés en gros, South Water Street.

L'AMÉRIQUE AGRICOLE ET COMMERÇANTE

24 SEPTEMBRE 1927

La crise boursière de New York : la foule aux abords de Wall Street (dont on voit, à droite, le profil de la façade).
Phot. O'Leary.

UNE DÉBACLE FINANCIÈRE A NEW YORK

9 NOVEMBRE 1929

Un krach financier qui n'était pas inattendu mais dont la violence soudaine a entraîné des répercussions considérables sur tous les marchés du monde vient de se produire à la Bourse de New York. Il est la conséquence du mouvement excessif de hausse dont les valeurs américaines avaient été l'objet depuis deux ans. Sa cause immédiate paraît avoir été l'élévation à 6 ½ % du taux de l'escompte à Londres, que la Banque d'Angleterre décida il y a environ un mois. Cette mesure a, en effet, entraîné d'importants retraits de capitaux britanniques de New York, d'autant que le krach Hatry, sur le marché de Londres, avait, de son côté, créé de sérieuses perturbations. Mais la cause profonde est beaucoup plus lointaine : elle est dans la fièvre de spéculation qui, depuis la fin de 1924 particulièrement, s'est emparée du marché américain.

Cependant, au printemps de l'année dernière, la *Federal Reserve Bank* avait entrevu le péril et tenté de le conjurer par une politique nouvelle qui consistait à renchérir et à raréfier l'argent mis à la disposition de la Bourse. Malgré cela, le mouvement ne fut pas enrayé et la vague de spéculation persista. Il est vrai que, pour ne pas entraver la prospérité économique, on avait limité au seul marché financier les mesures de restrictions et de prudence, alors que le commerce et l'industrie continuaient à bénéficier de tous les abus de crédit.

Le réveil a été tragique. Il s'est traduit par une panique presque sans précédent à Wall Street, par des faillites, par des ruines sans nombre, par des suicides. Des entreprises qui, jusque là, paraissaient d'une solidité à toute épreuve se sont effondrées, des milliardaires qui voguaient vers l'Europe avaient perdu toute leur fortune en y débarquant. Heure par heure, sur les paquebots de luxe, la T. S. F. les avait tenus au courant de la crise, et tous les radios qu'ils avaient expédiés n'avaient point réussi à les sauver. De l'excès du mal, peut-être, naîtra un bien, non seulement pour les Etats-Unis, mais pour l'activité financière du monde, qui devra s'orienter dans une voie plus saine et retrouvera hors des illusions dangereuses de la spéculation une prospérité moins brillante, mais plus solide.

NEW YORK

Au premier plan : l'île du Gouverneur avec, dans sa partie septentrionale, le fort Colomb apparaissant comme un petit carré blanc ; à droite de cette île et séparé par le canal Buttermilk, le grand quartier de Brooklyn.

Au centre : NEW YORK qui s'allonge entre l'Hudson (ou North River) à gauche et l'East River à droite ; de l'autre côté de l'Hudson : Jersey City. A l'extrémité méridionale de New York, Battery Park et le groupe des gratte-ciel, dont une douzaine ont plus de 150 mètres de hauteur et deux ont plus de 300 mètres, puis le quartier de Manhattan, Central Park qui apparaît comme un grand rectangle sombre, la rivière (transversale) d'Harlem ; tout à fait à l'arrière-plan, le Bronx. Le long de l'Hudson, à gauche, l'échelonnement des *piers* perpendiculaires à la rive et dont les premiers sont les quais de débarquement des transatlantiques venant de France.

En suivant l'East River, on rencontre, à partir du premier plan, les ponts de Brooklyn et de Manhattan, la petite baie (à droite) Wallabout, le pont de Williamsburg, l'île Blackwell ayant à sa droite l'agglomération de Long Island et, dans son prolongement, Astoria et les îles Wards et Kandall.

La pointe de Manhattan vue, dans la brume, d'un des étages supérieurs du plus haut des gratte-ciel en achèvement.

LE NOUVEAU ROI DES GRATTE-CIEL
10 JANVIER 1931

« L'EMPIRE STATE BUILDING »

Dans son numéro du 16 août 1930, *L'Illustration* a publié la visite d'un de ses correspondants à l'édifice le plus haut du monde qui était alors le Chrysler Building, clocher de métal clair étincelant, au centre de Manhattan et dominant tous ses voisins de ses 323 mètres. Mais la silhouette de New York a changé en 1930 plus que jamais jusqu'ici. La course verticale a été marquée par une longue suite de records battus et l'on sait que cela passionne la foule américaine : records de vitesse dans la construction, ou d'altitude ou encore du nombre d'ascenseurs, de rivets, de locataires !

Le Woolworth Building, expression typique du gratte-ciel gothique, resta pendant plusieurs années le roi incontesté auquel les étrangers et les foules de touristes américains venaient payer leur tribut d'admiration au début de leur visite à New York. Subitement le voici détrôné plusieurs fois dans la même année. Toute une série de nouveaux buildings ont transformé New York en trois points surtout: à l'extrémité de Manhattan où règne le nouvel édifice de la Bank of Manhattan et où Irving Trust Building, son voisin de Wall Street à peine terminé, écrase de sa masse blanche, aux lignes tout particulièrement modernes, la frêle petite église de

Réfractaire au vertige.

Le président de la compagnie de l'Empire State Building et un artisan du roi des gratte-ciel.

Mr. Al. Smith (à gauche) fut, en 1928, l'adversaire démocrate de Mr. Hoover à la présidence des Etats-Unis ; il préside actuellement la compagnie qui a entrepris la construction du gratte-ciel gigantesque. Au loin, on aperçoit la flèche — maintenant dépassée — du Chrysler Building. — *Photographies comm. par MM. J. Martin et Bablon.*

la Trinité ; au centre de Manhattan, surtout aux environs de la 5e avenue et de la 42e rue où ont poussé le palais de Chrysler, plusieurs autres édifices de 50 étages ou plus et le nouveau roi, l'Empire State Building à la 34e rue ; et enfin, dans la partie sud de Central Park, monde étonnant d'hôtels tout neufs qui forment, la nuit venue, un fantastique jeu de lumières, des milliers de cellules qui vibrent palpitantes et que l'on peut voir du parc s'allumer, s'éteindre, faire des dessins variés. C'est là que la Société Chanin Brothers devait construire, pour une compagnie française, le Palais de France, un immense bâtiment qui devait atteindre environ 60 étages, aurait occupé tout un bloc entre Broadway et Central Park, à la 62e rue, et aurait été un centre d'activité française avec bureaux, théâtre, hôtel, etc. Ce plan n'a pas réussi pour différentes raisons : la dépression économique générale, les nouveaux tarifs américains entre autres.

La rivalité des banques, des gros industriels, des associations diverses a peut-être provoqué plus que toute autre raison d'utilité directe cette course fantastique aux records considérés comme étant la meilleure des publicités. Cependant, quoiqu'il soit difficile de faire des pronostics dans un domaine où il y a eu tant de surprises ces dernières décades et surtout tout récemment, il semble que cette émulation va subir un temps d'arrêt et que, plus tard probablement, quand reprendra la course aux records, elle ne sera plus verticale.

Les dernières expériences ont en effet prouvé qu'au-dessus du 60e étage la location rapporte trop peu à New York, et dépasser 300 mètres environ de hauteur dans une construction est une folie financière et une pure vanite que n'arrive pas à payer sa valeur comme réclame. Les architectes et les ingénieurs pourraient élever des édifices deux fois plus haut que les plus hauts gratte-ciel. La technique actuelle le permettrait sans trop de difficultés, mais les Américains sont avant tout des hommes d'affaires : s'ils font de colossales constructions, c'est en pensant au profit certain qu'ils en retireront. Or, suivant l'opinion des entrepreneurs les plus importants (dont le colonel Starrett de la société qui a élevé l'Empire State Building), diverses considérations économiques empêcheront sans doute les gratte-ciel d'atteindre, pendant un certain temps du moins, une plus grande hauteur. On les verra probablement devenir dorénavant de plus en plus larges, occupant un bloc entier, comme il était prévu pour le Palais de France, c'est-à-dire tout l'espace compris entre deux rues et deux avenues. Ces bâtiments seront différents de ceux construits actuellement en ce qu'ils offriront plus de commodités au public et à ceux qui les habiteront. La tendance va être sans doute toujours plus d'en faire de véritables villes, comme le Carew Tower Building élevé à Cincinnati qui comprend d'importants magasins, un hôtel de 750 chambres, un garage pour 650 voitures et 48 étages de bureaux. D'autre part, les ingénieurs s'efforceront de perfectionner les systèmes de chauffage et d'éclairage, les installations pour amortir les sons et les vibrations et purifier l'atmosphère, et consacreront à la décoration davantage de leur temps et de leurs moyens.

Toutes ces considérations permettent de croire que le nouveau roi des gratte-ciel newyorkais et de beaucoup l'édifice le plus haut du monde gardera longtemps sa couronne. L'Empire State Building a été élevé par une compagnie que préside Mr. Al. Smith, l'adversaire démocrate de Mr. Hoover pour la présidence des Etats-Unis en 1928. Citer tous les détails de la construction d'un tel géant serait entrainer le lecteur dans un tourbillon de

Comment on construit un gratte-ciel : la carcasse du Lincoln Building, à New York City.
Photographies comm. par MM. J. Martin et J. A. Springer.

Ombres et lumières dans les rues de New York : le bâtiment des *Daily News* et, dans le lointain, le Chanin Building.

chiffres qui n'arriveraient qu'à donner une idée monstrueuse de cet édifice alors qu'il ne paraît pas disproportionné dans le ciel de la grande cité américaine. Cependant il est intéressant de le comparer brièvement au Chrysler Building dont les mesures publiées en août par *L'Illustration* paraissaient si formidables.

Tandis que le Chrysler atteint 323 mètres de hauteur, soit 23 mètres de plus que la Tour Eiffel, celui-ci a environ 400 mètres, exactement 1.248 pieds, équivalant à 102 étages. Il y aura 85 étages de bureaux surmontés d'une tour-observatoire de 17 étages. A cette tour, toute de verre et de nickel, pourront être amarrés les dirigeables transatlantiques ou autres et les passagers d'Europe se trouveront dans la 5e avenue cinq minutes après leur arrivée au lieu d'avoir à faire tout le trajet de l'aéroport de Lakehurst à New York.

L'Empire State aura environ 20.000 locataires, 8.000 de plus que le Chrysler, et 30 ascenseurs de plus, soit 62, qui transporteront les locataires et leurs visiteurs en une minute au 80e étage. Le Chrysler coûta 500 millions de francs ; celui-ci, 1.375 millions. Et tous les autres chiffres suivent ces mêmes proportions : plus de 56.000 tonnes de fer, près d'un million et demi de rivets, des centaines de kilomètres de tuyaux et de fils électriques.

Le jour que les ascenseurs provisoires m'ont conduit au sommet de l'Empire State Building, le temps était couvert et je me suis trouvé là-haut perdu dans les nues. Le vent soufflait en rafales, chargé de pluie et de parfums : celui du sel de l'océan, l'âcreté des fumées des chauffages et surtout l'haleine des nuages qui me donnait l'illusion d'être sur un sommet des Alpes, quand les nuées vous environnent de ce tissu que l'on croit pouvoir palper et qui n'est que senteur humide et défilé incessant de vapeurs mouvantes.

De soudaines échappées me permettaient de voir des îlots de toits, très bas. Un roulement d'avalanches et de torrents grondait tout alentour : les fleuves des voitures dans les rues, le tonnerre du chemin de fer aérien, toute cette grande rumeur de New York où résonnent les klaxons, le bruit saccadé des riveteuses pneumatiques et, de temps à autre, les sirènes lugubres des pompiers.

Jusqu'au 85e étage, l'édifice était terminé extérieurement. Le squelette de fer de l'observatoire se dressait tout entier dans les nuages et tout en haut flottait le drapeau étoilé. Les grues audacieuses avaient monté toute la charpente, le boulonnage était presque terminé, les riveteuses fixaient les derniers rivets et les maçons posaient les dernières briques — ils ne se pressaient pas, car ils ont à poser quotidiennement un nombre déterminé de briques, ni plus ni moins !

Un moment, la pluie cessa, le vent se fit moins violent et le soleil envoya à travers les brumes un faible rayon. Les ouvriers arrêtèrent leur occupation.

NEW YORK-METROPOLIS. — L'Empire State Building dominant de ses trois cent quatre-vingts mètres le quartier des gratte-ciel.
Au moment où a été prise cette photographie la tour d'amarrage qui surmonte maintenant l'immeuble était à peine commencée. — *Phot. comm. par M. J. Martin.*

enlevèrent leurs gants de travail et commencèrent leur lunch. Propres, bien rasés, heureux, ils avaient l'air prospères et tous avaient payé leur tribut de chaque jour à la grande vague de dépression qui passe sur leur pays en achetant quelques-unes des belles pommes rouges que vendent les chômeurs à tous les coins de rue.

En redescendant, ce ne fut qu'à partir du 60e étage que les voisins les plus hauts (le Chrysler et le Chanin Building) commencèrent à apparaitre à travers les brouillards et au 40e le monde des réalités. Les ouvriers étant tous occupés au sommet de l'édifice, tous les étages intermédiaires étaient un désert où sifflait le vent et où passaient à toute allure ascenseurs et monte-charges.

Le rez-de-chaussée était un enfer où ronflaient des camions et où vous aveuglaient les poussières de ciment. Mais l'ordre était parfait, car l'organisation prévoit tous les problèmes de livraison et de circulation des camions apportant les matériaux. Une construction aussi formidable n'obstrue donc aucunement la circulation d'un quartier fréquenté. Vous sortez et faites deux pas dans la 5e avenue où défile la foule la plus élégante de New York et il n'y a guère que la façade de planches qui masque les premiers étages qui vous fait remarquer que l'on construit là un nouveau building.

Toutes les phases de l'entreprise se sont suivies et déroulées dans le même ordre. La rapidité tient une grande place dans une affaire de ce genre parce que l'argent ne doit pas se reposer et doit produire le plus tôt possible. Les diverses pièces sont fabriquées à l'avance pour éviter la main-d'œuvre trop longue. Si New York élève surtout des charpentes de fer, ce n'est pas seulement parce qu'elles reposent admirablement sur le roc dur de Manhattan, mais aussi parce qu'elles n'exigent qu'un montage sur place, tandis que le béton demande plus de travail et de surveillance et une main-d'œuvre coûteuse.

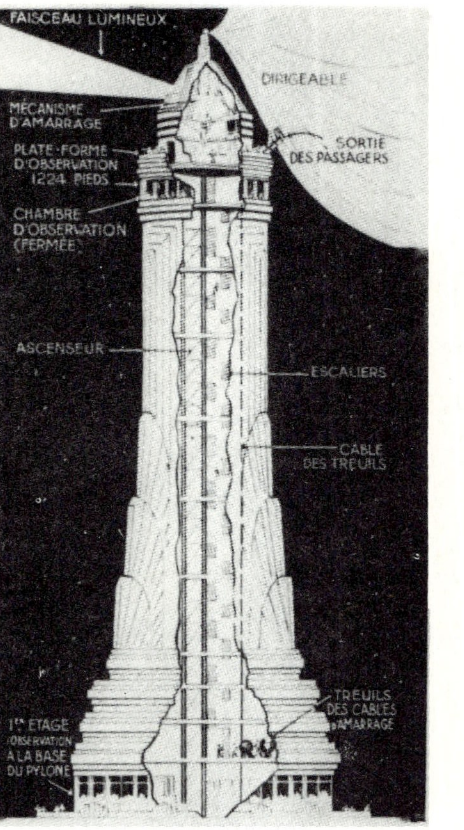

La tour d'amarrage pour dirigeables au sommet de l'Empire State Building.

En février 1930, la démolition du Waldorf Astorias, le célèbre hôtel où habitèrent tous les hôtes illustres des Etats-Unis, de Li Hung Chang, homme d'Etat chinois, à Edouard Albert, prince de Galles, se poursuivait avec rapidité et l'emplacement était transformé en un champ de bataille où les chalumeaux coupaient l'ancienne charpente et où les perforeuses détruisaient les masses de béton. La nouvelle charpente de fer était en préparation dans les ateliers de la U. S. Steel Corporation, les briques n'étaient pas encore cuites et le calcaire se trouvait toujours dans les carrières de l'Indiana. Cependant, tout était prêt sur le papier, dans le temps et dans l'espace. Tout était prévu : l'emploi et la paie de chaque ouvrier et la place de chaque pièce de métal. Aussi les entrepreneurs « The Starrett Corporation », compagnie considérable qui a mené à bien, en 1930, la construction de 36 gratte-ciel, pouvaient-ils promettre de terminer en un an l'Empire State Building, commencé le 1er mai 1930.

Le front orgueilleux du géant voilé par les nuages.

Ce géant est une masse imposante qui n'a pas, comme beaucoup d'autres gratte-ciel, cette apparence d'une tour qui s'étire pour dominer sa voisine, comme à Bologne rivalisaient les tours des seigneurs au moyen âge. Les architectes Schreve, Lambaud Harnon ont forcé leurs façades à un recul de près de 20 mètres à partir du 5e étage, recul suffisant pour satisfaire à toutes les lois américaines qui veulent des retraits déterminés suivant certaines zones d'altitude. L'Empire State Building peut ainsi s'élever d'un jet du 5e au 85e étage. Le plan est celui adopté généralement dans la construction des édifices de ce genre : au centre, se trouvent situés les ascenseurs, les vestibules, les cheminées du chauffage central, etc., et tout autour sont groupés les bureaux.

La décoration est simple et répond à ce principe américain qu'une construction est un placement d'argent dont l'intérêt doit être aussi élevé que possible. Les bureaux sont donc dépouillés de toute ornementation. Des polémiques, comme celle qui mit aux prises le célèbre architecte Raymond Hood et un critique, Mr. Cortissoz, prouvent cependant que cette tendance est discutée. Mr. Hood, qui veut les bureaux pratiques uniquement, est pourtant l'un des architectes qui a le plus consacré son temps à la décoration intérieure (le hall d'entrée de l'édifice des *Daily News* le prouve) et le plus recherché l'originalité dans les grandes lignes architecturales des bâtiments qu'il a construits. L'American Radiator Building, en granit noir de Suède et en briques noires, couronné d'ornements d'or, et l'édifice des *Daily News*, tout en lignes verticales rouges et blanches, restent parmi les gratte-ciel les plus frappants de New York. Mr. Raymond Hood est associé à un Français qui habite New York depuis de longues années, M. Fouilhoux, ingénieur, que nous remercions ici pour tous les renseignements intéressants qu'il nous a donnés.

Mr. Hood veut le gratte-ciel beau par la simplicité de ses façades et de ses volumes, et il l'est certainement. Toutes simples que soient ses lignes générales, elles sont différentes de celles de son voisin, et avec lui et d'autres, tous les autres, il est New York.

Au moyen âge, la cité avait un caractère d'originalité. Située de manière à être protégée naturellement par la colline qu'elle couronnait ou par le fleuve qui l'entourait partiellement d'un de ses méandres, elle ajoutait au pittoresque de ses remparts et de ses tours de défense la beauté du site environnant. Elle formait un tout harmonieux ; elle avait une physionomie bien personnelle. Ainsi était Lutèce dans son ilot de la Seine, ainsi toujours se présentent Orviéto sur son roc et toutes les cités des collines d'Ombrie, de Pérouse à Spoleto, dont on a tant médit lorsque c'était la mode de dénigrer le pittoresque.

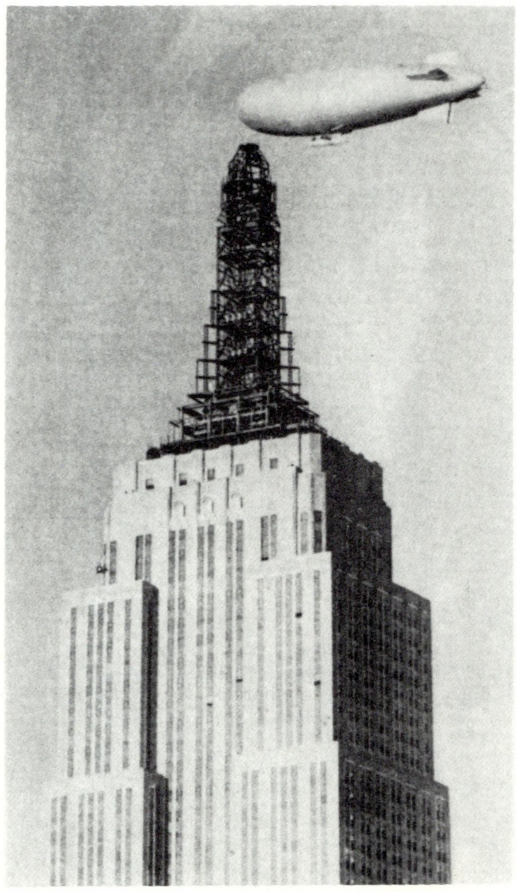

Un petit dirigeable rôdant autour de l'armature du pylône où il pourra s'amarrer plus tard.
Phot. Keystone.

Depuis, la cité moderne s'est efforcée d'atteindre à l'anonymat. Elle se distingue toujours par le fleuve qui la traverse, sa cathédrale gothique ou Renaissance, un quartier ancien peut-être, mais où sont les grandes villes modernes qui ont su se donner cette physionomie particulière qu'avait au moyen âge toute cité nécessairement plus petite ? Rome et Athènes d'aujourd'hui ont conservé un caractère propre grâce aux éléments naturels qui faisaient leur beauté autrefois, les collines sur lesquelles elles sont construites, un fleuve, la mer, leurs ruines antiques, mais je ne vois que deux grandes villes auxquelles les hommes eux-mêmes ont su donner un caractère d'ensemble harmonieux : Paris et New York.

Les lignes de Paris, boulevards, avenues, jardins, sont d'admirables perspectives, uniques au monde. Manhattan (car New York, c'est Manhattan et non les énormes faubourgs, Brooklyn, le Bronx, Queens, qui sont venus s'ajouter pour former le « Greater New York »), c'est une prodigieuse silhouette qui tous les jours change d'aspect entre les deux bras d'eau qui l'enserrent, l'Hudson River et l'East River. Le prodige est dans les chiffres que l'on connait, les dimensions vues de près, le tourbillon dans lequel on a été pris soi-même dans les rues, mais, vraiment, Manhattan vu du haut des plus hauts gratte-ciel, ou de la mer, d'un paquebot qui arrive d'Europe par exemple, c'est un jeu de masses merveilleusement simples et harmonieuses. La capitale française est un dessin délicat que des barbares pourraient ruiner, tandis que la plus grande ville du monde est un magnifique haut-relief dont aucun volume ajouté ne peut altérer la silhouette.

JEAN MARTIN.

LE MÉCANISME ET L'ENJEU DES ÉLECTIONS AMÉRICAINES

5 NOVEMBRE 1932

Le 8 novembre sera une grande date pour les Etats-Unis. Ce jour-là, le pays sera appelé à voter pour ou contre le renouvellement du mandat du président Hoover, à élire en totalité une nouvelle Chambre des représentants et un tiers du Sénat.

A la vérité, c'est seulement le 4 mars 1933 que les pouvoirs présidentiels conférés pour quatre ans à M. Herbert Hoover arriveront à expiration. De même, le mandat biannuel de la Chambre des représentants ne prendra fin que le 4 mars prochain, comme celui du tiers renouvelable du Sénat, dont le mandat sexennal a commencé le 4 mars 1927. C'est là une singularité de la constitution des Etats-Unis de placer les élections, quelles qu'elles soient, plusieurs mois d'avance. La prochaine session du Congrès, qui s'ouvrira au mois de décembre, pourrait donc, à la rigueur, mettre en présence un exécutif et un législatif auxquels la volonté populaire aurait signifié leur congé et dont les héritiers présomptifs, déjà désignés, devraient patiemment tolérer la politique, même si elle était en opposition avec celle qu'ils se seraient engagés à faire prévaloir à partir du 4 mars 1933.

Il est question depuis dix ans de supprimer cette organisation paradoxale, et le Congrès actuel a adopté au début de cette année un amendement constitutionnel qui mettrait fin à ces sessions ultimes que l'appellation populaire de *lame duck sessions* compare pittoresquement à un canard qui a reçu du plomb dans l'aile. La date d'entrée en fonctions du président serait également rapprochée de celle de son élection. Mais, pour que cet amendement devienne valable, il faut que 36 Etats au moins l'aient ratifié dans leurs assemblées respectives, et cette consultation n'a pas encore eu lieu. C'est pourquoi l'on verra, cette année encore, et peut-être pour la dernière fois, subsister l'ancien système.

LES DEUX PHASES DE L'ÉLECTION PRÉSIDENTIELLE

Si l'élection du président devance de quatre mois son accession au pouvoir, les votes préliminaires précèdent eux-mêmes de beaucoup plus longtemps la date du scrutin. Le processus comprend deux phases : celle des élections préparatoires et celle des élections proprement dites.

La première a duré depuis le début de l'année jusqu'au mois de juin. Elle s'est déroulée à l'intérieur de chacun des partis qui s'affronteront dans les élections véritables et elle s'est décomposée elle-même en deux temps successifs :

1° L'élection dans chaque Etat des délégués appelés à représenter cet Etat au sein d'une convention spéciale du parti ;

2° La désignation, par la convention de chaque parti, du candidat à la présidence et du candidat à la vice-présidence chargés de porter ses couleurs à l'élection du 8 novembre. C'est ainsi que MM. Herbert Hoover et Charles Curtis, dans le camp républicain, MM. Franklin Roosevelt et John Garner, dans le camp démocrate, ont été choisis comme candidats, à la majorité des voix, par les délégués de leurs partis respectifs, les deux grands partis traditionnels qui paraissent seuls devoir compter dans la lutte. Il a également été désigné, par une procédure plus simple, une équipe de deux candidats du Labour Party, pour ne rien dire d'autres partis sans importance qui ne peuvent réunir un nombre de voix susceptibles d'influer sur la décision finale.

Après que les candidats ont été l'objet de ce choix, qui les impose d'une façon exclusive aux suffrages des électeurs de leur parti, il leur reste à se mesurer devant le pays dans l'élection officielle qui est, elle aussi, à deux degrés. Le président et le vice-président des Etats-Unis ne seront, en effet, réellement élus que le premier mercredi de janvier, par un collège électoral composé des électeurs du premier degré, et ce scrutin ne sera dépouillé solennellement que le second mercredi de février, en présence de la Chambre et du Sénat réunis. Mais comme les électeurs du premier degré auront reçu, du fait de leur propre élection, c'est-à-dire le 8 novembre, le mandat impératif de voter pour les candidats de leur parti, la cérémonie de janvier n'est qu'une formalité. Le sort de l'élection finale se trouve réglé dès les élections du premier degré, qui comportent, par contre, des aléas passionnants.

Ces élections du premier degré — celles du 8 novembre — ont lieu par Etat au suffrage universel et au scrutin de liste. Chaque Etat de l'Union a le droit d'occuper un nombre de sièges déterminé dans le collège électoral qui procédera à l'élection purement formelle du second degré et, dans chaque Etat, chaque parti présente sa liste de candidats-électeurs du second degré.

Le scrutin de liste tend déjà, en soi, à faire passer les questions de politique pure avant les questions locales et personnelles. En outre, de par la constitution, les électeurs du premier degré ne doivent pas comprendre de députés, de sénateurs ni de fonctionnaires fédéraux. Enfin, leur mandat est strictement limité au vote du premier mercredi de janvier. Aussi la liste que présente un parti a-t-elle des chances de différer profondément de la liste des députés et des sénateurs que, dans le même Etat, le même parti envoie aux assemblées législatives de Washington. Elle peut ne pas avoir la mentalité parlementaire, et c'est sans doute ce que la constitution a voulu. Le suffrage universel est invité à se prononcer entre des « listes-drapeaux », sur des programmes plus ou moins abstraits et qui tirent, à vrai dire, leur signification et leur force de la personne du candidat désigné par chaque parti pour la présidence de la République. Cette conception dans le choix de l'exécutif diffère essentiellement de celle qui a prévalu dans la constitution française de 1875 : aux Etats-Unis, la masse des électeurs, soustraite autant que possible pour la circonstance à ses préoccupations habituelles, se porte vers l'un ou l'autre des chefs que lui présentent des partis fortement organisés ; chez nous, le parlement choisit parmi ses membres une sorte d'arbitre des partis. Néanmoins, une fois l'élection acquise, le contraste entre les pouvoirs effectifs des deux chefs d'Etat s'atténue dans une certaine mesure, car, à Washington même, le parlement est en situation de neutraliser tout au moins les initiatives de l'exécutif.

LES CONDITIONS DE LA MAJORITÉ

Si l'élection présidentielle aux Etats-Unis ressemble, par un côté, à un plébiscite, elle s'en écarte d'un autre. Dans le cas d'un plébiscite, l'élu doit réunir la majorité absolue des suffrages et il l'emporte en général par une majorité beaucoup plus forte. Mais l'élection du président américain a lieu à deux degrés et par Etats. Comme il suffit, au premier degré, de la moitié plus un des suffrages, les membres du collège électoral peuvent ne représenter à peine que la moitié des électeurs dans chaque Etat. Mais, à leur tour, ces membres du collège électoral choisissent le président à la majorité absolue, c'est-à-dire à la moitié plus une des voix. L'élu peut donc ne représenter réellement qu'un peu plus d'un quart de la population totale.

Pour concrétiser cette idée, il convient de préciser comment est formé le collège électoral présidentiel. Il comprend d'abord 435 sièges attribués au prorata de la population, soit un siège par 280.674 habitants ou par fraction supérieure à la moitié de ce chiffre. On y ajoute 96 sièges, répartis uniformément à raison de 2 par Etat, afin de diminuer la prépondérance des Etats les plus peuplés, ce qui porte le collège à son effectif actuel de 531 membres. Mais les Etats sont peuplés très inégalement. 9 d'entre eux — à savoir New York, la Pennsylvanie, l'Illinois, l'Ohio, le Texas, la Californie, le Michigan, le Massachusetts et New Jersey — situés, sauf le Texas et la Californie, dans la région industrielle qui s'étend de la côte est aux grands lacs, obtiennent à eux seuls, au prorata de la population, 217 sièges. En leur ajoutant, par exemple, le minuscule Nevada dont les 91.000 habitants n'ont droit qu'à 1 siège, on arrive à 218 sièges, c'est-à-dire à la majorité absolue des 435 attribués proportionnellement au nombre des habitants. Mais ces 218 sièges, par le jeu des fractions entrant en ligne de compte, ne correspondent à guère plus de 61 millions d'habitants, soit un peu moins de la moitié de la population de l'Union.

La répartition des 96 sièges complémentaires à raison de 2 par Etat paraît, au premier abord, redresser cette anomalie en grossissant d'une façon surprenante l'importance des petits Etats. C'est ainsi que dans les 8 Etats les moins peuplés — ceux qui ont moins de 500.000 habitants — un électeur présidentiel du second degré représente à peine 127.000 voix, alors qu'il en faut à peu près le double dans les 9 Etats les plus peuplés. Malgré cela, si l'on se réfère aux chiffres de la population, on constate que le correctif des 96 sièges supplémentaires n'est pas aussi efficace qu'on pourrait le supposer, car la majorité du collège électoral n'en reste pas moins détenue par 12 Etats qui sont, outre les 9 déjà cités, le Missouri, l'Indiana et la Caroline du Nord. Comme ces 12 Etats ne comprennent pas plus de 55 % de la population, l'élu du collège, désigné

Date de l'élection présidentielle	Pourcentage de voix obtenu au 1er degré			Pourcentage obtenu au 2e degré par l'élu
	par l'élu	par ses concurrents		
1896. — Mac Kinley, républicain, contre Bryan, démocrate	Mac Kinley 51 %	Bryan 47 %	Divers 2 %	61 %
1900. — Mac Kinley, républicain, contre Bryan, démocrate	Mac Kinley 52 %	Bryan 46 %	Divers 2 %	65 %
1904. — Th. Roosevelt, républicain, contre Parker, démocrate	Th. Roosevelt 56 %	Parker 39 %	Divers 5 %	70 %
1908. — Taft, républicain, contre Bryan, démocrate	Taft 52 %	Bryan 43 %	Divers 5 %	66 %
1912. — Wilson, démocrate, contre Taft, républicain, et Th. Roosevelt, républicain dissident............	Wilson 42 %	Taft 23 % Roosevelt 28 %	Divers 7 %	81 %
1916. — Wilson, démocrate, contre Hughes, républicain..............	Wilson 49 %	Hughes 46 %	Divers 5 %	52 %
1920. — Harding, républicain, contre Cox, démocrate	Harding 60 %	Cox 34 %	Divers 6 %	76 %
1924. — Coolidge, républicain, contre Davis, démocrate, et La Follette, républicain dissident...........	Coolidge 54 %	Davis 29 % La Follette 16 %	Divers 1 %	71 %
1928. — Hoover, républicain, contre Smith, démocrate...............	Hoover 58 %	Smith 41 %	Divers 1 %	84 %

Les modalités d'élection des neuf derniers présidents des Etats-Unis par la moitié plus un des suffrages des électeurs au second degré, pourrait, à la rigueur, ne représenter que 28 % des suffrages du pays.

LA LEÇON DU PASSÉ

L'intérêt de ces considérations n'est pas purement académique. Sans arriver à ces chiffres-limite, on doit en effet constater que la majorité obtenue par les présidents successifs des Etats-Unis a été généralement faible dans le pays, même lorsqu'elle a fini par être forte au sein du collège électoral du second degré. Quelles que soient, par conséquent, la popularité ou l'impopularité d'un candidat présidentiel auprès des masses, il s'en faut de beaucoup que l'issue de la lutte puisse être prédite avec certitude.

La *Société d'études et d'informations économiques* vient de publier à ce propos de très curieuses statistiques. L'une d'elles, reproduite par le tableau de la page ci-contre, met en regard, pour les neuf dernières élections, les pourcentages de voix obtenus par les candidats.

Ce tableau fait apparaître qu'aux élections du premier degré le plus grand succès, celui de Harding en 1920, n'a été obtenu qu'avec 60 % des suffrages du pays. Par contre, Wilson, en 1912 et en 1916, n'en réunissait que 42 et 49 %, soit moins que la majorité absolue. Cette élection de 1916 est encore caractéristique par cet autre fait que le républicain Hughes, quoique battu, avait groupé 46 % des suffrages, soit 4 % de plus que ceux qui avaient assuré, en 1912, la victoire de Wilson.

LA CARTE ÉLECTORALE DES ÉTATS-UNIS

Comment une majorité infime chez les électeurs du premier degré peut se traduire par une majorité très nette dans le corps électoral du deuxième degré, c'est ce qui ressort de la distribution des voix républicaines et des voix démocrates dans le pays. Cela revient à dresser succinctement une carte électorale des Etats-Unis.

Le trait essentiel de cette carte est l'inégalité de la répartition des républicains et des démocrates dans les différents Etats de l'Union. D'une façon générale, les démocrates dominent nettement dans le Sud-Est et les républicains dans une large zone concentrique aux grands lacs, allant de la Pennsylvanie aux plaines abruptes du haut Missouri. L'opposition que la guerre de Sécession a accusée entre Nordistes et Sudistes a incontestablement persisté, sous cette forme atténuée, dans la physionomie politique des Etats-Unis. Mais sans donner lieu à des contrastes aussi vifs, les républicains ont inondé l'Ouest jusqu'à la côte du Pacifique, cependant que les démocrates faisaient tache d'huile dans le Sud et dans une partie des Etats montagneux de l'Ouest. Par ailleurs, les démocrates ont pris pied dans les vieux Etats de l'Est au fur et à mesure que l'immigration et le développement des grandes villes en modifiaient la façon d'être.

Si l'on calcule le pourcentage moyen des suffrages que les électeurs américains ont accordés aux candidats des deux grands partis de 1892 à 1928, on peut répartir les quarante-huit Etats de l'Union en quatre catégories :

1° 12 Etats du Sud à majorité nettement démocrate, à savoir : la Caroline du Sud, le Mississipi, la Louisiane, le Texas, la Géorgie, la Floride, l'Alabama, l'Arkansas, la Virginie, la Caroline du Nord, le Tennessee et le Kentucky. Au total, 31.470.000 habitants disposant de 135 sièges ;

2° 11 Etats, dont 1 de l'Est, le Maryland, et 10 autres de l'Ouest — le Colorado, l'Oklahoma, le Missouri, le Nevada, l'Idaho, l'Arizona, le Nouveau-Mexique, le Montana, le Nebraska et le Kansas — à majorité douteuse, votant à peu près aussi souvent pour les démocrates que pour les républicains. Leur population est de 13.770.000 habitants pour 73 sièges ;

3° 14 Etats largement répartis de l'Atlantique au Pacifique, ayant en moyenne des majorités républicaines et votant généralement pour le candidat républicain. Ce sont les Etats de Wyoming, de Washington, d'Utah, de la Virginie occidentale, de New York, d'Ohio, d'Indiana, du Massachusetts, de New Jersey, d'Illinois, de Wisconsin, de Californie, du Connecticut et de Rhode Island. Ils comprennent des régions de toute première importance, grandes villes ou centres industriels, et, pour une population de 55.331.000 habitants, détiennent 218 sièges ;

4° Enfin, 11 Etats du Nord-Est et du Nord-Ouest — l'Oregon, le North Dakota, le South Dakota, le New Hampshire, le Maine, le Delaware, le Minnesota, le Michigan, le Iowa, la Pennsylvanie et le Vermont — qui ne votent jamais pour le candidat démocrate. Leur population est de 23.696.000 habitants et le nombre de leurs sièges de 105.

On voit pourquoi, en temps normal, le président des Etats-Unis est immanquablement un républicain. En fait, depuis la guerre de Sécession et l'élection d'Abraham Lincoln, en 1860, la Maison Blanche a toujours été occupée par un représentant du « bon vieux parti » (*great old party* ou G. O. P.) avec deux exceptions : les présidences de Cleveland en 1884 et 1892 et celles de Wilson de 1912 à 1920. L'arrivée au pouvoir du parti démocrate, avec le changement complet d'équipe qu'elle implique dans le haut personnel diplomatique et administratif et dans les cadres de chaque Etat, intervient à intervalles éloignés, comme une sorte de médication héroïque dont l'organisme gouvernemental aurait besoin pour se renouveler. Il faut pour cela une époque de crise. C'est ce qui, aujourd'hui, a accru si considérablement les chances des démocrates.

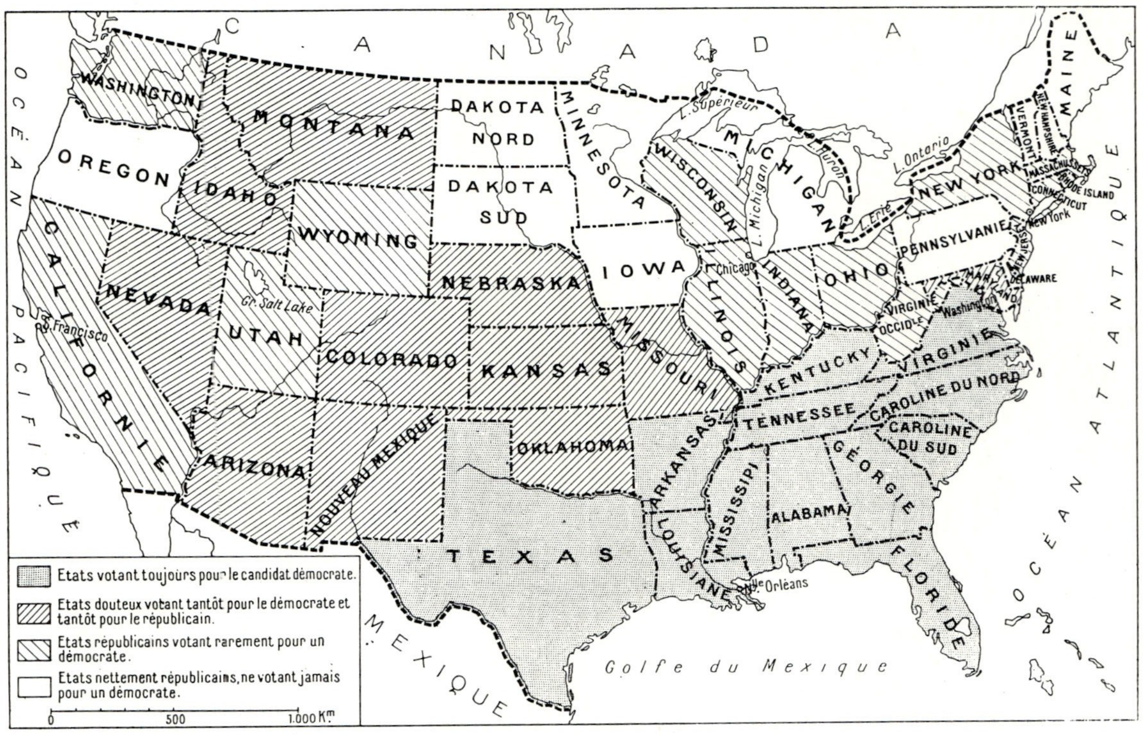

Comment votent les 48 Etats Unis.
Les Etats du Connecticut, de Rhode Island et du Massachusetts, peu discernables à l'échelle de cette carte, votent rarement pour un démocrate.

LA FIN DE LA PROHIBITION
22 AVRIL 1933

L'entrée en vigueur aux Etats-Unis de la nouvelle réglementation relative à la libre consommation de la bière à partir du 7 avril dans dix-neuf Etats de l'Union a été marquée par des réjouissances auxquelles ont pris part des foules énormes et enthousiastes. A Washington, à minuit, un camion joyeusement décoré et escorté par la police a pénétré à la Maison Blanche et livré deux caisses de bière. Il portait cette inscription : « Pour vous, président Roosevelt, la première bière de la nation depuis des années. » A New York, une manifestation analogue a eu lieu devant le domicile du gouverneur de l'Etat Alfred Smith. Plus de 60.000 licences ont été délivrées par le département de la Santé publique dans la seule journée du 6 avril et l'on évalue à un million et demi le nombre des barils de bière vendus dans les premières vingt-quatre heures. A ce rythme les approvisionnements seront bientôt épuisés. Les Etats demeurés prohibitionnistes, notamment dans le Sud, sont eux-mêmes fortement ébranlés et il semble que, les uns après les autres, ils doivent céder à la poussée triomphante des « humides ».

La foule assiégeant les cafés de Broadway, à New York, pendant la nuit « historique » du 6 au 7 avril où fut rétablie la libre consommation de la bière. — *Phot. Keystone.*

ÉTATS-UNIS 1937

10 AVRIL 1937

par Paul-Emile Cadilhac,

envoyé spécial de « L'Illustration ».

La traversée s'achève. Vaillamment le *La Fayette* a lutté contre une mer le plus souvent mauvaise. Bien équilibré, ses moteurs géants tournant rond et sans à-coup dans leur vaste hall d'usine, il a grignoté trop vite ce voyage qui semblait, au départ, démesuré. La belle semaine de vacances est terminée. Adieu les promenades sur les ponts, les flâneries au bar, les discussions gourmandes et disertes de la salle à manger, New York est là qui nous appelle...

Le paquebot *La Fayette*.

Malheureusement, nous ne l'apercevons pas. Il s'est voilé de brume : la Liberté a disparu et les gratte-ciel ont l'air de s'être délayés dans le brouillard. Par contre, nous entendons s'orchestrer déjà la symphonie de la ville moderne. Sur l'eau noire, les ferry éclatants de lumière filent comme des traits avec leur chargement de voitures et leurs 1.500 passagers. On amarre le navire : nous sommes à quai.

COCKTAIL D'IMPRESSIONS

S'il fallait, pour une enquête ou un jeu de société, définir d'un seul mot les Etats-Unis, je répondrais, mon tour venu : un cocktail.

Tout s'y mêle étrangement : le très neuf et le désuet, styles anciens et styles *up-to-date,* mœurs puritaines et allures très libres, richesse et pauvreté, sensibilité et dureté, affaires et plaisirs. Ces contraires s'amalgament d'une inextricable manière qui confondra éternellement les observateurs postés sur les promontoires de la vieille Europe.

Voilà sans doute ce qui frappe le plus l'Européen lors de son premier contact, et c'est pourquoi on a voulu rassembler ici, sans respecter ni l'ordre chronologique, ni l'ordre géographique de ce voyage, une brassée d'impressions livrées nature telles que les ressent celui qui, pour la première fois, débarque aux Etats-Unis et qui jouit de tout avec cette intensité qu'émoussent bien vite l'accoutumance, la satiété, le séjour prolongé. Sans doute ainsi se dégageront tout naturellement de ce cocktail, qui n'a du désordre que l'apparence, une synthèse et des conclusions.

METROPOLIS ET WHITECHAPEL

New York est la cité du bruit. Jour et nuit, klaxons, sirènes, sifflets, timbres rugissent, mugissent, glapissent inlassablement. Hourvari effroyable et démesuré qui n'a d'égal que le reflet brutal des phares d'auto dont les rayons balaient les rues dès le crépuscule. On n'a pas pitié de nos nerfs. New York, d'ailleurs, ne se couche pas — ou si peu — et, si à 11 heures du soir il vous prend fantaisie d'acheter une paire de bretelles ou un appointe-crayon, vous avez neuf chances sur dix de trouver ces objets en quelque boutique de Times Square.

Nuit et jour le cœur de la ville bat, et il bat sur deux temps marqués par les feux, alternativement rouge et vert, qui bloquent et ouvrent tour à tour toutes les transversales et toutes les avenues longitudinales. Ce système règle d'ailleurs tout le territoire des U. S. A. et on lui obéit rigoureusement avec un sens de la discipline qui saisit ou qui fait pester. Par contre, le code de la route semble ignoré : les automobiles se doublent à droite aussi bien qu'à gauche et dans la rue se heurtent, s'accrochent, continuent à rouler, insensibles, comme ces baquets montés sur pneumatiques des autodromes forains. Discipline et anarchie. Cocktail !

New York et la plupart des cités américaines abondent en contrastes violents : des gratte-ciel à côté d'une file de baraquements, des rues sordides à deux pas d'une voie splendidement luxueuse. La 5e Avenue, faite d'une suite imposante de buildings et de magasins de luxe, côtoie, à un bloc de distance, la 6e Avenue, au sol fangeux troué de fondrières sous le tablier de bois et de fer de l'*elevated* — le chemin de fer aérien — dont les voitures, tout au long du jour, ferraillent terriblement. Mêmes contrastes dans la même rue : une demeure de bourgeois, voire de millionnaire, jouxte un immeuble de rapport loué à de très modestes humanités. Il faut cependant faire une exception pour Park Avenue qui, à deux blocs de la 5e Avenue, offre, avec d'innombrables et d'opulents hôtels, de splendides résidences à l'aristocratie de l'argent.

La dominante de New York et des autres villes, c'est une impression d'inachevé. De même, à chaque instant, on s'arrête un peu surpris devant d'énormes terrains vagues encastrés entre de hautes bâtisses et transformés en garages, opération qui présente le double avantage de dispenser de l'impôt sur la propriété bâtie et de rapporter beaucoup d'argent. Les villes d'ailleurs affectent un aspect lacunaire, je veux dire qu'elles sont coupées d'immenses espaces où il n'y a rigoureusement rien, hormis la rue qui fait songer, alors qu'on se trouve encore en plein centre, à une grande route filant à travers la campagne.

A Chicago la nuit : la Wacker Drive Avenue.

A gauche, le « Pure Oil Building ». — *Photographies J. Sorbets.*

A Chicago, plus peut-être encore qu'à New York, ces contrastes étonnent. L'Opéra, somptueux et baroque, a été érigé, par exemple, au milieu d'un cloaque, dans un décor lépreux de baraques inachevées, à côté du tablier de bois disgracieux et noir d'un *elevated.* Non loin de là la Michigan Avenue aligne, en bordure du lac, une voie triomphale de capitale.

On pourrait écrire des pages sur la laideur affligeante de Saint-Louis, la banalité triste des longues avenues de Houston ou le bourbier coulant entre des baraquements de village nègre par où on aborde Austin.

Ce qu'il faut retenir de ces premières impressions, c'est la surprise que peut éprouver un étranger devant ces aspects si contradictoires. Les Américains possèdent d'éminentes et très rares qualités. Il ne semble pas qu'ils se soient révélés jusqu'ici comme des urbanistes impeccables. En visitant leurs villes, on a l'impression qu'un metteur en scène facétieux, découpant le film *Metropolis,* s'est diverti à le joindre mètre par mètre à une autre bande tournée dans un faubourg d'on ne sait quel Whitechapel de Londres ou d'ailleurs.

LA CONQUÊTE DE L'AIR

Il ne s'agit pas ici de cette conquête de l'air entrevue par Gautier lorsqu'il s'écriait : « Des ailes ! des ailes ! des ailes ! » Non, il s'agit d'un domaine plus accessible : l'air dont nous vivons, celui que nous respirons, l'air des jardins et des vastes espaces libres.

Mettons de côté New York dont le cœur, Manhattan, bâti sur le rocher, ne possède point d'arbres et dont le Central Park s'étiole misérablement. La ville, cependant, veut respirer et ses habitants, par centaines de mille, gagnent tous les soirs, par le *Subway,* les autobus, les ferry qui leur font traverser la baie, une banlieue aérée et saine dont les Parisiens n'ont pas l'idée. Là, pas de barrières prohibitives, d'écriteaux impératifs, de pièges à loup et de murs hérissés de tessons de bouteille, pas d'entraves à la vue et à la circulation, mais une suite de jardins et de propriétés harmonieusement unis pour l'œil.

Une résidence à Mobile.

Toutes les villes possèdent leurs quartiers de résidence, ordinairement fort beaux, largement disposés, très aérés, vivifiés par les arbres innombrables des avenues et des jardins. Les maisons, la plupart de style colonial, avec le petit perron, les colonnes classiques, parfois un fronton, mettent, aux beaux jours, dans la verdure des touches gaies de couleur.

Washington, la plus séduisante sans doute des villes américaines, se révèle à nous vêtue encore, en ce début de janvier, d'une parure automnale pourpre et or qui la magnifie et lui donne une ressemblance de plus avec notre Versailles. Je garde néanmoins un souvenir ravi de Mobile. A cette latitude — nous touchons au golfe du Mexique — l'hiver n'existe presque plus et la verdure persiste toute l'année. Les quartiers de résidence s'épanouissent, fleuris de buissons d'azalées, décorés de bougainvilliers. On ne marche plus sur une avenue, mais dans un jardin.

A Chicago, j'ai refusé de visiter les abattoirs, thème usé de maints reportages, mais j'ai désiré connaître les parcs et surtout les grandes serres de Garfield Gardens qui sont peut-être les plus impressionnantes du monde.

Chicago possède 134 jardins et parcs, certains de la dimension d'un square modeste, d'autres très vastes où on peut se promener des heures. On a multiplié aussi, notamment au bord du lac et à la périphérie, les avenues plantées d'arbres dont la longueur, avec les grandes allées de parcs, couvrirait 162 milles, c'est-à-dire environ 260 kilomètres. Un département spécial a été constitué pour administrer ce domaine, et le total des dépenses s'est élevé en 1935 à 7 millions 200.000 dollars, soit au cours actuel du change 150 millions de francs environ.

Parmi les parcs les plus importants citons : Grand Park, à la lisière duquel s'élève le Muséum d'histoire naturelle, Jackson Park, qui contient à Wooden Island d'admirables jardins japonais, Burnham Park, Colombus Park, Lincoln Park, qui abrite un splendide zoo. Ajoutez que ces différents jardins sont dotés de terrains de sport et de jeux d'une variété qui étonne, et presque toujours gratuits : le tir à l'arc, le badminton, le base-ball, le tennis, la bicyclette, le jeu de boules sur terrain dur et sur gazon, le football, le golf, l'équitation, la nage à l'air libre et dans des piscines couvertes, le patinage, le traîneau à voile, le yachting, etc., sans oublier le lancer à la mouche pour la pêche à la truite !

L'exemple de Chicago n'est pas unique. Il n'est pas cité, petite ou grande, qui ne possède ses parcs — et toujours immenses, conçus sans ménager le terrain. Saint-Louis, par exemple, en groupe 65 couvrant environ 3.000 acres. Le plus grand, Forest Park (1.400 acres), abrite 42 courts de tennis, 22 terrains de base-ball, 3 golfs, un théâtre de plein air sur lequel nous reviendrons, un musée historique, des piscines, des lacs pour patiner en hiver, un autodrome et un zoo.

Mêmes installations à la Nouvelle-Orléans, Houston, San Antonio. Dans cette dernière ville, le parc municipal, Brackenridge, doté de tous les terrains de sport et de jeux imaginables — rigoureusement gratuits toujours — offre les dimanches et jours de fête un cadre à souhait pour les pique-niques. Des bosquets ont été aménagés à cet effet et une aimable municipalité va jusqu'à faire empiler des rondins de bois tout sciés pour ses invités dominicaux.

Le jardin japonais dans le parc d'attractions de San Antonio.

A San Antonio, nous avons vu aussi aux abords de la cité un House Park, vaste terrain sur lequel se pratique le nouveau mode de camping qui depuis deux ou trois ans passionne les Etats-Unis. Sur un vaste espace doté de toutes les commodités nécessaires — eau, gaz, électricité — des autos, munies de remorques, campent durant des jours, des semaines, des mois. Des rues se dessinent, du linge sèche sur des cordes, des enfants jouent. Les remorques comprennent une ou deux petites pièces fort coquettement aménagées, certaines même très luxueusement. Ce nouveau jeu n'est pourtant point réservé aux millionnaires. Nombre de familles ouvrières vivent ainsi, allant de ville en ville, travaillant ici, puis là, emportant, comme la tortue ou comme Diogène, leur maison avec elles. Il faut vivre à l'air le plus possible, faire jouer ses poumons et ses muscles.

Est-ce à ce même désir que cèdent ces automobilistes dont les machines en demi-cercle, capots tournés vers un pavillon de bois, évoquent une meute animale devant la curée ? Je ne sais, mais c'est bien de manger qu'il s'agit. Du pavillon, des serveurs ont surgi qui apportent aux voyageurs assis dans leur voiture de longs et étroits plateaux de fer chargés de mets qui se fixent devant les aspirants dîneurs comme une petite table. On ne descend plus d'auto pour déjeuner — et, quelques minutes plus tard, on démarre vers le grand air, l'espace. Peut-être aussi les amoureux qui désirent ne pas être vus trouvent-ils leur compte à cette halte presque furtive qui brûle l'auberge propice aux indésirables rencontres...

LE CORPS ET L'ESPRIT

On a parfois taxé de matérialiste la civilisation américaine. D'aucuns l'ont fait violemment, souvent avec injustice, d'autres d'une façon plus voilée. Des faits positifs ont motivé ces jugements. Au vrai, il semble que de l'autre côté de l'Atlantique on ait retourné la formule *Mens sana in corpore sano* et que, mettant la matière la première, on ait proclamé : *In corpore sano mens sana* — ce qui ne veut pas dire que l'esprit n'aura pas sa part.

Le Savoy Plaza Hôtel
sur la 5e Avenue, à New York.

On a quelquefois souri du luxe de précautions hygiéniques en vigueur aux Etats-Unis et noté la sévérité du service médical au moment du débarquement. Nous avons constaté avec plaisir que cette sévérité s'était beaucoup adoucie. Par contre, la propreté la plus méticuleuse gouverne dictatorialement ce grand pays. Le lait semble le plus pur et le meilleur du monde. Plus de viande offerte aux passants et aux mouches sur des étaux pittoresques et malpropres ; mais derrière des glaces nettes, dans une température de chambre froide, des côtelettes et des biftecks appétissants sous leur gaine de papier transparent. Le moindre épicier semble tenir un commerce de luxe et les restaurants évoquent des idées de clinique.

Cet amour de la netteté, de l'ordre, du confort trouve là-bas sa plus magnifique expression dans les grands hôtels. A New York et dans les grandes villes ce sont de véritables cités ou plus exactement des paquebots géants. Le Savoy Plaza, où je loge, dresse ses trente étages sur la 5e Avenue, à côté de Central Park, au cœur même de Manhattan et du New York élégant. Ailleurs, j'en découvre de plus vastes encore. A Chicago, notre palace groupe 4.000 chambres, toutes dotées bien entendu de l'indispensable salle de bains, du téléphone, de la T. S. F. Ajoutez à ces 4.000 chambres des dégagements innombrables : galeries et véritables places bordées de boutiques, des salons, des boudoirs, trois salles à manger dont une chinoise, des bars, des bureaux de poste et télégraphe — et vous n'aurez pas tout vu ! En certains hôtels, on trouve des salles de spectacle, et tous organisent le soir, surtout en province, des dîners dansants avec attractions. Mettez dans tout cela un mouvement incessant d'allées et de venues, entrant qui veut, la rue passant par l'hôtel, avec ses badauds, son commerce de rendez-vous et de bavards.

Il faudrait, pour illustrer ce goût du confort, vous faire pénétrer partout où l'homme moderne dépense son activité et sa vie. Partout, nous découvririons des solutions adroites, imaginées pour donner au bénéficiaire le maximum de satisfaction avec le minimum de peine.

Mais, dira-t-on, que devient l'esprit dans cette aventure ? Ici encore quelques impressions seront plus éloquentes que tous les paralogismes. Un trait frappe dans le caractère de la jeune Amérique ; l'application bon élève et un peu école du soir avec laquelle elle s'adonne à l'étude. On sent partout combien on croit ici aux « bienfaits de la science ». Cela se traduit par la multiplication et l'aménagement luxueux, voire pompeux, des universités et instituts, des musées, des bibliothèques.

Un soir, sur la 5e Avenue, arrivé à l'angle de la 42e Rue, l'ami qui m'accompagne nous fait pénétrer, par un majestueux escalier de pierre, dans une bâtisse à colonnes, surmontée d'un fronton grec. Un vestibule immense, éclairé de lustres et d'énormes lampadaires, flamboie, avec, au centre, une manière de long comptoir derrière lequel sont assis deux messieurs. Escalier de marbre à double révolution, galeries, fresques, loggias — tout cela riche, lourd, somptueux. Où sommes-nous ? Sans doute au Metropolitan Opera ?... Pas du tout, mais à la Public Library, la grande bibliothèque municipale de New York où s'empilent plus de 4 millions de volumes. Un fichier immense, très clair, très ordonné permet de trouver rapidement la cote de l'ouvrage désiré qu'un service impeccable vous remet dans un délai record de trois à cinq minutes. Pas de formalités, pas de carte. De plus, la bibliothèque ouvre tous les jours, même les dimanches et fêtes, jusqu'à 10 heures du soir.

Un village d'autos-remorques dans le Texas.

Même impression de confort et de luxe dans les universités. Leur somptuosité n'a d'égal que leur nombre. Aussi leur prestige est-il grand qui fait affluer vers elles d'innombrables étudiants et de très nombreux bienfaiteurs. Ces étudiants sont logés ici à proximité immédiate des amphithéâtres et des laboratoires. Cependant, jeunes filles et jeunes garçons sont ordinairement séparés, souvent par plusieurs centaines de mètres. Ils se retrouvent, d'ailleurs, dans les bibliothèques, les salles de réunions communes et les terrains de jeux, particulièrement nombreux et bien installés. Je garde notamment de Bâton-Rouge un vif souvenir avec son stade olympique où 20.000 spectateurs s'étagent à l'aise, une piscine de plein air un théâtre antique sous les arbres, sans oublier les terrains de football, de tennis, de golf, un véritable théâtre, très moderne, très vaste, avec une fosse splendide pour l'orchestre, des jeux de lumière et une machinerie dignes d'une grande scène.

Tout cela semble admirable, mais travaille-t-on sérieusement dans ces luxueuses universités ? Les maîtres affirment que oui ; mais d'autres se montrent moins optimistes. L'enseignement, souvent de qualité rare, ne correspond-il pas, en bien des cas, à une sorte d'enseignement secondaire supérieur ?

Autre chose : que faut-il penser des relations entre jeunes garçons et jeunes filles, si nombreuses dans ces caravansérails de la pensée ? « Très innocentes », déclare l'un. « A surveiller et surtout à réformer », répond un autre non moins affirmativement. La question est certainement plus grave qu'on ne veut l'avouer et l'esprit de famille, surtout dans les milieux où l'esprit religieux a disparu, paraît assez sérieusement atteint.

Ce goût du luxe, qui confine souvent à l'emphase, se retrouve élargi encore dans les musées et instituts ouverts au grand public. Halls immenses, vastes dégagements, escaliers somptueux, salles d'exposition

Des ponts supérieurs de *Normandie,* les passagers regardent la masse des gratte-ciel de Manhattan se déployer et monter de seconde en seconde.
Aquarelle de J. SIMONT.

vastes et bien éclairées, avec une installation électrique qui permet de fermer plus tard, tout cela crée une ambiance de vie facile et large où l'argent ne compte plus. Le Muséum de Chicago offre, par exemple, une suite d'animaux empaillés présentés dans leur milieu primitif grâce à des dioramas et décors en tous points remarquables. Celui de New York contient une admirable collection de monstres préhistoriques, des spécimens uniques et intacts d'œufs de dinosaure, vieux de plus de cinquante mille ans, et aussi une galerie d'ethnographie comparée de tout premier ordre. Il n'est pas jusqu'au Metropolitan Museum, ce jeune musée où triomphent nos impressionnistes, qui n'offre un très réel et très vif intérêt.

Il y a là-bas des publics pour tout spectacle. Le cinéma est loin d'avoir affaibli la vogue des genres plus anciens. Au Metropolitan Opera — où une assistance en habit et robe du soir côtoie une foule mélomane en veston et robe de ville qui reste debout au pourtour des fauteuils d'orchestre comme dans un music-hall — il faut retenir ses places huit ou dix jours à l'avance. En province, il en va différemment. Néanmoins, Saint-Louis a tenté et réussi après la guerre une très curieuse expérience. Un certain nombre d'amateurs ont, sous leur responsabilité, créé un théâtre de la nature où l'on joue l'été pendant trois mois. Installé dans le Forest Park, il accueille chaque soir 10.000 spectateurs, dont 1.500 gratuitement, qui viennent applaudir concerts, opérettes, opéras-comiques. D'autres villes, entre autres San Antonio, ont suivi de façon plus modeste cet exemple qui atteste d'éclatante façon que le théâtre n'est peut-être pas le moribond sur lequel s'apitoient sournoisement les sectateurs du cinéma.

UN PEUPLE D'INGÉNIEURS ET DE BATISSEURS

« Nous avons les plus grands ponts du monde », affirme avec quelque fierté mon interlocuteur.

J'en conviens en contemplant le paysage du haut du pont Washington à New York. Très bas au-dessous du tablier géant, l'Hudson roule des flots boueux et, tandis qu'à travers une arche à la fois puissante et légère se profile en bordure de Manhattan la longue ligne de River Side, j'admire l'élégance et la race de cet ouvrage.

« Il faudrait louer, dis-je à mon raisonneur, la beauté de ce pont et non sa longueur. Cette sorte de supériorité, en effet, n'est-elle pas nécessitée par l'immensité de vos fleuves et de vos estuaires ? »

Cependant, il semble que, depuis quelques années, les Etats-Unis atteignent par certaines de leurs conceptions à une grandeur simple et à une beauté véritable. L'évolution du gratte-ciel l'atteste. L'Empire States Building, le Grand Central Palace qui barre triomphalement Park Avenue, et le Rockefeller Center représentent une nouvelle école vraiment originale.

Le Rockefeller Center, qui constitue à lui seul une véritable ville puisque aux heures ouvrables 60.000 personnes y travaillent, sans préjudice des innombrables visiteurs et clients qui le traversent, le Rockefeller Center apparaît comme le plus bel exemple d'urbanisme et sans doute le premier vraiment décisif de tous les Etats-Unis. Entrepris en 1931 par John D. Rockefeller junior, il n'est pas encore entièrement achevé. Il groupe néanmoins à l'heure actuelle dix buildings de taille et d'aspect différents dont le plus haut dresse 70 étages et atteint une hauteur de 285 mètres.

Le luxe intérieur étonne et saisit : couloirs immenses, dallages brillants, murs tapissés de marbre gris, fresques éclatantes — et partout des matériaux de premier ordre attestant que l'on a travaillé dans le grand. On ne saurait tout décrire. Signalons cependant *Radio City Music Hall,* d'un style roman teinté de germanisme, mais sobre, puissant, et qui donne à 6.000 spectateurs deux heures durant un spectacle dont le music-hall avec ses visions de féerie et son armée de girls — 250 danseuses sur le plateau — forme la plus éclatante partie.

Arrêtons-nous aussi au coin de la Maison de France et de la 49e Rue devant les vitrines de la *French Line.* La *French Line,* c'est la Compagnie générale transatlantique, et tout le jour des curieux flânent devant les glaces claires, contemplant les maquettes de *Normandie* et de *l'Ile-de-France* qui évoquent pour eux le voyage, l'Europe, Paris... *Normandie,* on le sait, a connu là-bas un prodigieux succès — et ce succès se prolonge. Ainsi, j'ai vu, dans une douzaine de vitrines, des simulacres faits de toutes sortes d'objets, depuis des serviettes empilées jusqu'à des cubes de savon, représentant le plus vaste et le plus rapide paquebot du monde. Le grand président qui a conçu *Normandie,* Dal Piaz, et celui qui a repris le projet et obstinément l'a mené à bonne fin, le gouverneur général Olivier, ont magnifiquement travaillé pour la France.

Désespérant de pouvoir tout vous montrer, je vous engage au moins à

Les différentes « humanités » de toutes les couleurs et de tous les milieux

pénétrer dans les entrailles de la cité. On ne saurait décrire ni la forêt téléphonique qui dessert les milliers de bureaux du Centre, ni le monde des canalisations d'eau, d'électricité, des égouts qui se côtoient inextricablement. Arrêtons-nous cependant devant les six énormes appareils qui assurent l'hiver le chauffage et l'été la ventilation de la cité par le système de l' « air conditionné ». Depuis une quinzaine d'années, mais plus encore depuis une vingtaine de mois, toute l'Amérique exalte les bienfaits de l' « air conditionné ». Le principe consiste à capter l'air extérieurement, à le réchauffer, puis à le filtrer et à l'épurer soigneusement avant de l'envoyer dans les locaux. L'été, on fait circuler de l'air réfrigéré au lieu d'air chaud. Les installations, ordinairement en sous-sol, sont réglées à distance, des dynamos entrant en action pour modifier le régime.

Cependant, des bruits de moteur nous intriguent. Que se passe-t-il ? Nous arrivons à l'entrée des quais souterrains de déchargement où autos et camions apportent leurs cargaisons de toutes sortes destinées au Centre. Pour éviter l'embouteillage des voies publiques, les véhicules gagnent le sous-sol de la cité par des rampes à sens unique surveillées et gardées de nuit et de jour. Des voiturettes électriques transportent les marchandises des plates-formes de déchargement aux ascenseurs qui les répartissent entre les différents buildings ou les descendent dans un autre sous-sol.

Entre les caisses s'élèvent les blocs des ascenseurs. Ceux-ci totalisent pour l'ensemble du Centre 155 appareils répartis en express et en locaux. En 1935, ils ont couvert une distance globale de l'ordre de 720.000 milles...

Si de ces régions souterraines vous désirez à présent monter presque au ciel, prenez l'un de ces « elevators » et poussez, à la vitesse d'un étage par seconde, jusqu'au 65e où flamboie le *Rainbow Room*, un des restaurants les plus à la mode. Il convient d'y venir le soir pour dîner parmi un public de femmes parées et d'hommes en tenue de soirée assis devant les vingt-quatre fenêtres d'où se découvre, en feu d'artifice, le New York nocturne. Vision prodigieuse. Sur les toits en terrasse, les gratte-ciel, dont beaucoup sont illuminés par des projecteurs, se profilent comme des minarets fantômes que couronnent, avec leurs lanternes finales, des feux verts, dorés ou pourpre, voire des phares dont les rayons allongés glissent comme une caresse sur les façades. Tout en bas, tranchées étincelantes, les grandes avenues aux lampadaires blancs et, vers l'ouest, la lueur sanglante de Broadway éclaboussant les nuages. A certains jours des nuées s'accrochent aux tours géantes, les voilent à demi de laiteuses draperies derrière lesquelles des lumières apparaissent et disparaissent — fantastiquement.

La splendeur nocturne des villes d'Amérique semble inimitable. En contraste, Paris m'a paru noir et les Champs-Elysées tristes.

FRANCE-AMÉRIQUE

Un bureau d'homme d'affaires, proche de la pointe de Manhattan. De ce 25e étage, le panorama apparaît grandiose : rues creuses comme des

Un restaurant élégant, au rez-de-chaussée d'un grand hôtel classique très « dignified » de la 5e Avenue.
Il n'y a pas de fenêtre ; le renouvellement de l'air est automatique. — *Aquarelles de J. SIMONT.*

qui se côtoient sur les banquettes du *Subway* ou chemin de fer souterrain.

fossés, étroites et noires, hauts buildings aux silhouettes de phares et, au delà de Battery Park et de ses appontements, la baie ruisselante de soleil. Dans le bureau, sur le mur opposé, une immense carte des Etats-Unis. Mon interlocuteur, debout, pointe un crayon bleu vers le Sud :

— Voyez, dit-il, la France tiendrait à l'aise dans le Texas.

C'est vrai, il faut en convenir. Mais j'ajoute :

— La France n'est pas qu'européenne; elle administre un immense empire africain et asiatique qu'il serait injuste d'oublier.

Cela aussi semble indéniable. Si l'on compare les chiffres, la superficie de la France et de ses possessions, mandats compris, égale 10.805.410 kilomètres carrés. Celle des Etats-Unis, grossie de l'Alaska et des îles Hawaï, arrive à 9.389.923. Enfin, s'il y a là-bas 127 millions d'habitants, nous en groupons à peu près 100 millions. Le fléau de la balance se redresse...

Il y a enfin l'histoire, le passé, l'épopée française qui a composé ici sur cette terre d'Amérique un de ses chants les plus glorieux. Aussi, au cours de ce voyage aux Etats-Unis, j'ai voulu m'arrêter çà et là aux lieux où peinèrent et moururent nos anciens, heureux d'épeler sous un texte moderne leurs noms gravés dans le filigrane.

LE TRIOMPHE DES AILES

Nous avons couvert ainsi à travers les Etats-Unis, de New York à Chicago, de Chicago à Austin, à la Nouvelle-Orléans, à Mobile, à Cuba, quelques milliers de kilomètres en chemin de fer et en avion.

Des chemins de fer, on a tout écrit surabondamment, mais peut-être ne connaît-on pas suffisamment le développement prodigieux de l'aviation. Elle a, en réalité,

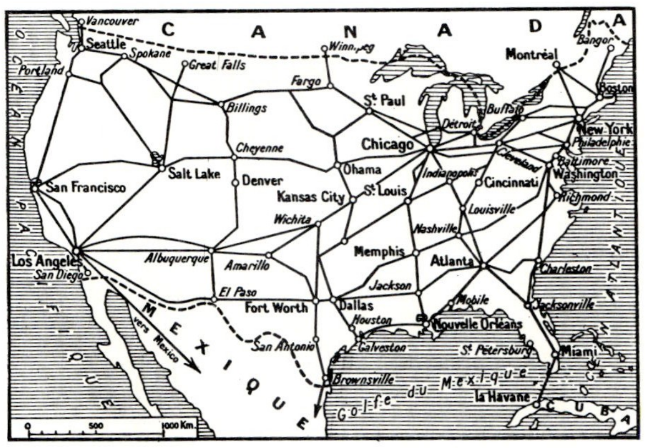

Les lignes du service aérien postal et commercial régulier.

des années d'avance. Deux facteurs d'ailleurs la favorisent : hommes d'affaires et touristes n'hésitent jamais à prendre l'avion, et les distances (4.400 kilomètres de New York à Los Angeles, 1.400 kilomètres de Chicago à la Nouvelle-Orléans) y incitent puissamment. D'où, d'année en année, une augmentation des passagers et du fret. En 1927, l'avion transportait 14.000 personnes par mois. Ce chiffre montait à 42.000 en 1932, à 75.680 en 1935 et 76.000 en 1936. Le fret (colis seulement) passe dans le même temps de 7 t. 3 par mois en 1929 à 228 t. 8 en 1936 et pour les lettres de 293 t. 7 à 499 t. 8 en 1935.

Mais, au delà des chiffres, voyons la réalité. Nous l'avons abordée par un voyage de New York à Chicago à bord d'un des avions de la compagnie *Twa*. Sur l'aérodrome, les appareils nous attendent. Belle impression de confort : ouvertures larges, sièges profonds qui s'allongent comme des divans et, enfin, assurant le service, une jeune femme vraiment charmante, appelée « hôtesse », qui veille sur les passagers, leur

Une fenêtre du « Rainbow Room », restaurant situé au 65e étage du « Radio Building », le plus élevé du Centre Rockefeller, d'où l'on embrasse la féerie lumineuse du New York nocturne.

apportant journaux, revues, rafraîchissements, et même un repas chaud et complet servi sur un plateau qui se fixe à chaque fauteuil. Atmosphère agréable. On peut parler sans crier, car les deux moteurs de l'avant sont isolés ; la cabine est chaude et même il est permis de fumer. Ainsi, en cinq heures — quatre, si l'on ne tient compte que du temps apparent, car volant vers l'est nous gagnons une heure sur le soleil — nous débarquons parfaitement dispos sur l'aérodrome de Chicago, à 1.200 kilomètres de New York. Par le train nous aurions mis dix-sept heures.

Durant la seconde partie de notre voyage, nous avons couvert en des temps records des distances qui eussent exigé de longs délais par la route ou la voie ferrée. Ainsi, nous sommes allés par les avions argentés des *Eastern Air Lines* de Mobile à Miami par Atlanta et, trois jours plus tard, de Miami à Washington et New York. Par deux fois, nous avons voyagé de nuit, et je garde de ces randonnées nocturnes le meilleur des souvenirs.

Nous venions de quitter Mobile à 9 heures du soir. Nuit froide, taches claires d'avions sur le terrain, le bloc lumineux de la gare. Des phares qui tournent et bientôt le noir, la brume. Soudain, nous sortîmes de cette brume, et la mer de nuages nous apparut figée, immobile et morte, sous une lune resplendissante dont les rayons venaient se briser à sa surface. On eût dit un paysage polaire ou d'un autre monde : une banquise en marche, sur laquelle on s'étonnait de ne pas voir surgir, derrière un bloc, la silhouette blanche et pattue d'un ours trottant sur la neige. Tout à coup, une lueur rose monta de ce sol feutré, une lueur d'abord vaguement teintée, puis saumon, puis pourpre, puis ardente : les feux et les lumières d'une ville nous apparaissaient soudain, très bas, très loin, comme à travers une nappe d'eau. Puis le rouge pâlit, se voila, s'éteignit et la banquise reprit son aspect glacé de grande étendue déserte.

Chateaubriand, ô poète, tes clairs de lune d'Amérique ne se lèvent plus sur des forêts — hélas ! on les a à peu près toutes détruites — mais on peut en retrouver dans les nuages le reflet perdu et mélancolique.

Ravitaillement, par camion-citerne, à Chicago, d'un des avions quotidiens New York-Los Angeles.

Une fraction de la 6e Avenue dans un quartier en évolution constante.

Au bas de la passerelle de l'*Elevated*, appelé à disparaître, des planches permettent de circuler au-dessus des chantiers de construction du nouveau *Subway*. Au premier plan, accompagnant sa maman, une fillette habillée comme la majorité des enfants de son âge pendant l'hiver. A gauche, derrière le cireur de chaussures, un groupe de chômeurs consultent les annonces d'offres d'emploi d'une agence. Le haut gratte-ciel est le *Radio Building*, partie principale du Centre Rockefeller auquel appartient également l'immeuble de l'arrière-plan. — *Aquarelle de J. SIMONT*.

DE CHICAGO A MOBILE

De Chicago à Mobile, des noms de France jalonnent la route : ceux du Père Marquette et de Cavelier de La Salle dans la capitale de l'Illinois, celui d'Auguste Chouteau à Saint-Louis. Par exemple, les traces vivantes de ces pionniers se sont effacées. Seul, à 80 kilomètres au sud de Saint-Louis, le fort de Chartres permet de les évoquer.

Les six drapeaux du Texas.

La destinee de ces contrées fut d'ailleurs de passer de main en main. Le Texas eut ainsi successivement six drapeaux : français, espagnol, mexicain, texien en 1836 lors de la proclamation de la République, unioniste en 1846 quand le Texas s'agrégea aux Etats-Unis, séparatiste enfin de 1861 à 1866 au moment de la guerre civile.

C'est à Austin, au Capitole, que j'ai vu pour la première fois ces six drapeaux symboliques, bouquet d'histoire où fleurissent les lys de France. Austin, calme capitale provinciale, apaise et séduit. Le soir, d'immenses lampadaires hauts de plus de 30 mètres et rangés en demi-cercle aux confins du centre font au Capitole, coupole blanche sur le ciel noir, une couronne d'étoiles bleues. Le jour, une vie qui est celle du Sud et qu'influence le Mexique proche lui donne de l'éclat et de la couleur.

Au coin de la 8e Rue, à l'est de la ville, l'ancienne ambassade de France nous arrête quelques secondes. C'est, dans la verdure, un charmant pavillon sans étage, de style colonial. Là, de 1841 à 1846, logea l'ambassadeur de France délégué près la république du Texas Un sentiment amical a sauvegardé cette humble demeure qu'un écriteau planté sur le chemin désigne à l'attention des passants. La France se devrait de racheter cette maison.

L'ancienne ambassade de France du Texas à Austin.

A San Antonio, l'influence mexicaine s'accentue : la rue devient plus haute en couleur, l'Espagne conquiert les façades, et nous dégustons dans une pittoresque posada un plat composite et violemment pimenté fait de riz, de haricots frits deux fois et de viande de mouton roulée dans des crêpes de maïs. Ici, peu de souvenirs français. Tout évoque la guerre de l'Indépendance texienne, en particulier la petite et sombre église de l'Alamo où furent massacrés en 1836 Travis et ses 180 compagnons.

A Houston, ville neuve, cité du pétrole, à laquelle ses puits font le soir une couronne rougeoyante et fumeuse, on ne saurait trouver trace d'un passé français, sauf à 30 milles de là ce qui subsiste du déplorable Champ d'asile. Signalons, néanmoins, le *Rice Institute* où la culture française, grâce à l'un de nos compatriotes, M. Moraud, se trouve honorée.

A Bâton-Rouge, nous retrouvons à l'université cette même atmosphère de France. Nous avons là un excellent ami en la personne de M. Broussard, récemment encore vice-recteur, pur Louisianais, dont la famille vint de Touraine à la fin du dix-huitième siècle. Il nous reçoit à la Maison de France qu'il vient de faire édifier. C'est une belle demeure de chez nous, aux toits aigus recouverts d'ardoise, aux proportions harmonieuses. Elle abrite actuellement des étudiants français et italiens. Il serait souhaitable que nos universités de France envoient là-bas des sujets plus nombreux. Cette Louisiane garde encore dans ses mœurs, dans la douceur de l'accueil, dans la langue nos goûts et nos traditions. La jeune génération semble malheureusement délaisser cette langue.

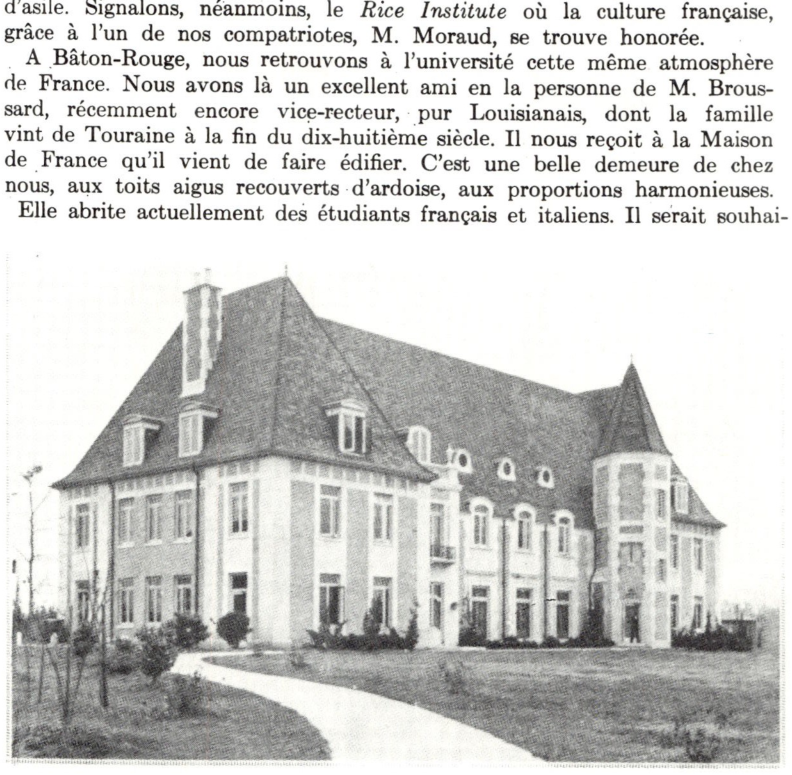
La Maison française à l'Université de Bâton-Rouge.

Cela apparaît plus sensible peut-être à la Nouvelle-Orléans où tout un quartier, le Vieux-Carré, date de l'occupation française. New Orleans, métropole du Sud, porte ouverte sur le golfe du Mexique, animée, vibrante, méridionale, suscite l'idée d'un Marseille américain. Une artère centrale, Canal Street, large comme notre avenue de la Grande-Armée, la coupe en deux. En descendant vers le port on a, à droite, les quartiers neufs, les grands buildings et, au delà, les résidences; à gauche, la ville primitive. La promenade dans le vieux quartier semble exquise. Des noms de France chantent au coin de chaque rue : Chartres, Bourbon, Dauphine, etc. Des maisons de jadis — murs patinés, balcons ouvragés, fenêtres hautes — se dressent de part et d'autre des voies étroites qui se coupent à angle droit, délimitant ce qu'on appelle joliment des « îlets ».

Le cœur du vieux quartier est à Jackson Square, anciennement place d'Armes. La cathédrale Saint-Louis en forme le motif central, encadrée par le musée d'art et le musée d'histoire naturelle, deux jolis bâtiments dans le goût du dix-huitième siècle, le premier appelé *Cabildo*, érigé en 1795, le second construit en pendant vers 1815 à destination de presbytère. L'actuel conservateur des musées, M. Fortier, un Louisianais d'origine française, a fait du Cabildo une émouvante maison du souvenir. Restauré, le vieux logis, avec ses petites cours intérieures, ses galeries, ses portes rondes, nous transporte bien loin des Etats-Unis et de notre siècle.

C'est à Mobile que s'est clos notre pèlerinage. Une plaque fixée sur la *Court House* en atteste les origines françaises : « A la gloire de Dieu et en l'honneur des Frères illustres. Le Moyne d'Iberville et Le Moyne de Bienville qui ont fondé Mobile, la première capitale de la Louisiane. » Un souvenir plus symbolique affirme ailleurs cette fondation : c'est, à l'endroit même où naquit la cité, sur une place ombragée de beaux arbres à l'ombre desquels s'ébattent des moineaux et des écureuils, une haute et sévère croix. Sur le socle, une inscription : « A Jean-Baptiste Le Moyne, sieur de Bienville, né à Montréal, Canada, officier de la marine française, gouverneur de la Louisiane et fondateur de sa première capitale Mobile, 1711. » Des arbres, des oiseaux, une croix — voix de la terre et voix du ciel — en faut-il davantage pour célébrer une illustre mémoire ?

FRANÇAIS D'AUJOURD'HUI

Que font les successeurs de ces pionniers ? Quelle place la France tient-elle de nos jours aux Etats-Unis ? Une trop infime, semble-t-il, avec 135.592 des nôtres, la plupart d'ailleurs de condition modeste. Quelques grandes organisations viennent heureusement relever ce tableau.

La *Fédération des alliances françaises aux Etats-Unis et au Canada*, créée en 1902, réunit, sous la présidence de M. Frank D. Pavey, 270 groupements environ qui s'intéressent à l'étude de la langue, de la littérature, de l'histoire et des arts français. Son fondateur fut M. James Hazen Hyde. Depuis, chaque année, de 120 à 150 conférences sont prononcées aux Etats-Unis sous l'égide de la fédération, devant des auditoires composés en immense majorité de citoyens américains affiliés aux alliances locales. Avec celles de Chicago et de Saint-Louis, l'Alliance de New York, présidée par M. Cartier, se révèle comme une des plus agissantes.

L'Institut français fut créé en 1911 par M. McDougall Hawkes pour faire connaître l'art de notre pays aux Etats-Unis. Fondé et entretenu par des Américains cent pour cent, il a depuis élargi ses buts, comme l'attestent, en dehors de sa galerie d'exposition, sa vaste salle de conférences et sa bibliothèque de 21.000 volumes. Sur l'initiative de son directeur, M. Pierre Bédard, et de notre consul général, M. de Fontnouvelle, il vient de créer un lycée français. Dans un ordre d'idées analogues, mentionnons à Washington un autre *Institut français,* dont le Père J.-A. Baisnée est l'animateur et qui tente par des publications appropriées de maintenir le souvenir des apports de la race française au développement de la civilisation américaine.

Un coin de la bibliothèque du *Centre français d'information.*

New York possède en outre deux cinémas français, un théâtre français, qui donne trois fois par semaine des œuvres contemporaines, et la Maison de France du Centre Rockefeller dont on a parlé ici à plusieurs reprises.

Il faut cependant signaler tout particulièrement dans cette Maison de France le *Centre français d'information* qui y fonctionne depuis un an et qui a rendu les plus éminents services. Sous la présidence effective du maréchal Pétain, un comité parisien a créé ainsi deux bureaux d'information, l'un à Paris, l'autre à New York, pour renseigner tous ceux qui s'intéressent à notre pays. A New York, le centre fonctionne sous la direction de M. Robert Valeur, distingué universitaire. Il comprend, outre une bibliothèque et des fichiers tenus à jour, des dirigeants et un personnel d'élite. En un an il a été répondu à 4.396 demandes. Tous les problèmes ont été aussi abordés, des économiques aux politiques, et les demandes ont été formulées par un public extrêmement varié. A tout il a été répondu dans des délais rapides et surtout d'une manière objective qui a conquis ces amateurs de *fair play* que sont les Américains.

DEUX SAVANTS

Parmi les Français qui honorent la France aux Etats-Unis, deux méritent une mention spéciale, l'un, le Père Hyvernat, peu connu du grand public, l'autre, le Dr Alexis Carrel, dont la renommée est mondiale.

Assis à sa table de travail, devant des rayons chargés de livres, le Père Hyvernat, avec sa longue barbe chenue, un bonnet grec, une manière de caftan jeté sur les épaules, fait songer invinciblement à quelque vénérable rabbin penché sur un exemplaire du Talmud.

Le Père Hyvernat (à droite), professeur à l'Université catholique de Washington.

Professeur depuis bientôt cinquante ans à l'Université catholique de Washington, c'est un des deux ou trois Français qui connaissent à fond le copte. Chargé en 1888-1889 d'une mission en Arménie, il en revint avec un livre : *Du Caucase au golfe Persique*, écrit en collaboration avec M. Paul Muller. Spécialiste des langues orientales, la Syrie et l'Egypte n'ont plus pour lui de secrets. Il a, de plus, dépouillé, classé, fait photographier les très précieux manuscrits coptes de la bibliothèque Pierpont-Morgan. Une seule chose l'inquiète : l'idée que son œuvre ne sera pas continuée...

C'est à New York, au *Rockefeller Institute for Medical Research*, que j'ai pu joindre le Dr Alexis Carrel. Le Rockefeller Institute dresse en façade sur York Avenue, d'une part, et de l'autre sur le panorama apaisant et familier de l'East River cinq ou six bâtiments de hauteur moyenne.

Un contingent de 130 savants — médecins, chirurgiens, physiologistes, chimistes, physiciens — anime cette ruche. On ne peut les énumérer tous. Citons cependant le Dr Peyton Rous, dont les travaux sur le sarcome (tumeur maligne) des poules sont universellement connus ; le Dr Murphy, qui s'efforce de démontrer que le cancer serait une maladie physiologique et non infectieuse ; M. W. M. Stanley, qui, à Princeton, au laboratoire de pathologie végétale annexé à l'institut, vient de réaliser, en déterminant les causes d'une maladie du tabac, une cristallisation d'un virus filtrant isolé chimiquement qui ouvre sur le mécanisme et les origines de la vie des perspectives nouvelles.

Le Dr Carrel s'enthousiasme en me parlant de cette découverte. Trapu, bâti à chaux et à sable, les yeux vifs et fouilleurs, le front large sous le classique bonnet blanc des chirurgiens, il nous a accueilli avec cette chaude cordialité qui fait s'aborder deux compatriotes à l'étranger.

Dès le premier instant, cet entretien s'est aiguillé vers les vastes problèmes de l'heure. « Connaissez-vous Ludovic Naudeau ? — Si je connais Naudeau ! » Et nous voilà parlant de l'enquête et du livre admirable de ce grand sociologue sur la natalité française. Cette question de la restriction des naissances se pose et se posera plus aiguë un jour aux Etats-Unis. L'homme moderne, faisant fi des lois naturelles, se soustrait aux disciplines sans doute nécessaires. Ne paiera-t-il pas très cher cette révolte ?

Invinciblement, je songe à la première page de *l'Emile* : « Tout dégénère entre les mains de l'homme. Il force une terre à nourrir les productions d'une autre ; un arbre à porter les fruits d'un autre, il mêle et confond les climats, les éléments, les saisons... ». C'est déjà l'esquisse du réquisitoire dressé par le Dr Carrel contre notre civilisation industrielle dans ce grand livre, *l'Homme, cet inconnu*. L'homme a désappris l'effort et la souffrance.

Le *Rockefeller Institute for Medical Research*, à New York, où le Dr Alexis Carrel a son laboratoire, entre York Avenue et East River.

Gare aux conséquences ! Après le sens moral trop affaibli, n'est-ce pas l'esprit qui faiblira ? Voilà que nous nous retrouvons sur un terrain qui nous est familier.

J'essaie de faire dévier l'entretien sur la rénovation et la prolongation de la vie humaine. On connaît les admirables travaux du Dr Carrel sur la conservation et l'accroissement des tissus *in vitro*. Et on entrevoit les conséquences. La vie cellulaire serait indéfinie (on entretient à l'Institut Rockefeller une souche de fibroplaste d'embryon de poulet depuis vingt-quatre ans) et dès lors peut se poser le problème de la prolongation de la vie humaine. Ce rêve deviendrait sans doute une réalité si on pouvait renouveler le milieu intérieur (le sang) chargé de nourrir et de rénover les tissus.

Pour l'instant, le Dr Carrel cherche à conserver vivants non plus de simples tissus, mais des organes, et le problème semble résolu. Une difficulté cependant reste à résoudre : celle de l'adaptation de l'organe avec l'être vivant auquel il serait greffé — point crucial de cet ensemble de recherches.

Peut-on espérer prolonger ainsi un jour la vie humaine ? Problème passionnant qui cependant n'occupe qu'occasionnellement le grand savant. C'est une question d'ordre moral qui requiert toutes ses activités. Après avoir montré combien l'homme moderne était ignorant de lui-même, après avoir insisté sur la faillite de la civilisation industrielle, après avoir entrevu et prédit une dégénérescence des races humaines si elles persistent dans leurs errements, le Dr Carrel souhaiterait reconstruire et édicter les lois rationnelles selon lesquelles l'homme futur doit physiquement et moralement se recréer pour survivre.

LES GRANDS PROBLÈMES :
LA RACE, LA RELIGION, LA QUESTION SOCIALE

Peu à peu nous avons changé de climat. Après le cocktail d'impressions du début, la découverte amusée du monde des apparences, nous avons gagné les rives du passé et du souvenir. Et voici qu'une heure de conversation avec un des Français les plus éminents des Etats-Unis nous amène à examiner de plus près cette civilisation d'outre-Atlantique, d'aspect si florissant, mais qui pose aux juristes et aux sociologues de redoutables problèmes. Ceux-ci qui peuvent se ramener à trois — questions raciale, religieuse et sociale — exigeraient chacun un volume. On a le dessein de n'en indiquer ici, schématiquement, que les données les plus élémentaires.

Les Etats-Unis sont un cocktail, écrivions-nous au début de cette étude. Dans un cocktail, des éléments hétérogènes sont brassés pour composer une boisson nouvelle, homogène de couleur, d'odeur et de goût. Est-ce ainsi qu'on crée une race ? Beaucoup l'ont cru et longtemps on a parlé du fameux « creuset » dans lequel s'amalgamait la race américaine. Cela, depuis quelques années, semble moins exact. Deux facteurs, l'un interne, l'autre extérieur, paraissent modifier les données du problème. Et cela nous convie à parler de la question noire et de l'immigration.

Les noirs, qui ont conquis plusieurs quartiers de New York dont Harlem est le plus célèbre, sont ici 327.706, avec une augmentation sur la précédente décade de 114,9 %. Ainsi, dans les Etats de la côte atlantique et du Nord, leur pourcentage s'est terriblement accru depuis la guerre.

Dans le Sud, où ils comptent 25 % de la population, ils ne trouvent plus la tolérance assez large dont ils jouissent dans le Nord où, cependant, on évite de se mêler à eux et où l'on construit des écoles spéciales pour leurs enfants. Leurs droits électoraux leur ont été supprimés par des subterfuges légaux. Pour éviter les unions mixtes, on les parque dans les endroits publics, leur imposant des places spéciales dans les voitures, des salles d'attente séparées dans les gares, un balcon à part dans les théâtres et les cinémas. Cet ostracisme a fourni des développements faciles aux enquêteurs venus aux U. S. A. En réalité, si l'on parcourt le pays, à voir grouiller ces prolifiques populations, on en comprend mieux la raison profonde. Si l'on veut bien se rappeler qu'au dernier recensement, celui de 1930, sur 122.775.046 habitants on dénombrait 11.891.143 noirs, on comprendra mieux le souci légitime manifesté par les Etats-Unis pour sauvegarder l'intégrité de la race blanche.

Ce désir de protéger la race a déterminé, en partie, les lois sur l'immigration. En réalité, un autre souci plus direct a aussi inspiré cette législation : protéger les nationaux contre la main-d'œuvre étrangère.

Durant presque tout le dix-neuvième siècle, les Etats-Unis ont pratiqué le système de la porte ouverte. En 1902 apparaît pour la première fois le désir d'exclure les indésirables. En 1907, une véritable législation, formée de textes jusque-là séparés, est formulée. Cependant, dix ans plus tard, une autre préoccupation apparaît : celle de la race. Aux motifs de moralité s'ajoute un souci d'eugénisme. Déjà Chinois et Japonais avaient été sévèrement exclus, mais l'interdiction va viser à présent presque toutes les races asiatiques. Un pas encore et, en 1921, 1924 et 1927, on réglemente et on restreint l'immigration européenne. Seuls sont actuellement en dehors de cet ordre de réglementation le Canada, le Mexique, les pays indépendants de l'Amérique centrale et de l'Amérique du Sud. Le nombre des immigrants admis actuellement ne peut excéder 153.900. Chaque pays a droit à un contingent déterminé. Les Nordiques, considérés comme plus désirables, constituent les 86,6 % du total.

Les premiers colons — Anglais, Ecossais, Irlandais, Allemands, Hollandais — où prédominait l'élément anglo-saxon, avaient constitué sinon une race, du moins un type classique, le Yankee, popularisé par l'image et la caricature. De 1840 à 1880, l'immigration, avec 9.438.000 individus, accentue l'appoint allemand et nordique en laissant une place éminente à l'anglo-saxon. Il en va différemment à partir de 1880. L'immigration nordique (en y comprenant la Belgique, la France et la Suisse) tombe de 80,2 % entre 1880 et 1890 à 48,4 % dans la décade suivante, puis à 23,3 % et enfin à 22,8 %. L'élément latin et slave croît en sens inverse et s'élève de 19,8 % à 77,2 %. Cet apport massif doit évidemment influer. Dans le « creuset » une nouvelle race s'élabore. Retenons cependant que ni l'élément noir ni l'élément jaune, exclus, ne semblent devoir modifier le total.

Cette question des races a des incidences complexes. L'apport massif d'éléments slaves et latins catholiques, celui des israélites, de plus en plus nombreux, peuvent changer le climat spirituel du pays. Où en est-on ?

Une constatation domine tout : les Etats-Unis ont toujours été et demeurent une nation essentiellement protestante. Ces protestants de toute espèce, en y comprenant ceux, très nombreux, qui ne figurent dans aucune statistique et les sympathisants qui ne s'agrègent à aucune Eglise, doivent totaliser 80 millions de fidèles. Cette tendance se traduit par une mentalité volontiers puritaine dont les manifestations étonnent parfois l'Europe. Rappelons les incidents de Dayton, dans le Tennessee, en 1925, autour du professeur J. T. Scopes, coupable d'avoir proposé des idées darwinistes sur l'origine de l'homme et, auparavant, le vote de la prohibition.

La croix commémorative d'Iberville sur la place principale de Mobile.

Relevons d'autre part que les juifs sont 4.581.242 et les catholiques 20.609.302, la plupart Irlandais, Allemands, Polonais, Italiens, Canadiens. Ces fidèles, de condition modeste, ont fait les plus généreux sacrifices pour créer et soutenir églises, écoles, hôpitaux, universités, etc.

Washington apparaît comme le centre de l'activité catholique avec la nonciature, l'université, près de laquelle on a édifié une vaste basilique qui sera une des plus grandes du monde, ses séminaires et, enfin, le *National Catholic Welfare,* vaste administration dirigée par une commission d'évêques et qui commande les principales activités du catholicisme. Une des plus curieuses particularités de ce centre est le comité législatif qui étudie tous les projets de loi soumis au gouvernement fédéral et aux Etats pour demander le respect des intérêts catholiques.

Actuellement, avec l'arrêt de l'immigration, le catholicisme semble marquer le pas. Il a néanmoins, en 1935, conquis 65.000 adhérents nouveaux.

Quand le président Roosevelt accède au pouvoir en 1933, la situation semble tragique : les banques sautent, les chômeurs se comptent par millions, l'agriculture traverse une crise mortelle... Pour faire face, le président prépare un vaste plan de réformes qui effraie les capitalistes, mais séduit les masses, et qu'il baptise New Deal.

Il y a en mars 1933 13.689.000 chômeurs. Désormais, l'Etat fédéral va secourir directement les familles en détresse et surtout prévoir une série de grands travaux. De juillet 1933 à avril 1936, sont dépensés ainsi 3.977 millions. Pour coordonner les projets et distribuer les crédits, un organisme spécial, la P. W. A. (Public Work Administration), est créé. En réalité précédemment les Etats avaient financé des sommes sensiblement analogues à celles-ci. La nouveauté, c'est que le gouvernement fédéral se substitue dans la plupart des cas aux Etats et aux municipalités. Par contre, depuis 1935, les allocations aux chômeurs sont versées par les Etats.

L'idée maîtresse du président Roosevelt était de réorganiser l'industrie pour augmenter ses bénéfices et lui faire ainsi employer un plus grand nombre de personnes. Cette partie de la réforme, entreprise par la N. R. A. (National Recovery Administration), a été le plus contestée. On se proposait d'éliminer les causes ruineuses de concurrence en édictant des codes fixant les heures de travail, les minima de salaires, les conditions de la fabrication et de l'exploitation. Par contre, l'industrie ainsi dirigée était autorisée à « coordonner » les prix, ce qui devait se traduire par une hausse d'ailleurs voulue et recherchée. Cependant, en 1935, la N. R. A., déclarée inconstitutionnelle par la Cour suprême, disparaissait. En réalité, le système des codes était trop compliqué et le contrôle impossible.

Le New Deal a exercé son activité dans le domaine agricole. Depuis la fin de la guerre l'agriculture se trouvait dans une situation critique. Le président, par l'*Agricultural Adjustment Act,* se proposa d'y remédier. Le but était de faire monter les prix des produits agricoles à peu près à leur niveau d'avant guerre. A cet effet, on créa un impôt spécial, *the processing taxes,* levé sur l'industrie pour acheter des terres qu'on laisserait incultes et payer des primes aux agriculteurs décidés à réduire leur production. En janvier 1936, la Cour suprême déclarait cet impôt inconstitutionnel. L'A. A. A. paraissait frappé à mort comme la N. R. A. Cependant il survécut sous une forme nouvelle : les terres laissées improductives furent transformées en pâturages et les dépenses assurées par un impôt général. Signalons, enfin, l'ouverture de larges crédits aux agriculteurs.

En réalité, le résultat désiré — la hausse des produits agricoles — fut atteint, mais il le fut paradoxalement par suite d'une sécheresse prolongée...

Ces échecs ou demi-échecs de la N. R. A. et de l'A. A. A. paraissent compensés par certains succès. Notamment la politique bancaire du gouvernement Roosevelt a donné des résultats universellement appréciés. Pour assurer un équilibre provisoire, tous les instituts bancaires furent fermés et rouverts seulement après examen de leur solvabilité respective. Les banques dignes d'intérêt furent aidées et on imposa à toutes un règlement assurant la garantie de leurs dépôts. Les pouvoirs du *Système fédéral de réserve,* qui tient lieu là-bas de banque d'Etat, furent élargis pour permettre un contrôle efficace du marché des crédits. Il semble encore trop tôt pour apprécier les résultats ; du moins la crise est-elle arrêtée et la confiance assez largement revenue.

Une autre partie du New Deal a brillamment réussi : l'aide aux propriétaires de maisons et propriétés hypothéquées. Des milliers d'entre eux se trouvaient sous le coup d'expropriations. Un organisme spécial, la H. O. L. C. (Home Owners Loan Corporation), fut créé pour leur venir en aide. Son rôle consista à se substituer aux créanciers et à demander aux propriétaires des intérêts de l'ordre de 4 %, plus raisonnables que ceux exigés auparavant. Un système de prêts aux personnes désireuses de construire a ranimé, d'autre part, l'industrie du bâtiment.

Comment se chiffre, à l'heure actuelle, l'expérience Roosevelt ? On vient d'indiquer quelques-uns des éléments favorables de ce bilan. Par contre, les adversaires du président lui adressent d'assez vifs reproches.

Quand le président a pris le pouvoir en 1933, il y avait 13.689.000 chômeurs. Malgré les sommes énormes dépensées, le chiffre des chômeurs s'élevait encore au mois de mai 1936 à 11.259.000 individus. De plus, on estime que les grands travaux entrepris par la P. W. A. sont en réalité sans portée pratique et qu'ils immobilisent d'énormes capitaux.

Le reproche le plus grave vise toutefois le déficit des finances fédérales. La Dette publique, qui en 1919 s'élevait à 26.597 millions de dollars, avait été ramenée en décembre 1930 à un niveau à peu près égal à celui d'avant guerre et se chiffrait à 16.026 millions de dollars. Depuis, cette dette s'est sensiblement accrue et est remontée en juin 1936 à 33.779 millions de dollars.

Un Etat peut-il longtemps supporter impunément de telles charges ? Pour être juste, il faut reconnaître qu'un effort sérieux de compression budgétaire a été tenté ces mois derniers et que le déficit de 1936 a été particulièrement aggravé par le « bonus » versé aux vétérans. En tout cas il serait dangereux de croire que l'Europe, et notamment la France, puisse suivre l'exemple des Etats-Unis. Il y a là-bas des ressources naturelles énormes — pétrole, coton, blé, etc. — dont l'équivalent est loin de se trouver dans notre pays. Imiter, comme on l'a fait, aveuglément les méthodes employées aux Etats-Unis apparaît infiniment dangereux. Qu'un fils de famille vende quelques fermes ou fasse raser un bois, cela n'a qu'une importance relative ; qu'un petit bourgeois suive le même exemple, et il aboutira à la ruine au lieu de retrouver une chimérique prospérité.

Actuellement, l'observateur qui va vivre quelques semaines aux Etats-Unis demeure frappé par l'indéniable reprise non seulement des affaires commerciales, mais de l'industrie, de l'agriculture et de toutes les branches de l'activité nationale. Il constate également, avec la même impartialité, qu'une inquiétude persiste et que les grands industriels gardent une attitude réservée. On ne peut donc juger définitivement l'expérience Roosevelt. Selon l'image souvent employée là-bas, elle a, par ses largesses budgétaires, réamorcé la pompe. Il faut encore attendre quelques mois pour savoir si les résultats obtenus correspondent à des réalités concrètes.

***

Nous quittons New York.

L'*Ile-de-France* vient de passer la pointe de Manhattan. Sur un horizon poudré de brume dorée, les gratte-ciel s'estompent et se magnifient. Décor de parade, ils évoquent on ne sait quelle Cité de Carcassonne prodigieusement agrandie, avec ses lices, ses murs d'enceinte, ses portes.

Deux civilisations s'opposent : l'une symbolisée par cet harmonieux navire qui part, l'autre par ces tours du haut desquelles l'Amérique semble nous observer. S'opposent-elles vraiment ? Non, elles se complètent : l'une, faite d'ordre classique, de raffinement, de luxe, connaît encore cette douceur de vivre que regrettait Talleyrand et que nous n'avons pas tout à fait perdue ; l'autre, puissante, brutale, industrielle, créatrice d'un ordre nouveau — par certains côtés admirable, mais quelquefois inhumain — représente pour beaucoup la cité future. Est-ce tout à fait exact ? Je croirais plutôt à une fusion de ces conceptions. Les deux continents, même lorsqu'ils semblent s'ignorer ou se défier, sont soumis à des attractions réciproques. La vieille Europe s'organise, se « rationalise » ; la jeune Amérique comprend mieux que naguère la valeur de l'art et du temps perdu — qui n'est d'ailleurs, le plus souvent, que du temps retrouvé... Souhaitons donc ce qui les rapproche et les fait mieux se connaître. Des missions comme celle du Comité France-Amérique doivent y contribuer. A ce titre elles apparaissent vraiment fécondes et génératrices d'avenir.

PAUL-EMILE CADILHAC.

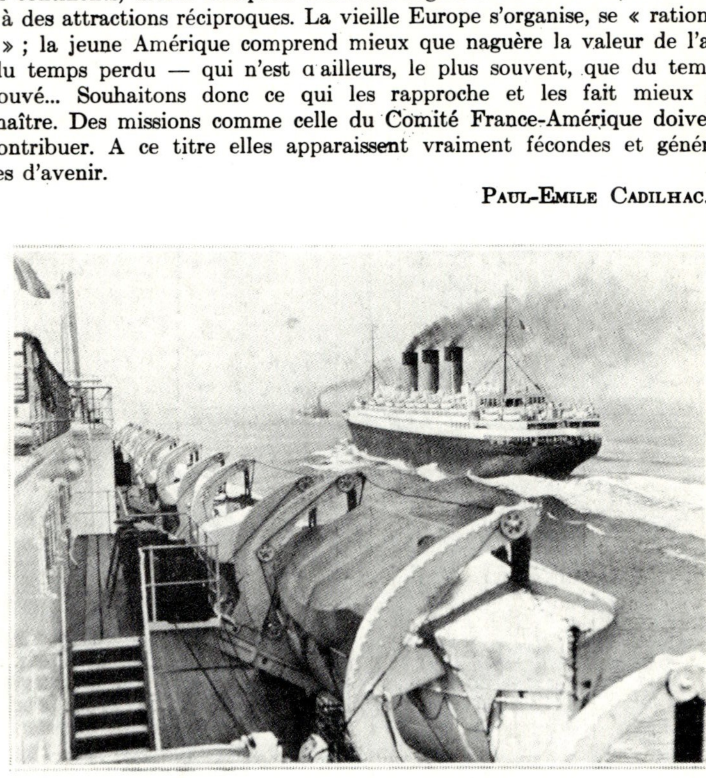

Le *Paris* vu du pont des embarcations de l'*Ile-de-France.*

LE PONT SUSPENDU DE SAN FRANCISCO INAUGURÉ ET LIVRÉ A LA CIRCULATION

Sous le tablier supérieur, réservé à la circulation automobile, un autre étage permet la circulation de trois lignes de voitures lourdes et de deux lignes de tramways électriques. Au fond, San Francisco ; au premier plan, Yerba Buena. — *Phot. Keystone.*

12 DÉCEMBRE 1936

L'AME AMÉRICAINE D'AUJOURD'HUI

30 SEPTEMBRE 1939

Un ancien combattant de 1914-1918, grand lettré, prix Goncourt 1917 pour son livre de guerre, la Flamme au poing *et revenu de New York quelques semaines avant la déclaration de l'état de guerre présent, nous avait aussitôt donné ses impressions sur la vie américaine en 1939. Les événements qui bouleversent l'Europe n'ont rien fait perdre de leur actualité, on va en juger, aux observations, d'une, si haute inspiration et si pénétrantes, de notre collaborateur.*

APRÈS un séjour de cinq mois aux Etats-Unis je ne prétends pas connaître l'âme américaine dans ses composés subtils ni dans ses replis secrets. Je suis au moins en mesure d'en concevoir une idée d'ensemble à l'aide de souvenirs personnels que je tenterai de fixer ici.

J'ai parcouru l'Amérique du Nord en tous sens. Voyage passionnant et compliqué d'incidents qui m'ont jeté dans bien des méditations et des rêves. Voyage à travers un monde étranger à nos qualités et habitudes d'esprit, un monde sans cesse en évolution et qui va se perfectionnant chaque jour, un monde qui réunit en lui tous les contrastes et dont les horizons ne semblent, en aucune direction, limités : le monde moderne, et qu'on place, non sans raison, en avant de notre âge.

En prévision des événements qui menacent de mort notre civilisation, allons-nous saisir là les stimulants et les vérités que nous cherchons ? C'est la question que je me posais avec un redoublement d'anxiété à chaque station de l'itinéraire qui m'avait été tracé.

Certains écrivains d'Amérique d'un jugement précipité ou faux tenaient le continent européen pour moribond et croyaient notre civilisation à bout de course. Depuis que les peuples retombés aux ères de violence courent à leur perte, préparent ouvertement la destruction de l'Europe et creusent leur propre tombe, la thèse de la disparition du Vieux Monde circule partout aux Etats-Unis.

Quand on considère l'étendue et la diversité des conquêtes des Etats-Unis, quand apparaît, dans ses créations, ses suites et ses profits, la victoire que les pionniers ont remportée sur une nature encore indomptée, quand on pèse les mérites des novateurs qui se sont attachés à remplir objectivement le cadre immense d'un continent sauvage, quand on dénombre les constructions hardiment modernes du génie américain, on s'explique l'arrêt de mort que des juges inexorables et trop pressés ont prononcé contre l'Europe. On est en présence là-bas d'une renaissance, d'une régénération de l'univers physique : un printemps du monde, dont on respire les fleurs matinales.

Au début de l'année j'ai débarqué à New York à minuit. Ville fabuleuse. Les gratte-ciel illuminés, orgueilleusement dressés sur le rocher de Manhattan, faisaient songer aux huit cents tours endiamantées du légendaire Monsalva.

Pour quelles reliques saintes ces temples flamboyants et démesurés ont-ils été édifiés ?

A quel culte inconnu ces cathédrales rectilignes et dénudées sont-elles consacrées ? Pour quels géants et par quels géants ont été bâtis ces donjons et ces beffrois qui planent si haut dans le firmament ? Contre quels titans ennemis ont été élevées ces forteresses superposées, dont les murs luisants montent et se perdent dans les nuées ? Quels trésors fatidiques sont gardés dans ces palais de marbre poli et dont les frontons touchent aux étoiles ?

On a souvent décrit New York trouant la nuit de ses clignotantes clartés qui luttent d'éclat, d'ordre et de hauteur avec les astres. Vision grandiose qui décourage ceux qui essaient de la retracer et provoque toujours la surprise, je ne sais quel craintif émerveillement. Ces châteaux forts imprenables, ces bastions majestueux commandent sur l'Atlantique, font face au Vieux Monde et défient jusqu'aux forces obscures errantes dans l'espace.

Lorsque s'éclairent les innombrables fenêtres de ces tours — si élevées qu'il semble qu'on doive les apercevoir des plus lointains rivages — on a l'impression que des colosses chevaleresques veillent là sur l'humanité entière. Observatoires indestructibles et majestueux sur toute l'agitation des mortels.

Ces gratte-ciel parés et entourés de lueurs bleues, jaunes, rouges qui scintillent, à distance, comme les feux d'énormes pierreries demeurent les témoignages de l'ingéniosité, de l'audace et de l'énergie héroïque des constructeurs américains. On dirait des buildings qu'ils sont des totems gigantesques autour desquels les fanatiques ont semé à profusion les joyaux, les gemmes, les perles, les cabochons, les escarboucles. Le promontoire de Wall Street, dont les lumières rutilantes et blanches sont curieusement disposées et étagées, paraît avoir la nuit un collier gigantesque de diamants et de rubis en forme d'oméga. Au loin les interminables guirlandes de lampadaires — serpentements d'amadou embrasé — ressemblent à des flots de lave incandescente qui s'écoulent d'un volcan en éruption.

En circulant dans la 5e Avenue ou dans Madison Avenue, entre les murailles écrasantes des gratte-ciel, on a le sentiment d'être plongé au fond d'abîmes, de crevasses, de brèches, de longs couloirs percés dans des montagnes escarpées et fendues, aménagées d'après les plans de géomètres athlétiques et intrépides. A la vue de ces grandes artères, nettes, parallèles, coupées à angle droit, on pense que la raison souveraine préside enfin à l'organisation de la vie en commun, à l'activité des foules aveugles et que cette raison est désormais inscrite dans le chaos terrestre avec une force invincible. Ces édifices ne sont pas, comme on l'a écrit, de proportions monstrueuses. Ils sont à la mesure du vaste continent américain, des furieuses aspirations américaines. New York est la porte monumentale ouverte sur un empire moderne, sur un monde en formation et auquel sourit l'avenir.

Vue du centre de Manhattan, prise d'un vingtième étage de la 457e Rue en direction du sud-ouest. — Phot. Wide World.

Pour l'Américain, « être moderne » indique moins la tendance à se conformer aux modes du jour ou à se placer en avant de son époque qu'à provoquer la fin des maux physiques dont souffrent les hommes, qu'à permettre à son semblable de vivre dans des conditions favorables et selon les dernières méthodes du bien-être. Tandis que, pour nous, « être moderne » signifie la recherche désintéressée du neuf, la révolte contre les règles et les mœurs observées par les générations antérieures.

Du modernisme pratique en honneur aux

Etats-Unis résulte un système social établi pour l'épanouissement de la vie élémentaire. Avant tout il s'agit de faire de l'individu un bel animal souple et sain, d'accroître ses réserves corporelles, de préparer un bon produit de culture physique. Livrés aux enivrements de leurs instincts, les jeunes gens n'ont que des ambitions sportives et ne songent qu'à déployer leur vigueur dans les multiples directions où ils s'engagent.

La mise en exploitation d'un continent inculte et désolé a d'abord exigé d'incalculables dépenses musculaires. Il a fallu à l'origine d'âpres luttes de bête à bête, d'incessants combats contre une végétation en effervescence et inextricablement enchevêtrée. Il est normal que là-bas l'admiration générale aille au gaillard robuste et à ses exploits athlétiques.

La conception américaine de l'existence, éloignée de nos mœurs et de nos goûts, nous paraît étroite et matérialiste et ne laisse pas jeu aux nuances. La contrainte s'y fait peu sentir. Placé sur un terrain positif, l'homme a pour devoir d'échapper à la médiocrité de sa condition et de s'emparer des forces et des richesses qui l'entourent. Ses yeux sont braqués sur ces objectifs. Pour adapter ses moyens aux énormes proportions du pays il décuple et règle, grâce aux machines, son effort, son labeur, nécessaires à la consommation considérable de la nation.

Il y a un romantisme mécanique aux Etats-Unis. L'industrie, en voie d'une amélioration constante, dévore les activités, engloutit ou multiplie, chaque année, des fortunes, absorbe en elle toutes les initiatives, suscite, dans un enthousiasme invariable, le triomphe ou la défaite. La machine, qui affranchit l'être humain d'humiliants servages, l'entraîne vers une nouvelle servitude. Elle épuise, écrase, tyrannise, fanatise des populations entières. Elle est la souveraine et l'idole auxquelles on sacrifie tout et soi-même.

Léonard de Vinci n'a-t-il pas appelé la mécanique « le paradis des sciences » ?

L'Amérique est une usine cyclopéenne au travail, à laquelle on ajoute sans cesse échafaudages et charpentes. Tout s'y opère avec une espèce de régularité passionnée. Equipement. Automatisme. Surproduction en série. On a standardisé jusqu'aux ouvrages de littérature et d'art.

L'homme même est devenu une machine à grand rendement qui tourne à toute vapeur pour gagner la partie, pour pousser toujours plus avant ses chances. Une machine à convoiter et rafler les biens matériels, à conquérir la popularité, non la considération. La qualité du succès n'importe pas. Une réussite, dans quelque branche que ce soit et quelles qu'en soient les causes, ne vaut que par les bénéfices tangibles qu'elle a rapportés. Le champion sportif et l'intellectuel, la vedette de cinéma et le banquier cueillent les mêmes couronnes dorées, obtiennent des honneurs solides et sans différences essentielles.

L'homme d'affaires exerce partout un victorieux prestige. C'est grâce à son esprit de décision et d'entreprise, à son imagination, à sa témérité que l'Amérique a pu s'équiper en grand pour devancer, éclipser les peuples déjà organisés, pour répartir un bien-être et un divertissement uniformes à plus de cent millions d'habitants.

A présent on distingue les traits lumineux de la nationalité américaine, qui ne tient plus au passé par aucune tradition. Les quarante-huit Etats de la République fédérative, définitivement soudés les uns aux autres, présentent sous chacune de leur latitude les mêmes signes, le même aspect général, le même spectacle. Les discordances et les originalités du début se sont fondues peu à peu au foyer commun. Le bariolage primitif subsiste légèrement en surface, comme par une sorte de coquetterie maladroite et pour accrocher l'attention du touriste.

Au fond, presque tous les citoyens de la « démocratie athlétique » sont menés par des ambitions réalistes semblables, ont adopté les coutumes voisines, partagent une idéologie pareille. Le Sud n'élève que des protestations passagères et de pure forme. Sa rancune n'est pas tout à fait abolie. Les rares îlots de résistance seront bientôt submergés.

LA VILLE AUX MILLIONS DE LUMIÈRES

Bien plus, d'un bout à l'autre de l'immense territoire, les habitants ont les mêmes façons de se vêtir, nourrir, ébattre et démener. Malgré les législations changeantes des différents Etats, jamais unité nationale n'a été mieux nouée dans cet ordre de grandeur.

L'orgueil de se dire Américain associe plus étroitement qu'on ne croit tous les sujets de M. Franklin Roosevelt. Les deux gros partis politiques qui sollicitent les suffrages ne sont divisés que dans leurs discours. Au gouvernement, démocrates et républicains ne peuvent faire autrement que de s'inspirer des mêmes doctrines, du même idéal : tout régler d'après les sciences positives, augmentation de puissance et le plus de liberté pour chacun dans le meilleur ordre. Coûte que coûte le pouvoir fédéral imprime sa direction à l'ensemble du pays et, dans sa marche ascendante, garde, lui aussi, la continuité d'une machine.

Extérieurement et du consentement général règne une égalité absolue. Une seule classe, un seul tarif pour tous les voyageurs. L'employé et le patron, le directeur et le groom, le chauffeur et le client, le haut magistrat et l'huissier appartiennent socialement au même rang et peuvent frayer ensemble sans qu'on y trouve à redire. Comme chacun d'entre eux est enchaîné à la réalité, fait effort vers le mieux, s'attend à jouer, tôt ou tard, un rôle d'exception, espère être comblé, selon ses dons de nature et son labeur, d'un brusque coup de fortune, les velléités de hiérarchisation disparaissent.

Toute confiance est faite à la jeunesse. Des régions lointaines sortent d'indomptables milices juvéniles en marche vers l'avenir. A étapes forcées. Avec la discipline des troupes en campagne. Jeunesse délivrée des craintes et des pr-

ET QUELQUES-UNS DE SES GRATTE-CIEL

jugés qui ont encore cours et qui veut jeter tout son feu. Armée à la légère de méthodes expéditives elle se précipite sur tous les biens du monde. Diverses passions se combattent en elle, depuis la voracité primitive jusqu'aux mystiques les plus généreuses et les plus osées.

Les aînés ont été les bâtisseurs de routes et de ponts. Hommes qui, d'après Sophocle, fondent la civilisation. Ils ont travaillé dans l'utile et le grand. Ils ont communiqué aux cortèges qu'ils conduisaient la volonté de puissance, la foi au machinisme et le besoin du confort. La volonté de puissance est demeurée intacte. Le développement du machinisme a fait naître un désordre et réduit au chômage des millions d'ouvriers. Le besoin du confort s'est généralisé. Nombreux sont ceux qui sont tombés dans la mélancolie et qui nourrissent une tristesse ardente et cachée. Il y a un siècle que Stendhal a prévu « l'ennui qui vient de la recherche du confort matériel ».

La jeunesse américaine sacrifie d'abord à l'agrément. Elle se montre dissipée et joyeuse. Dans son entrain d'émulation et son exaltation nerveuse elle accomplit des prodiges de dextérité pour le plaisir de remuer et de se sentir vivre. Elle ne se prodiguera pas longtemps dans le vide. Elle veut à son tour se placer dans le vent de la fortune. Le passage sur notre planète est trop rapide. Il ne faut pas perdre de temps quand on veut saisir les privilèges et les délices d'ici-bas.

Parcouru d'une sève brûlante, le jeune homme revendique le droit de projeter ses plans dans l'espace, de transformer ses convoitises en créations matérielles. Dans les jardins et les palais universitaires, où il a été entraîné et assoupli, il a puisé la force de ses désirs. Il y a 1.250.000 étudiants aux Etats-Unis. Parviendront-ils à se procurer les avantages qu'ils demandent, parviendront-ils à se donner essor ?

L'Américaine est admirable. Non seulement elle maintient en chaque rencontre son élégance attaquante et aisée, sa beauté nette et vive, mais elle est aussi instruite à toutes les sources, ouverte à toutes les pensées et vibre aux impressions les plus délicates. Elle respecte et encourage « le souci des affaires » au point qu'elle accepte que son compagnon, anxieux et renfrogné, la néglige, s'en sépare et l'oublie. De ses idées comme de ses gestes se dégagent les preuves de son élévation.

Cette jeune femme dansante, turbulente s'astreint aux besognes simples ou rudes de chaque jour et sait ne pas s'y souiller. Elle s'en décharge vite pour courir à ses rêves de bonheur ou d'enrichissement spirituel. Plus éveillée et plus lucide que ses camarades de l'autre sexe, elle affirme que le progrès intellectuel doit aller de pair avec le progrès mécanique. Elle est capable de faire surgir dans son empire cette « aristocratie de la pensée » appelée par son compatriote, le professeur Irving Babbitt. Elle a déjà fait souffler autour d'elle un esprit de rénovation. Dans les plis de sa robe courte et légère elle porte peut-être le destin de sa nation, fière, intrépide et diligente. En tout cas, il y a plaisir à la louer.

New York, où le travail et la vie continuent nuit et jour, New York, la ville sans sommeil et où l'effort ne se relâche jamais, est aujourd'hui le centre vital de l'activité de la planète. L'excès y est visible en tout : dans l'existence échauffée qui est celle des plus humbles passants ; dans l'accroissement indéfini des constructions ; dans le vacarme qui retentit partout ; dans l'encombrement des lieux publics; dans les lumières de Broadway qui brûlent les yeux ; dans les boutiques, les dancings et les cabarets ; dans le mercantilisme et la prodigalité; dans les richesses accumulées et les misères, qu'on essaie de dissimuler; dans l'abondance des conceptions neuves, des théories hardies et des intrigues routinières.

Ici ont été posées les fondations de la société future. Le monde a ses regards et ses espérances tournés vers la cité rayonnante. Les gratte-ciel — dont les vitres multiples semblent observer les peuples comme des yeux brillants et sévères — sont les phares installés pour guider les mortels lancés dans la tempête.

Dans leurs buildings d'acier et de ciment qui flottent en plein ciel d'orage, que préparent les régents, les magiciens et les administrateurs newyorkais ? Prononceront-ils les mots, feront-ils les actes qui libéreront les forces morales de la terre ? Conféreront-ils de la noblesse à leur civilisation industrielle ? Des centaines de millions d'hommes guettent avec angoisse l'arrivée de leurs messages. Le poète américain Hermann Melville a écrit : « Dieu a destiné notre race à de grandes choses ; l'humanité les attend... » La prophétie lyrique et ambitieuse peut s'accomplir si les Etats-Unis, dépassant le stade de la prospérité matérielle, atteignent un nouveau point d'avancement en recherchant un idéal de vie supérieure.

L'Amérique a pris conscience du pouvoir souverain qu'elle détient et qu'elle peut étendre pacifiquement où bon lui semble. Elle sait le complot infernal et fou qui a été tramé dans l'ombre pour la déchéance et le massacre des habitants du Vieux Monde. Complot d'où elle n'est pas exclue et qui menace la race blanche entière.

Le cataclysme européen peut avoir des suites tragiques sur les Etats-Unis, suites dont ils ne se relèveront pas, si éloignés qu'ils soient du lieu de la catastrophe. Quand il s'agira de conserver la supériorité de la race blanche il sera trop tard pour contracter une alliance avec une Europe incendiée, ravagée, désertique.

L'âme américaine, qui sent avec fraîcheur, se détourne, indignée du spectacle odieux qu'offre l'Europe. Se dérobera-t-elle longtemps encore ? Elle laisse subsister de son mystère. Elle se fait et se fera connaître complètement à ses actes. Elle aime l'action utile, après qu'elle s'est enchantée de discours.

HENRY MALHERBE.

Cet ouvrage a été réalisé
à partir des numéros originaux de l'Illustration
la documentation en a été assurée par Krishnâ Renou
et l'adaptation de la couverture par Georges Yoldjoglou

ISSN: 0993-4057
ISBN: 2.904310-86-X
N° Editeur: 904310
Dépôt légal: novembre 1989
Imprimé en Italie par
G. Canale & C. S.p.A. - Turin